·国家社科基金重大项目成果·

楊海峥　主編

研究論叢（第二輯）

海

漢

收

藏

外

籍

史

天津出版传媒集团

天津人民出版社

圖書在版編目（CIP）數據

海外漢籍收藏史研究論叢. 第二輯 / 楊海峥主編
. -- 天津 : 天津人民出版社, 2023.10
ISBN 978-7-201-19883-5

Ⅰ.①海… Ⅱ.①楊… Ⅲ.①漢學—歷史—世界—文
集 Ⅳ.①K207.8-53

中國國家版本館 CIP 數據核字(2023)第 187812 號

**海外漢籍收藏史研究論叢（第二輯）**
HAIWAI HANJI SHOUCANGSHI YANJIU LUNCONG（DI-ER JI）

出　　版　天津人民出版社
出 版 人　劉　慶
地　　址　天津市和平區西康路35號康岳大廈
郵政編碼　300051
郵購電話　（022）23332469
電子信箱　reader@tjrmcbs.com

責任編輯　李佳騏
裝幀設計　湯　磊

印　　刷　天津海順印業包裝有限公司
經　　銷　新華書店
開　　本　710毫米×1000毫米　1/16
印　　張　28.25
插　　頁　1
字　　數　350千字
版次印次　2023年10月第1版　2023年10月第1次印刷
定　　價　128.00元

国家社科基金重大项目"北美汉学发展与汉籍收藏的关系研究"成果

北京大学中国古文献研究中心资助项目

# 目录

# 美国东亚图书馆收藏中国典籍之缘起与现况

## 吴文津

**编者按**：吴文津（1922—2022），四川成都人。曾就读于美国西雅图华盛顿大学历史系及该校图书馆学院，后赴斯坦福大学攻读中国近代史专业博士学位。1965年，裘开明先生退休后，吴文津先生继任成为哈佛燕京图书馆第二任馆长，直至1997年退休。吴文津先生在美国的东亚图书馆学界堪称德高望重，他不仅为发展哈佛燕京图书馆的馆藏作出巨大贡献，其学术精神和主张也在北美东亚图书馆界产生了深远的影响。

为怀念吴文津先生并激励后学，本论丛特别收录吴文津先生两篇重要文章《美国东亚图书馆收藏中国典籍之缘起与现况》与《哈佛燕京图书馆简史及其中国典籍收藏概况》，这两篇文章最早是吴先生在台湾淡江大学中文系演讲后，由该系学生根据录音整理，于2003年收入《书林揽胜：台湾与美国存藏中国典籍文献概况——吴文津先生讲座演讲录》中，2016年又被收入先生的大作《美国东亚图书馆发展史及其他》，2017年和2018年《国学》辑刊也先后刊登这两篇文章，可见其在美国东亚图书馆研究及海外汉籍研究领域的重要性和深远影响。

美国现在有六十几个东亚图书馆在收集中文资料，这次我选当中十个最重要的做一个报告。这十个当中有美国国会图书馆、耶鲁大学图书馆、哈佛燕京图书馆、哥伦比亚大学图书馆、普林斯顿大学图书馆、康奈尔大学图书馆、芝加哥大学图书馆、西雅图华盛顿大学图书馆、斯坦福大学胡佛研究所的东亚图书馆和加州大学图书馆。因为有这许多图书馆，所以我只能为每一个做些简单扼要的介绍。但是国会图书馆的中文部和胡佛研究所的东亚图书馆这两处我会讲得多一些，因为国会图书馆是美国第一个收集中文资料的图书馆，也是现在西方最大的收集中文资料的图书馆，胡佛研究所的东亚图书馆则是因为我在那里工作了十四年，所以我知道的比较多，也稍微多讲一些。明天则专门讲哈佛燕京图书馆，因为像刚刚黄院长所说，我在哈佛燕京图书馆服务了三十二年，所以知道得也比较清楚。

图书馆的发展跟教学及研究的发展有不可分割的关系，美国关于东亚方面的教学及研究虽然在19世纪末期就已经萌芽，但是其真正的发展是在第二次世界大战后。第二次世界大战之前有少数大学开设了一些有关东亚的课程，但是并未受到很大的重视，教授和学生的人数很少，课程也只限于历史与语文方面而已。第二次世界大战以后，美国原本以西方文化为中心的教育政策有了基本的转变，从比较狭隘的西方唯尊的观点转变为世界多元文化的观点，欧美以外的地区因而受到重视，特别是东亚。主要的原因是，从20世纪40年代到50年代这短短十几年当中，美国在东亚地区直接或间接地参与了若干历史上有转折性的重大事件，诸如太平洋战争，占领日本，协调中国第三次国内革命战争失败，朝鲜半岛分割为朝鲜、韩国。这一连串的事件提高了美国政府和民间对东亚地区的重视程度，同时也感觉到需要进一步了解东亚各国历史与文化的迫切性。

于是美国各大学在私人基金会与联邦政府的大力支持之下，陆续扩张或开创了整体性的——包括所有人文科学与社会科学——有关东亚各国教学的课程和研究的项目。在五十年后的今天，在这种有系统和快步伐的发展下，美国在这方面的教学和研究在西方世界是范围最广、内容最丰富的。在这个发展过程当中，为支援教学与研究的需要，美国图书馆在东亚图书方面也跟着有显著的发展。美国有些大学在第二次世界大战以前就开始收集中、日文的书籍，其中含有非常珍贵的，一直到现在还是研究汉学不可或缺的典籍文献。但是全面性地、普遍地、迅速地发展，还是第二次世界大战以后的事。在战后的一二十年间，除早期已经成立的图书馆外，有些后来重要的东亚图书馆也在这个时期先后成立，诸如密歇根大学的亚洲图书馆、胡佛研究所的东亚图书馆、加州大学洛杉矶分校的东亚图书馆等都是在20世纪40年代末期建立的。其他如伊利诺伊大学、印第安纳大学与威斯康星大学的东亚馆在20世纪60年代才开始运作。所以说美国东亚图书馆的全面和迅速的发展是第二次世界大战以后的事不是夸大其词的。

根据2000年6月底的统计，全美东亚图书馆的总藏量如下（在准备这份讲稿的时候，更新的2001年的统计还未完全发表）：

**藏书总量**

藏书总量（书籍）一千四百万册，其中中文书籍七百二十万册，占总藏量的百分之五十一。现行连续性出版物九万七千九百六十种，其中中文四万一千一百一十多种，占总藏量的百分之四十六点二二。非书资料（其中缩影微卷、微片占绝大多数，其他包括录音带、录影带、CD-ROM、图像资料等）一百八十一万多种，其中中文三十三万五千七百种，占总藏量的百分之三十一。

**采购经费**

1999到2000年会计年度，采购经费共计大约一千一百二十七万六千多美元，其中中文采购的金额不详，因为统计中不分语种计算，据估计中文采购经费大概占百分之四十。

**服务人员**

全美国六十多家东亚馆约有五百多位图书馆服务人员。

从这些数字中可以见到东亚馆对中文资料的重视。这些东亚馆是如何开始以及如何发展到今天这样的地步就是我今天所要讲的内容。

美国图书馆中收集中文资料最早的是美国国会图书馆，它在1869年（清同治八年）就开始收藏中文典籍，后来耶鲁大学在1878年（清光绪四年）、哈佛大学在1879年（清光绪五年）、加州大学在1896年（清光绪二十二年）也都开始收集。在20世纪上半期，哥伦比亚大学在1902年、康奈尔大学在1918年、普林斯顿大学在1926年、芝加哥大学在1936年也相继开始收集。今天所要介绍的就是上述这几个图书馆以及在第二次世界大战之后才成立的胡佛研究所东亚图书馆、西雅图华盛顿大学东亚图书馆和密歇根大学亚洲图书馆，对它们收集中文资料的起源、现况及特征做一个简单、扼要的叙述。

# 国会图书馆

美国国会图书馆是美国第一个收藏中文典籍的图书馆，始于1869年。关于这件事，前芝加哥大学钱存训教授曾于1965年在《哈佛亚洲学报》（*Harvard Journal of Asiatic Studies*）第23卷撰文，有详尽的叙述。文名 "First Chinese-American Exchange of Publications"，后译为《中美书缘：纪念中美文化交换百周年》，收录在台湾文华图书馆管理资讯股份有限公司1998年出版的钱先生所著的《中美书缘》中。另外一份资料也可供参考，就是现任国会图书馆亚洲部中文部主任王冀教授撰写的一篇文章《简介美国国会图书馆的中文收藏》（The Chinese Collection in the Library of Congress: A Brief Introduction），后来由吴碧娟女士译成中文，发表在《"国立中央图书馆"馆刊》新16卷第2期（1983年12月）。前些时候，王冀先生又略微修改了他的原稿，将中、英文合刊，用其原来名字印成一部小册子，私人发行。除了这两种资料外，关于国会图书馆中文部发展讲述得最详细的一部书，是从前台湾大学教授胡述兆先生的专著《国会图书馆的中文藏书建设》（*The Development of the Chinese Collection in the Library of Congress*, Boulder: Colorado: Westview Press, Inc.1979）。这三种资料是研究国会图书馆中文资料建设前后过程最有权威性的资料。

美国国会在1867年通过了一项法案，规定美国政府的每一种出版物需保留五十份，由史密森学会（Smithsonian Institution）负责与各国交换。咨会各国后，中国清朝政府并没有回应。第二年，美国农业部派了一位驻华代表，负责收集有关中国农业的资料，这位农业代表到中国的时候，带了五谷、蔬菜、豆类的种子和有关美国农业、机械、矿业、地图、测量美国太平洋铁路的报告书若干种，赠送给清廷，并且希望能够得到同等的回礼作为交换。但是当时的总理各国事务衙门（简称总理衙门），也就是当时清朝的对外机构，没有予以答复。

过了一年，1869年，美国国务院应美国联邦政府土地局的要求，令其驻华公使馆向中国政府要求中国户口的资料。美国公使也借此机会，再向总理衙门提出图书交换的要求。于是总理衙门才做出了决定，以相当数量的书籍和谷类种子作为交换。这些东西在1869年6月7日（清同治八年四月二十七日）由总理衙门送到美国使馆。美国国务院把其中的十种书籍交给史密森学会处理，史密森学会再转存国会图书馆，于是完成了第一次中美图书交换的工作。国会图书馆因而也成为美国第一个收藏中文典籍的图书馆，这次首批交换给美国的书籍，一共有下列十种，共一百五十六函：《皇清经解》，道光九年（1829）广东粤雅堂刊本，三百六十册八十函；《五礼通考》，乾隆十九年（1754）江苏阳湖刊本，一百二十册十二函；

《钦定三礼》，乾隆十四年（1749）殿本，一百三十六册十八函；《医宗今鉴》，乾隆五年（1740）北京刊本，九十册十二函；《本草纲目》，顺治十二年（1655）北京刊本，四十八册四函；《农政全书》，道光十七年（1837）贵州刊本，二十四册四函；《骈字类编》，雍正五年（1727）北京刊本，一百二十册二十函；《针灸大全》，道光十九年（1839）江西刊本，十册二函；《梅氏丛书》，康熙四十六年（1707）北京刊本，十册二函；《性理大全》，明永乐十四年（1416）内府刊本，十六册二函。

在这次交换之后到 19 世纪末，除了在 1879 年购得美国前驻华公使顾盛（Caleb Cushing）所收集的满、汉书籍二百三十七种约两千五百册（其中有太平天国的官书、清刻的多种地方志）以外，国会图书馆没有增添其他的中国典籍。

到了 20 世纪初期，在 1901 年到 1902 年之间，另一位前驻华公使罗克义（William W. Rockhill）将其收藏的汉、满、蒙文书籍约六千册，全数捐赠国会图书馆。1904 年，中国政府把运到美国参加圣路易斯万国博览会展出的一百九十八种中国善本典籍也捐赠美国国会图书馆。之后在 1908 年，中国政府为了感谢美国政府退还给中国还没有动用的庚子赔款一千二百多万美金，特派唐绍仪作为专使到美国致谢，同时赠送给美国国会图书馆一部非常有价值的雍正六年（1728）在北京以铜活字印行的《古今图书集成》全套，共五千零二十册。

虽然有上述的这些收藏，当时国会图书馆仍然还是没有一个系统收集中国典籍的政策。有系统的收集在 1899 年普特南（Herbert Putnam）任馆长后才开始。普特南任国会图书馆馆长达四十年（1899—1939），是一位非常有远见的学者，也是一位非常有能力的行政人才。在他的任内，他全力以赴为国会图书馆积极收集世界各国文献典籍，国会图书馆才开始有计划地收集中国典籍。

当时美国的农业部对中国的农业发展颇为仰慕，收集了很多有关中国农业方面的资料。因此，普特南也请他们为国会图书馆收集中文典籍。这个任务当时交给农业部一位名叫冯景桂（Hing Kwai Hung）的华裔植物学家。在1913—1914年这两年中，冯景桂替国会图书馆收集了大约一万二千册的中文典籍，使当时国会图书馆所有中文典籍增加了一倍，他所收集的典籍包罗万象，其中丛书的种类特别多。在他之后，为国会图书馆收集中文典籍功劳最大的是另一位农业部的植物学家施永格（Walter T. Swingle）。施永格非常钦慕中国文化，对中国的典籍有很大的兴趣。在1917—1927年这十年间，他曾去中国三次，为国会图书馆收集中文典籍文献，其数量达到六万八千册之多，其中有很多善本书、地方志、丛书以及国会图书馆在经史子集方面缺乏的古籍。

施永格很受普特南的信任，1927年普特南接受他的建议在国会图书馆成立中文部（Division of Chinese Literature），并聘请一位年轻的汉学家恒慕义（Arthur W. Hummel，1884—1975）负责管理。恒慕义是清史专家，他所编辑的《清代名人传略》（*Eminent Chinese of the Ch'ing Period，1644-1912*），国会图书馆于1943年出版，至今尚为清人传记的经典著作。这个中文部后来改名为东方部（Orientalia Division），也由恒慕义主持。后又称亚洲部（Asian Division），一直至今。恒慕义在国会图书馆从1927年任职到1954年，共二十七年，在他的任内，国会图书馆东方部的典藏增加了两倍，大约从十万册到三十万册，这是国会图书馆收藏中文典籍的黄金时代，并成为当时汉学研究的重镇。

第二次世界大战以后，国会图书馆藏书建设政策有了基本上的改变。从埃文斯（Luther Evans）1945年就任馆长以来，藏书建设工作的重点转向新的、当代的出版物。古籍善本的采购受到很大的影响，就连新出版物也被限制在采购当年和两年内出版的书籍。因此，近五十年来，除了一部分从其他政府机构转移给国会图书馆的书籍以外，国会图书馆中文部所收集的资料与其他大学东亚图书馆所收集的资料并无不同，不像以前那样有特点了。

国会图书馆现藏中文典籍约七十九万七千七百册，新旧期刊共一万二千种，缩影微卷一万八千多卷，包括一千七百七十七卷国立北平图书馆在第二次世界大战时运往美国由国会图书馆代为保存的两千八百种中文善本的缩影微卷、三百零五卷北平协和医院中文医学图书的六百五十四种缩影微卷，还有四十六卷由奥地利人约瑟夫·洛克（Joseph Rock）收集的地方志所拍摄的缩影微卷、日本所藏国会图书馆尚付阙如的三十七种中国方志的三十七卷缩影微卷，以及近年从中国购得的三百六十七卷共一千多种中国家谱的缩影微卷。目前国会图书馆每年收集中文书籍，包括为数不少的交换品，大概有两万多册。

国会图书馆所藏中国典籍的特色在于几方面：

第一个是善本。1957年国会图书馆出版了一本原由北平图书馆王重民先生编撰、后由袁同礼先生校订的《国会图书馆所藏中文善本图书目录》（*A Descriptive Catalog of Chinese Rare Books in the Library of Congress*），共著录善本一千七百七十五种，其中宋刻本十一种、金刻本一种、元刻本十四种、明刻本一千四百三十九种、清刻本（顺治、康熙、雍正）六十九种、套印本七十二种、活字本七种、抄本一百一十九种、稿本六种、日本汉文刻本十种、日本活字本一种、朝鲜汉文刻本三种、朝鲜活字本八种，还有一些日本和朝鲜的抄本以及敦煌写本。另外还有明人别集二百二十六种、清人别集二十种（也是清初的）。据说国会图书馆还有一些善本没有收录在这本目录里，所以目前收藏的总数可能在两千种左右。

第二个是中国方志。国会图书馆现藏的方志大约有四千种。1942年朱世嘉先生编纂了一本《美国国会图书馆藏中国方志目录》（*A Catalog of Chinese Local Histories in the Library of Congress*），当时所著录的仅两千九百三十九种，而现在收藏的四千种的数字可能包括缩影微卷和复印本。朱氏目录中收录修于宋代的计二十三种、元代的九种、明代的六十八种、清代的两千三百七十六种、民国时期的四百六十三种。方志中以河北、山东、江苏、四川和山西的最多，各有二百三十种到二百八十种之多，山东方志共二百七十九种，其中将近一半（一百一十八种）是从山东藏书家高鸿裁处购得，其中有不少稀有版本。四川的方志有二百五十二种，很多是洛克在四川为国会图书馆购买的。

第三个是《永乐大典》。大家都知道《永乐大典》与《古今图书集成》是中国最著名的两大类书。《永乐大典》的编纂始于明朝永乐元年（1403），终于永乐六年（1408），人工手抄，共二万二千八百七十七卷，装订为一万一千零九十五册。明末火灾，几被焚毁，清末英法联军与八国联军之役复被掠夺，更所剩无几，现在中外共存不到九百册。目前流散在欧洲的集中在英国共有六十九册，大英图书馆有四十五册、伦敦大学亚非学院有三册、牛津大学有十九册、剑桥大学有两册。美国有五十二册，其中国会图书馆最多，有四十一册，康奈尔大学华森图书馆（Wason Collection）有六册，哈佛燕京图书馆与普林斯顿大学图书馆各有两册，哈佛大学的善本图书馆（Houghton Library）也有一册。2003年底大陆要召开关于《永乐大典》的国际会议，会议之后，我们对于《永乐大典》在世界上各地分散的情形当有更进一步的了解。

第四个是丛书。国会图书馆所藏的丛书有三千多种，为欧美各东亚图书馆之冠，可以参照的资料很多，如国会图书馆的中文目录都可用以查询。

第五个是很特殊的资料，就是中国少数民族语言的典籍，包括满文、蒙文、藏文的佛经和其他文献，其中一批最特别的资料就是三千三百多册的纳西族象形文字的典籍。纳西又称么些，其族部处于云南西北部。从8世纪到18世纪是一个独立的部落，之后为清朝统治，丽江曾经是他们的首府,现在人口有二十六万左右。纳西族只有象形文字,是东巴(巫师)用以求神占卜、在各种宗教活动中使用的,至今已颇少见。国会图书馆的这批资料是从洛克与昆亭·罗斯福(Quentin Roosevelt)——美国西奥多·罗斯福(Theodore Roosevelt)总统之孙——处收集来的。"中央研究院"李霖灿先生曾在《"中央研究院"民族学研究所集刊》第六期(1958年秋季号)中介绍了这批资料。三年前国会图书馆聘请了云南省博物馆纳西文专家朱宝田教授到美国来整理这批资料,并且朱教授依照之前在哈佛大学为哈佛燕京图书馆所编的纳西文经典目录的格式,替国会图书馆做了一套类似的目录。这项工作已在2002年10月完成。据称,国会图书馆现正计划把这批目录扫描上网,以供研究使用。

再者,从1953年到1960年这八年当中,国会图书馆中文部将其所藏有关中国法律的书籍全部转移给国会图书馆的法律图书馆保管。同时将有关中国农业技术、临床医药的中文书籍,也分别转移到美国国家农业图书馆与美国国家医学图书馆收藏。所以,现在,美国国会图书馆中文部已不再收集这些方面的资料。

我报告了很多关于国会图书馆收藏中国典籍的历史和现况,因为国会图书馆中文部是美国东亚馆中最重要的一座图书馆,也是美国第一个收集中文典籍的图书馆。所以是值得大书特书的。今天我要介绍的还有另外九个东亚馆。我想最好的办法就是依它们开始收集中文资料的年份为序作较为简单的叙述。

## 耶鲁大学

耶鲁大学在国会图书馆收集中国政府交换书籍的九年以后,在1878年也收到一批中国的古籍,成为美国第一座收集中文典籍的大学图书馆。这批典籍包括一部光绪二十年(1894)上海同文书局印行的五千零四十册的

《古今图书集成》，以及其他三十四种共一千二百八十册的古籍，这些古籍是耶鲁大学一位校友、当时任中国驻美使馆的副公使容闳赠送的。

容闳（Yung Wing）是中美文化交换上一位很重要的人物。他是广东香山人，于1828年出生，1912年逝世，幼时在澳门和香港的教会学校读书。道光二十七年（1847），他十九岁的时候，被学校保送到美国读书。他于1854年在耶鲁大学毕业，成为中国第一位在美国大学毕业的留学生。后来他受到曾国藩与丁日昌的赏识，二人采纳了他的建议，选派青年学子到美国留学。同治十一年（1872），第一批学生被派到美国去，容闳任监督，是中国公费留学生的开始。

在容闳捐书给耶鲁大学图书馆之后，1884年，耶鲁大学图书馆又收到美国前驻华公使、耶鲁大学第一任中国语文文学教授卫三畏（Samuel Williams）遗赠的他生前所收藏的全部中文古籍。后来又陆陆续续收到其他的赠送书籍，所以耶鲁大学收藏中文典籍的工作就慢慢地发展起来了。1961年，耶鲁大学成立东亚研究委员会（Councilon East Asian Studies），中文藏书建设的工作才开始更有系统地、积极地、不断地增强。

耶鲁大学现藏中文书籍有四十一万三千册左右，现行中文期刊一千六百二十种，另外还有中、日、韩缩影微卷与非书资料一万余件（中文数字不详）。现每年入藏中文出版物约六千三百余册。

馆藏最特殊的资料是太平天国文献。这批文献是著名的太平天国学者简又文教授所赠的。简教授于1964—1965年受聘为耶鲁大学历史系研究学者。之后他将历年收藏的有关太平天国的资料，包括书籍杂志三百二十种及拓片、铜币、印章等全部捐赠耶鲁大学图书馆，是一批非常珍贵的研究太平天国的第一手资料。其他如明清小说，亦颇为特别，馆藏明清刻本五十九种中有通俗小说二十种，其中有罕见者，如明遗香楼刻本《三国志》，明郁郁堂刻本《水浒四传全书》，清乾隆五十七年程伟元萃文书屋木活字印本《石头记》及清初刻本《金瓶梅》等。

## 加州大学

我现在所讲的加州大学是指伯克利（Berkeley）分校。因为加州大学除了本校之外还有九个分校，是美国州立大学系统中最大的学校。加州大学在1896年设立中文讲座，聘英国人傅兰雅（John Fryer）为讲座教授。傅氏原在北京总理衙门创办的同文馆（College of Foreign Languages）任教，后转上海江南机器制造总局（Kiangnan Arsenal）任翻译工作，从1867—1896年达三十年之久。他到加州大学就任时，把他自己私人的中文藏书以及全部江南机器制造总局印行的两百多种西方著作的中文翻译共两千余册——包括科学、历史、地理、国际公法等——全数捐赠加州大学图书馆，这就是加州大学收藏中文典籍的开始。

但是在傅兰雅先生捐赠这批书籍之后的几十年当中，加州大学并没有新增的收藏。一直等到1916年，江亢虎先生来加州大学接任中文讲座。江亢虎，江西上饶人，是中国最早提倡社会主义的学者，曾任北洋编译局总办兼《北洋官报》的总纂。他在加州大学时，将他从中国带到美国的、他父亲收藏的一万三千多册中文典籍捐赠加州大学图书馆。他的父亲江德宣，是光绪十二年（1886）的进士，其收藏中有不少有价值的古籍善本，这一批资料为加州大学中文藏书奠定了非常好的基础。

续任江亢虎先生职位的是一位名叫卫理（Edward Thomas Williams）的先生，他也捐赠了一批书籍给加州大学，后来管理加州大学中文古籍的迈克尔·哈格蒂（Michael Hagerty）和迪特尔·史泰勒（Diether von den Steiner）也采购了一些。虽然有这样的开始，但是加州大学一直到1947年正式成立东亚图书馆后，才开始积极从事中文典籍的藏书建设工作，以人文科学方面，尤其是语言、文学、历史、考古学为其收集的重点。但是1949年以后中国大陆出版的社会科学方面的书籍，收集的就非常有限，主要是由加州大学的中国研究中心图书馆来收集。东亚馆只是负责收集1949年以来大陆出版的人文科学方面的书籍。这种分工合作的藏书建设的工作模式在美国大学图书馆中还是不常见的。关于中国研究中心图书馆的状况我在下面再行介绍。

加州大学现藏的中国典籍约三十七万五千册，现行中文期刊两千零四十余种，缩影微卷及非书资料不详（中、日、韩文资料总计约七万一千种）。近年来每年入藏书籍约一万五千册。

馆内特藏有下列几种：第一是刚刚已经提到的江南机器制造总局翻译的书籍，这批两千余册的资料是西方世界中最完整的一套。第二是拓本，加州大学图书馆有三千多件拓本，是西方图书馆中数量最大的一批。他们前些时候与"中央研究院"历史语言研究所合作，已经完成整理、编目的工作，据称，这批资料将上传网络，公开使用。第三是善本，加州大学收藏的善本不多，但其中颇有珍贵的典籍。宋刻本有六种、元刻本有十种、明刻本有三百五十六种、清初刻本有六百多种。还有一批抄本，有二十余部，大部分是藏书家刘承轩嘉业堂旧藏，是非常珍贵的一批资料。另外还有满、蒙、藏文的典籍，约有一万册，其中蒙、藏文的书籍较多。

加州大学中文研究所的图书馆成立于1958年，与加州大学的东亚馆分工合作。他们专门收集1949年以后大陆出版的有关社会科学方面的书籍，特别是中共党史及有关1949年以来大陆上的各种政治运动、经济社会发展、军事外交的资料。各种年鉴、新地方志，以及各种《文史资料》等出版物都在收集之列。除了中文书刊报纸外，他们也收集很多关于当代中国的英文书刊。该馆最独特的收藏是两千多种录影带，包括十五年来每天两个钟头的中央人民广播电台的新闻广播和大陆的纪录片。这些都是研究当代中国非常重要的资料，这些收藏使这个图书馆成为研究当代中国的一个重镇。

## 哥伦比亚大学

关于哥伦比亚大学（以下简称哥大）收藏中文资料的起源有一个传奇的故事。1901年，哥大一位校友卡朋蒂埃将军（General Horace W. Carpentier）捐给母校二十万美元，成立"丁良讲座"（Dean Lung Professorship）讲授中国文化。他捐钱成立这个讲座的目的是用来纪念他的一位名叫丁良（Dean Lung，也译作丁龙）的中国佣人。传说是这样的：卡朋蒂埃在19世纪美国西部淘金热的时代致富，后来在纽约从事地产生意又非常成功。可是这个人的脾气很暴躁，有一次他因故不满跟随他多年的中国佣人丁良，一怒之下就把丁良辞掉了，命令他马上离开。第二天早上当他起床的时候，丁良已经走了，但是他在走之前还是照常把卡朋蒂埃的早饭做好，放在桌上。卡朋蒂埃看了，大为感动，认为丁良这种忠诚和宽容大度是受了中国文化熏陶的缘故，很值得学习。所以他就决定捐赠一笔基金给哥大来促进其在中国文化方面的教学。除了卡朋蒂埃的钱之外，丁良自己也捐出了一万两千元，于是就成立了"丁良讲座"。第二年，哥大用这笔基金的一部分成立了一个中文图书馆。同年，清朝政府应哥大校长的要求，赠送了一部光绪二十年（1894）上海同文书局印行的《古今图书集成》一套，是为哥大收藏中文典籍的开始。

"丁良讲座"成立以后，哥大聘请英国剑桥大学翟理斯（Herbert Allen Giles）教授作短期讲学并负责筹备成立中文系的工作。翟理斯介绍了一位德国的汉学家——慕尼黑巴瓦维亚科学院夏德（Friedrich Hirth）教授——在1903年该系成立时任第一任"丁良讲座"的教授。

这个讲座成立后，为教学的需要，图书馆资料的采购遂成为非常迫切的问题，但是这方面的工作进度非常缓慢。1920年，哥大请当时在中国为国会图书馆收集书籍的施永格先生替他们做采购工作，由此买入了一些。

1929年，哥大王际真教授也替哥大图书馆在中国买了些古籍。20世纪40年代，哥大得到洛氏基金会（Rockefeller Foundation）的资助，又添了不少的中文书籍。经过这几次的采购，哥大的中文藏书在1942年太平洋战争开始时，就已经超过十万册了。不过之后的十几年当中，一方面是因为战争的关系，一方面是因为经费的不足，哥大的中文书籍采购没有什么特别的进展。一直到20世纪60年代，哥大积极扩张关于东亚方面的教学与研究工作，中文书籍的收藏也就跟着活跃起来了。

哥大现存中文藏书约三十四万一千册，现行中文期刊三十八种，缩影微卷一万八千卷，现每年入藏的中文书籍八千余册。

哥大的特藏是族谱，有一千零四十多种，这是在西方大学中最多的一批中国族谱。还有一批与族谱有关，但是一般图书馆不太注意收藏的资料，那就是行述、事略、荣哀录之类的典籍。哥大有一批文献称"传记行述汇集"，有两百一十种，分装成十九函，时间从清代到民国，有刻印的也有铅印的。这类资料的研究价值很高，因为有些不见经传而在地方上较有地位的人物的传记在这些资料中大都可以找到。

还有一批资料也是哥大馆藏的特色，就是清代的历书。清代避高宗（乾隆）"弘历"讳，所以历书就改称为"时宪书"。这些资料哥大收藏了很多，一直从乾隆年间到宣统年间。乾隆年间缺的较多，因为时间早；嘉庆朝共二十五年当中只缺两年；从道光到宣统这九十一年间则一本也不缺，所以这是一批极为罕见的资料。另外还有"会试卷"，哥大藏有"乡会试朱卷汇集"约四百册，是其他图书馆所没有的。哥大所藏的方志、丛书以及明清文集数量也都不少。

哥大还有一批对于研究民国史非常重要的资料，就是哥大的口述历史档案，这批资料不在东亚馆，而在哥大图书馆的特藏部。这个口述历史项目（The Chinese Oral History Project）从1958年开始，由韦慕廷（C. Martin

Wilbur)及何廉教授主持。当时居住在纽约市区的一些民国时期的,政治、经济、文化方面的名人都是被访问的对象。访问口述的稿子由被访问人过目同意后,再翻译成英文供学者研究使用。这些稿子长短不等,有几百页的,也有一两千页的,大部分的现在都可以公开,但有一两份是被访者指定在其生前不可发表的,而有些是指定某部分需要暂时保密的,因为牵涉的人很多。被访问的人员包括张发奎、张学良、胡适、顾维钧、孔祥熙、李汉魂、李璜、左舜生、蒋廷黻、吴国桢等。

## 康奈尔大学

民初时有许多中国学生在康奈尔大学(以下简称康奈尔或康大)就读,其中很多人后来成为五四运动的领导人物,如胡适之、赵元任、任鸿隽及其妻子陈衡哲、杨铨(杨杏佛)等。这些人在康奈尔做学生的时候,曾捐赠三千三百五十种中文书刊给康奈尔大学图书馆,这是康奈尔大学图书馆收藏中文典籍的开始。

1918年,康奈尔有一位校友华森(Charles William Wason,1854—1918),在康奈尔设立华森图书馆,专门收集有关"中国与中国人"(China and the Chinese)的资料。华森,机械工程师,1884年在俄亥俄州的克利夫兰市开创电车事业,因此致富。1903年,华森去中国旅游,对中国产生了很大的兴趣,于是就开始收集关于"中国与中国人"的各种资料,前后共收集约九千册主要是英文的书籍。在当时这是最大的一批关于"中国与中国人"的资料。他把这些资料全部捐赠给康奈尔大学成立华森图书馆,并且捐了五万元的基金作为继续采购之用。除了这批书籍,他还捐赠了另外一批非常特别的资料,就是从一百五十种杂志上剪下来的六万二千篇关于中国的文章。这批资料一直到现在还是研究19世纪末期到20世纪初期有关中国问题的重要参考材料。他捐赠给康奈尔大学的书籍中有一些是中国典籍，包括三册《永乐大典》。后来康奈尔的另一位中国校友——外交家施绍基又捐给康大三册《永乐大典》，所以目前康奈尔大学是美国大学中拥有《永乐大典》册数最多的学校，一共有六册。

华森图书馆的首任主任是古斯·加斯基尔（Gussie Gaskill）女士。在三十七年（1927—1963）任期内，她不但继续收集关于中国的西文书籍，并且大力扩张中文书籍的采购。她曾到中国数次，得到当时北平图书馆袁同礼先生的协助，替康大收集了不少资料。到1960年，康大得到了美国教育部的资助，成立了一个东亚语文区域研究的项目，后来又得到了基金会的资助用来加强关于东亚的教学和研究，因为如此，中文书籍的采购也就增加了不少。后来，由于基金会和政府的继续资助，一个更积极、更有系统的藏书建设工作就开始进行了。在初期收集的重点是20世纪上半期出版的现代文学、艺术、考古、语言学等资料，后来收集的范围又扩大了许多。

华森图书馆现名华森东亚图书馆（Wason Collection on East Asia）。现藏中文书籍约三十三万六千册，现行中文期刊四千一百种，缩影微卷数目不详（中、日、韩合计有三万三千多种），录影带与电影片三百五十种——这也是较为特别的，因为别的图书馆通常不大收藏这些。每年入藏中文书籍约六千八百八十册。

除了刚才提到的《永乐大典》外，康大还有一些比较特别的资料，就是东南亚华侨的资料，因为康大的东南亚教研项目在美国颇具盛名，所以华森图书馆也随之收集了不少关于东南亚华侨方面的资料。另一种特别的收藏就是关于中国通俗文学、戏曲的资料，特别是20世纪上半期的出版物。敦煌卷子的缩影微卷也是它的特藏。华森图书馆藏有大英图书馆和法国国家图书馆全部敦煌卷子的缩影微卷，众所周知，这两个图书馆是西方世界中收集敦煌卷子最多的图书馆，康大所藏的这批是美国唯一的全套缩影微卷。

## 普林斯顿大学

普林斯顿大学的葛思德东方图书馆（Gest Oriental Library）也有它的一个传奇故事。19世纪末期，加拿大建筑工程师葛思德（Guion Moore Gest，1864—1948）患青光眼，久治不愈。后来他在北京遇到美国大使馆海军武官义理寿上校（Commander Irvin Van Gillis）。这位武官介绍他试用中国很有名的河北定州马应龙眼药。他一用之下果然很有效，因之对中国的医药肃然起敬。于是葛思德交了一笔钱给义理寿，请他代为收集中国的医书，特别是关于眼疾方面的资料。

义理寿精通中文，而且经过长时期的学习与研究，对于中国古籍也颇有心得，所以他就辞掉了武官的工作，留在中国，娶了一位满族妻子，专门替葛思德收集中国典籍，除医书外，还包括其他的善本古籍。因为收集的范围扩大，收集品为数众多且种类繁杂，所需的经费也愈来愈多，胡适先生在1950—1952年任普林斯顿大学葛思德图书馆馆长时，写了一本关于葛思德图书馆的小册子名为《普林斯顿大学葛思德图书馆》（*The Gest Library at Princeton University*），原载于《普林斯顿图书馆纪事》（*Princeton Library Chtvnicle*，第15册，1954年，有油印本），其中有一段说："从作为一个嗜好开始，这个藏书工作变成了一种投资，不久对其创办人而言又变成了一个负担。"（译文）因为那时义理寿替葛思德购买的书籍已超过八千册，需要管理和适当的储藏空间。所以葛思德就决定把这些书运回加拿大，1926年寄存在"葛思德中文研究图书馆"（Gest Chinese Research Library）中，该馆位于蒙特利尔（Montreal）的麦吉尔大学（McGill University）里。到1931年，该馆藏书已经增加到七万五千册。1937年，普林斯顿大学得到洛氏基金会的资助，把这批书籍买下，在普林斯顿成立了"葛思德东方图书馆"，当时书籍总共有十万两千册，这是普林斯顿葛斯德图书馆的开始。

从1937年建馆到1945年第二次世界大战结束之间，葛思德图书馆对于中文典籍的收藏不是很积极。战后由于学校扩大关于东亚的教学和研究范围，葛斯德图书馆采购的工作也随之活跃起来，收集的范围也扩大了，包括近代和现代东亚的社会科学方面的资料。为了保持葛思德图书馆的独特性，普林斯顿的东亚馆后改名为"葛斯德东方图书馆及东亚文库"（Gest Oriental Library and East Asian Collections），但仍通称为葛思德图书馆。

该馆现藏中文书籍约四十二万五千册，现行中文期刊两千两百七十种，缩影微卷两万三千种，每年入藏量约八千七百册。

该馆以中国善本著名。1946年北平图书馆的王重民先生应普林斯顿大学的邀请，整理、鉴定了其所藏的善本书籍，完成了一部书志草稿，后来经台湾大学屈万里教授校正，于1975年由台湾艺文印书馆出版，题为《普林斯顿大学葛斯德东方图书馆善本书志》，这是一部非常重要的参考书。

葛斯德东方图书馆的善本书以明刻本最多，有一千零四十余部、计两万四千五百册，有宋刻本两部、元刻本六部，医书约五百种，雍正六年铜活字版的《古今图书集成》一套，武英殿聚珍本《二十四史》一套，以及一些蒙文的佛经。葛斯德东方图书馆还有一件很有趣的"文物"，就是一件大的绸袍，里面贴有用蝇头小楷写的七百篇八股文，为科举考试时代夹带作弊之用。

## 芝加哥大学

芝加哥大学在1936年成立远东语文系和远东图书馆，都由顾立雅（Herrlee G. Creel）教授主持。顾立雅教授是中国上古史专家，所以特别注意对中国古籍的收藏。1939—1940年间他在中国收购了不少这一类的资料。1943年，又从芝加哥的纽伯里图书馆（Newberry Library）购得贝特霍尔德·劳费尔（Berthold Laufer）于19世纪末期在中国为该图书馆收集的汉、满、蒙、藏、日文的书籍共二万一千余册，远东图书馆的收藏蔚为大观。第二次世界大战结束时，该馆的总藏量已达十一万册左右，其中最多的是中国经学、考古学和上古史的典籍。钱存训先生1947年受聘主持该馆并兼任芝加哥大学图书馆学校教授，远东图书馆的业务蒸蒸日上。1958年起该馆积极扩充，在原有的收藏范围内，增加社会科学和近现代的资料。

该馆现已由远东图书馆改名为东亚图书馆。目前所藏中文书籍有三十五万余册，现行中文期刊一千八百种，缩影微卷三万五千卷，每年入藏中文书籍约七千册。

特藏以中国经部典籍最多，有一千七百多种，是欧美各大学之冠。方志有两千七百多种，有明万历年间增刻的《大藏经》全套共七千九百二十册，这是相当重要的资料。还有一些关于现代的零星资料，包括1947年、1948年北京、天津学生游行示威时，反饥饿、反腐败、反国民政府的原始传单七十余种，这些都是少见的资料。

## 胡佛研究所

胡佛研究所的全名是"胡佛战争、革命与和平研究所"（The Hoover Institution on War，Revolution，and Peace）。1919年成立于斯坦福大学（Stanford University），原称"胡佛战争、革命与和平研究所与图书馆"（The Hoover Institute and Library on War，Revolution，and Peace）。成立初期，胡佛研究所以收集资料为主，均为第一次世界大战前后有关欧洲政治、经济及社会问题的档案和其他的历史文献，以及俄国十月革命及俄国共产党初期的历史资料。收集之丰富，世界闻名。其大部分均为胡佛先生（后当选总统）于第一次世界大战后在欧洲及苏联担任救济工作时所收集。1960年改为今名，除继续资料收集外，同时积极发展研究工作，现为美国著名智库之一。

1945年1月，胡佛研究所所长费希尔（Harold H. Fisher，斯坦福大学历史系苏联史教授）宣布该所成立中文部与日文部。收藏资料的时限为20世纪，范围则是有关战争、革命及和平的中、日文献。

当时代表胡佛在中国收集资料的是芮沃寿夫妇（Arthur and Mary Wright），芮沃寿先生在斯坦福大学时曾是费希尔教授的学生，后去哈佛大学研究院，他与夫人是哈佛大学时的同学，1940年去中国收集资料写博士论文，珍珠港事件后，被日军软禁在山东潍县一间拘留所中。日本投降、他们被释放以后，芮沃寿接受了胡佛研究所的邀请，就地在中国为胡佛收集中国文献。这个工作主要是由芮沃寿夫人办理的。在1946—1947年这两年当中她几乎跑遍全中国，得到各方帮助，收集了大量的资料。她甚至得到美军的许可，搭乘美国军用机到延安去了一趟，因此获得了很多当时外界看不到的资料，其中最宝贵的是一份差不多完整的从1941年5月创刊到1947年3月出版的中国共产党中央委员会机关报——《解放日报》。

1948年芮沃寿夫妇返美。芮沃寿先生应聘为斯坦福大学历史系助理教授，芮沃寿夫人出任胡佛研究所刚成立的中文部主任。中文部成立以后，芮沃寿又从伊罗生（Harold R. Issacs）处购得一批非常珍贵的资料，包括20世纪20年代末期和30年代初期的中国共产党地下出版物，其中有不少当时中共托洛茨基派油印的刊物。伊罗生原来是美国共产党员，1932—1934年他得到中共的支持在上海发行一份小型的报纸叫《中国评论》（China Forum）。当时他收集了很多中共的地下刊物，都是"非法"的，理应没收，但是他是美国人，有治外法权的保护，所以中国警察无法干预他。胡佛研究所收得这批资料后称其为"伊罗生特藏"（Issacs Collection）。

1959年，胡佛研究所又收到另外一批关于中共的原始资料。当时美国名记者斯诺（Edgar Snow）的前妻海伦·福斯特·斯诺［Helen Foster Snow，1907—1997，笔名尼姆·威尔斯（Nym Wales）］将她和斯诺在20世纪30

年代在中国收集的很多中共以及左派的资料文献全部转赠胡佛研究所，名为"尼姆·威尔斯特藏"（Nym Wales Collection）。这批资料的性质和伊罗生那批资料大致相同，很多都是地下出版物，不同的就是出版的时间。伊罗生的资料是20世纪20年代末期和30年代初期的，斯诺他们的是30年代中期的。所以在时间上连接得很好。因为这样，这两批资料就更珍贵了。在"尼姆·威尔斯特藏"当中还有一批关于西安事变的资料。这是他们1936年12月在西安时收集的，其中有好些是当时西北军所散发的传单和小册子，是十分宝贵的、罕见的原始资料。

伊罗生和斯诺这两批资料中的大部分在下列两部薛君度教授编撰、胡佛研究所出版的书目中有详细的注释：（1）《中国共产主义运动（1921—1937）：胡佛战争、革命与和平研究所中文图书馆藏中国文献选辑解题书目》（*The Chinese Communist Movement 1921-1937:An Annotated Bibliography of Selected Materials in the Chinese Collection of the Hoover Institution on War，Revolution，and Peace，1960*）；（2）《中国共产主义运动（1937—1949）》：（*The Chinese Communist Movement 1937-1949: An Annotated Bibliography of Selected Materials in the Chinese Collection of the Hoover Institution on War，Revolution，and Peace，1962*）。

1959年芮沃寿夫妇应聘去耶鲁大学历史系任教，之后，胡佛研究所合并其中文部及日文部成立东亚部，我被任为东亚部的主任。当时听说在台湾有一批关于"江西苏维埃共和国（1931—1934）"的原始资料，为陈诚所收。我很希望能够得到这些资料的复印件，以加强胡佛研究所对中共党史文献资料的收藏，但不得其门而入，后偶遇斯坦福大学地质系的休伯特·申克（Hubert G. Schenck）教授，他在第二次世界大战后曾担任美国在台湾的负责人，和陈诚很熟，经他的介绍，得到陈诚的许可，将这批资料摄成缩影微卷。为此事我1960年第一次来台湾。当时台湾的条件很差，据说摄制缩影微卷的机器只有两部，一部在"中央银行"，一部在"中央研究院"。那时胡适之先生任"中央研究院"院长，我去请他帮忙，他一口就答应了，把机器与操作人员都借给我使用。经过两个多月的时间，我把这批一千五百多种的资料照成缩影微卷带回美国。我命其名为"陈诚特藏"（Chen Cheng Collection）用以纪念陈诚对学术界的贡献。后来又获得他的许可，将这批资料再作拷贝以成本价供应美国各东亚图书馆作研究之用。据陈诚说，这批资料是20世纪30年代在江西瑞金地区得来的。当时已经焚毁不少，他得悉后下令禁止，才保留了剩下来的这些文件。南伊利诺伊大学（Southern Illinois University）的吴天威教授从这批资料中选出六百多种文件加以注释，并附加资料全部的目录，由哈佛燕京图书馆在1981年出版，名为《江西苏维埃共和国，1931—1934：陈诚特藏文件选辑解题书目》（*The Kiangsi Soviet Republic，1931–1934:A Selected and Annotated Bibliography of the Chen Cheng Collection*），被列为哈佛燕京图书馆书目丛刊第三种。

胡佛研究所东亚部以上面所讲的这三批资料的收藏——"伊罗生特藏""尼姆·威尔斯特藏""陈诚特藏"——而闻名于世。这些中国共产党早期历史的原始文献，无论在数量上或质量上，在西方没有任何图书馆可以与其媲美。除了关于中共党史的资料以外，胡佛研究所尚以民国时期的各种政治、经济、社会、教育、文化方面的文献著称。其收藏编纂的书目除上述薛君度教授的著作外，尚有下列数种，可代表其收藏之一般：

（1）牟复礼（Frederick W. Mote）编，《日本在华成立的伪政府，1937—1949》（*Japanese-Sponsored Governments in China，1937–1945*），1954年。

（2）吴文津（Eugene Wu）编，《20世纪中国的领导人物》（*Leaders of 20 Century China*），1956年。

（3）易社强（John Israel）编，《中国的学生运动，1927—1937》（*The Chi-*

*nese Student Movement*，*1927–1937*），1959年。

（4）内田直作（Naosaku Uchida）编，《华侨》（*The Overseas Chinese*），1959年。

（5）陈明铼（Ming K. Chan）编，《中国工人运动史，1895—1949》（*Historiography of the Chinese Labor Movement*，*1895–1949*），1981年。

（6）依牧（I-mu）编，《中国民主运动资料》（*Unofficial Documents of the Democracy Movement in Communist China*，*1978–1981*），1986年。

（7）华达（Claude Widor）编，《中国各省地下出版物，1979—1981》（*The Samizdat Pressin China's Provinces*，*1979–1981*），1987年。

除这些资料外，胡佛还有一批台湾的特别出版物。那就是从1975到1978年在台湾当时被查禁的"党外"杂志。这批杂志共十六种，差不多都是全套。已由荷兰国际文献公司（Inter Documentation Company）作成缩影微卷发行。

最后，胡佛研究所还有一批与哥伦比亚大学口述史相类似的资料，就是一些民国名人的私人档案。这一批档案对于研究中国现代史有高度的研究价值，其中包括宋子文、张嘉璈、颜惠庆、陈纳德（Claire L. Chennault）等人的个人档案。

胡佛研究所中文藏书约二十四万三千册，现行中文期刊八百一十种，缩影微卷不详（中、日文共三万余卷）。现每年入藏中文书籍约四千四百册。

胡佛研究所与斯坦福大学图书馆已签订协议，在不久的将来，胡佛研究所东亚部将转属斯坦福大学图书馆。唯中文或关于中国的档案仍留胡佛研究所保管。

## 华盛顿大学

1946年，华盛顿大学得洛氏基金会的资助，创立了美国第一个由大学主办的东亚研究中心。华盛顿大学称其为"远东研究所"。第二年（1947）成立"远东图书馆"（Far Eastern Library），现称"东亚图书馆"（East Asian Library）。最初的收藏着重于19世纪中期中国政治和社会经济史方面的文献，因为那是当时远东研究所研究的重点。稍后，中国哲学和文学方面的资料也被大量地收集。当时，书籍选择的工作多由梅谷（Franz Michael）、卫德明（Hellmut Wilhelm）和德怀特·斯库塞斯（Dwight Schultheis）三位教授负责，分别选购清史（梅谷）、中国思想史（卫德明）和中国文学（德怀特·斯库塞斯）方面的资料。后来由于东亚教学研究的范围扩张，图书馆收集的范围也就跟着扩大了。

该馆现藏中文书籍二十四万余册，现行中文期刊一千二百余种，缩影微卷六千三百余卷。该馆为美国最早引进台湾"中央研究院"建立的"二十五史全文检索资料库"的图书馆。现每年入藏中文书籍约三千五百册。

其特藏是中国的西南方志。这些方志从洛克处购得，共八百三十三种，其中云南方志一百四十六种，四川方志一百四十三种，为西方图书馆之最。（洛克在中国云南居住前后达二十五年，是纳西族研究专家，国会图书馆和哈佛燕京图书馆的纳西族资料都是从他的收藏中购得的。方志也是他在云南时所收购的。）关于台湾的方志，该馆有八十余种。其方志收藏全部著录于 Joseph Lowe 编纂的一部目录，名为《华盛顿大学藏中国方志目录》（*A Catalog of Oficial Gazetteers of Chinain the University of Washington*），1960年由荷兰国际文献公司出版。

该馆的善本不多，有明本一百三十八部，其中子部与经部的书籍较多。李直方（Chik Fong Lee）曾为其编一书志，名为《华盛顿大学远东图书馆藏明版书录》（*A Descriptive Catalog of the Ming Editions in the Far Eastern Library of the University of Washington*），1975年由旧金山的中文资料中心出版。

华盛顿大学除了东亚馆之外，还有法学院图书馆的东亚部（East Asian

Law Department）。成立于20世纪30年代，最初只是收集关于日本法律方面的日文书籍，后来才开始收集关于中国法律方面的中文资料。该部现有中文书籍七千余册，现行中文法律方面刊物八十多种，缩影微卷一百八十余卷。

## 密歇根大学

密歇根大学在第二次世界大战以前就开始收集一些中、日文的出版物，但是比较有系统地收集还是在第二次世界大战以后。1948年，密歇根大学成立日本研究中心，日文资料的收集随之加强；1961年，成立中国研究中心，中文资料也跟着很迅速地发展起来。到目前为止，密歇根大学亚洲图书馆所藏的中文书籍多于日文，而其中、日、韩文藏书的总量在北美东亚图书馆中排名第四，在仅仅四五十年当中有这样的成果，是很不容易的。仅以中文藏书的数量来说，密歇根大学亚洲图书馆也位居全美第七，由此可见其发展的速度。

密歇根大学亚洲图书馆发展的时间较晚，所以原版的古籍较少，但是他们收藏中国古籍的复印本和缩影微卷特别多，比如说台湾在20世纪六七十年代出版的中国古籍复印图书，他们差不多全部都有；还有台湾"中央图书馆"的一千五百多种善本的缩影微卷，以及他们在日本购入的许多日本收藏的明刻本和中国地方志的缩影微卷等。另外，还有一批研究当代中国的中国剪报的缩影微卷。

密歇根大学亚洲图书馆现藏中文书籍有三十四万三千余册，现行的中文期刊一千三百多种，微影胶卷两万九千余卷，缩影微卷两万四千多片。现每年入藏的中文典籍有八千七百余种。他们的网站设计得很好，内容很丰富，恐怕是美国东亚馆中做得最好的，大家不妨去参考看看。

从上面所讲的，我们可以看出，美国图书馆的中国藏书建设工作与美国的大学发展关于中国的教学与研究工作有不可分割的关系。在19世纪末期，美国的大学对于中国的教学与研究尚在萌芽的时候，图书馆收集中国典籍的工作是被动的，当时收集的资料大都是偶然得来的。稍后，教学和研究的工作渐渐发展，主动的收集才跟着而来。一直到第二次世界大战结束，区域研究盛行，新的东亚图书馆相继成立，中文典籍的收藏才达到最高峰。过去不受重视的东亚图书馆，今天已经是美国研究图书馆主流当中的一部分了。

（本文转引自《国学》辑刊，2018年第1期，第473—489页）

# 哈佛燕京图书馆简史及其中国典籍收藏概况

## 吴文津

19世纪美国"中国贸易"（China Trade）的中心是在波士顿，当时有一位做中国贸易的商人萧德（Francis P. Knight）在1877年提倡中文教学，发起募捐，筹划基金，一共募到八千七百五十美元，在当时是相当大的一笔数目。因此他于1879年托人在中国请了一位秀才戈鲲化先生（1838—1882）到哈佛大学教授中文，这是哈佛大学中文教学的开始。戈鲲化先生到美国的时候，带来了一批书籍，包括他自己的著作，后来他都捐给了哈佛学院图书馆（Harvard College Library），同时他也替哈佛大学买了一些书籍，以作教学之用。这就是哈佛大学收集中文典籍的开始。

戈鲲化先生于1879年秋天，带着他的家人到哈佛大学开始中文教学工作，但两年后不幸患肺炎，于1882年逝世。他逝世后，哈佛大学中文教学后继无人，已经是非常有限的书籍采购工作也就停止了。

1914年，东京帝国大学的两位教授，姊崎正治和服部羽之吉，来到哈佛大学讲学，姊崎教授专攻佛学与东方哲学，服部教授则是当时的汉学权威，他们到哈佛的时候送了一批关于佛教与汉学的日文书籍给哈佛学院图书馆。这是哈佛大学收藏日文典籍的开始。

1921年，赵元任先生应聘至哈佛大学教中文，1924年辞职，后由东南大学的梅光迪先生接任。这两位教授从1921年到1926年为哈佛大学收集了一些中文方面的书籍，也放置于哈佛学院图书馆，但无人管理。1924年，裘开明先生到哈佛大学研究院就读，裘先生原在厦门大学任图书馆馆长，后来到美国纽约公共图书馆（New York Public Library）所办的图书馆训练班（后来哥伦比亚大学的图书馆学校）进修。结业后他到哈佛大学研究院攻读农业经济。因为裘先生是图书馆方面的专业人员，所以他到哈佛大学后，就到哈佛学院图书馆当义工，希望能学得一些实际的经验。1927年，他获得农业经济的硕士学位后，又开始念博士班的课程。当时哈佛学院图书馆馆长柯立芝（Archibald C. Coolidge）教授问他是否愿意在图书馆正式工作，替他们整理馆藏的中、日文书籍。裘先生因为从未在美国图书馆工作过，所以有些犹豫，但是柯立芝教授告诉他："你不用担心，你在中国怎么做，在这里就怎么做，不用管在美国有没有经验。"于是他就接受了这个任务，当时他的职位是哈佛学院图书馆中、日文书籍总管（Custodian of Chinese and Japanese Books，Harvard College Library）。就这样，裘先生开始了他在哈佛大学从1927年到1965年总共三十九年的有声有色的图书馆事业。

裘开明，字暗辉，浙江镇海人，1898年出生，1977年逝世。先生启蒙的时候，学的是三字经、千字文、百家姓与四书五经等，后来他被送到文明书局（1932年并入中华书局）在杭州的分局做学徒。他在那里工作了一年半的时间，对中国古籍产生了极大的兴趣，同时也约略地知道了一些商业管理方面的基本知识。1911年辛亥革命爆发后，裘先生被送到湖南长沙一间教会学校学习西学，之后他又到湖北武昌文华大学（Boone University，现华中师范大学的前身）图书科第一届就读，1922年毕业，全班共六人。

文华大学图书科为美籍教师韦棣华（Mary Elizabeth Wood）女士于1920年所创办，是中国第一所美国式的图书馆学教育机构。1929年独立设校，称为"文华图书馆专科学校"（1950年该校并入武汉大学，1984年扩充为武汉大学图书情报学院）。裘先生在校时多利用暑假时期在当时颇有名气、由商务印书馆主办的涵芬楼（后改名为东方图书馆）作见习工作，耳闻目睹，对专业知识获取颇有裨益。

裘先生毕业之后，厦门大学延聘他为厦门大学图书馆馆长。当时日本在厦门的势力影响很大，日语非常流行，所以裘先生遂学习日文。在校时结识了当时在该校执教的欧洲汉学泰斗戴密微（Paul Demiéville）并鲁迅、林语堂及广雅书局经理徐信符先生等。广雅书局以其刻本著名。裘先生谓自徐信符先生处学到不少关于版本和目录学的知识，对他后来的工作有极大的帮助。

1924年，厦门大学送裘先生赴美深造。从1927年裘先生接掌哈佛学院图书馆中、日文书籍总管的职务起，一直到1965年他在哈佛燕京图书馆馆长的职务上荣退，前后共三十九年，创北美东亚图书馆馆长任期的最长纪录。裘先生是北美东亚图书馆的开路先锋，在20世纪30年代初期曾担任很多大学图书馆有关东亚图书的采购和编目的顾问工作。第二次世界大战后，胡佛研究所成立中文部，也邀请他去协助筹备事宜。先生退休后，应聘到明尼苏达大学设立东亚图书馆；之后香港中文大学又邀先生担任学校图书馆首任馆长；返美后，任哈佛燕京图书馆顾问。先生于1977年逝世，享年七十九岁。裘先生博学多才，平易近人，有高度的服务精神，为东亚学术界深深敬重，诚如他荣休时哈佛燕京学社（Harvard-Yenching Institute）董事会所言："开明先生是例证中西传统之精华及成就的一位儒者（A scholar who exemplifies the best in the traditions and accomplishments of both East and West）。"

说到裘先生的成就，就必须介绍一下他和哈佛燕京学社的关系。哈佛燕京学社成立于1928年，是一个私人的基金会，设立于哈佛大学，但与哈佛大学无行政上的关系，只有工作上的关系。其基金来自一位叫查理斯·马丁·霍尔（Charles Martin Hall）先生的遗产。霍尔先生是一位工程师，他发明了将铝从铝矿中提取出来的技术，创办了美国铝业公司（Aluminum Company of America），非常富有。他于1914年去世。他在世时，对教会在亚洲的高等教育事业颇有兴趣，为继承其遗志，他的遗产管理人得到哈佛大学与中国燕京大学的同意和支持，于1928年在波士顿以两百万美元成立基金会，成立时就采用这两所大学的联名——"哈佛燕京学社"（哈燕社）。

此学社成立的目的有二：一是协助当时在东亚特别是在中国的教会大学，发展当地的高等教育，并且提升东亚各国对于该国历史与文化的教学研究；二是协助哈佛大学发展其关于东亚的研究和教学。由于第二目的的关系，哈佛燕京学社成立后就接管了哈佛学院图书馆已经收藏的中、日文书籍六千一百九十四册，计中文四千五百二十六册，日文一千六百六十八册。裘先生留任，仍称"哈佛学院图书馆中、日文书籍总管"。1931年哈燕社正式成立"哈佛燕京学社汉和图书馆"（Chinese-Japanese Library of the Harvard-Yenching Institute）。

汉和图书馆在1965年改名为"哈佛燕京图书馆"（Harvard-Yenching Library），因为当时图书馆收集的书籍已经超过了中、日文的范围，包括韩文和与东亚有关的西方文字的书籍。1976年哈佛燕京图书馆由哈佛燕京学社转属哈佛学院图书馆。它的经费不再由哈佛燕京学社全部负担，而由哈佛学院图书馆负大部分的责任，但是哈佛燕京学社每年仍然提供相当大的一笔经费供哈佛燕京图书馆使用。从1928年到1976年这么长一段时间里，如果没有哈佛燕京学社在经费上的支持，哈佛燕京图书馆不可能有今天这样的发展。

哈佛燕京图书馆成立以后，需要解决的问题很多。1931年的东亚图书馆在美国就像是一块没有被开垦的处女地，中、日文图书分类法及编目规则全付阙如，也无法从中国或日本引进，因为当时在中国与日本也还未有一套被大家公认为标准的分类法和编目规则。所以裘先生的第一个工作，就是要编出一套中、日文书籍的分类法，这个分类法一方面要满足美国图书馆的需要，另一方面也要顾虑到东亚目录学最基本的要求和法则。裘先生最后推出的《汉和图书分类法》（*A Classification System for Chinese and Japanese Books*），基本上是依据四库的分类，然后再加以扩充，一共分为九类，每一号码以下再加上阿拉伯数字，以此类推可作无限制的扩充；而作者的号码就用四角号码。这是一个非常实用的折中办法。这部划时代的巨著不单是裘先生对哈佛燕京图书馆的贡献，也是对北美东亚图书馆的贡献，是北美东亚图书馆发展的一个重要里程碑。1943年，全美学术团体委员会（American Council of Learned Societies）管辖下的远东委员会（Committee on Far Eastern Studies，Association for Asian Studies，亚洲学会的前身）出版了这部分类法，后通称为"哈佛燕京分类法"（Harvard-Yenching Scheme）。自此以后一直到20世纪70年代中期这四十多年的时间里，美国所有的东亚图书馆（国会图书馆除外）都采用这个分类法，同时在加拿大、英国、荷兰和澳大利亚一些主要的图书馆也采用此法来做他们中、日文书籍的编目工作。

裘先生另一个重要的贡献就是在编目卡片上加上作者与书名的罗马拼音，以便于卡片的排列，这个办法在美国已经通用，而且早已定为美国全国编目的标准。同时，裘先生决定把这些卡片目录用语言分开，分为中文目录、日文目录（后又加上韩文目录），以便查询；书籍在书库书架上的排列也是依语言而分。因为当时东亚馆还没有主题编目（subject cataloging），裘先生才建立了分类目录。这一系列的措施大都被很多东亚馆效法，以至于今。

所以裴先生在东亚馆，如我所说的，是开路先锋，做了很多事情，是大家仿效的对象。还有，为了让在哈佛大学以外的人便于查询哈佛燕京图书馆的藏书，裴先生开始做哈佛燕京图书馆书目的编纂与出版工作，这在美国东亚馆中也是首创之举。1936年，裴先生到北平与燕京大学引得编纂处洽商出版哈佛燕京图书馆中文藏书目录的事宜。从1938年到1940年，这套目录的前三册——经学、哲学宗教、史学——已经问世，其余的部分也有了校样本，但是珍珠港事件以后，日本人在北平大肆破坏与美国有关的机构，燕京大学是美国教会学校，引得编纂处因之被毁，已经印就的其余目录的校样本，也就付之一炬。以后也无法再行印刷出版了。已出的这三册目录，还有一个非常重要的副产品，就是裴先生要求引得编纂处把这三册目录中的单笔的卡片分印出来，以供其他东亚图书馆使用。这是东亚馆馆际合作的开始。后来裴先生在这方面还有很多另外的贡献，比如在抗战末期到战后的几年间，中国大陆不仅出版图书不易，而且在大陆买书也很困难，因为当时国内外的交通都很不方便。因此，美国图书馆协会成立了一个"中国书籍合作购买项目"（ALA China Cooperative Book Purchasing Program），主要是在重庆和其他地方买书后，空运回美国，由哈佛燕京图书馆负责编目，然后再把编目卡片分送到其他东亚图书馆。从1944年到1948年这五年中，由哈佛燕京图书馆编制并由哈佛大学出版部代印、分发到各图书馆的书目卡片一共有一万九千张，是东亚图书馆合作编目的先声。再者，从1949年到1958年，国会图书馆成立了一个东亚语文卡片复印项目，前后总共复印了各个东亚图书馆送去的四万五千张编目卡片，再行分发各馆以供其编目之用。在这四万五千张卡片中，哈佛燕京图书馆的就占了两万八千张，将近全部卡片总数的三分之二，所以哈佛燕京图书馆在裴先生领导之下对于馆际合作有很大的贡献。

刚刚提到哈佛燕京图书馆无法在北平完成出版中文书本目录的事，裴先生对此一直引以为憾。因此在20世纪80年代，我们决定将图书馆的全部中、日文卡片目录印成书本目录，以了其愿。之后我们仿照有些东亚图书馆的办法将单笔目录卡片用照相、影印的方式出版。这项工作前后花了四年的工夫，包括整理、审订全部的卡片目录。终于在1985年和1986年两年当中，我们影印出版了七十二册中、日文书本目录。韩文书籍的目录我们已在1962年、1966年与1980年出版了三册，因此没有包括在内。

书本目录出版以后，颇受欧美东亚学术界的欢迎。之后为更进一步便于学者的查询，哈佛燕京图书馆决定开始做回溯建档工作。但是从卡片格式转换到机组格式的费用较大，每一笔需要六美元，所需预算是二百二十万美元，是相当庞大的一笔经费。后来，哈佛燕京学社捐赠了一百一十万美元，哈佛大学也提供了一百一十万美元。从1997年到2001年10月，由连线电脑图书馆中心（Online Computer Library Center，简称OCLC）承包的全部回溯建档工作完成。哈佛燕京图书馆成为北美主要东亚图书馆中第一个馆藏目录全部上网的图书馆。

图书馆最重要的任务就是藏书建设。哈佛燕京图书馆最初从哈佛学院图书馆接收过来的几千册书基本上还是相当凌乱的，因为它们并不是系统收集而来的。所幸的是，汉和图书馆开馆时得到了燕京大学图书馆的大力协助，从1928年到1941年这十几年间，燕京大学图书馆在采购书籍时大都购买两本，一本自留，一本给哈佛燕京图书馆。因为这样，那个时期出版的有研究价值的著作大都有所收藏。当时在燕京大学图书馆任职的顾廷龙先生（著名的目录学家，1949年后任上海图书馆馆长）和当时燕京大学的文学院院长洪业教授，也替哈佛燕京图书馆选购了不少的古籍善本。同时，裘先生自己也直接从上海中华书局或商务印书馆等处买了不少他们当时出版的图书。日文书籍大部分都从东京伊势堂购买。因此，哈佛燕京图书馆的藏书建设工作就走上了正轨，开始进行有系统的采购。在20世纪30

年代，哈佛燕京图书馆每年购书的经费是一万美元，在那时这是一笔很可观的数字。

卢沟桥事变以后，华北名望因不愿与日本人合作而隐居者，多出让私藏古籍，以维持生计。其时，北平琉璃厂、隆福寺书肆善本充溢，在华日本人多购之。裘先生当时在北平监督图书馆书本目录出版的事，他也就大量地收购了中文善本古籍。目前哈佛燕京图书馆很多的善本书籍就是当时裘先生购入的。珍珠港事件以后，燕京大学受到日军的骚扰，汉和图书馆与燕京图书馆的合作采购工作遂告结束。汉和图书馆辗转中国西南各省直接采购，现哈佛燕京图书馆所藏的多种中国西南地区的方志，就是当时购入的。第二次世界大战以后，日本经济崩溃、民不聊生，不少私人收藏的中国古籍流于坊间书肆。裘先生遂赴日，后来又委托他人，采购了若干善本书籍，其中有明刻本百余部。

哈佛燕京图书馆开办后二十年间，采购的范围限于中、日文的典籍文献，重点在人文科学方面。但是由于哈佛大学对东亚教学研究的扩展，图书馆收集图书的范围也随之扩大，开始收集藏文、满文、蒙文的典籍，关于东亚方面的西文的书籍、参考工具、报纸、杂志、学报，也大量地增加。1951年成立韩文部。1975年又成立越南文部（哈佛燕京图书馆并不收集东南亚语书籍，越南是例外。因为当时哈佛大学历史系设立一个"中越历史讲座"，图书馆有提供资料文献的责任，而且哈佛燕京图书馆中已经藏有若干安南时期用汉文出版的官方历史文献，如《阮朝实录》之类的文献）。1965年我接任裘先生的职务之后，开始加强近代及当代中国、日本、韩国在社会科学方面的图书资料。数十年来，一所当年以人文科学资料为主的图书馆，就逐步地转变成一所包容所有学科的研究图书馆，甚至包括一些关于自然科学与应用科学方面的文献。

哈佛燕京图书馆除了收集工作外，还有出版的工作，主要是《哈佛燕京图书馆书目<u>丛刊</u>》。现已出版下列九种：

1.余秉权（Ping-Kuen Yu）编，《中国史学论文引得》（*Chinese History*：*Index to learned Articles*，*Volume* Ⅰ，*1905-1964*），麻州剑桥：哈佛燕京图书馆，1970年。

2.《哈佛大学哈佛燕京图书馆韩籍简目三编》（*A Classified Catalogue of Korean Books in the Harvard－Yenching Library*，*Harvard University*，*Volume* Ⅲ）。麻州剑桥：哈佛燕京图书馆，1980年。

3.吴天威（Tien-weiWu）编，《江西苏维埃共和国（1931—1934）：陈诚特藏文件选辑解题书目》（*The Kiangsi Soviet Republic*，*1931-1934*：*A Selected and Annotated Bibliography of the Chen Cheng Collection*），麻州剑桥：哈佛燕京图书馆，1981年。

4.冈雅彦（MasahikoOka）、青木利行（ToshiyukiAoki）合编，《哈佛大学燕京图书馆和书目录》（*Early Japanese Books in the Harvard－Yenching Library*，*Harvard University*），东京：书房（YumaniShobo，Publisher Inc），1994年。

5.朱宝田（Zhu Baotian）编，《哈佛燕京图书馆藏中国纳西族象形文经典分类目录》（*An Annotated Catalog of Naxi Pictographic Manuscripts in the Harvard-Yenching Library*），麻州剑桥：哈佛燕京图书馆，1997年。

6.宋永毅（Yongyi Song）、孙大进（Daijn Sun）合编，《"文化大革命"书目，1966—1996》（*The Cultural Revolution*：*A Bibliography*，*1966-1996*），麻州剑桥：哈佛燕京图书馆，1998年。

7.沈津（Chun Shum）编，《美国哈佛大学哈佛燕京图书馆中文善本书志》（*An Annotated Catalog of Chinese Rare Books in the Harvard-Yenching Library*）（中文），上海：上海辞书出版社，1999年。

8.尹忠男（Choong Nam Yoon）编，《哈佛大学韩国研究之摇篮：纪念哈佛燕京图书馆韩文部成立五十周年》（*The Cradle of Korean Studies at Harvard University：Commemoraion of the 50′ Anniversary of the Korean Collection at Harvard ‑Yenching Library*），首尔：乙酉文化社（Eulyoo Publishing Company），2001年。

哈佛燕京图书馆迄2001年6月底，图书馆藏书总量为一百零一万八千五百余册，其中中文书籍约五十七万七千册，占总藏量的百分之五十七；日文书籍约二十六万零七百五十册，占总藏量的百分之二十六点二；韩文书籍约十万六千一百七十册，占总藏量的百分之十点五；西文书籍约四万三千三百一十册，占总藏量的百分之四；越南文书籍约一万一千三百三十五册，占总藏量的百分之一；满、蒙、藏文书籍合计约八千二百一十册，占总藏量的百分之零点八。

馆藏新旧期刊总数一万四千余种。现行期刊五千七百八十四种，其中中文两千八百五十九种，占百分之四十九；日文一千五百一十三种，占百分之二十六；韩文九百二十四种，占百分之一点六；西文四百四十种，占百分之零点七；越南文四十八种，占百分之零点零八。现行报纸八十五种，其中中文六十种，占百分之七十；日文四种，占百分之零点四；韩文七种，占百分之零点八；西文八种，占百分之零点九；越南文六种，占百分之零点七。

哈佛燕京图书馆收藏的缩影微卷，共六万三千一百九十二卷，其中中文三万一千七百八十四卷，占百分之五十；日文二万三千零六十卷，占百分之三十六；韩文五千一百二十九卷，占百分之八；西文二千七百七十五卷，占百分之四；越南文四百四十四卷，占百分之零点七。缩微影片共一万八千三百零四片，中文占绝大多数，有一万七千六百一十一片，占百分之九十六；其余就是西文，有六百九十三片，占百分之四。除此以外还有录影带两百多种、照片六万余张、幻灯片三千多张、只读光盘（CD‑

ROM）九十四种。

2000—2001会计年度，哈佛燕京图书馆总预算是三百五十一万六千多元，其中人事费用两百零七万八千多美元，占百分之五十九；采购经费九十七万二千美元，占百分之二十八；还有其他的费用四十六万六千美元，占百分之十三。

中文图书采购的经费共三十六万四千三百三十美元，占采购经费全部的百分之三十八；日文图书三十七万八千八百九十美元，占百分之三十九；韩文图书十七万九千二百四十美元，占百分之十八；西文图书三万零二百三十六美元，占百分之三；越南文图书八千九百一十美元，占百分之零点九；藏文图书六千二百六十美元，占百分之零点六。

从这些数字来看，日文书籍的采购经费比中文多，但是日文书籍每年的入藏量远不如中文，这是因为日文书籍的价格比中文书籍要贵得多。比如说2000—2001年，哈佛燕京图书馆入藏的书大概总共有三万一千三百八十册，其中中文有二万一千三百六十五册，占百分之六十八，日文只有四千六百四十五册，占百分之十五，但是所花的经费比中文还要高些。韩文的入藏数是四千一百零二册，占百分之十三，这与日文的入藏量差不了多少，但是采购的经费比日文少一倍。

关于收藏方面，哈佛燕京图书馆各部门的藏书有很多共同点：它们所收集的典籍文献都是分别有关中国、日本、韩国、越南的历史、语言、文学、哲学、宗教、美术以及近代和当代的社会科学方面的资料。但是除了这些共同点之外，每一个部门都有特殊的收藏，譬如中文部，它们的方志、丛书、文集、别集、善本或当代的一些文献很丰富，这个我在下面会做详细的说明。现在先介绍一些其他部门收藏的概况。

日文部关于日本近代史，特别是明治维新时代、近代文学、第二次世界大战后的日本政治、经济、社会发展的资料都非常丰富，日本学者所撰的关于汉学的著作收集也相当完整。另外，图书馆中还有布鲁诺·佩佐尔德（Bruno Petzold）先生的藏书六千五百余册。佩佐尔德先生是奥地利人，在日本居住多年，专佛学，他收集的书籍中多为关于佛教的典籍，其中江户时代的刻本居多，有两百多本手抄本。

馆藏最特别的、最珍贵的明治维新时代的资料，是一套一万五千卷的缩影微卷。这一套缩影微卷是东京丸善书店与日本国立国会图书馆合作为纪念明治维新一百周年而制作的。这批微卷包括日本国立国会图书馆所藏全部明治时代出版的书籍，约十二万种，为日本现存明治时期出版书籍全部的百分之七十五。这一万五千卷缩影微卷数量庞大，售价非常昂贵，当时除日本本国图书馆购买以外，国外图书馆均未采购。东京日光证券股份有限公司出资购买一部，赠送哈佛燕京图书馆，是全美唯一的一套。

韩文部所藏的资料中，韩国文集非常丰富，大概有两千六百多种。这些都是韩国文人从十三世纪到十九世纪末期用汉文撰写的著作。另外，韩文部收藏的"李氏王朝"（1392—1910）的"榜目"与"族谱"也非常珍贵。"榜目"就是当时朝鲜模仿中国科举制度所放的榜。这两种资料都是研究朝鲜时代韩国社会史不可或缺的文献。故哈佛大学韩国史教授爱德华·瓦格纳（Edward W. Wagner）先生根据这两种资料，整理出了一万四千六百零七位在"李氏王朝"时代在文科、武科中举的人的名单，并且将每一位的家世资料，整理得清清楚楚，建立档案，是研究"李氏王朝"非常重要的原始资料，备受韩国历史界尊崇，并准备数据化以供学术界使用。

越南文部所藏的资料不多，但其中不乏重要者。如十九世纪用汉文编撰的当时称为安南的历史、法政和佛教方面的典籍。现代和当代越南的典籍和出版物也在搜集范围之内。

西文部的藏书都是关于中国、日本，韩国和越南的西文专著、学报、期刊和报纸，其中大部分为英文出版物。哈佛燕京图书馆收集西文资料的政策与其他东亚图书馆有异。其他东亚馆收集的西文资料大多限于参考工具书及部分书籍或期刊。哈佛燕京图书馆除了参考工具书之外，也收集一般的专著、学报与期刊，因为哈佛燕京图书馆是哈佛大学有关东亚课程的西文指定课外读物图书馆之一。但这并不是说哈佛燕京图书馆是在收集所有有关东亚的西文出版物，那是哈佛学院图书馆（Harvard College Library）所属最大的怀德勒图书馆（Widener Library）和拉曼大学部图书馆（Lamont Undergraduate Library）的责任。哈佛燕京图书馆只是收藏其中大部分比较重要的而已。

在这里可以附带补充一句。哈佛大学是一所行政非常不集中的大学，各个学院的自主权很高。因此，哈佛大学大大小小的图书馆差不多有一百个，所以收集的资料有时难免重复。就中国资料来讲，虽然哈佛燕京图书馆是哈佛大学收集中国资料的主要图书馆，但是也有其他的图书馆同时在收集，但是他们所收集的是比较专业的，比如说，费正清东亚研究中心（John King Fairbank Center for East Asian Research）有一个图书室，他们收集的都是当代大陆出版的资料。还有法学院图书馆，他们也收集中国大陆和台湾出版的关于法律、司法行政方面的中文资料。

下面我就哈佛燕京图书馆的中国典藏做一个比较详细的报告。刚才我已经提到哈佛燕京图书馆的中文收藏包括书籍约五十七万七千册、新旧期刊一万四千多种、新旧报纸五百多种、缩影微卷三万一千七百八十四卷，等等。这些资料总合起来占图书馆总藏量一半以上，在北美洲的东亚馆中，也仅次于国会图书馆，所以哈佛燕京图书馆的中文典籍是非常丰富的。所以，要做一份有意义的报告比较困难，我想最好的办法也许就是以文献的种类分别介绍一些特别有代表性的典籍，这样大家就可以举一反三，也许能对哈佛燕京图书馆所收藏的中文典籍有一个比较清楚的概念。

我首先介绍哈佛燕京图书馆所藏的近二十万册的中文古籍，其中善本有宋元刻本三十种，明刻本一千四百多种，清代顺治、康熙、雍正、乾隆四朝刻本两千多种，抄本、稿本一千二百多种，拓片五百多张，法帖三十六种。在刻本当中又有彩色套版、五色套印，还有明代铜活字与清代木活字的版本。

图书馆的善本有书志，名为《美国哈佛大学哈佛燕京图书馆中文善本书志》，沈津编著，1999年由上海辞书出版社出版。沈先生跟随顾廷龙先生二十余年，精通目录学及版本学。现任哈佛燕京图书馆善本室主任。《书志》著录从南宋至明末的所有馆藏刻本，共一千四百三十二种，约一百余万字，按经史子集丛五部排列，同时附有分类书名目录，以及书名、作者、刻工、刻书铺的索引，非常精细，得到学术界一致的肯定。台湾元智大学中文系的吴锦能教授在《图书馆馆刊》1999年第2期发表《沈津〈美国哈佛大学哈佛燕京图书馆中文善本书志〉校读书后》一文，颇多赞誉。

现在我再分别介绍一些具有代表性的中文藏书。首先就是地方志。我们都知道，地方志是研究中国历史、政治、经济和社会史不可缺少的资料。据统计，大陆现存的方志共八千三百四十三种，馆藏量最多的是北京图书馆（今中国国家图书馆），大约有六千零六十六种；台湾的收藏计四千五百三十种。哈佛燕京图书馆有三千八百五十八种，其中原版有三千二百四十一种，复印本与缩影微卷六百一十七种。如仅以原版计算，哈佛燕京图书馆的藏量占大陆总藏量的百分之三十九，占台湾总藏量的百分之七十二，若与北京图书馆比较，哈佛燕京图书馆的藏量有其百分之五十三。

哈佛燕京图书馆藏方志以县志为最多。大陆收藏的县志计五千四百四十一种，其中北京图书馆有四千一百一十一种；台湾有三千一百五十五种；哈佛燕京图书馆有两千九百一十一种。在比例上，哈佛藏京图书馆的藏量有大陆的百分之五十四、北京图书馆的百分之七十一、台湾的百分之九十二。馆藏方志最多的是山东、山西、河南、陕西、江苏、浙江各省。

就以浙江一省来讲，我们知道现存所有的浙江方志有五百九十九种，在北京图书馆有三百九十八种，浙江图书馆有三百七十种，哈佛燕京图书馆有三百种。

以方志原版刊行年代计，哈佛燕京图书馆有明刻三十一种、清刻两千四百七十三种、民国出版者七百三十七种；馆藏最早的刻本是明正德元年（1506）刊行的《姑苏志》六十卷，最近者是1996年台北中一出版社出版的《台湾乡土全志》十二册。馆藏《潞城县志》八卷［明冯惟贤修、王溥增修，万历十九年（1591）刻，天启五年（1625）增修，崇祯年间再增修本］及《江阴县志》八卷［明冯士仁修，徐遵汤、周高起纂，崇祯十三年（1640）刻本］，或均系存世孤本，因大陆所藏，均为清代或民国时期的抄本。明嘉靖年间《广西通志》六十卷（明林富、黄佐纂修，蓝印本）亦值得一提，这本方志是广西方志中最早的版本，世间所存不多，除哈佛燕京图书馆外，仅北京图书馆与日本文库有入藏。

关于哈佛燕京图书馆方志藏书的详尽介绍，可以参考拙文《哈佛燕京图书馆中国方志及其有关资料存藏现况》，载《汉学研究》第三卷第二期《"方志学国际研讨会"论文集》专号第一册（1985年12月）。

在此，另外需要提到的是新方志的出版。从20世纪80年代以来，中国大陆出版了大量的新方志，与旧的方志在体例上有一些相同，但在内容上有很大的差异，因为这些省、市、县各级都有的新方志中，他们只搜罗记载1949年以后的地方史实，但是也包括在1949年以前的各地共产党的地下组织及其活动，这类的资料在别的地方很少能看见，所以这些新方志对研究中共党史也有很大的用处。据估计，现已出版的新方志约一万八千种，哈佛燕京图书馆收有一万四千种左右。与新方志有关的是大陆近二十年出版的各省、市、县、自治区和各种专业的年鉴，估计有一千八百多种，哈佛燕京图书馆现藏约一千七百种。

　　除了新旧方志、新旧年鉴以外，哈佛燕京图书馆尚藏有和它们有关的一些地方性的资料，比如说山水志、寺庙志、舆图、地方载记、土地文书、官书统计等等。在这些地方资料中，舆图及土地文书特别值得一提。舆图有明版舆图十余种，其中有明嘉靖三十六年（1557）刻明张天复之《皇舆考》，嘉靖四十五年（1566）刻元朱思本之《广舆图》，以及崇祯年间刻的《今古舆地图》朱墨套印本。馆藏的清代舆图中，有康熙内府刊的《康熙内府分省分府图》，为折装本，乾隆四十六年（1781）初版，清嘉庆年间广幅蓝色印本；黄千人乾隆三十二年（1767）绘制之《大清万年一统地理全图》。另有乾隆十五年绘（1750），1940年北京兴亚院华北联络部复印的《乾隆京城全图》。以及清初的彩绘本《湖南全省图》十五幅，一册。其他尚有光绪年间彩绘的四十余幅江苏、浙江、江西的厘卡图，其中除大卡、小卡、旱卡、水卡的位置以外，还注明各卡间的距离及各卡与其附近城镇间之距离，是研究清代经济史很有用的一项资料。

　　关于土地文书方面，馆藏中最具有研究价值的，有同治七年到光绪三年（1868—1877）江苏吴县有关佃农正副租簿，共十九册；乾隆二十七年到五十八年间（1762—1793）的少数田契；光绪三十年到民国十八年间（1904—1929），江苏二十一县同浙江一县县长移交的田赋、漕运以及其他税收的清单并公费赈灾的收支账目，这都是非常重要的研究资料。土地文书当中尚有台北成文出版社出版的《民国二十到三十年代中国经济、农业、土地、水利问题资料》，是当时大陆地政研究所所长萧铮先生编辑的，一共收罗两万六千余件，有从报刊选辑而来的，也有实际调查的资料，分五大类、六十五个细类，用缩影微片发行。另外一种也是萧铮先生编辑的，名《民国二十年代中国大陆土地问题资料——1932—1941年间未刊行土地问题调查资料》，也是由成文出版社出版，其中包括各地一百六十八项的实际调查，以及一百七十六种报告，总共两百册，是很大的一套资料。

　　台湾的土地文书为"中央研究院"历史语言研究所张伟仁教授所编辑的《台湾公私藏古文书影本》，共十辑，收五千六百余件从17世纪到20世纪间台湾各地地契、土地田赋收据、借约，合同、土地买卖、田地诉讼等各种原始资料文件，内容极丰富，有高度的研究价值。

　　除方志与其他有关的资料以外，哈佛燕京图书馆的中文特藏就是丛书，约一千四百种，共六万余册，这是《中国丛书综目》中所著录的一半。馆藏的明刻丛书有三十四种，其余大部分都是清刻的，还有一些民国时期出版的。馆藏中最早的一部丛书是《百川学海》，一百种，一百七十九卷，二十册，宋左圭编，明弘治十四年（1501）刻本。此书次于南宋俞鼎孙之《儒学警悟》，是中国第二部丛书。哈佛燕京图书馆最著名的丛书还是《武英殿聚珍版丛书》。这部丛书是清乾隆年间武英殿木活字印本，收录一百三十八种、八百一十二卷，是规模最大的木活字本。据统计，现存仅十余部，大陆有九部，哈佛燕京图书馆、普林斯顿大学葛思德图书馆、美国国会图书馆、大英图书馆、台北故宫博物院各有一套。

　　其次就是类书。哈佛燕京图书馆所收藏的明清类书有三百五十种，据《中国古籍善本书目》著录，明人所刻类书（不包括丛书），现存约三百数十种，其中北京图书馆有一百一十种，台北"国家图书馆"有一百零二种，美国国会图书馆有五十五种，哈佛燕京图书馆有七十五种。馆藏明代类书中，除《永乐大典》与其他闻名的如《三才图绘》《山堂肆考》《唐类函》等，还有一些规模较小但非常实用的小型类书，其中有十余种是其他图书馆所没有收藏的，如《新刻增补音易四书五经志考万花谷》，明崇祯余开明刻的巾箱本；《新刻增校切用正音乡谈杂字大全》，明末刻本。关于哈佛燕京图书馆所藏一部分明代类书著录，可参考裘开明先生撰《哈佛大学哈佛燕京学社图书馆明代类书概述（上）》，载《清华学报》新编第二卷第二期（1961年6月）。

清代的类书则以雍正六年内府铜活字印本《古今图书集成》最为著名，共一万卷，目录四十卷，共五千零二十册，装订为五百零三函。哈佛燕京图书馆所藏，每册的扉页有乾隆帝的"皇华宫宝"同"五福五代堂古稀天子宝"的玺印，每册的末页也有"皇华宫宝""八征耄念之宝"的玺印，所以这一套也是非常宝贵的文物。

再次讲到禁书。哈佛燕京图书馆所藏的禁书大部分为乾隆年间编纂《四库全书》时以"违碍"之名而遭禁毁的书籍。馆藏以明刻本的禁书最多，有七十四部。其中特别珍贵的是《新锲李卓吾先生增补批点皇明正续合并通纪统宗》十二卷，卷首一卷，附录一卷，明陈建撰，袁黄、卜大有补辑，李贽批点，明末刻本。是书现仅存两部，另一部在台北"国家图书馆"。大陆有藏，但为残本。其他稀见的禁书还有《周忠毅公奏议》四卷，明宋建撰；《行实》一卷，明周廷祚撰；天启刻本《抚津疏草》四卷，明毕自严撰；《皇明资治通纪》三十卷，明陈建撰，明刻本，有明末定西伯张名振的批点。这些都是好书。

禁书中除了违碍政治嫌疑的书之外，还有内容较为秽亵的小说。哈佛燕京图书馆从戏剧大师齐如山先生哲嗣处于20世纪60年代购得十余种，包括《两肉缘》《妖狐艳史》《载花船》《觅莲记》等作品。从齐如山先生处购得的戏曲小说善本共七十二种，除上述者外，尚有明刻本如明金陵唐氏刻本《新刊全像汉刘秀云台记》《长命镂传奇》、明吴郡书业堂刻本《邯郸记》等。故中国小说戏曲专家吴晓铃教授曾至哈佛燕京图书馆阅读这批书籍，并录出小说中二十三种有齐如山手笔跋尾者，发表《哈佛大学所藏高阳齐氏白舍斋善本小说跋尾》一文，载《明清小说论丛》第一辑，沈阳春风文艺出版社1984年出版，有高度学术价值，可供参考。

然后就是抄本与稿本。哈佛燕京图书馆所藏的中文抄本是美国之冠，共一千两百多种，分订为四千五百六十册，除《永乐大典》两卷以外，还有明黑格抄本《明文记类》《南城召对》，后者为《四库》底本，明蓝格抄本《观象玩占》（董其昌旧藏，有翰林院大方印）。还有清初毛氏汲古阁抄《离骚草木疏》，为美国仅有之"毛抄"；清东武刘氏（喜海）《宋明贤五百家播芳大全文粹》，四十册，道光二十八年抄；嘉庆三年朱丝栏精抄《镶黄旗满洲钮祜禄氏弘毅公家谱》，十五册；《八旗丛书》清恩丰光绪年间抄本，三十五种、二十八册，为恩丰私藏，其中有爱新觉罗·敦敏撰《樊斋诗钞》。敦敏为曹雪芹挚友，《樊斋诗钞》中多收其与曹雪芹唱和诗，为研究曹雪芹生平罕见之资料。或许更为珍贵的是文澜阁《四库全书》中骆宾王的《骆丞集注》四卷与《熬波图》两卷，后者是制造海盐的绘册。

在稿本当中，最珍贵的就是《杨继盛弹劾严嵩稿》。杨继盛（1516—1555），字仲芳，号椒山，因弹劾严嵩而下狱被斩，稿本是他的亲笔，是特别重要的一项文献。另一本是丁日昌的《炮录》，也非常宝贵。满洲皇室敬征（1785—1851）的《敬征日记》，也是罕见的资料。

稿本中尚有尺牍。哈佛燕京图书馆所藏尺牍中以《明诸名家尺牍》为最。共七百五十三封（其中一百零二封仅存封无函），都是明嘉靖、隆庆、万历年间名人及其他人士致徽州方太古的信札。方氏是当时徽州的一位殷商，交游甚广，信札来至二百余人，其中不乏当时名人，如书法家周天球、文人王世祯、戏曲家汪道昆，甚至戚继光、臧懋循等人。有如此数量的明人手札想必举世无双。这批尺牍已由北京社会科学院研究员陈智超教授（陈垣先生的哲嗣）考证著录，撰写为《哈佛燕京图书馆藏明代徽州方氏亲友手札七百通考释》，将列为《哈佛燕京图书馆书目丛刊》第八种。

馆藏文集以明清最多，明刻本两百余种，其中罕见者不少，如明万历、崇祯年间递刻明陈敬宗撰《重刻澹然先生文集》三卷，诗集三卷；隆庆刻本，明侯一麟撰《龙门集》二十卷；明江百榕撰《清萝馆集》五卷，崇祯元年江氏自刻本等，这些都是在全国联合目录《中国古籍善本目录》

中没有著录的。馆藏清刻诗文集约在一千六百种左右，《中国古籍善本书目》中没有著录的也不少，如钟大源撰《东海半人诗钞》二十四卷，嘉庆刻本；清王浚撰《红鹅馆诗钞》二卷，乾隆吴益高刻本；以及清宋廷桓撰《漱石诗钞》七卷，乾隆刻本；清潘松竹撰《梅轩遗草》一卷，乾隆四十一年（1776）张裕昆刻本等。

刚才已经讲到两部最著名的活字本：雍正六年铜活字本《古今图书集成》和乾隆时期木活字本《武英殿聚珍版丛书》。哈佛燕京图书馆还有一部最早的铜活字本，即《会通馆校正宋诸臣奏议》一百五十卷，宋赵汝愚辑，明弘治三年（1490）华燧会通馆铜活字本，一百二十册。据沈津先生的调查，现存大陆、台湾者均为残卷，哈佛燕京图书馆所藏应为孤本。馆藏清代木活字本亦有一百一十余种。

哈佛燕京图书馆藏套印本甚多，有朱墨套印、三色套印、四色套印及五色套印本。朱墨套印本中，乾隆五十三年（1788）曹溶听雨斋朱熹《楚辞集注》八卷，且为活字本，极为出色。三色套印中有明天启二年（1622）吴兴闵氏刊朱墨绿三色套印梁萧统编《文选尤》八卷。四色套印中有凌瀛初万历间刻朱墨蓝黄四色套印刘义庆撰《世说新语》八卷，四册。馆藏本书口有彩绘。第一册为仇英《秋江待渡图》，第二册为王绂《秋江泛艇图》，第三册为唐寅《山路松声图》，第四册为文征明《雪景图》。所绘极为细致，一笔不苟，且彩色鲜明，为世所罕见者。五色套印中，乾隆间内府朱墨蓝绿黄五色套印《劝善金科》二十卷，卷首一卷，亦不多见。

套印本中，尚有画谱，其中《十竹斋书画谱》及《芥子园画传》为代表作。馆藏《十竹斋书画谱》六部，有康熙五十四年（1715）、嘉庆二十二年（1817）及日本明治十五年（1882）覆明崇祯六年（1633）原刊包背装本等。《芥子园画传》馆藏八部，有康熙十八年（1679）、乾隆四十七年

(1782)、嘉庆二十二年（1817）、民国十年（1921）及日本宽延元年
（1748）翻印本等。

馆藏法帖共三十六种，其中以《戏鸿堂帖》与《三希堂法帖》最为知
名者。

除上述以外，哈佛燕京图书馆还有一些比较独特的资料，现举其两种
为例：一种是基督教传教士先后在南洋与中国大陆的出版品，另一种是中
国传统皮影戏的唱本。前者是在南洋和中国广州、澳门、福州、上海各地
出版的关于基督教和神学方面的著作，例如教会史、人物传记与《圣经》。
还有介绍西方文化的书籍，包括西方历史、地理、人文科学、社会科学的
经典，以及科学技术、生理学、医学方面的资料。就《圣经》一种而言，
就有各种不同方言的翻译版本，有上海话的，有厦门话的，有宁波话的，
有广东话的。这些出版品是从西文翻译成中文，或是传教士的中文著作，
撰者都是当时很知名的传教士，包括林乐知（John Young Allen，1836—
1907）、李提摩太（Timothy Richard，1845—1919）、丁韪良（William Alex-
ander Parsons Martin，1827—1916）、艾约瑟（Joseph Edkins，1823—1905）
等。其中也有少数作者不是传教士，像傅兰雅。这些著作出版的时期大部
分是清道光初年（1821）到宣统末年（1911），也有一些民国时期的。资
料共七百多种，其中以《圣经》的全部（新旧约）和新约单独的部分如
《马太福音》《约翰福音》等类最多，计一百六十九种，其余就是一般介绍
基督教的著作。这批资料由前哈佛燕京图书馆副馆长赖永祥教授编目后，
由波士顿 G.K.Hall 公司于 1980 年出版书目，名为 *Catalog of Protestant Mis-*
*sionary Worksin Chinese*。同时，资料的本身也由荷兰的 Inter Documentation
Center 摄制缩影微片发行，称为 Protestant Missionary Works at the Harvard-
Yenching Library on Microfiche。

另外一种就是中国民间传统皮影戏的唱本。这批唱本共一百一十八

种，都是手抄。20世纪30年代，哈佛大学方志彤教授在北京从吉顺班购得，后由方教授遗孀转让哈佛燕京图书馆。全部一百一十八种唱本戏曲名称可参见哈佛燕京图书馆电子目录"皮影戏剧本"书名项下。

最后，我介绍一些哈佛燕京图书馆所藏相当特别的关于近代中国的资料文献。首先要介绍的是胡汉民先生的档案。胡先生（1879—1936）是国民党的元老，这批档案是1932—1936年间他私人往来的函稿，有两千五百多件，包括他自己所发函电的底稿与他收到的从各方来的原件。收件和寄件人包括当时所有重要人物，诸如蒋中正、汪精卫、阎锡山、冯玉祥、张学良、孔祥熙、李宗仁、邹鲁、白崇禧、陈济棠、居正、宋哲元、韩复榘、龙云、刘湘、杨虎城、杜月笙等人，还有胡汉民与时任日本首相犬养毅等人来往的信件。

胡汉民当时因与蒋中正意见不合，1931年2月辞立法院院长职，旋被软禁在南京汤山，当年获释后，各省军政人士均欲与其联盟反蒋，同时南京国民政府亦竭力邀请他返宁。这是这些函件的时间和政治背景。函件中讨论的内容非常广泛，是研究民国政治史、当时国民党分裂问题、反蒋问题、福建事变等非常重要的一批文献。

其次要介绍的是哈佛燕京图书馆藏有鲁迅与茅盾的亲笔信件手稿。20世纪30年代，伊罗生先生在中国时，曾搜集若干中共地下刊物，后来转让给胡佛研究所。他在上海的时候，准备挑选一些有代表性的中国年轻左翼作家的作品，翻译成英文向西方介绍，并取了一个书名叫《草鞋脚：英译中国短篇小说集，1918—1933》（*Straw Sandals: Chinese Short Stories，1918-1933*）。为了这个缘故，他请教于鲁迅先生和茅盾先生，请他们推荐一些作家与小说，这些信件和手稿就是当时鲁迅和茅盾给他的。这是20世纪30年代的事，但是伊罗生要翻译的小说，在四十年后的1974年才由麻省理工学院出版部出版。翻译出版后，伊罗生问我哈佛燕京图书馆是否愿意收集这批资料（他当时在麻省理工学院做研究工作），我当然欣然接受了。

　　这批资料包括：（1）鲁迅和茅盾给伊罗生的书信手稿六封（鲁迅三封，茅盾起草、茅盾和鲁迅共同署名的三封）；（2）鲁迅、茅盾自传手稿各一件（鲁迅的是别人代抄的，茅盾的是亲笔）；（3）茅盾亲笔拟的《草鞋脚》选题目录及对巴金、冰心、吴组缃、欧阳山、草明、张瓴、东平、涟清等人的作品及生平简介手稿一份；（4）茅盾亲笔拟的介绍二十九种《中国左翼文艺定期刊编目》手稿一份；（5）鲁迅辞1935年9月纽约《小说杂志》（Story Magazine）译载他的小说《风波》的稿费致伊罗生的英文信一封。这些资料中，除鲁迅的"《草鞋脚》小引"收入他的《且介亭杂文》和《鲁迅全集》第六卷，"鲁迅自传"收入《鲁迅全集》第七卷外，其余都未收入1976年出版的《鲁迅书信集》。1979年，我为美国图书馆访问中国代表团成员，顺便将这批文献的影印本分别赠送北京图书馆与上海图书馆。他们喜出望外，没有想到还有这批他们不知道的文献。当年十二月，北京图书馆出版的《文献丛刊》中，把这一批资料全部复印并加以注释出版，公之于世。

　　除了这两批重要的中文稿件外，还有两批是英文的，它们对于研究民国时期西方教会在中国发展高等教育和社会事业是非常珍贵的文献。第一批是广州岭南大学从1884年（当时叫Canton Christian College）建校到1952年停校这一段相当长的时间里该校董事会的记录。这一批档案不但对研究岭南大学的校史是不可或缺的第一手资料，也对研究教会在中国发展高等教育的历史有很高的参考价值。从这批档案中也可以看到一些当时广东的社会、政治、经济情形，以及当时中国政府一般的高等教育政策，特别是有关教会学校的措施。另外一批是费奇先生（George A.Fitch）和他的夫人在中国的档案。费奇夫妇在20世纪20年代服务于中国基督教青年会，二战后与大陆国民政府及韩国政府政要颇多往来。这批档案对研究基督教青年会在中国大陆的发展是相当重要的资料，并且包括少数他们与中国台北及汉城（今首尔）政府要员的函件。费奇先生的回忆录 *My Eighty-Years in China* 由台北美亚出版社于 1967 年出版。

哈佛燕京图书馆所藏电子资料中有两种是比较特别的。一种是台湾"中央研究院"建立的"二十五史全文检索资料库"。这个大家都很熟悉，不必多讲。它之所以特别，是因为它是在美国仅有的两部之一；另一部在西雅图华盛顿大学东亚图书馆。另一种特别的电子资料是一个数据资料库。这个资料库的内容是四千七百九十多张黑白照片。这些照片是一位享有国际盛誉的德国女摄影家 Hedda Morrison（1900—1991）从 1933 年到 1946 年在中国各地所拍的，里面包括建筑、街头景象、服饰、宗教仪式、手工艺等。这批照片不但技术高超，而且非常有历史价值。数据库可以上网查看：http://hcl.harvard.edu/harvard-yenching。

（本文转引自《国学》辑刊，2017 年第 2 期，第 455—470 页）

# 郭嵩焘与芝加哥大学所藏稿本
# 《沅湘耆旧诗集续编》

周　原*

　　**摘　要**：芝加哥大学东亚图书馆所藏未刊稿本《沅湘耆旧诗集续编》是一部反映清朝中、后期湖南诗歌作品成就的总集。该书接续清道光年间刊刻之《沅湘耆旧集》的传统与体例，收道、咸、同、光四朝一千二百多位诗主的一万六千多首诗，并为《沅湘耆旧集》和《沅湘耆旧集前编》补五百多位诗主的诗作一千七百多首。每位诗主，凡生平可考者均有小传。"以诗存人"，是一部学术和文献价值很高的湖南文献。该稿本成书过程曲折，历时约半个世纪，且从未刊刻，又被认为在抗日战争初期即已毁于战火，加之现存稿本不见编纂者之名，遂使该书的编者、成书经过和书稿的下落成为历史疑案。本文以近现代著名藏书家伦明先生七十多年前对该书的记叙为线索，仔细追踪、考证各种历史文献，终于将该稿本成书的大致经过和主要参与人员基本廓清，进而得出结论：对《沅湘耆旧诗集续编》成书贡献最巨者是晚清著名洋务活动家、思想家，清代首位驻外公使，湘籍风云人物郭嵩焘。本文还就郭氏为什么为《续编》之纂集操持半生，却无意署纂者之名作出了分析与考订。

* 周原，北京大学学士，美国伊利诺伊大学图书馆咨询学硕士、博士。曾任美国芝加哥大学东亚图书馆馆长、明尼苏达大学东亚图书馆馆长。

**关键词：**郭嵩焘　《沅湘耆旧诗集续编》　清代湖南诗作　海外中文珍本

郭嵩焘（1818—1891）对湖南地方文化事业的贡献，举其要者有：参与筹办湖南忠义录书局和编纂《湖南忠义录》；主编《湘阴县志》；与曾国荃共同主持湖南通志局，主修《湖南通志》；参与创办长沙湘水校经堂和筹办、主持长沙思贤讲舍等。另有一件就是主持编纂《沅湘耆旧诗集续编》（以下或简称《续编》）。

研究者较少注意郭嵩焘对湖南地方文化的贡献，究其原因大致有二：一是郭半生远离家乡为官，其政治生涯中最有影响也最富争议的行事功过、思想论说多在涉理洋务方面，而他所处的时代是清政府被迫从闭关自守转向开放、中西经济利益和文化理念剧烈冲突的时代，研究者重视他的洋务思想与活动，实无可厚非。二是郭一生仕途坎坷，几起几落，屡次不得不以告病回乡为进退。而郭为地方文化事业所做种种，多是他退居湖南期间所为。居家期间不为研究者所重视，也很自然。但尽管不是研究的重点，为郭作传或年谱的学者们对其在家乡的活动，如主持编纂《湖南忠义录》、主持湖南通志局、倡办禁烟公社、兴建船山祠堂及筹办思贤讲舍等，都会或多或少地谈到。唯有其主持续编《沅湘耆旧集》之事却无人提及，因此鲜为人知。盖因该书从未刊刻，加之其稿本被认为已毁于战火，随着当年知晓其事者相继离世，此事渐趋湮没。

## 一、《续编》之起因

欲探讨《沅湘耆旧诗集续编》的编纂，需从《沅湘耆旧集》（以下或简称《正编》）一书谈起。《沅湘耆旧集》二百卷，为湖南新化人邓显鹤编纂。邓显鹤（1777—1851），字子立，一字湘皋，晚号南村老人。邓学识博通，然科场不顺，遂专心纂辑和著述，对收集整理湖南地方及湖南人士的文献用力尤深。该书冠以《沅湘耆旧集》之名，实为"湖南诗征"，广收自明初至清道光年间湖南各类人士的诗作，"凡得一千六百九十九人，诗一万五千六百八十一首"①。所辑之诗乃邓氏倾半生之力，广泛征集搜讨且精心校选所得。言及采访之艰难，邓在《沅湘耆旧集序例》中写道："征到诸家全集甚少，或出自谱牒，或摘自方志，或采自岩洞，亦有家世写本，坊市俗刻……"所收之人遍涉公卿宦臣、名流雅士、地方乡绅乃至监生布衣、夫人淑女、方外释道。同时，邓的儿子邓琮多年来专事搜辑明以前湖南人的诗作，得晋朝至元末之间诗三百三十一家共二千二百余首，经邓显鹤校审，成《沅湘耆旧集前编》（以下或简称《前编》）四十卷。《前编》与《正编》合计二百四十卷，辑魏晋以降至清道光中期湖南人士共二千多人的诗共一万九千多首，摭古采今，蔚为大观。该书发凡起例，开湖南一省诗作总集之先，且广采史志家谱，墓表行状，事迹生卒，师友渊源，撰为小传，以求"以诗存人，亦以人存诗，用备一方典故"②。

《沅湘耆旧集》自道光癸卯年（1843）刊刻以来（《前编》刻于1844年），便受到学人特别是湖湘人士的好评。曾国藩、魏源等近代名人对邓显鹤所纂《沅湘耆旧集》无不赞赏有加。③该书为保存和彰显湖南文献，确有筚路蓝缕之功，而邓氏为搜求整理湖湘文献穷其一生，不仅被人们所称道，也为后来有志于湖南文献者提供了榜样。《沅湘耆旧集》之后，便有湘潭人罗汝怀（研生）编纂《湖南文征》之举，更屡有为《沅湘耆旧集》续补之议。郭嵩焘便是一个有志于为《沅湘耆旧集》作续的湖湘人

---

① 见《沅湘耆旧集》邓氏自序，《续修四库全书》第1690—1693册，上海古籍出版社据道光廿三年邓氏南村草堂版影印，2002年。

② 见《沅湘耆旧集》邓氏自序。

③ 参阅曾国藩撰：《邓湘皋先生墓表》，见《曾国藩诗文集》，上海古籍出版社，2005年，第319—322页；魏源：《致邓显鹤信》，《魏源全集》第十二册，岳麓书社，2004年，第748页。

士。他所主持的《续编》，历时数十年，最终在其身后数年得以完成。

## 二、伦明留下的线索和疑团

目前找到的关于《续编》的最明确记载，见于伦明（1875—1944）所著《辛亥以来藏书纪事诗》。伦明为近现代著名藏书家，精于版本、目录，曾在北京大学、广东岭南大学任教授。他的《辛亥以来藏书纪事诗》最初以连载形式，发表于1935—1936年间的《正风》半月刊。①1990年上海古籍出版社出版了由雷梦水先生校补的单行本。在伦明的书中，他将《续编》之事记于"周锡诒"条目下，云：

> 耆旧沅湘两续编，荒坟拾骼赖筠仙。
>
> 百年文献唯余此，遮莫诗魂散弹烟。
>
> 永明周笠樵中书锡诒，辑《沅湘耆旧集续编》，始邓南村教谕显鹤，迄郭筠仙侍郎嵩焘，凡七百余家，合前编补、初集补，都百九十卷。先是侍郎费二十余年之力，搜辑已刻未刻诗，凡千余册，拟续南村之书，未果。因以属之罗研生、吴南屏、张力臣，亦未就，再属笠樵为之。时光绪己丑，侍郎主思贤讲席，笠樵为监学。至乙未，书始成。自序称例依邓氏，意主摭佚，如王湘绮辈，亦不及焉。笠樵殁于辛亥后数年，稿藏未刊，为易寅村所得。易寓上海，壬申之役，其居毁于火，未知殃及否。同时有吴称三德襄者，同时受侍郎之属，同时藏事，但异其名曰《道咸同光四朝诗钞》，实一书也。稿为醴陵傅钝安所得，烬于丁巳七月长沙日报之火，侍郎所藏诸家底木（本），早散佚。

---

① 参阅伦明著、雷梦水校补：《辛亥以来藏书纪事诗》出版说明，上海古籍出版社，1990年。

通过伦明的诗文，我们可以得知：1)《续编》为周笠樵（又作荔樵，即周铣诒）所辑，成于光绪乙未年（1895）；2)该书"都百九十卷"，《续编》之外，还含有《前编补》和《正编补》；3)续编之役，旷日持久，先是郭嵩焘经二十余年搜讨，所谓"荒坟拾骼赖筊仙"，欲续未果，继而交代罗研生、吴南屏、张力臣等人从之，亦未成，再于光绪己丑年（1889）交周笠樵来做，终于完成；4)笠樵之稿未刊，为易寅村所得。而易宅在1932年上海一·二八事变（又称"淞沪抗战"，即伦明所称"壬申之役"）中毁于战火，书稿恐与易宅俱焚。

伦明的记载简要明晰，至关重要，但也留下一些疑团。其一是关于书的编者。首先，郭嵩焘在本人欲续未果后，曾交给多人接续其事，这些人特别是罗研生、吴南屏、张力臣三人是先后接踵其事，还是各有分工，同时为之？再有，除伦明提到的四人之外，尚无他人参与？还有，在后来的编纂中，郭是否亲自参与其事？其二是关于编书所费时间。《续编》志在收集道光中期以降历朝湘人的诗作，搜求欲广，诚非易事，实不可一蹴而就。然在郭本人搜求积累二十余年，又先后请多人参与的情况下，编纂工作何以仍如此旷日持久，以至于该书在郭身后四年始成？其三是稿本之去向。伦明称易寅村在上海之宅毁于战火，慨叹书稿恐难逃厄运，吟之"遮莫诗魂散弹烟"。然而他并不确定书稿是否真被殃及，又给后人留下一线希望。

## 三、芝加哥大学藏稿本《沅湘耆旧诗集续编》

美国芝加哥大学东亚图书馆藏有稿本《沅湘耆旧诗集续编》一套。全书含《沅湘耆旧诗集续编》一百六十三卷，《沅湘耆旧集补编》二十一卷和《沅湘耆旧集前编补》三卷，加卷前目录两卷，共计一百八十九卷。目录卷端未署编纂者，正文则以邓显鹤诗为开端。全书现存六十五册，分装十四函。

《续编》收诗起于"南村诗老邓显鹤",迄于"养知先生郭嵩焘"。书前目录共著录一千二百五十五人（不含仙鬼杂诗）。该书体例基本仿照邓氏正编，故只选已故之人，在世者不收。所收不以地位门户设限，官宦名家之外，地方乡绅、教谕监生、布衣闺阁、僧道之诗乃至仙鬼谣谚均在搜选之列。如是，自道光中期以降，至光绪中期辞世湘人的诗作，汇成一集，得诗一万六千二百八十八首。所收接续邓氏正编，成为涵括清代中期至光绪中后期的"湖南诗征二编"。除此之外，《沅湘耆旧集前编补》收四十五人，《沅湘耆旧集补编》收五百零二人，故此书还为邓氏《正编》及《前编》补入五百多人的诗作共一千七百四十四首。全稿合计收录一千八百零二人的一万八千零三十二首诗。

此书约于20世纪六七十年代由时任芝加哥大学东亚图书馆馆长的钱存训教授经手采进。该书原属台湾大学教授李宗侗先生收藏，由其家属联系转让芝加哥大学东亚图书馆，一同采进的还有李氏所藏明刊本及其他稿本、写本多种，二百余册①。李宗侗，字玄伯，是晚清重臣李鸿藻的孙子，易培基的女婿，曾于20世纪二三十年代任故宫博物院秘书长。

检视馆藏稿本，可见几种印章。其中"生斋台湾行箧记"阳文篆字方印为李宗侗藏书印，屡见于本馆同批购进之书。另在《沅湘耆旧集前编补》卷一的卷首钤有阴文小方印"易漱平印"。易漱平为易培基之独女，李宗侗之妻。故芝大所藏正是昔日易氏藏本无疑。

芝大的这套稿本一直与东亚图书馆的中文善本收藏在一起。虽然该书到馆后不久即得到编目，读者可以通过馆藏卡片目录查到此书，但由于缺乏专门的介绍，外界对本馆收有此书，几无所知。直到1987年，时于纽约州立大学石溪分校做访问学者的上海图书馆善本部专家沈津先生应钱存训

---

① 钱存训：《留美杂忆——六十年来美国生活的回顾》，传记文学出版社，2007年，第48页。

教授邀请来东亚图书馆短期访问，翻检馆藏中文善本，鉴定该书为本馆所藏最有价值的珍本、善本之一。其后，沈先生专文系列介绍访美期间所见各图书馆的中文善本，也介绍了此书。①1998年，钱存训教授在出版个人文集《中美书缘》时，选出沈先生所撰本馆中文善本题记十种，单独成文，征得同意，附录于该书②。此后，朱政惠先生也曾在《美国清史资料及其研究述略》一文中提到本馆这一稿本。③2005年秋冬之际，由全国高校古籍整理与研究委员会主任安平秋教授带队的一组古籍研究专家，到密歇根州立大学开会，顺访芝加哥，调看了包括《续编》在内的几种本馆中文善本。回国后，访美成员之一、北京大学漆永祥教授查考到《辛亥以来藏书纪事诗》中关于《沅湘耆旧集续编》的记载，遂撰文进一步介绍我馆所藏《续编》稿本和伦明所定该书的编纂者④。漆教授的文章为细考该书编纂者和编纂经过提供了重要的引导。

## 四、罗研生、吴南屏、张力臣与《续编》的编纂

由于馆藏稿本书前无序，又未署编者之名，在编目时，该书著者被误录为邓显鹤。找到伦明的记载，不仅有了周铣诒为该书编纂者之说，而且获得了进一步追踪该书的编纂者，解开其成书经过之谜的重要线索。依伦明所言，郭嵩焘在本人欲续未果之后，曾将此事交给罗研生、吴南屏、张力臣等人来做。本文即以此为入口，查考了包括《郭嵩焘日记》在内的许

---

① 沈津：《美国所见中国善本书志（6）》，《图书馆杂志》1989年第2期，第58—59页。
② 沈津：《芝加哥大学东亚图书馆善本十种题记》，收于钱存训：《中美书缘》，文华图书馆管理资讯有限公司，1998年，第233—248页；又见于沈津：《书城风弦录——沈津学术笔记》，广西师范大学出版社，2006年，第222—230页。
③ 朱文分上、下两部分，分别载于《中国史研究动态》2004年第1期（第21—27页）和第2期（第20—26页）。
④ 《〈沅湘耆旧诗集续编〉及其编纂者小考》，《文献》2007年第4期，第186—189页。

多相关文献，做了一系列考证①。

罗研生（1804—1880），名汝怀，字念生、研生，湖南湘潭人。道光十七年（1837）拔贡生，候选内阁中书。罗博学多识，淡视利禄，于"六艺故训，地理沿革，古今山水源流，历代法制、氏族、金石篆隶，靡不研通"，被当时湖湘大家曾国藩、何子贞认为"有国朝经师之遗风"②。其著作有《湖南褒忠录》《湖南文征》《绿漪草堂诗文集》及《研笔馆词》等刊行于世。罗氏与郭嵩焘过从甚密。郭氏日记中时常提到与罗的交往，所存诗集中有十余首与罗交往应答之作。郭氏诗文集所收书牍中，也有《与罗研生》一通。罗氏七十寿，郭撰有《罗研生七十寿序》贺文一篇。罗氏卒，郭嵩焘为其撰墓志铭。

罗氏早年曾协助邓显鹤编纂《沅湘耆旧集》，此事邓氏在自序中有说明③。罗氏还曾参与《湖南忠义录》的编纂，且贯穿始终，对该书的成书贡献最巨。罗在为编纂《湖南忠义录》（刊刻时更名为《湖南褒忠录》）四处收辑资料的同时，刻意搜求自元明以来湖湘人士的文章，成《湖南文征》二百卷。此书被广泛誉为继邓氏编纂《沅湘耆旧集》后，彰显湖南文献的又一部重要著作。有与邓氏《沅湘耆旧集》一诗一文"并垂天壤间以无坠"④之赞。关于罗氏续修《沅湘耆旧集》的记载，可见于他的儿子罗克进为其撰写的行状：

---

① 在考证过程中，蒙正在我校访学的台湾大学中文系张宝三教授帮助查考部分资料，且得与之切磋，多有获益，谨致谢忱。

② 郭嵩焘：《罗研生墓志铭》，《郭嵩焘诗文集》，岳麓书社，1984年，第444—446页。

③ 邓显鹤《沅湘耆旧集》自序云："此书编辑之始，所与商榷校订者，鄞县沈粟仲道宽，长沙毛青垣国翰，湘阴左仲基宗植。搜访之勤且慎，则湘潭罗研生汝怀，张玉夫声玠，武陵杨杏农彝（珍）之力居多。"

④ 李瀚章：《湖南文征序》，载《湖南文征》卷首，同治十年（1871）原刊本，叶二。

先是，新化邓氏辑沅湘耆旧诗集，府君助其搜讨，多所阐发，而搜辑邑中先哲朋旧之诗为八卷，曰《潭雅》。后更征集先正遗文，续修沅湘诗集，遗文逸藻更数十百年，虽在子孙不及知者，府君往往得之蛛丝蠹窟中，作合之奇，宛有前缘焉。①

由此可见，罗氏续修《沅湘耆旧集》大致与其为编撰《湖南文征》而"征集先正遗文"同时进行，采访到的湘人著作遗篇，文则选入《湖南文征》，诗则留以续修《沅湘耆旧集》备选。然罗氏编撰《湖南文征》其实是他编写《湖南忠义录》的"副产品"。对此，李瀚章所做《湖南文征序》中有所说明："同治乙丑，瀚章恭膺简命，巡抚是邦，时方设褒忠局表章死事者，湘潭罗研生中翰实综其事，又以其暇辑《湖南文征》二百卷。"②

可见，若无开设褒忠局、编撰《湖南忠义录》之举，罗研生很难得此便利，广搜湖湘人士的著述，编纂出《湖南文征》并从事续修《沅湘耆旧集》的工作。而当年主持筹办褒忠局，延揽罗研生等人编撰《湖南忠义录》的正是郭嵩焘。根据郭嵩焘年谱，郭于咸丰十年（1860）三月在京城任南书房行走时，奏请回籍就医，获准。同年六月抵家。③翌年秋，湖南巡抚毛鸿宾拟开设褒忠局，编纂《湖南忠义录》，为在所谓"太平天国之乱"和后来"平乱"中丧生的湘军将士、地方官员和乡绅烈女作传。毛鸿宾邀请郭嵩焘参与创办褒忠局，并请他主持④。郭嵩焘接手其事后，一方面延揽人才，一方面四处联系并督促参加人员遍访湘军各营，广泛收集资

---

① 《绿漪草堂文集》卷首，湘潭罗式常刻本，1883年，叶十二。
② 李瀚章：《湖南文征序》。
③ 参阅郭廷以等编订：《郭嵩焘先生年谱》（上），"中央研究院"近代史研究所，1971年，第156—164页。
④ 《郭嵩焘先生年谱》（上），第194—195页。

料。同时，又与褒忠局的同事们商讨《忠义录》的编纂体例。关于此事，在这一时期郭氏与友人的书信中屡有提及[①]。例如，在给邓伯昭的书简中，郭写道：

> 仆疾病无状，中丞以编辑《忠义录》，强起一与其议，窃幸得从公与南屏、研生等诸公后，搜求奇节卓行，征事述文，既可陪侍德教，抑亦无妨于隐退之义，不复敢辞。

郭氏主持褒忠局局务的时间不长，约略一年。同治元年（1862）闰八月间，经李鸿章保奏，郭赴江苏接任苏松粮道，协助时任江苏巡抚的李鸿章管理厘捐总局及有关军务。在离湘以前，郭嵩焘就已将编纂《忠义录》之事交予罗研生。这样看来，伦明所言郭氏请罗研生接续其后，续编《沅湘耆旧集》之事，当在郭主持褒忠局局务的这一年间，即1861年秋至1862年初秋之间。

根据伦明之说，受郭嵩焘之嘱参加编书的第二人，为吴南屏。吴南屏（1805—1873），名敏树，字本深，号南屏，晚号枰湖老人，湖南巴陵（今岳阳）人。道光十二年（1832）举人。吴氏自少读书博采众家，长则好治古文，又善诗词。因家境殷实，加之个性特立，不拘仕途。吴氏著述甚丰，其文章风格秀逸，见解力求岸异，不囿于世俗，有《枰湖文录》《枰湖诗录》等存世。吴氏与郭嵩焘交往颇多，郭氏诗集中存有许多首与他交往唱和的诗作，文集中亦有《与吴南屏舍人论罗水出巴陵》和《跋吴南屏〈鹤茗堂记〉后》两篇，以及"与吴南屏"书札一通，而郭氏日记中提到吴南屏之处，更是不胜枚举。吴氏殁，郭嵩焘撰《吴南屏墓表》赞之：

---

[①] 如《与周寿山》《与吴南屏》《与邓伯昭》《与罗研生》《与阎丹初》《致刘霞仙》《覆王伦霞》《覆罗小溪》等，见《郭嵩焘诗文集》，第152—168页。

"湖南文章二百年之盛，推曾文正公及君。而君意趣旷然，无忤于物，而物亦卒莫浼，有得于古文人之风。"①

有趣的是，吴南屏当年亦曾受郭嵩焘之邀进入湖南褒忠局，与罗研生等人一同参与《湖南忠义录》的编纂工作，后因在《忠义录》的编纂体例上与郭嵩焘意见相左而力辞。此事在郭氏文集中的《与吴南屏》和《与罗研生》等信件中均有所叙述。但吴氏参与续编《沅湘耆旧集》的工作则发生在他退出《忠义录》之事约近十年后，而他的这一次参与还是与郭嵩焘密切相关。

郭嵩焘在同治元年（1862）再度出山，任苏松粮道，辅佐江苏巡抚李鸿章后，仕途一度颇为顺利。同治二年（1863）先是奉旨兼督松浙盐务，未久，拔两淮盐运使。几个月后，又由新任两广总督毛鸿宾保奏，诏赏三品顶戴，命署广东巡抚②。郭在署理广东巡抚任上三年，终因与后来兼署两广总督的瑞麟不和等，再生退意。在围剿进入广东境内的太平军残部的战斗中，郭被认为有失职之嫌，受到时任闽浙总督左宗棠的参奏，在同治五年（1866）遭解职，被清廷诏命回京，另候简用。郭遂奏请回湘养病，未去京城候遣。他于同年秋回到家乡湖南，开始了历时八年、再度隐退的生活。

郭嵩焘回家之后并未完全赋闲，先是着手编写《湘阴县志》，初稿于同治七年（1868）草成，郭先寄曾国藩校阅。后又逢湖南巡抚刘昆是年拟修《湖南通志》，刘昆与布政使李榕同请郭嵩焘和正在家乡养病的曾国藩的弟弟曾国荃参与谋划，制定通志局章程。同年阴历十二月（1869年1月），湖南通志局开局，由郭嵩焘主持局务。曾国荃在同治七年十二月十六日致其兄曾国藩的信中写道：

---

① 《郭嵩焘诗文集》，第471页。
② 参阅曾永玲：《郭嵩焘大传》附录一，辽宁人民出版社，1989年，第384—385页。

省城志局设府学尊经阁，十二月一日开局，南屏、次青均允随筠仙住局，子寿太史亦初三、四可到，罗研生则仍住荷花池。吃志局薪水，办志局之事。弟则不受薪水，亦不任事，但订多到局几次，联络在局之人心，搪塞局外之风浪，以消口舌于未萌而已。①

由此可见，在通志局创办之初，吴南屏曾被聘入，并随郭嵩焘住在省城通志局。但他似乎并未在通志局中久留，而吴氏参与续修《耆旧集》，则更是在几年以后。郭嵩焘在吴氏墓表中说：

曾文正公尤善君之文，欲使治幕事，辞不赴。已而走视文正公军中，文正公大欢，赋诗曰："黄金可成河可塞，唯有好怀不易开。"未几而文正公薨。逾年，君亦病。适有复修《沅湘耆旧集》之役，遂卒于长沙书局。②

曾国藩卒于同治十一年（1872）三月，吴南屏则于同治十二年（1873）八月卒于长沙书局。如以郭氏所撰墓表为准，吴氏参加续修《沅湘耆旧集》的时间当在曾国藩卒后一年，即同治十二年。然根据查考到的吴南屏致王子寿（柏心）的手札推断，此事应发生于同治十年（1871）或十一年。吴在该信中写道：

敏树东游归后，抱病连年，久却问聘。本年以刊刻邑乘，就工省下，在事诸公，强复迁入，且令续辑《耆旧诗编》，现在刻抄卷牍，

---

① 《郭嵩焘先生年谱》（上），第441—442页。
② 《郭嵩焘诗文集》，第470页。又：查《曾国藩诗文集》（上海古籍出版社，2005年）所收《赠吴南屏》七言古诗，该两句为"苍天可补河可塞，只有好怀不易开"。

积案盈箱，阅读之下，大苦谜闷。①

此信末未具年，但具"十一月初十日"。信中提到，"拙著诗文前年已妄付剞氏，迟未呈"。查敏树所著《桴湖文集》八卷及《桴湖诗集》六卷，卷首一卷均刻于同治八年（1869）。依此推断，写信之时应为同治十年。但如前所引，信中言及"本年以刊刻邑乘，就工省下"。吴氏是巴陵人，"邑乘"所指应是《巴陵县志》一书。该书署吴敏树等纂，严鸣琦、潘兆奎修，全书三十卷并卷首一卷，共十册，同治十一年刊刻（一说同治十一年修，十二年刊刻）。究竟吴氏因刊刻《巴陵县志》的需要来到省城之后，再次被书局的在事诸公拉入并参与续修《沅湘耆旧集》的具体时间是起于同治十年还是十一年，仍需进一步细考，但可以肯定的是绝非同治十二年。该信署"十一月初十日"，收信人王子寿卒于同治十二年五月②，而寄信人吴南屏则卒于同年八月。

此后，续编《沅湘耆旧集》的工作再度陷入停顿，但停顿的原因却与吴氏的仙逝关系不大，而是因为郭嵩焘的再度出山。同治十三年（1874）六月，因海防与洋务方面的需要，清廷诏命郭嵩焘、杨岳斌、曾国荃、丁日昌等人入京候旨遣用。郭于十月下旬启程赴京。③他尚未抵京城，年仅十九岁的同治帝驾崩。翌年正月廿日，光绪帝继位。郭于正月抵京，二月诏授福建按察使。他五月抵闽上任，七月又被任命为出使英国的钦差大臣，奉召回京。十一月诏授兵部左侍郎，并在总理各国事务衙门行走④。郭于光绪二年（1876）启程赴英，成为大清帝国的第一任驻外公使，先驻

---

① 《道咸同光名人手札》第二辑，商务印书馆，1924年。
② 参阅郭嵩焘：《王子寿先生墓志铭》，《郭嵩焘诗文集》，第450—451页。
③ 参阅汪荣祖：《走向世界的挫折：郭嵩焘与道咸同光时代》，台北东大图书股份有限公司，1993年，第189—201页。
④ 《走向世界的挫折：郭嵩焘与道咸同光时代》，第203—211页。

英国，后成为兼领英法两国的钦差大臣。

郭嵩焘这一回离开家乡共约五年。光绪四年（1878），郭再度因心冷于官场上的倾轧，上书总署告病求去。该年底清廷派人接替郭职，郭于光绪五年（1879）闰三月抵家。虽然清廷要求他病体稍痊，即行来京供职，但郭自此未再重返仕途，也至死未离开湖南。

续编《沅湘耆旧集》的工作，由于郭嵩焘的返乡得以再度开展。这一次协助他办理此事的是张力臣。

张力臣（1831—1884）①，名自牧，字力臣，又作笠臣，湖南湘阴人。张氏博览好学，聪明能干，颇受郭嵩焘赏识。郭出使英国前曾保举他为二等参赞随行②，并获总署批准③。但因时任湖南巡抚的王文韶上奏反对，遂被诏令阻止，未能成行④。张氏喜欢研讨外国史地，虽未能出洋，但对洋务自有一番心得，先后撰著《瀛海论》和《蠡测卮言》，是所谓"西学中源论"的鼓吹者。郭虽不完全同意张的论说，却很看重他的才华，谓："力臣于洋务所知者多，由其精力过人，见闻广博，予每叹以为不可及，然犹惜其于透顶第一义未能窥见。"又云："力臣聪明胜人万万，闻言即能深求，不易得也。"⑤张力臣与郭嵩焘私交颇深，两家又是姻亲，故很得晚年归隐在家的郭氏之信任。两人经年的交往，郭在日记中多有记述，赠答应和的诗作，也屡现于郭嵩焘诗集晚期的作品中。

---

① 关于张自牧（力臣）的生卒年，有些文章、书籍中列为不详、待考，有的则弄错。如《湖南历代人名词典》（湖南出版社，1993年）"张自牧"条目下列其生卒年为1832—1886。根据郭嵩焘光绪十年（1884）二月初二日记云："忽报张笠臣是日卯刻物故，一往哭之。"知张卒于1884年。又根据郭嵩焘光绪九年（1883）九月初九日的日记中谈到张笠臣时年五十三岁（虚岁），推知张应生于1831年。

② 参阅光绪二年（1876）九月十五日郭氏日记，《郭嵩焘日记》第三卷，湖南人民出版社，1982年，第60页。

③ 《郭嵩焘先生年谱》（下），第550页。

④ 《郭嵩焘先生年谱》（下），第565页。

⑤ 光绪五年（1879）闰三月十九日郭氏日记，《郭嵩焘日记》第三卷，第855页。

关于张力臣参与续编《沅湘耆旧集》之事，可见于郭嵩焘在光绪六年（1880）正月廿八日的日记，云：

> 廿八日。陈右铭、张力臣过谈。以陈国卿寄到廖容斋《铸铁斋遗诗》交张力臣选入《续沅湘耆旧集》。

此时距郭嵩焘返乡未久，可知郭一俟在家乡初步安顿停当，即重拾续编之业，并嘱张力臣任其事。检视馆藏稿本，百十一卷收廖可受诗一百二十首。

另有一则相关的记载见于同年二月廿八日郭的日记：

> 廿八日。雨，寒。张力臣过谈：田明山海筹著有《木樨香舍诗钞》六卷；瞿永禧熙臣有《可与不可山房诗草》一卷，吴樨桥为之序，称其早废学，游幽并间，习为诗，出语自然有风趣。逾岁见之，而已衰然成怏矣。勤勤为之，锲而不舍，所至岂可量哉。嵩焘旧题一绝句：十载幽并意气雄，谈诗赌酒健儿风，归来万事都零落，唯有残编伴病翁。此两种并求加载县志，当存之。

查郭嵩焘所编、光绪六年三月开雕的《湘阴县图志》，其艺文志中著录有"《木樨香舍诗钞》六卷，岳州镇中营游击田明山撰"[1]。知郭雷厉风行，将该诗集在县志开雕前（或开雕期间）补入艺文志。但艺文志中未见瞿永禧《可与不可山房诗草》，未知何故，待考。再查馆藏《沅湘耆旧诗集续编》稿本，见第一百二十六卷中收有瞿永禧诗四首，其小传曰：

---

[1] 见《湘阴县图志》卷三十，光绪六年湘阴县志局刊，叶三十四。

"永禧号熙臣，湘阴人，监生，著有《熙臣诗草》。"然不见田明山的诗作。估计是因为《续编》稿本成稿时，田明山还健在，而瞿永禧已过世。故收瞿而不收田，正合体例。

由此可知，其时张力臣不仅辅佐郭氏续编《沅湘耆旧集》，还协助他编纂《湘阴县图志》。

另有一则张力臣与《续编》的相关记载，见于郭嵩焘在张卒后五年的光绪十三年（1887）六月十一日日记，云：

> 任小棠、朱莼卿、陈尧辅、易铁樵、易叔子过谈。易叔子以曾交意城①手，求选入《耆旧续编》，内杨大山、柳南洲二人诗稿②，系其家写存本……检还不可得。盖自张力臣以来，若此类遗失者多矣。选稿二箱，尚取存书斋也。

此条记载不仅再次说明郭氏曾嘱张力臣负责编选《沅湘耆旧集续编》多年，并且说明自光绪十年张力臣死后，续编之事可能略有停顿但并未停止。

检视本馆所藏《沅湘耆旧诗续编》稿本，发现全稿各卷不但抄录的字迹风格和工整程度很不相同，而且抄录使用的纸张也不统一，如所用纸张大多为一般的白棉纸，包括毛边的白纸，但也有一些印有整齐紫色、朱色方格的纸。全书使用纸张的长短大小、新旧程度也不划一，推测抄录工作可能行于不同时期。

在有方格的多种纸张中，有的版心还印有字样，显然是专门的文牍用纸。其中一种，版心刻有"无知知斋"字样。查郭嵩焘诗集中，有《题张

---

① 意城指郭嵩焘之弟郭昆焘，号意城。
② 检视稿本卷百三十四收有杨世俊诗九十四首，小传云："世俊字大山……著有《大山诗草》。"

笠臣〈无知知斋诗〉册》一首①。《湘阴县图志》的艺文志中也著录有"《无知知斋集》二十四卷"，题"布政使衔浙江候补道张自牧撰"②。可见"无知知斋"应为张力臣的斋名。而用印有"无知知斋"字样的纸所抄录的诗页，见于书稿中多处，既有较靠前者，如卷十二，也有较靠后者，如卷百五十八、卷百六十一等，每次若干页不等。至于录入其上的诗作是否为（或部分为）张力臣亲笔抄录，尚待细考，然其作为张力臣参与续修的有力佐证，则粲然无疑。

## 五、再接其事的郭子瀞、王壬秋、周荔樵

如是，围绕着罗研生、吴南屏、张力臣三人续修《沅湘耆旧集》的疑问已基本廓清。他们虽然都是郭嵩焘的朋友，在同治至光绪初年间又都为郭嵩焘做过一些事，但在续编《沅湘耆旧集》的工作上，却基本上是接踵其事，而非同时分头操作。

依伦明之说，他们三人之后的接续者应该是最后竣其事的周铣诒。然笔者通过翻检郭嵩焘的日记，又有新的发现：周铣诒之前，还有两人先后受郭嵩焘之嘱兼理此事。这两人就是郭子瀞和王壬秋。

郭子瀞（1844—1896），名庆藩，字孟纯，自号子瀞，湖南湘阴人。郭庆藩是郭嵩焘的弟弟郭昆焘的儿子，郭嵩焘的亲侄子。清末举人，官通判，曾在浙江任知府。光绪七年（1881），黎庶昌出使日本，曾荐其为参赞，因病未能成行。后以道员改任江苏。郭庆藩博览群书，犹喜为诗，又专攻《说文解字》。有《说文经字考辩证》四卷、《说文经字正谊》四卷、《庄子集释》二十四卷和《十二梅花书屋诗草》八卷等传世。

---

① 《郭嵩焘诗文集》，第722页。
② 见《湘阴县图志》卷三十，叶三十三。

因是郭嵩焘的至亲，庆藩颇得郭嵩焘的信任，特别是在郭嵩焘的晚年。在他的日记中，郭嵩焘总是以庆藩的自号子瀞或子敬称呼其侄。有关子瀞涉及续编《沅湘耆旧集》的记载，目前只在郭嵩焘的日记中找到一处，记于光绪十年七月十二日，云：

> 十二日，接胡浴生一信。亦致成静斋一信。子瀞过谈，知所编次《沅湘耆旧集》补编、续编目录已成。病中亦能清理及此，精神才力均是难得。

虽然只找到这一条，却相当重要。这是因为：1）张力臣卒于这一年的二月初二。此记载说明，张氏死后，续编之事并未完全搁置，郭嵩焘的侄子仍在经手。至于子瀞是在张力臣亡故之前就已参与，还是张氏身后才介入，并不重要。2）子瀞已将补编和续编的目录完成，这标志着续编工作几近完成。检视馆藏稿本，其结构为先续编，再补编，再前编补①。而目录所载为各卷所收之人，每人名下所收诗总数，如某某十首、某某一首。大致按各诗主可考年代排列。目录已成，说明书稿已规模初具，即使不是定稿，也应有一个较完整的初稿了。

在郭嵩焘的日记中，这之后一直到光绪十四年（1888），只见到前面提到的光绪十三年（1887）六月十一日的一条记载，所云为易叔子来找以前为求选入《沅湘耆旧续编》而交来的包括杨大山、柳南洲等人的诗稿，郭氏检不可得，并亲自“选稿两箱”，似乎要亲自看稿，并未提及有他人辅佐。

到光绪十四年，郭嵩焘终于又找到了一个颇为理想的人选，这个人就是在近代湖南以至全国文坛上颇具名气的王壬秋。

---

① 前编补仅为三卷，订为一册。

王壬秋（1833—1916），名闿运，早年名开运，字纫秋，又作壬秋，号湘绮、朗斋，自号湘绮老人，湖南湘潭人。咸丰七年（1857）举人。曾入曾国藩府为幕僚，后受四川总督之请执掌成都尊经书院。此后，又先后主持长沙思贤讲舍、衡州船山书院，并主办南昌高等学堂。宣统年间加授翰林院侍讲。民国二年（1913）受袁世凯之聘，任国史馆馆长。王壬秋长经学，擅诗文，著述甚丰。有《楚辞注》《尚书笺》《春秋公羊传笺》《礼记笺》《湘绮楼文集》《湘绮楼诗集》《湘绮楼日记》等刊行于世。王与郭交往多年，在郭的日记中多有记述。郭的诗集中亦收有《中秋日王壬秋邀同张笠臣过朱香荪饮》《次韵王壬秋碧浪湖看月遇雨小步还城行》《六月三日王壬秋集饮碧浪湖》三首。

光绪十四年，王壬秋应郭嵩焘之聘，主讲长沙思贤讲舍。思贤讲舍是郭嵩焘一手创建的书院，其意在为湖南培养经世致用之人才。讲舍于光绪七年（1881）正式开馆，郭任第一任主讲，又为讲舍议定学规，并聘左长卿为监院。讲舍除传授经史辞章等传统学业外，还加授算学、制造等新式课业。开馆后，郭一直都在留意为讲舍延揽合适的主讲，也曾先后聘数人为之。郭对王闿运的才气、博学和文笔向为推崇，几次与王联系，希望他来主讲思贤讲舍，均未成功。直至光绪十三年五月，时王闿运正在长沙，郭嵩焘再度诚聘，并以王不肯接受主讲之名，换之以代郭主讲的名义，终获王的应允①。翌年初，王接掌思贤主讲。

关于王闿运兼理续编《沅湘耆旧集》之事，见于郭光绪十四年二月廿一日的日记：

---

① 参阅郭嵩焘光绪十三年五月初十日和五月十五日之日记，《郭嵩焘日记》第四卷，第714—715页。并参阅《湘绮府君年谱》第三卷，载《王湘绮先生全集》（1923年刊印于长沙），叶十六。

> 廿一日。阴。接文蓝舫、李华卿、陈子浚信。亦致王壬秋、周荔
> 樵信。属王壬秋检校《续编沅湘耆旧集》，令陈子浚、袁笃栽、周卓
> 群、陈树藩、庄凤嘈、郭黻卿、易翰芹分司校对缮写，料理讲舍之前
> 厅以居之。壬秋适以是日赴湘潭，乃属荔樵暂行经理。

以郭日记提供的时间，查对王闿运的《湘绮楼日记》，找到许多条相关记
载。其中二月十九日一则云：

> 十九日。晴。午前在家点史，倍书，修书。筠仙来言选诗事。

而二月廿一日至廿四日的日记则较详细记叙了王廿一日乘船"还乡侍
祠"，至廿四日方回长沙之事[1]，与郭廿一日的日记中所记"壬秋适以是日
赴湘潭，乃属荔樵暂行经理"正合。

读王壬秋二月廿五日至五月十二日的日记，共检出有"看诗""看湘
诗""看诗五本"和"选诗"等记载约二十处，其中绝大多数为看诗，与
郭所记"属王壬秋检校《续编沅湘耆旧集》"相合。说明此时《续编》已
大致编定，虽然还有一些选诗入集的工作，但此时郭最需要的是借助王闿
运的学识"检校"所选之诗是否恰当，有无错漏之处以及审读、补改诗主
小传等。

在四月十八日的日记中，王闿运写道：

> 十八日。晴，热。馆课毕，周荔樵来取抄诗去。

---

① 见《湘绮楼日记》，光绪十四年戊子，商务印书馆，1927年，叶八，收在国家图书馆编：《中华
历史人物别传集》第五十九册，线装书局，2003年。

周来馆内取抄好的诗，又与郭日记中所云，校对抄缮在讲舍前听分司进行相合。另在郭嵩焘四月廿六日的日记中也记有："周荔樵见示《续耆旧集》抄本，言发抄五日，所得不逾三四叶也。"

王闿运的《湘绮楼日记》中，光绪十四年六月至十二月之间有阙，故无从查考光绪十四年下半年中王兼理续编的细节，甚憾。而检读光绪十五年（1889）王的日记，再不见与续编相关的明确记载。盖因王壬秋主讲思贤讲舍期为一年，期满未续，他自然也就不再参与续编的工作了。查郭嵩焘日记，光绪十五年二月十三日记：

> 思贤讲舍开馆，与熊鹤村、熊鹤皋、陶少云、黄植斋送学，因陪院长王实丞、监院周荔樵小酌。

可见王闿运不再任职思贤讲舍，而周荔樵时为监学。

在郭嵩焘光绪十五年的日记中，共找到二则与续编《沅湘耆旧集》相关的明确记载。一则记于正月二十七日，云："阎季蓉信由李蓉镜带到，并致送向修梅《秦人宅藏稿》四册，求选入《耆旧集》。"另一则为八月初二日，云："永定王辑唐呈阅其尊人王淡吾遗诗，谋选入《耆旧》续集。"在郭嵩焘的诗集中，收有《题向修梅〈秦人室诗册〉》一首。检视本馆稿本，卷七十七收有向修梅的诗一百八十七首。

郭的这二则日记中，未提将谋选的诗交予某人办理，似乎是郭在亲自操持。然伦明的记述中曾言："……亦未就，再属笠樵为之。时光绪己丑，侍郎主思贤讲席，笠樵为监学。"光绪己丑即光绪十五年，此时王闿运已离开，暂无人接替，仍由郭主讲思贤讲舍，而周荔樵为监学。如此看来，在王闿运离开后，郭嵩焘就将续编之事交给了周荔樵接掌。

周笠樵，名铣诒，字仲泽，号笠樵，又作荔樵，湖南永明（今江永）

人。周幼庵刺史之子。同治十二年（1873）拔贡生，官至中书。铣诒癖金石，好篆刻，长书法，喜吟诗。与其弟銮诒辑有《共墨斋藏古玺印谱》《净砚斋腥印录》《永明岳色堂印董》等。其一生作诗甚富，惜多散佚。有后学黄冰选刊《旷斋遗诗》，收其诗约二百首①。周是郭嵩焘的晚辈，光绪五年（1879），周的次女许配郭之长孙②，结为姻亲，从此更得晚年郭嵩焘的信任。周与郭的交往，在郭嵩焘的日记中多有记述。郭的诗集中亦存有《答周荔樵〈题食笋斋诗后〉见赠》等三首与周赠答唱和的诗作。周的父亲周晜奎（幼庵）过世，郭撰墓志铭。

王壬秋离开后，在郭的日记中，将续编之事交予周荔樵办理的明确记载，见于光绪十六年（1890）四月初一日，云：

> 杜仲丹以善化王耘蓬逢年孝廉诗稿二本交《续选耆旧集》局，因检书房所藏各集，凡五种：一、常宁王卜子祚隆《一峰遗草》一册；一、湘（湘）［乡］言云笙友恂孝廉《琴源山房遗诗》一册；一、善化黄倬恕皆宗伯《介园遗诗》二册；一、宁乡赵震青璘《一鹤山房集》一册；一、湘潭郭正斋新楷《覆瓿草》一册，并交易华卿带送周荔樵。又续交左孟辛诗文稿二本。

这则记载所涉诗稿和诗主颇多，从郭氏书房中检出的各书中的诗作，之前是否已被选入续集稿本，亦不可知。今查馆藏稿本，见王逢年诗十九首，收于《续编》卷百四十；言友恂诗六十首，收于卷七十九；赵璘诗四首，收于卷八十八；郭新楷诗六十五首，收于卷百十九。另王祚隆诗二十首，

---

① 参阅《湘雅摭残》一书中周铣诒诗作前小传，岳麓书社，1988年，第398页。
② 见光绪五年十月十五日郭的日记，《郭嵩焘日记》第三卷，第950页。其时，郭长孙年方十三岁，两人至光绪十二年九月十六日方完婚。见《郭嵩焘日记》第四卷，第657页郭当日所记。

收于《沅湘耆旧集补》卷四。

该年郭氏日记中关于续编的另一记载见于八月廿一日，记曰："亦接周荔樵、黄柚生二信。又致周荔樵、钱子宣、王益吾三信。致荔樵信以冯树堂遗诗五册交之。"检视馆藏稿本，卷一百零七收有冯卓怀诗八十一首，小传题"卓怀原名作槐，字树堂，长沙人……"

郭嵩焘晚年多病，光绪十五年以后渐重。十五年九月，郭完成其自传《玉池老人自叙》，言："吾年逾七十，精力衰耗已极，疾病颠连，累月逾时，自度无长视久生之理。"①至光绪十六年（1890），病情仍未见好转。此时，郭请到王先谦（益吾）②主讲思贤讲舍。他本人则忙于搜检自己一生的著述诗文，嘱人整理，并开始安排身后的遗产分配③。

尽管自知病入膏肓，难久人世，郭嵩焘并未忘记续编之事。在光绪十七年（1891）六月初二日的日记中，郭写道："早雨。致周荔樵信。以《慎庵诗钞》属其补选。致李佐周信，以四十以前抄存诗稿九卷属其鉴定。"④

这则日记距他病故仅十一天。光绪十七年六月十三日，郭嵩焘卒于长沙家中。

## 六、郭嵩焘在续编之业中的角色

续编之役，旷日持久。从咸丰十一年（1861）或同治元年（1862），郭嵩焘嘱罗研生接续其事，到周荔樵于光绪乙未年（1895）终于成书，经历了三十三四年之久。根据伦明之说，郭本人之前尚费"二十余年之

---

① 《玉池老人自叙》，《自序》叶一，光绪十九年养知书屋本。收在沈云龙主编《近代中国史料丛刊》第十二辑。
② 王先谦（1842—1917），字益吾，号葵园，湖南长沙人，清末民初著名学者。
③ 《郭嵩焘年谱》（下），第998—999页。
④ 《慎斋诗钞》为左宗棠的哥哥左宗植的诗集。左宗植的七十四首诗收于馆藏稿本《续编》卷九七。

力"①。邓氏所编《沅湘耆旧集》和《沅湘耆旧集前编》分别刊刻于1843年与1844年。可见，郭嵩焘在邓著问世未久即已开始为编纂《续编》收集资料。如此算来，续编的工作，断断续续，竟长达半个世纪左右。而这部书稿之所以能历尽沧桑、经众人之手而未辍，所赖者郭嵩焘也。事实上，该书编纂的时停时续，与郭嵩焘仕途上的几起几落密切相关：郭仕途受挫，退居湖南，编书之役乃进；郭再获启用，重返仕途，编书之役则停。通观郭氏多年在续编一事中之所为，可知他既是总策划，又是总指挥，还是总督导。即使是在有王闿运这样博学能干之人执掌其事的时候，郭也仍然没有完全放手。在王闿运的日记中，就两次记有郭嵩焘专程找他谈选诗的事。一次是在光绪十四年（1888）二月十九日，郭亲登其家门，"来言选诗事"。一次是在同年的四月三十日，记郭嵩焘和监学周荔樵一起来思贤讲舍找王"言选诗事"②。郭这种总理其事的角色和在诗人之取舍方面所具有的最高决定权，外人也是非常了解的。因此，那些希求把自己先人、亲朋的诗作选入《续编》的人都知道必须找郭嵩焘，获得首肯。另外，续编之役工程颇大，在每一阶段，都需要有财力的支持才能开展。这方面更是舍郭嵩焘他人难以担当。正是凭着郭在官场上的影响，地方上的人脉，以及职务上的便利，才得以借编纂《褒忠录》之便，嘱罗研生兼为《续编》收集资料；又借设局编纂《褒忠录》《湖南通志》之势，邀包括吴南屏在内的多人参与《续编》的工作，使之取得重大进展。即使是在告别仕途，归隐回乡之后，郭仍然凭借多年建立的人脉和影响，取得了地方官员、富贾和乡绅的支持，开办了思贤讲舍，也得以将续编之事开展下去。应该说，没有郭嵩焘主其事，就不可能有续编的经年而不辍和最后的成

---

① 从正编刊行（1843）至郭离开湖南褒忠局（1862），将续编之事嘱予罗研生，实不足二十年。伦明此处或欠精确，或将罗已参与其事的部分年月亦算入。

② 郭平常居家，并不常到讲舍来。

稿。统观郭嵩焘在续编中的作用和所做的贡献，如果《续编》在郭有生之年成书，他署以总纂或编纂者之一，应是当之无愧。而从当时编纂《续编》的进度看，也完全可能竣其事。那么书稿何以未能在他生前完成呢？笔者的分析是：非不能也，实郭嵩焘无意于此。为何郭操持半生，而又不做该书的总纂呢？答案是，他希望把自己的诗作收进《续编》之中。

前面提到邓显鹤《沅湘耆旧集》的体例是"以盖棺为定"，不收在世之人。邓本人的诗就不曾收入。邓的《沅湘耆旧集》受到后世湖湘名人包括曾国藩在内的赞誉，郭嵩焘本人也是推崇备至。故《续编》一书，不可能改《正编》之先例。如此，郭嵩焘或署《续编》之总纂，或入选其中，使其诗作得与四朝风雅之士的作品共同流布于世。郭选择了后者。何以见得？所据略考之于四个方面。

第一，倘若郭有意在生前完成此书，他完全可以做到。在《续编》的编纂过程中，至少有过两次可能完成的机会。第一次是在同治末年，续编之役在长沙书局展开，吴南屏再度被拉入，并有"诸公"参与此事。其时"刻抄卷牍，积案盈箱"，可见摊子铺得很大，大有一鼓作气，不成功不罢休的架势。但不巧的是，未几，吴南屏病故。随之，郭本人也奉召入京，不久做了大清国驻外的钦差使节。应该说，这一次郭很可能想完成其事，署为总纂或编纂者之一。但机缘所为，未能如愿。第二个机会是在光绪十四年，其时王壬秋主其事，并有周荔樵佐之。工程在思贤讲舍前厅摊开，除王、周二人外，还有至少七人参加校对和缮写。此外，还有郭庆藩数年前就编好的续编、补编的目录作为增补、删削时的参照。应该说，郭在此时若想把稿本的编校毕其功于一役，是完全有条件的。

第二，郭将自己的诗留入《续编》是他要把郭氏家人的诗作一体入选的一部分。郭嵩焘在光绪五年（1879）七月初一日的日记中写道：

七月初一日癸酉。意城汇集先世遗诗，仅及三十章，谋刊存之，属为一序。而观其所自叙，与予所言参差，其搜集实由意城，予可以不复叙论矣。因令楷书遗诗，并录存先世志传于前。诗虽少而藏书家亦得据之以为珍玩，则亦足以长存也。祖父鸿渚公得诗一章，叔祖葵臣公得诗二章，本生祖吉皆公稍多，亦不逮二十章，先光禄公十章而已。楷书刊刻，工本稍费，予力尚能任之，令意城精缮见交。其诗已大半选入《沅湘耆旧续集》也。

意城为郭嵩焘的大弟弟郭昆焘。文中谈到的本生祖郭吉皆为郭嵩焘的亲祖父，而这里的祖父郭鸿渚是指郭嵩焘的二伯祖父郭世遵，因其早亡而无子，故将郭吉皆的儿子郭家曔过继给他。不幸家曔早卒，遂把吉皆的另一个儿子郭家彪再过继给他。郭家彪就是郭嵩焘的父亲[1]。《郭嵩焘诗文集》中收有《意城书刻家集跋后》一篇，所跋即为日记中谈到的家刻先世遗诗集。盖郭以意城自叙颇详，他"不复叙论"，而以跋后略表其意。

检视馆藏稿本，《续编》卷九收"郭赠公诠世"诗十六首，小传云："诠世号吉皆，湘阴人。……孙嵩焘官侍郎貤赠光禄大夫。"卷十收"郭赠公家彪"诗十首，小传云："家彪号春坊，湘阴人。议叙八品，以子嵩焘贵，累赠至光禄大夫。"再检稿本《沅湘耆旧集补》，见卷十四收有"郭赠公世遵"诗一首，其小传云："世遵字佐平，别字鸿渚，湘阴人。……以孙嵩焘官广东巡抚，赠如其官。"同卷又收"郭侍读诚世"诗二首，小传云："诚世字葵臣，湘阴人……"

如此，郭嵩焘日记中提到的郭家四位长辈的诗均已收入稿本。而嵩焘三兄弟中两个先他而亡的弟弟的诗作也都选入了稿本。大弟郭昆焘，卒于

---

① 参阅王兴国：《郭嵩焘评传》，南京大学出版社，1998年，第23—26页。

光绪八年（1882），其诗三百八十七首，收在卷五十一至卷五十三内。小弟郭仑焘，卒于光绪六年（1880），其诗七十首，收于卷百四十四中。甚至连他最寄厚望却早亡的大儿子郭刚基①也有八十五首收在《续编》的百八十四卷中。试想，郭嵩焘对其家族的诗作在稿本中安排得如此周密，难道会唯独将自己的诗置于《续编》之外吗？

第三，将著作留之于后世，是郭嵩焘风烛残年念念于怀的心事。光绪十五年以后，郭嵩焘已是年老气衰，疾病缠身。三月初十日，他一夜剧咳，难以成寐。在当天的日记中写道：

> ……是夕苦咳，不寐且汗，感率成句：成仁取义生平志，老死柴门亦欻然。岂分三医连四表，竟愁一药送余年。惭无身后完存稿，尽有人间未了缘。病亦无名人更幻，此身原不落言诠。

意识到自己可能来日无多，郭担心死前会来不及处理完一生的文稿。正在此时，王先谦读了他初十日的诗作，与郭联系，愿帮他审订其文稿。此事记于郭三月廿九日的日记，云：

> 益吾次吾初十夜枕上一律，索予诗文稿为之审定，至是为和答云：枉荷名篇征散稿，语言郑重意殷然。欲提铅椠从求字，愿向穹苍更假年。延阁道山终有分，儒林文苑恐无缘。乾坤沉浊生悠缪，敢许微词待惠诠。

此后，郭加快了对其后事的部署。首先，他抓紧撰写自传，终于在光

---

① 郭刚基卒于同治八年十二月初四日，即1870年1月4日。

绪十五年九月成稿，取名《玉池老人自叙》。之后，又两次为《自叙》添写新章。同时，他聘请王先谦主讲思贤讲舍。王于光绪十六年初到任后，即着手恢复思贤书局，出版经其检校过的郭之文稿。当年就以思贤书局之名刊刻了郭的《礼记质疑》四十九卷、《大学章句质疑》一卷、《中庸章句质疑》二卷。翌年又刻郭嵩焘的《校订朱子家礼》五卷。[1]《郭嵩焘诗文集》中收有《〈礼记质疑〉自序》《〈大学章句质疑〉序》《〈中庸章句质疑〉序》各一篇，均署光绪十六年六月朔日撰。又有《书〈中庸章句质疑〉后》和《〈校订朱子家礼〉序》各一篇，未署撰日。在光绪十六年五月廿九日郭的日记中还记有："以检校《礼记质疑》一书，谢客一日。"光绪十七年四月初六日的日记又有"《家礼》之久经刻成"的记载。

光绪十七年五月之后，郭沉疴愈重。在五月廿六日的日记中，他写道："王益吾见属检存文稿交渠订正，勉强搜辑一日，得文百余篇。精力衰惫，不可支矣。"廿七日又云："干咳气喘已逾四月，讫无少减，恐无复求生之望，勉强支持，以文稿检交益吾，为身后之托。"廿八日则记曰："接王益吾信。检取现存各稿，以类装成六本，求益吾鉴定，并致益吾一信。"在他六月初二日的日记中则提道："致李佐周信，以四十以前抄存诗稿九卷属其鉴定。"可见，郭将文稿的检校嘱之王先谦，而诗稿则交予李佐周了。在六月初七日的日记中，郭写道："复王益吾信，并以杂文一卷，属之清缮。"六月初十日，郭记曰："接李佐（洲）［周］信。并承阅定旧诗稿四本。病惫已甚，不能复视也。"此时距郭逝世只有三天。在郭嵩焘的诗集中有一组他临终前的诗作，题为《枕上作》。其中一首吟道："覆瓿文章心自疑，枉蒙知己力维持。稍分经纬留人世，已是春蚕丝尽时。"以上种种，足见郭对将其著作留于后世的关切和所尽的努力。由此推及，他

---

[1] 参阅《郭嵩焘评传》，第191—192页。

对自己的诗作能否被收入《续编》，一定是很在意的。

第四，郭虽领衔续编之役多年，却不见记之于自叙和墓表。郭嵩焘在《玉池老人自叙》中，对其一生的经历和作为叙述颇详，但对领衔《续编》的事却一字未表。郭故世后，李鸿章为其撰墓表，王先谦作神道碑，对此也是只字未提。特别是王先谦所撰之文列出了郭一生已刻和未刻的著作，并未提及《续编》之稿。可见，郭不仅无意在《自叙》中自表其功，在朋友、同僚之中也不以《续编》领衔自居。

王先谦、周铣诒果然未负郭嵩焘之托。在郭辞世后的第二年，王先谦就与郭生前的另一位朋友杨商农（书霖）一起，整理编订出郭的奏疏十二卷、文集二十八卷和诗集十五卷，合为《养知书屋遗集》刊行①。周铣诒也在郭卒后四年，将《沅湘耆旧诗集续编》书稿完成。根据伦明之说，周笠樵在自序中称"例依邓氏，意主摭佚，如王湘绮辈，亦不及焉"。检视馆藏稿本，不见周氏自序，也无他人之序。但目录卷列《续编》始于邓显鹤，迄于郭嵩焘。郭的诗共二百四十五首，收在卷百五十二至百五十四共三卷中。郭嵩焘之后的各卷则为淑女闺秀、方外释道及鬼仙之诗。可见周铣诒确是谨依邓例，连诗名显赫的旧友王闿运之诗，因其在世，亦不纳入。遗憾的是，周铣诒未能将此书刊行，故未能完全实现郭嵩焘的遗愿。所幸该稿虽历经风险，又辗转海外，却仍存人间。然统检全稿，发现书稿已残。除缺书前序例之卷，郭嵩焘诗三卷、郭崑焘三卷、曾国藩一卷、吴敏树（南屏）三卷、刘蓉一卷和孙鼎臣一卷等亦付阙如，令人扼腕。好在所缺之重要诗主，其诗文均已单独刊行于世。推测序例卷应为卷首一卷。至于稿本卷首之端是否已题有编纂者，则不得而知，但序文无疑应对编纂者与纂书经过有所交代。

① 养知书屋是郭嵩焘晚年居所之一。

从伦明的叙述可知，他是读过周铣诒的自序的。恐怕这也就是为何他对稿本成书之过程能讲得简单却基本准确，但又不完全（如未提王闿运之贡献，推测周序即如此）。他的《辛亥以来藏书纪事诗》最初以连载方式，发表于1935年的《正风》半月刊①。但伦明是在此之前读到过稿本自序本身，还是自序在1935年以前曾以其他形式存在并流传过（如抄本或部分被抄出），还需考订。检视馆藏稿本，现有全稿分订六十五册。该书入馆时，每册均加盖有本馆财产登录号。从各册登录号连续无间断可知，该稿在入馆时已残。

有意思的是，岳麓书社曾于1986年出版过湖南图书馆所藏稿本《湘雅摭残》。该书可说是为《沅湘耆旧集》作续的又一可赞可叹的努力。该书收清道光末至民国初年湖南诗人六百四十三家，诗作近八千首②。该书卷九收周铣诒、周銮诒兄弟诗共十六首。在铣诒诗十三首之后，有作者评论一段。其中云：

> 闻笠樵任思贤讲舍监学时，郭筠仙主讲以所藏道咸同光四朝湘人已刊未刊诗稿七百余种，属其续编《沅湘耆旧集》，历五年始成，都二百卷。所选各家诗，悉依原本为先后，不拘五言七言相次之旧。他例一沿邓氏，且意主摭存遗佚，凡力不能自行于世者，录之较多。此稿卒未刊行，辗转落长沙易寅村师家，余曾见之。近闻竟遭匪毁损矣。

这段记述与伦明所记有许多相似甚至相同之处，但未言成书之过程，对周铣诒受郭嵩焘之嘱也以"闻"之记述。其全书"都二百卷"之说也不如伦明"都百九十卷"更为准确。但其所记后半段对该书体例的描述，则较

---

① 见《辛亥以来藏书纪事诗》出版说明。
② 参阅《湘雅摭残》出版说明。

伦明更加细致，且十分准确。如《续编》在各诗主下排列诗的顺序不再依《正编》的先五言后七言的旧例[1]，但其他方面仍一沿邓例。而且，作者张翰仪直言曾在易培基家见过此书。莫非此时易之所藏已缺序例之卷？抑或张氏在易家只翻看了某些诗作，并未读周氏自序？这些都有待进一步考证。

## 七、尚待解开的谜团

至此，本文前面所举伦明先生留下的疑团，经仔细考证，已一一解开。然还有两个谜团，虽已超出本文范围，但仍需有所交代。其一是伦明所言《续编》之二：

> 同时有吴称三德襄者，同时受侍郎之属，同时蒇事，但异其名曰《道咸同光四朝诗钞》，实一书也。稿为醴陵傅钝安所得，烬于丁巳七月长沙日报之火。

无独有偶，《湘雅摭残》一书中，也有相关记载。该书卷七收吴德襄及子吴新佑诗共十三首，德襄诗前小传中记有："……生平著作等身，其未刊之《群经考证》暨所辑《道咸同光四朝湘人诗钞》，原稿在傅钝安师处，惜毁于民国六年（1917）七月《长沙日报》之火。"

吴德襄（1821—1908），字称三，号笋樵，湖南醴陵人。由咸丰拔贡授城步教谕，先后在宝庆府学、永州府学和醴陵渌江书院教授讲学凡四十余年。为学长于考证，藏书积五万余卷，校勘笺释，丹黄满纸。所藏金石墨拓亦数百种之多。有《石笋山房诗钞》六卷等刊行于世。

---

[1] 邓显鹤《沅湘耆旧集》收诗依乐府、古体诗、近体诗之序；古体诗中又依先五言后七言之序；近体诗中则依五言律诗、七言律诗、五言绝句、七言绝句之序。检视《续编》稿本，收诗顺序无定序，盖如张翰仪所言依搜求到的各诗集原本已有顺序为次。

　　吴与郭嵩焘相识多年，相互之间也有来往。但令人颇为不解的是：第一，续编之举，工程颇大，所费时日和所需人力、财力，从馆藏稿本成书之艰难可见一斑。为何郭嵩焘要同时嘱两班人马而为之？而且，搜求所得或诗主亲朋呈交的底本常无副本，若两处行事，当何以处置？第二，郭从年轻时就养成记日记的习惯，起居见闻，出访迎客，大事小情，信件来往，无不记其详。特别是郭嵩焘从英国还乡归隐后的日记十分完整，直到其去世前一日，几乎每日都有，但笔者却没有找到关于此事的记载。在《郭嵩焘诗文集》中倒是有《石笋山房记》一篇①，记郭到醴陵时访吴称三所居石笋山，惊其宅"林园之胜甲一邑。有亭翼然，有溪澄然"。我们又知吴喜欢收藏，图书之外又好金石法帖，所费必不菲。可知他家境富实非一般，又珍爱图书。莫非郭嵩焘有虑于周荔樵家境欠殷富，恐其无力将《续编》付刊而做的另一部署？倘若如此，郭必应有所交代。但遍检郭自光绪五年回乡后至去世前凡十二年的日记，只找到有关吴称三的五六处记载。其中有光绪六年九月吴称三来信，为其子吴新佑求入思贤讲舍一条。光绪八年八月十五日，郭邀包括吴称三在内的多位朋友晚宴、行中秋之会一条。这之后在郭的日记中多年不见吴的名字，直到光绪十四年才又有三条记载。其中两条分别记于六月廿六日和六月廿七日。廿六日记吴称三来访，"述及刘希陶以陆氏事，致与沉梦兰、刘彦臣抵捂特甚"。廿七日则记"接吴称三信"。并回访吴称三处，"吴称三录示冯梦华论学书，语皆朴实有着落"。这两条记载了吴到长沙，顺访郭嵩焘。两人一来一往，所谈均有所记，并未提及续编之事。而在同年日记中找到的第三条，记于十二月初四，仅云"接吴称三信"。而且自此至郭嵩焘去世的二年半期间，在郭的日记中再未找到有关吴称三的记载。从郭记日记巨细无遗的风格看，漏

――――――――――

① 除《石笋山房记》外，《郭嵩焘诗文集》中还收有《跋吴称三所藏徐星伯收辑诸家尺牍册》一篇和《〈石笋山房诗〉为吴称三作》诗一首。

记此事，几无可能。而郭、吴两人绝非密友，来往也不多。这使郭将此事同时嘱之于吴的说法变得匪夷所思。莫非吴称三所辑《道咸同光四朝诗钞》并非受嘱于郭嵩焘？《湘雅摭残》的作者张翰仪就不曾有郭嘱之说。未知伦明所据为何？

第二个谜团是笔者在查考资料中找到李元度撰《〈沅湘耆旧集续编〉序》①。李序云："于是武陵杨性农驾部有《耆旧续编》之选。既迄事，命元度缀言简端。"可知，此《续编》为湖南武陵人杨性农所辑。

查检《湘雅摭残》，卷五收有杨彝珍（性农）诗二十首，但诗前小传和诗后评论均未提到《续编》之事。倒是全书前的"弁言"中写有："厥后②，常德杨性农、湘阴郭筠仙、永明周荔樵、吾邑吴称三诸先哲，相继从事补编，哀然成帙，未付剞劂，先后沦亡。"

杨性农（1806—1898），名彝珍，字性农（又作杏农），又字湘涵，湖南武陵（今常德）人。道光十年（1830）中举，道光三十年（1850）进士，选翰林院庶吉士，改兵部主事。杨长于诗，喜古文，其诗文之名尤显于湘西。他晚年专心讲学著述，有《（同治）武陵县志》《移芝室诗文集》《紫霞山馆诗钞》等传世。当年邓显鹤编纂《沅湘耆旧集》时，杨曾与罗研生一道佐之，邓在《沅湘耆旧集》自序中曾予鸣谢③。杨与郭嵩焘是多年的朋友，相互交往频繁，见之于郭的日记。《郭嵩焘诗文集》中亦收有《次韵杨性农见赠》等诗三首。

李元度《〈沅湘耆旧集续编〉序》未署撰年，但云："道光癸卯，新化邓湘皋学博选《沅湘耆旧诗集》，因地以为断，盖古国风之遗也。同治初，

---

① 李元度：《天岳山馆文钞》，收入沈云龙主编：《近代中国史料丛刊》第四十一辑，第569册，文海出版社，1969年。
② 此处"厥后"是指邓显鹤编《沅湘耆旧集》之后。
③ 李瀚章：《湖南文征序》，《湖南文征》卷首，同治十年（1871）原刊本，叶二。

湘潭罗研生中翰选《湖南文征》，与诗并行，如骖之靳。顾自癸卯（汔）[讫] 今，余三十年矣，作者代兴……"又云："湘皋、研生、性农三先生，俱与曾文正雅故。湘皋卒，文正表其墓，于《耆旧集》三致意焉。《湖南文征》成，文正特为之序。惜不及见《续编》耳。"道光癸卯年为1843年，是邓显鹤《沅湘耆旧集》刊刻之年。自其时起"余三十年"，应该是1873年之后。另外，曾国藩卒于1872年，亦可作为佐证。自1843年起至1883年，为四十年。故该稿必成于1873年至1883年之间。惜该稿亦未得刊刻。

李元度（1821—1887），字次青，又字芴庭，湖南平江县人。道光二十三年（1843）举人，官至贵州布政使。李与郭嵩焘是多年密友。光绪七年（1881），郭嵩焘年方十岁的二儿子焯莹（炎儿），由张力臣提亲李次青的女儿①，自此结为亲家。李与郭过从甚密，见之于郭的日记。郭的诗文集中收有郭所撰《李次青六十寿序》一篇，《覆李次青》书信一通和《与李次青方伯论吴有汉昌郡无吴昌郡》一篇。

以郭嵩焘与李元度和杨性农的关系，郭不可能不知道杨性农所辑《沅湘耆旧集续编》一稿。至于该稿与郭领衔编纂的《续编》有何关系，则有待考证。

## 八、结语

郭嵩焘主持编纂《沅湘耆旧诗集续编》的往事，由于该书未得刊刻，几乎在百余年来所积起的历史尘埃中归于湮没。他倾半生之力，得多人辅佐，共同搜集甄选的一千八百余湘人的一万八千首诗作的大部分，也因该稿本不知下落，几乎随如烟的往事灰飞烟灭，陷于沉寂。伦明先生七十多

---

① 定亲参阅郭嵩焘光绪七年六月廿五日的日记。郭子与李女于光绪十七年（1891）三月十三日完婚（其时李元度已故），参阅郭该日日记。该两则日记分别见《郭嵩焘日记》第四卷，第184、998页。

年前发出的慨叹，至今读来仍令人感受到他的失望与无奈。

本文以伦明先生所记为线索，考之于各种历史文献，特别是郭嵩焘的日记和他的诗文，再核之于馆藏稿本，终于得以将《续编》成书的大致经过、主要的参与人员及郭本人所起的作用基本理清。而稿本的存世也可使千余湘人的百年诗作重得彰显，再获传世。有感该书成稿之艰难，存世之幸运，谨依原韵，改伦明先生诗，作为最后的结语：

沅湘耆旧有续编，经年不舍赖筠仙。

百年文献聚非易，幸存海外未成烟。

（本文原载于《文献》，2011年第1期，第168—188页）

# 北美地区汉籍收藏史略

周欣平[*]

**摘　要：** 本文论述了从19世纪中叶开始汉籍流传到北美地区的历史，从早期的传教士、探险家和商人的收藏到汉学家和其他学者的收藏，再到由政府、基金会和高等学府主导的有系统的汉籍收藏，其规模之大，遍及北美各个地区。尤其是第二次世界大战之后，北美地区的汉籍收藏更是达到了高峰。今天，北美地区众多的世界著名大学里有大规模、完备和高质量的汉籍收藏，其藏量和收集的深度为西方世界之最。本文亦讨论了一百多年以来，北美地区汉籍收藏过程中所涉及的一些重要人物以及北美汉籍收藏与北美汉学和中国研究之间的关系，力图展现这个前后跨越了三个世纪的东学西渐过程。

**关键词：** 海外汉籍　北美汉学　北美中国研究　东学西渐　中西学术交流　中西学术史

* 周欣平，美国加州大学伯克利分校东亚图书馆馆长。曾任北美东亚图书馆协会主席，并曾在中、美多所大学任职。代表作有《文明的交汇》《东学西渐：北美东亚图书馆1868—2008》等。主编《赵元任日记》《柏克莱加州大学东亚图书馆藏宋元珍本丛刊》《柏克莱加州大学东亚图书馆藏稿钞校本丛刊》《翁方纲经学手稿五种》《清末时新小说集》等十余部中、英文学术书籍，并发表了大量学术论文。

## 一、综述

从 19 世纪开始，汉籍流传到北美地区，这个过程也是中华文明向世界其他地区扩散的一个部分。汉籍承载着中华文明的思想体系和民族价值观。中华文明思想体系随着汉籍在北美地区的流传开始在北美地区传播，中华民族尊崇典籍的传统亦被北美地区的人民所尊重。通过对汉籍的了解，北美地区的人民开始了解中国的历史与文化。我把这种中华民族的思想和价值体系及文化传统百年来向西方逐渐扩展的过程称为"东学西渐"现象。

近年来，学界对北美地区的汉籍流传史多有研究。由笔者 2010 年主编的《东学西渐：北美东亚图书馆 1868—2008》一书的英文版出版之后，中国大陆和台湾地区又分别出版了这本书的中文简体版和繁体版两种版本。作为第一部全面反映北美最大的二十五个东亚图书馆历史的专著，它描述了一百多年以来中国、日本和朝鲜（韩国）的书籍在北美地区的传播和存藏历史，时间上跨越了三个世纪，同时也展示了北美地区一批最著名的研究型大学里汉学及中国学研究的历程，讲述了许多不为人知的故事。目前这本书的英文版已经在美国的一些大学的东亚研究课程中被使用，成为研究海外汉学和东亚研究的重要参考书之一。

今天我们回顾北美地区的汉籍收藏史实际上也是一个回顾东学西渐的过程。众所周知，在人类收藏文献和文字档案的两千多年的历史中，在前一千五百年里，中国、日本和朝鲜（韩国）的印刷文献，不论从数量和影响力上来说，都居世界强势地位。在古腾堡（Johann Gutenberg）发明活字印刷机以前的几百年里，刻版印刷物就已经在东亚各国广泛流传。一百多年前，这些印刷物来到了美洲，从而带动了北美学界对东亚诸国的研究。今天，在北美的大学图书馆里，来自世界各地的书籍大多综合统一存放，唯有来自中国、日本和朝鲜（韩国）的书籍自成一体，单独陈列。这种东方学术和西方学术共存与对比的收藏体系实际上也是人类文明发展的写照。从学术发展史上来看，源自欧洲的文明（包括北美洲）和源自东亚的文明所产生的学术成果无疑是今天人类知识架构中最庞大和最重要的两大组成部分。我们探讨汉籍在海外的流传实际上是在寻找东、西方学术思想的交融点和学术思想传播的轨迹。从这一点来看，北美汉籍收藏史是中华学术思想在西方传播的缩影。

当第一本来自中国的图书到达美国时，美国正处在向世界强国地位冲刺的起跑线上。1869 年，同治皇帝将明清重要刻书十部共计九百三十三册赠予美国国会图书馆，为北美中文书籍典藏的滥觞，也标记着中美文化交流的起始。其实，西方的学术思想传播到中国与东方的学术思想传播到北美在时间上是差不多的。西学东渐与东学西渐是一个对等的历史现象和契机，对于东西双方来说都是重要的。19 世纪末，一些学者型的传教士来到中国传播基督教和西方的思想。他们回到美洲后，把一些中国的典籍和中国的学术思想也带回了美洲。

北美地区汉籍收藏的发展当然也离不开北美的社会文化生态和国际政治经济大环境。北美地区汉籍收藏的高速发展期明显开始于二战之后。随着两次世界大战的发生，美国国力急剧上升，美国人也更迫切需要了解中国。20 世纪 60 年代后，许多大学开始教授中文，并增设有关中国研究的课程。继国会图书馆和各个顶尖大学的图书馆之后，许多重要大学的图书馆也都配合教学和科研，开始有系统地收集中文出版物。与此同时，美国的各大基金会，如洛克菲勒基金会（The Rockefeller Foundation）、福特基金会（The Ford Foundation）等也注入了大量资金，帮助美国的大学和研究机构建立大规模的中文馆藏。到了 20 世纪下半期的冷战时期，美国《国防教育法》（*The National Defense Education Act*）又以政府拨款的方式，从法律和资金方面给各大学发展中文馆藏提供了强有力的保障。

北美地区大学里的汉籍收藏都各自具有明显特色。比如说，加州大学伯克利分校的东亚馆藏与邻近斯坦福大学的东亚馆藏就很不一样。美国东部著名大学的汉籍收藏和美国西部著名大学的汉籍收藏的特点也不大相同。每个馆藏的创建与成长都具有它独特的时代和地域文化背景，都有一批具有智慧和远见卓识的开拓者们的辛勤投入，经历了百年沧桑和历史演变，方才达到了今天的规模和气势。探讨它们的发展史就必须将这一百多年里的重大历史事件、人物和社会文化背景做一番梳理、记录和回顾，追溯这段人类历史上前所未有过的东西方文化交流与融合的史实。

另外，汉籍的流传无疑也在一定程度上影响了北美地区学术研究的发展。北美地区的学术研究从建立起开始就依照欧洲学界的传统和方式，是欧洲学术传统的延续。这个单一的发展进程在汉籍流传到美国之后有了转变。北美的学术机构逐渐开始了汉学的研究。二战以后，美国的汉学研究又脱胎换骨变成了全方位的中国研究，研究的视野也从儒家经典和古代文献转到了人文社会科学各个领域对中国的研究，除了文史哲等传统领域，也包括了政治、经济、文化、外交、民俗、金融、贸易等方方面面。二战以前北美中文藏书基本上是以文史哲为主的传统汉学馆藏。二战以后，费正清（John King Fairbank，1907—1991）等人建立了范围更为广泛的中国研究，把研究的视角扩展到当代政治、经济、军事、外交和社会科学的所有领域。

今天，北美各个典藏机构收藏的汉籍超过了一千万册。根据北美地区东亚图书馆协会的统计数据，现今北美地区收藏中国书籍最多的单位依次是美国国会图书馆、哈佛燕京图书馆、普林斯顿大学葛思德东亚图书馆、加州大学伯克利分校斯塔东亚图书馆、哥伦比亚大学斯塔东亚图书馆、芝加哥大学东亚图书馆、密歇根大学亚洲图书馆、耶鲁大学东亚图书馆、康奈尔大学华森文库、多伦多大学东亚图书馆、斯坦福大学东亚图书馆、英属哥伦比亚大学亚洲图书馆、加州大学洛杉矶分校东亚图书馆、华盛顿大学东亚图书馆、匹兹堡大学东亚图书馆等。它们的馆藏包括大量善本，上溯中国早期的雕版印刷品、敦煌写卷，下至宋、元、明、清珍本，汉籍收藏丰富，学科齐全，珍品荟萃，足以提供深度的教学与科研资源，是传承和弘扬东方文明的重要资源。

从21世纪开始，随着电子科技时代的来临，北美地区的各东亚图书馆大力引进光盘、网络云端数据库及多媒体资源方面的汉籍数字文献，进而提供全新的信息服务和数字图书馆建设。这反映了今天北美的汉籍收藏已经进入了一个全方位、多层次的时代。新科技改变了我们的收藏方式和收藏内容。

## 二、北美地区汉籍收藏的回顾

在北美地区最早收藏中文书的是美国国会图书馆。美国国会图书馆也是世界上收藏书籍最多的图书馆，它成立于1800年。1869年，清朝同治皇帝向美国国会图书馆赠书，此为北美地区汉籍收藏之始。时至今日，美国国会图书馆收藏中文书籍的数量仍为各家之首，其中以传统学术著作最为著名，包括《永乐大典》《古今图书集成》和敦煌残卷在内的宋、元、明、清善本两千多种以及大量的地方志、档案、纳西文献等珍稀文献。美国国会图书馆馆藏的藏文书籍也非常优秀，有从8世纪至今的藏文文献、宗教文本、传记、乐谱、语法、世俗文学、历史、传统医学、占星术、图像学和其他社会科学方面的书籍。

美国国会图书馆的中文典藏隶属亚洲部，由美国汉学研究的先驱恒慕义（Arthur W. Hummel, Sr., 1884—1975）于1928年建立。该部的名称曾多次改变。最早成立时称为中国文献部，1932年改为东方文献部，在1978年正式被命名为亚洲部。

恒慕义于1884年3月6日出生于密苏里州的沃热顿镇。他于1909年毕业于芝加哥大学，获得学士学位。1931年，恒慕义获得荷兰莱顿大学的博士学位，他博士论文的题目是《一个中国历史学家的自传》（*The Autobiography of a Chinese Historian*）。他的孪生兄弟于1908年开始在南京金陵大学的前身汇文书院教授历史和宗教学，恒慕义来中国看望他兄弟时，对中国产生了兴趣。不久他就和他新婚的妻子于1914年接受美国基督教传教会（American Board of Commissioners for Foreign Missions）的派遣来到福州传教。在从事教会工作的同时，他对中国的铜币和地图产生了浓厚的兴趣，于是他开始用福建的方志作为自学教材来研究中国的语言、历史和地理，并对中国传统学术有了较深的了解。他后来在任职美国国会图书馆亚洲部主任期间大量收集中国的地方志，与他这一段经历是分不开的。1924年，他来到了北平，在燕京大学为从欧美来的学生讲授中国历史和文化科目，也就是国学指南，前后长达三年之久。1927年，他回到美国后，在华盛顿，与美国国会图书馆地图部主任马丁（Colonel Lawrence Martin）谈到了他在中国收集中国地图的故事。马丁随后请恒慕义把他收集到的中国地图拿到华盛顿来给他过目。恒慕义就把他的三十八幅明、清两代的地图送到了美国国会图书馆给马丁和当时的图书馆馆长普特曼（也译作普特南）看。普特曼看后当即就聘请恒慕义来国会图书馆筹建亚洲部[①]。次年，恒慕义正式担任国会图书馆亚洲部（当时叫作中国文学部）的主任。恒慕义至此建立美国国会图书馆亚洲部，开创了美国图书馆收集汉籍之先河。

在恒慕义任亚洲部主任期间，他邀请了多个重量级的中国学者到国会图书馆作短期工作和访问，其中包括方志学家朱世嘉，朱后来著有《美国国会图书馆藏中国地方志目录》一书；中国图书馆事业的先驱袁同礼在国

---

① See Edwin G. Beal and Janet F. Beal, "Arthur W. Hummel: 1884-1975", *Journal of Asian Studies*, Vol. XXXV. No.2（February 1976），pp.265—276.

会图书馆工作期间编写了《西方文献中的中国》（*Chinain Western Litera-ture*）一书；图书馆学家王重民也在国会图书馆访问期间编写了《美国国会图书馆所藏善本书录》一书；文献学家邓嗣禹也曾经在美国国会图书馆工作，后来他和他人共同编写了《中文参考书目选注》（*An Annotated Bibliography of Selected Chinese Reference*）一书，这是他在图书文献方面最重要的一部书，也是美国汉学研究学者的必备书。历史学家房兆楹曾一度担任恒慕义的助手，并参加了由恒慕义在 1934 年主编的《清代名人传略》（*Eminent Chinese of the Ch'ing Period，1644-1912*）的编写工作，这是海外汉学研究的一部工具书。当时还年轻的美国著名汉学家费正清也参加了该书的编撰工作。另外在恒慕义的协助下，抗战期间北平图书馆的两千八百册珍贵善本书由著名图书馆专家钱存训负责押运到美国，以避免在战争中遭到损害或劫毁。这批国宝在 1941 年日本偷袭珍珠港、太平洋战争爆发前一个月运抵美国国会图书馆。恒慕义后来在征得时任驻美大使胡适的同意后，将这批善本书全部拍摄了缩微胶片，并按胡适的要求，免费向中方提供三套胶片。这批珍贵藏书现存台北故宫博物院。

北美地区几乎所有重要的大学今天都有汉籍收藏。而最早收藏汉籍的大学则是耶鲁大学。1878 年，中国第一位留美学人容闳（1828—1912）将他的私人藏书一千二百八十余册赠送给耶鲁大学，为该校中文典藏的开始。在他捐赠的书中还包括了一本 1716 年印刷的《康熙字典》。

容闳于 1846 年来到美国，先是进入一所预科学校学习，尔后进入耶鲁大学。1870 年他开始倡导在耶鲁开设中文课程，他给耶鲁的捐书也和这一倡议相关，他还希望能够通过他的捐书让耶鲁抢在哈佛大学之前开设中文课程。在容闳捐赠中文图书时，耶鲁大学已经准备好了在研究生课程中设一个中国语言文学的教职。1877 年，在华传教士、学者和外交官卫三畏（Samuel Wells Williams，1812—1884）出任耶鲁大学首个中文教职。

图 1

容闳是第一位从美国大学毕业的中国留学生，耶鲁大学 1854 届毕业生，这张照片来自他的班级相册。①

在耶鲁大学开始收藏中文典籍的一年之后，1879 年，来自宁波的华人戈鲲化到哈佛大学教授中文，他被誉为在哈佛大学教书的第一个中国人。当时波士顿地区的一些哈佛大学的校友参与对华通商，在与中国人做生意时他们深感语言交流不便，于是就向母校哈佛大学建议在该校设立中文课程，培养会说中文的人才。19 世纪末的宁波是中美通商的重要港口，住在宁波经商的哈佛校友就推荐了戈鲲化来哈佛教中文。戈鲲化带来了一批中文书籍用于汉语教学，包括他所用的汉语课本，这些书籍成为哈佛大学中文典籍的最早收藏。可惜的是，戈鲲化到达哈佛大学两年后就去世了。

哈佛大学真正开始系统地收藏中、日典籍是在戈鲲化去世三十多年以后。1914 年，两位来自日本的学者服部宇之吉和姉崎正治为哈佛带来了五千册中文书籍，包括《古今图书集成》《大藏经》和《续藏经》等。1923 年，哈佛大学开始拨出五千元美元专门用于购买中文图书，这种逐年系统采购汉籍的做法延续至今。今天，哈佛大学燕京图书馆已经成为北美大学里最大的汉籍收藏机构。

在北美众多研究型大学的东亚图书馆里，宾夕法尼亚大学的东亚图书馆不算大，但它的历史却非常悠久。1891 年，宾夕法尼亚大学建立麦嘉缔

---

① 本文主要内容出自笔者出版的《文明的交汇》(商务印书馆，2022 年)一书，照片均来自由笔者主编的《东学西渐：北美东亚图书馆 1868—2008》，台北华艺出版社，2019 年和 Peter Zhou (ed)，*Collecting Asia：East Asian Libraries in North America，1868—2008*，Ann Arbor：Association for Asian Studies，2010。

东方馆藏。麦嘉缔（D. B. McCartee，1820—1900）是19世纪来华传教士，主要在宁波地区传教。作为一名医学传教士，在华期间他对中国的博物学颇有研究，并撰写过相关的论文数十篇。他在1891年向他的母校宾夕法尼亚大学捐赠了他从中国和日本收集来的一千多册中、日文书籍。在当时的美国，这批中、日图书的数量算是很大的了。他的这一笔捐赠成为宾夕法尼亚大学收集中文典藏之始。在这之后的几十年里，宾夕法尼亚大学并没有继续收藏中文图书。但在1926年的费城世界博览会上，中国北洋政府把送到费城来展览的一箱中文图书赠送给了宾夕法尼亚大学，从那之后，宾夕法尼亚大学才开始系统地收集汉籍。

位于美国西海岸伯克利的加州大学建校于1868年。由于该校地处美国太平洋地区的西大门，从建校开始，加州大学就被定位为面向亚洲的大学，并在建校四年后设立了东方学讲座教授席位。1896年，当时在上海江南制造局担任首席翻译的英国人傅兰雅（John Fryer，1839—1928）受聘来到伯克利接受这个席位，成为加州大学历史上第一位讲座教授。傅兰雅开始在伯克利讲授中国语言文学，并创建了东方语言文学系。傅兰雅于19世纪中期在上海江南制造局翻译署主持工作，把西方著名的科学技术著作翻译成中文，先后主持翻译了一百五十七部西方科学技术著作，极大地影响了晚清中国的变革，被学界誉为"构建东西方文化交流之桥梁的巨匠"和"传递科技之火于华夏的普罗米修斯"。1896年，傅兰雅把他个人在中国收集到的两千多册书籍带到伯克利，为该校汉籍收藏的开始。傅兰雅的赠书是美国西部地区第一批汉籍收藏。二战后，该校成立了东亚图书馆。进入21世纪后，加州大学伯克利分校又建了亚洲之外第一座东亚图书馆大楼，使该校的汉籍收藏更上一层楼。

哥伦比亚大学于1901年建立丁良讲座教授席位，开始教授中文课程。哥伦比亚大学校长在建立了丁良中文讲座教席后，委托美国驻华大使向清政府请求捐赠图书。1901年，李鸿章在去世前，代表慈禧太后向哥伦比亚大学赠送了五千零四十四册《钦定古今图书集成》一套。这套书于1902年运抵哥伦比亚大学，成为哥伦比亚大学中文典藏的开始。哥伦比亚大学的中文藏书丰富，以传统文献为主。另外，该校民国档案的收藏乃北美地区各藏家中之翘楚。值得一提的是20世纪中期在胡适、唐德刚等学者的推动倡导下，该校开始了民国名人档案的收藏和口述历史工作，保存了大量丰富资料，开创了北美高等学府进行中国近代史口述历史工作的先河。

几乎与哥伦比亚大学同时，康奈尔大学在1902年开始收集中文书籍，并接受了当时在康奈尔大学学习的中国留学生们的赠书共三百五十册。但是，康奈尔大学最重要的有关中国的藏书——华森文库却是在十六年后的1918年建立的。华森（Charles W. Watson，1854—1918）是康奈尔大学的校友。出于一个偶然机会，他对中国产生了兴趣，并成为一位毕生收集有关中国的出版物和汉籍的人。华森于1854年出生在美国的克利夫兰市。早年他对火车的电气化感兴趣，后来成为多个火车公司和电力公司的老板。1903年，他和妻子到中国旅游，对这个当时正在经历社会转型的文明古国产生了极大的兴趣。从中国回来后，他开始收集有关中国的书籍。他的志向是通过建立一个有关中国的典藏来增进中美两国人民之间的了解。因此他不遗余力地收集了当时市面上用英文出版的每一本有关中国的书籍，同时也请他的出版商朋友 Arthur W. Clark 在全世界范围内收购其他语种出版的有关中国的书籍，所收集到的重要藏书有与18世纪中国外交方面有关档案、清代中国海关资料、八国联军入侵中国时幸存的《永乐大典》残卷、18世纪和19世纪来华商船的航海日记等。他的华森文库成了当时著名的中国学研究特色文库，兼有中、西文献。1918年，华森去世时，这个文库已经有九千多册书籍、期刊、档案、文稿和报刊汇编资料。华森生前立下遗嘱，死后将这个文库捐献给他的母校康奈尔大学。1919年，康奈尔大学正式接管华森文库，成为北美收集中文典藏的重要大学之一。华森文库也是20世纪初北美著名的西文中国研究文库，是最早建立的以研究中国为目的的中西文混合特色文库；它初步奠定了西方研究中国问题的文献框架。

20世纪初，来自中国的留学生有一大批人来到了康奈尔大学，包括第二批庚子赔款出国留学生中的胡适和赵元任。在倡导以书籍传播文化思想方面，胡适做得尤为突出。1911年10月19日，他致信康奈尔大学图书馆馆长说道："我常以为，若缺中文书籍，美国图书馆虽不减其价值，但若拥有中文书籍，美国图书馆则必定更为完美。中文已有四千年的历史和超过四亿之众的使用者。唯有经由这一语言，人们方能理解东方文明的起源、历史和真正伟大之处。须知，东方也曾经有过自己的米尔顿和狄更斯。"他建议："为帮助图书馆发展，为使美国朋友未来学习中文有资料之助，同时也为康奈尔大学未来汉语系的建立，我们祈望康奈尔大学图书馆能接受我们捐赠的中文书籍以建立一个中文书库。"①

华森文库在康奈尔大学落户三年后，地处太平洋的夏威夷大学于1922年开始收藏汉籍。夏威夷是美国距离中国最近的一个州，它深受日本和中国文化的影响。一些中国著名的政治家和学者，如孙中山、梁启超等人都曾经把夏威夷作为他们的活动基地。清朝末代皇帝溥仪也曾捐赠给夏威夷大学一套1884年刊印的《古今图书集成》，后来华人学者李方桂也向夏威夷大学捐赠了三百多册他的语言学研究方面的藏书。这些文化和学术交流都使得夏威夷大学的中文藏书变得多样而丰富。夏威夷大学收藏的晚清至民国期间夏威夷地区华人社团出版的报刊名录和其他中文出版物是一特色。另外，该校收藏的清代资料，中国东南沿海各省、县镇的地方史和族谱，各省的历史，特别是广东、福建和台湾地区的地方史料，以及太平天

---

① 康奈尔大学藏胡适档案，1910—1963（#41—5—2578）和由胡适编辑的"中国学生1911年12月28日捐赠康奈尔大学图书馆图书清单"，收藏在康奈尔大学图书馆善本及特藏部。

国农民起义和少数民族等方面的资料皆为可贵。

1926年,葛思德中文图书馆在加拿大的麦吉尔大学建立,最初约有藏书二百三十种八千多册,开始的人员经费基本上由葛思德(Guion Moore Gest,1864—1948)本人提供,麦吉尔大学仅提供藏书馆舍。不久,麦吉尔大学正式接管这批中文书籍,并于1928年聘请华人学者江亢虎来校讲授汉学并协助扩展葛氏的中文图书馆,开始从中国购书。但随后发生在美国的经济大萧条波及加拿大,使麦吉尔大学经费拮据,被迫关闭了葛思德中文图书馆,并在1934年终止聘任江亢虎。葛思德不得不开始寻找藏书的去处。1936年,美国普林斯顿高级研究院宣布购买葛思德中文图书馆所藏的全部图书。同年,葛思德中文图书馆的藏书从加拿大的蒙特利尔运到了普林斯顿,改名为葛思德东方图书馆(Gest Oriental Library)。1936年至1948年间,汉学家孔念礼(Nancy Lee Swann,1881—1966)在普林斯顿高级研究院主持葛思德东方图书馆的工作。1948年6月,普林斯顿高级研究院将葛思德东方图书馆移交给普林斯顿大学,成为普林斯顿大学图书馆的一部分,延续至今,为海外重要汉籍收藏之一。

葛思德是葛氏工程公司的老板,他在20世纪头二十年里经常到中国做生意。在华期间,他的青光眼疾病通过中医治疗得到了很大改善,因此他开始对中医产生兴趣,并请他的朋友、美国驻华公使馆海军上校义理寿(I. V. Gillis,1875—1948)替他采购有关眼科的中医书籍。后来他的采购又扩展到其他领域,最后转到中国传统文化和汉学典籍方面。义理寿娶了一个满族女子为妻,并辞去了海军上校的职务,开始与北平的上流社会交往。他从宣统皇帝的老师陈宝琛那里购得八千多册珍贵中文藏书,也从张之洞、李鸿章和蔡元培等人那里购得部分书籍。葛思德藏书中有大量中国古代医学方面的著作和善本古籍。华人学者屈万里于1975年为该藏书纂写了书志,指出该藏书中有三百多种没有被《四库全书总目》提到,尤为珍稀可贵。①

　　1933 年，加拿大中华圣公会河南主教怀履光（Rev. William Charles White，1873—1960）收购了中国学者慕学勋所藏古籍约四万余册，其中除有少量宋元明版刻本外，以清代刊本为多。慕学勋曾在北京德国公使馆担任中文秘书长达十七年，此人一生致力于搜集中国古籍，民国年间曾自编自印过个人藏书目录《蓬莱慕氏藏书目》。怀履光于 1935 年将这批书连同他在中国河南和山东等地收购的约一万册地方志和五千册拓片一起运至加拿大多伦多，捐赠给多伦多大学，成为多伦多大学中文藏书的开始。

　　与上面谈到的来华传教士傅兰雅和麦吉尔相比，怀履光在中国却没有他们那样良好的名声。怀履光是加拿大圣公会传教士，于 1897 年来华，先后在福建和河南传教，并于 1910 年担任河南开封加拿大圣公会主教直至1934 年回国。在华三十七年，除了致力于传教活动和社会福利事业外，怀履光从 1924 年开始，为加拿大多伦多市的安大略省皇家博物馆在中国大肆搜集文物，并把大量宝贵的中国文物运到加拿大，仅在 1925 年这一年就达数百件之多。怀履光也曾参与了洛阳金村周墓和马坡周墓出土文物的盗掘。据《洛阳市志》记载："金村周墓位于汉魏洛阳城的东北隅，是东周王陵及贵族的墓葬。1928 年夏秋之交，因大雨致使墓室塌陷，加拿大传教士怀履光闻讯即觅人盗掘，费时六年。共发掘八座大型木椁墓，出土文物多达数千件，大都被送往加拿大卖掉。"

　　1936 年，芝加哥大学成立了远东图书馆（今东亚图书馆），是美国中西部地区最早收藏中国图书的图书馆。芝加哥大学远东图书馆的建立得到了洛克菲勒基金会的资助。建馆初期，该馆仅有八百多册中文书籍和两千多册由顾立雅（Herrlee G. Creel）捐献的中文期刊。八年之后，芝加哥

---

① 参见屈万里：《普林斯顿大学葛思德东方图书馆中文善本书志》，艺文印书馆，1975 年。

大学远东图书馆收购了该馆历史上最重要的一个馆藏，即著名的纽伯尔图书馆（Newberry Library）的中文馆藏。纽伯尔图书馆的中文馆藏是由20世纪初著名的汉学家、德裔美籍学者伯托尔德·劳费尔（Berthold Laufer，1874—1934）帮助纽伯尔图书馆建立的。在20世纪30年代，美国有两个很著名的汉籍典藏，一个在纽伯尔图书馆，一个在约翰·克勒拉图书馆（John Crerar Library），这两个图书馆都在芝加哥。纽伯尔图书馆是以收藏欧洲文明特藏文献、手稿和珍品而著名的私人图书馆，而约翰·克勒拉图书馆则是以收藏科学文献而著名的科学图书馆。劳费尔为纽伯尔图书馆购买的书有两万多册，大部分是文史方面的汉籍，也包括一些藏文、日文、蒙古文和满文书籍。他也为约翰·克勒拉图书馆收集了大约一万多册中文书籍，着重在农业、医学、地理和自然科学领域。1928年，约翰·克勒拉图书馆将其中文藏书卖给了美国国会图书馆，纽伯尔图书馆的中文书籍则在1944年被芝加哥大学收购。

华人学者钱存训长期担任芝加哥大学远东图书馆的馆长。在他主持工作期间，除了开拓中文藏书，他还在芝加哥大学协助开设了中国图书史和图书馆学方面的博士课程，为美国学界和图书馆界培养了一批精通中国印刷史和历史文献学方面的人才。芝加哥大学的中文藏书在汉学经典、哲学、考古学、历史、文字学、艺术史和文学方面收藏丰富，别具特色，在善本、地方志和丛书方面的收藏也实力雄厚。

在芝加哥大学开始建立中文馆藏一年后，位于西雅图的华盛顿大学也开始了汉籍的收藏。同加州大学伯克利分校一样，华盛顿大学也是一个地处美国西部，面向亚洲的大学。另外，同芝加哥大学一样，华盛顿大学第一批中文图书采购项目也是经由洛克菲勒基金会的资助而开始的，同时该校也从本校的教授手中收集到了一些私人收藏的中文书籍，一并组成了该校的汉籍典藏。从那之后，华盛顿大学的东亚研究迅速启动，成为美国西部研究中国问题的重镇，吸引了一大批著名华人学者如萧公权、李方桂、施友忠等到该校任教。华盛顿大学中文馆藏是二战后美国发展最快的中文馆藏之一，其中包括在 1952 年入藏的洛克藏书（Joseph F. Rock Collection），收有洛克在 20 世纪 20 年代早期从云南和西藏地区收集到的少数民族文献和地方志。

位于斯坦福大学的胡佛研究所是研究革命、战争、国家政策和国际关系等问题的著名美国智库和研究机构，它始建于 1919 年。但是它收藏中国文献却是从二战后的 1945 年才开始的。著名中国问题研究学者费正清的第一个学生芮玛丽（Mary Wright，1917—1970）为胡佛研究所中文馆藏的创始人。芮玛丽在胡佛研究所建立中文典藏之初就把眼光投到了当代中国政治、经济研究领域，以此为胡佛研究所的中文典藏定位，包括收集中共党史档案、解放区小报、革命宣传画等资料。这些举措不但迅速扩充了胡佛研究所的中文典藏，而且还影响了二战后美国的中国研究方向，使大批学者和学生加入当代中国社会政治和经济问题研究的行列。这种传统一直延续到今天。斯坦福大学胡佛研究所近年来收藏的"两蒋日记"就是一例。斯坦福大学胡佛研究所的东亚图书馆于 2001 年并入大学图书馆系统，但档案文献仍留在胡佛研究所。该东亚图书馆的中文馆藏主要侧重在社会科学和近现代中国研究方面，古代中国研究、历代传世文献和古籍相对较少。从 21 世纪开始，该馆开始全面扩充中文馆藏，收集领域扩展到古代中国在内的人文社科研究的所有领域，藏书的深度和广度都有了长足的发展。

同样在二战后建立并迅速发展起来的中文典藏还有加州大学洛杉矶分校的馆藏。1948 年，与芮玛丽一样，加州大学洛杉矶分校中国研究的创始人、汉学家鲁德福（Richard C. Rudolph，1909—2003）来到上海、北平、兰州、西宁、成都、汉口和广州等地收集中文书籍。与芮玛丽不同的是，鲁德福收集的重点在中国传统学术领域，包括丛书、文集、国学参考书，考古学和古籍善本等。他采购的这批书籍成了加州大学洛杉矶分校中文典藏的开始。后来加州大学洛杉矶分校的东亚图书馆也以他的名字被命名为鲁德福东亚图书馆，以纪念这位卓越的学者和他在发展东亚馆藏方面作出的重要贡献。这也是至今美国唯一一个以汉学家的名字命名的东亚图书馆。鲁德福从中国收集到的大量考古和艺术史方面的资料使得加州大学洛杉矶分校的汉籍藏书在这一方面尤为出色。另外，加州大学洛杉矶分校中文藏书在戏剧、民俗、中医和近代史资料方面也为人称赞。

在鲁德福来华收集中文书籍的同一年，密歇根大学于1948年开始收集东亚书籍。但在最初的十年里，该校馆藏发展侧重在日文文献，汉籍收藏较少。随着战后美国经济的迅速发展，拥有美国汽车工业产业的密歇根州政府为高等教育注入了大量资金，促进了密歇根大学中国研究的蓬勃发展。中文馆藏发展也后来居上，一跃成为美国主要的中文馆藏之一。尤为重要的是，该馆购得了大量中文古籍善本的缩微胶片，包括原北京图书馆（今中国国家图书馆）、台北"中央图书馆"以及日本、英国等国藏有的中文善本和罕见文献胶片，弥补了该馆中文古籍善本不多的局限。

1950年，华人学者邓嗣禹从芝加哥大学来到印第安纳大学开设中国研究课程。邓嗣禹早年在燕京大学师从洪业和邓之诚，并编辑过燕京大学图书馆目录。他的到来成为印第安纳大学中文典藏的开始。该大学最早的汉籍都是由邓嗣禹精心选购的，主要是汉学研究的核心文献和工具书，其古籍善本部分则来自该校华人教授柳无忌的私人收藏和从日本、中国香港等地购得的明、清刊本。柳无忌是20世纪初期中国诗坛泰斗及南社代表人物柳亚子之子。他的藏书有与他研究有关的元、明戏曲研究资料和诗文及通俗文学类的书籍。邓嗣禹在汉籍收藏方面的工作使广袤的美国中西部农业地区第一次有了来自中国的书籍收藏，进而填补了地域方面的空白。

1952年，明尼苏达大学收购了德国学者石坦安（Diether von-den Steinen，1903—1954）的私人藏书一万多册，大多是中文古籍，善本不多。这批图书成为明尼苏达大学中文典藏的开始。明尼苏达大学大规模收藏中文藏书正式开始于1965年。那年，裘开明从哈佛燕京图书馆退休，被聘请来明尼苏达大学建立东亚图书馆。在裘开明的指导下，该校开始系统地收藏中文书籍。裘开明上任后不久就大举收购中文书籍，企图让该校进入全美优秀中文藏书机构之一，可是由于明尼苏达州的亚洲人口不足，缺乏多元文化氛围，他的计划未能实现。由此可见，海外汉籍的收藏往往会受到地域文化的影响和制约。

1959年，加拿大的不列颠哥伦比亚大学收购了澳门藏书家姚均石所藏的蒲坂藏书，开始了该校的汉籍典藏。蒲坂藏书顾问，原香港大学冯平山图书馆馆长李直方对这批书籍做了如下描述："蒲坂藏书计有线装古籍约三千二百种，四万五千余册，多半为广东著名之南州书楼旧藏。"这批书中有宋、元版图书和大量明、清刊印本，包括地方志、历代典籍、丛书和历史文献，又以与广东有关的传世文献居多，如广东省的历史、文献、地方志、文学书籍和手稿。后来该馆还购得景颐斋文库和宋学鹏文库的藏书，前者含明清刊本四千多册，后者收录图书五百余册，部分为广东省地方志。这是加拿大最重要的中文善本藏书之一。

为了与苏联进行太空和科技领域的竞争，美国国会于1958年通过了《国防教育法》，给美国的高等教育注入了大量资金。该法案明确规定要在四年制大学里开始外语教学课程并加强图书馆建设。于是许多美国大学都利用联邦政府的资金相继设立了中文馆藏，开始系统收集中文书籍。其中就包括1959年建立的堪萨斯大学中文馆藏、1960年建立的匹兹堡大学中文馆藏、1961年建立的俄亥俄州立大学中文馆藏、1964年建立的北卡罗来纳大学教堂山分校中文馆藏、1965年建立的伊利诺伊大学香槟校区亚洲馆藏和1967年建立的加州大学圣地亚哥分校中文馆藏等。这些汉籍馆藏一般所拥有的古籍善本相对较少，除了收集重印的古籍外，馆藏重点在20世纪出版物方面。这些汉籍收藏虽然规模较其他北美地区的大型汉籍收藏略小，但它们也都各有特色，品质优秀，是不可忽略的重要海外汉籍收藏。

## 三、结语

回顾北美地区一百多年来的汉籍收藏史，我们可以得出以下结论：二战以前的美国中文书籍的收购主要是民间和个人行为。一些收藏家们利用他们的财力和人脉资源，从中国收集到汉籍并将它们带到美国，这是20世纪初美国汉籍发展的重要特点。相比之下，二战之后，国会图书馆和各个顶尖大学开始大规模、系统地收集中文出版物，则得益于政府和学界的帮助。美国各大基金会，如洛克菲勒基金会、福特基金会等也注入了大量资金，帮助大学和研究机构收购中文出版物。二战前后美国汉籍收藏的发展截然不同。二战以后，美国利用其巨大的财力和全球影响力成为主导国际事务的超级大国，美国各高校的中文藏书因此都得到了巨大的发展。这是美国收藏中文书籍的鼎盛时期。由于美国历史上从未遭受过外来侵略，也没有太大的天灾人祸，再加上美国大学图书馆优良的藏书环境和保存措施，流传到美国的这些汉籍大都保护良好，少有损失或遭到破坏的情况。客观上，它们的存藏状况甚至好于中国国内的同类藏书。

此外，二战后美国中文书籍收藏的蓬勃发展也标志着美国各界对中国的重视。二战前美国民众对亚洲普遍缺乏重视。那时的美国是一个典型的面向大西洋的国家。第二次世界大战特别是太平洋战争使美国人对亚洲，特别是东亚地区的重要性有了了解，致使东亚地区在美国的国家战略上被提升到了空前的高度，希望研究中国和了解中国的美国人越来越多。中国在20世纪80年代开始改革开放，加强了中美两国政府和民间的交往，那时美国人普遍对中国有好感，形成了"中国热"。随着21世纪以来中国的崛起及中美两国经济发展的融合，中国的影响可见于美国社会经济的各个方面。美国学界更为重视中国研究。在这些社会和文化交往的各个层面上，美国国内各机构汉籍的收藏和传播成了一个标向杆。

回顾北美地区的汉籍收藏史，最令人欣慰的是，通过汉籍的收藏和研究使用，北美地区出现了一代又一代的汉学家、学者、东亚问题研究专家和文化使者。在北美地区汉籍收藏过程中，华人学者和图书馆专家作出了重大贡献。最早参与美国中文馆藏建设的华人学者是中国第一个留美学生容闳。他是耶鲁大学1854年的毕业生。华人学者裘开明于1927年在哈佛大学组建哈佛燕京图书馆，并担任了第一任馆长，是北美大学东亚图书馆的先驱人物。裘开明创立了《汉和图书分类法》，在20世纪80年代之前，此分类法是绝大多数北美东亚图书馆所采用的主要图书编目系统。在裘开明之后，钱存训于1947年担任芝加哥大学远东图书馆馆长，享誉国际学界。其后，由于机缘巧合，曾担任过北京大学校长和驻美大使的胡适也于1950年至1952年期间担任了普林斯顿大学葛思德东方图书馆馆长。他从葛思德图书馆的十三万多册书中确认了四万一千一百九十五册为真正善本。

一个世纪以来，在北美地区中文古籍善本和其他珍贵文献的整理工作方面，多有中国学者和专家参加。屈万里撰写的《普林斯顿大学葛思德东方图书馆中文善本书志》（艺文印书馆，1975年）、沈津编写的《美国哈佛大学哈佛燕京图

图2　胡适（左）和童世刚
胡适从1950年到1952年担任普林斯顿大学葛斯德东方图书馆馆长。童世刚从1952年到1977年担任葛斯德东方图书馆馆长。

书馆中文善本书志》（上海辞书出版社，1999 年）和陈先行主编的《柏克莱加州大学东亚图书馆中文古籍善本书志》（上海古籍出版社，2005 年）皆是海外中国学文献研究的重要成果。与此同时，一些著名的中国学术机构也参与了北美中文古文献的整理和保护工作。北京大学中国古文献研究中心多年来从事北美地区中文古籍善本的调研，多有出版成果，颇有建树。西安碑林博物馆赵力光和原台湾"中央研究院"学者毛汉光、耿慧林等人参加了加州大学伯克利分校东亚图书馆的碑帖整理工作，颇有建树，成为学林佳话。

应该指出的是，这些学界名流固然重要，但更重要的是那些不知其数的默默耕耘者终身为北美地区汉籍收藏发展做出的贡献。没有他们的辛勤工作就不可能有今天北美地区规模宏大的汉籍收藏。今天美国各图书馆的中文部里，百分之九十以上的从职人员是来自中国的学者和图书馆员。美国各一流大学里几乎全部由来自中国大陆的学者主掌东亚图书馆的工作。众多的北美汉籍馆藏，各个系统全面，深入细致，且都各具特色。

美中两国之间的交往从民间到政府之间已百年有余，其中尤以思想文化的传播尤为重要。中华文明通过书籍传播，流传北美地区。这种文明和思想的交流对世界影响深远。步入 21 世纪后，中国一跃成为世界第二大经济体。这种新的世界格局使得汉籍在北美地区的收藏变得更为重要。这是因为书籍的交流是文化交流的一个重要组成部分。通过书籍的流传，不同的文明和文化体系交汇在一起，成为世界进步与繁荣的基石。

二〇二三年三月十九日定稿

# 哈佛燕京图书馆新入藏《兕觥归赵歌》拓本考

马小鹤　王　系*

**摘　要：** 明万历五年（1577），张居正父死夺情，赵用贤反对，廷杖；许国镌兕觥（犀角杯）相赠。兕觥在清乾隆年间归曲阜颜氏收藏。翁方纲得兕觥铭文拓本，以示赵用贤五世孙赵王槐，并赋《兕觥归赵歌》，遍示知交，以博和作，促使此杯归还常熟赵氏，不仅增一段诗话，而且使兕觥成为忠孝之象征。

**关键词：** 赵用贤　许国　颜崇榘（衡斋）　翁方纲　赵王槐（者庭）

哈佛燕京图书馆中文部应哈佛东亚系托马斯·凯利（Thomas Kelly）教授的要求，从台北获取了二十一幅《兕觥归赵诗册》拓本的影像（简称台，后附拓本影像的编号）①。同时，采购了《兕觥归赵歌》拓本，入藏善本部，以及《常熟碑刻集》（简称常，后附页数）②，以助其研究。

《兕觥归赵歌》拓本十六页，相当于台北第6—9幅影像。唯有结合台北藏拓本影像，参以《常熟碑刻集》的录文，以及史书、地方志、明清文

---

\* 马小鹤，哈佛大学哈佛燕京图书馆中文馆员；王系，哈佛大学哈佛燕京图书馆特藏馆员。

① https://reurl.cc/LME2kL。
② 常熟市碑刻博物馆：《常熟碑刻集》，上海辞书出版社，2007年。因为《兕觥归赵诗册》仅存十余块，有的已残，录文有缺字、错字，以台藏拓本影像为准。

集等典籍，方能理解哈佛燕京藏拓本之来龙去脉。

## 一、兕觥来历

张居正（1525—1582，又称张江陵），万历初为首辅，一切军政大事都由他主持。万历五年（1577），张居正父亲去世。按照官制，他应该守孝三年。万历下旨要张居正夺情，即夺去父子之情，戴孝办公。一时之间，张居正遭到多方面的猛烈攻击。最终，反对意见被压制，但张居正也与众多官员对立，落下贪权不孝的骂名。

首先上疏反对张居正夺情的是他的两个学生：翰林院编修吴中行、检讨赵用贤（1535—1596，谥号文毅，江苏常熟人）。万历下旨给予他们廷杖的处分。以前有的大臣受刑未毕，即死于廷中。①吴中行、赵用贤各杖六十，实有性命之忧。忽奉万历之母李太后旨意"还我活赵用贤"，得以不死。但赵用贤大腿已经打烂，落下手掌大的一块腐肉。后来他的夫人将这片腐肉风干、藏好，以后赵用贤谈到时事，咬牙切齿，振臂而起的时候，夫人就会指着这片"腊肉"，提醒他不可重蹈覆辙。②

在吴中行、赵用贤被逐出北京的时候，庶子许国（1527—1596，号颍阳，谥号文穆）给他们各自送了一只杯子，以示赞赏他们的忠诚与敢言。送给吴中行的是一只玉杯，上面镌了几行字："斑斑者何？卞生泪，英英者何？蔺生气，追追琢琢永成器。以赠中行。"送给赵用贤（号定宇）的是兕觥，就是犀角杯，上面也有几行字："文羊一角，其理沉黝，不惜剖心，宁辞碎首，黄流在中，为君子寿。颍阳生许国为定宇馆丈题赠。"③

---

① 朱东润：《张居正大传》，东方出版社，2009年，第275—317页。
② 〔清〕郑光祖：《一斑录》，清道光《舟车所至丛书》本，杂述一，《兕觥归赵》。
③ 〔清〕吴乘权等辑：《纲鉴易知录》，中华书局，1960年，第2831页。"卞生"即卞和，"蔺生"即蔺相如。

（台20右上，常106）张居正死后，赵用贤官复原职，并升官为右赞善，众望所归。江东之、李值等人都争相交结。赵用贤性格刚强，负气傲物，多次非议大臣得失。李植、江东之攻击当政者，当政的许国很忌惮，遂尽力诋毁李植、江东之，暗暗斥责赵用贤："昔之专恣在权贵，今乃在下僚。昔颠倒是非在小人，今乃在君子。意气感激，偶成一二事，遂自负不世之节，号召浮薄喜事之人，党同伐异，罔上行私，其风不可长。"①

赵用贤将兕觥给了门人黄端伯（？—1645，字元公），黄传之门人陈潜夫（？—1646，字元倩），两人在明末都不肯降清而殉难。朱彝尊（1629—1709），号竹垞，明末清初诗人、词人、经学家。他于清康熙十七年（1678）授翰林院检讨。②此前一年（1677），他在秀水人何元英（字蕤音，1655年进士）③的家里看到这个犀角杯，写了一首《兕觥歌》，其中写道："神羊一角讵有双，流传既久归娄江。张公以之遗弟子，敢谏吾公赵公似。"④何元英收藏的兕觥是经过娄江张氏，而后归秀水何氏的。

清朝文人章藻功（1656—？，字岂绩，又号息庐主人）收藏了这只犀角杯，写了长篇《藏检讨赵公兕觥记》，其中写道："盖先贤赠友，衣钵非诬，即外姑畀予。杯圈斯在。"⑤章藻功把这篇记的前言刻在椟盖上，自称："余陈（潜夫）婿也，谨受而藏之，为之记。"⑥（台20右下，常106）后来章藻功的座主傅作楫归西川，章把这只犀角杯送给他作为纪念，写了《送傅座主归西川兼以兕觥志别谨序》，其中写道："彼其师友相承，既死

① 〔清〕张廷玉等撰：《明史》卷二百二十九，"赵用贤"，中华书局，1974年，第6000—6002页。
② 〔清〕赵尔巽等撰：《清史稿》卷四百八十四，"朱彝尊"，中华书局，1977年，第13339—13340页。
③ 〔清〕许瑶光修：《（光绪）嘉兴府志》卷五十二，清光绪五年刊本。
④ 〔清〕朱彝尊撰：《曝书亭集》卷十，《四部丛刊》景清康熙五十三年刻本。
⑤ 〔清〕章藻功撰：《思绮堂文集》卷七，清康熙六十年聚锦堂刻本。
⑥ 章藻功，康熙四十二年（1703）授翰林院庶吉士，时称翰林为太史，故石刻上题为"章大史（即太史）得觥椟图记"。

而名留犀角，此乃妇翁所赐，虽生而命等鸿毛。"①章藻功一文说到"外姑界予"，另一文说"妇翁所赐"，可见章藻功的丈人（妇翁）是陈潜夫的后裔。这个犀角杯并非陈潜夫直接传给章藻功的，而是他的丈人、丈母娘传给他的。

雍正十三年（1735），山东巡抚岳浚荐举四人应博学鸿词科，其中之一为颜懋伦（1703—1759），故人称颜懋伦为鸿博公，或颜鸿博。②乾隆戊辰年（1748），颜懋伦的妹婿买了这只犀角杯送给他，颜懋伦在椟盖上写了跋，追述了此犀角杯的来历③（台20左上，常106—7）。

兕觥归赵的关键人物实为翁方纲（1733—1818），号覃溪，晚号苏斋，顺天大兴（今北京大兴区）人，清代书法家、文学家、金石学家。兕觥归曲阜颜氏收藏，翁方纲并未见到。曲阜人桂馥（1736—1805，字未谷）年轻时喜欢与同乡颜崇榘（衡斋）谈论诗法，乾隆三十三年（1768），桂馥被选为教习，在京师得交翁方纲。桂馥拓了兕觥的铭文和记，请翁方纲题词。乾隆四十三年（1778）七月七日，翁方纲抄录了朱彝尊的《兕觥歌》，写了《兕觥辨》。④翁方纲后来还回忆："（觥）今在曲阜颜衡斋所。同年夏，衡斋拓其文来京师，予为赋诗并考辨，而以拓本装册存于箧。"⑤

① 〔清〕章藻功撰：《思绮堂文集》，卷九。
② 参阅颜伟、段春杨校注：《颜懋伦、颜懋价诗校注》，线装书局，2022年，第1—4、340—342页。
③ 〔清〕李铭皖修：《（同治）苏州府志》卷一百四十七，清光绪九年刊本。
④ 〔清〕翁方纲撰：《复初斋文集：102卷》稿本影印本，第2册，文海出版社，1974年，第542—543页（简称影2/542—3）。〔清〕翁方纲：《复初斋文集》卷十五，10—11（简称《文集》15/10—11），《兕觥辨》，清李彦章校刻本。哈佛燕京图书馆藏善本：https://iiif.lib.harvard.edu/manifests/view/drs：52097639$343i.沈津著：《翁方纲年谱》，"中央研究院"中国文哲研究所，2022年，第118页。
⑤《文集》2/8B—9，《为常熟赵氏乞曲阜颜衡斋归兕觥序》，https://iiif.lib.harvard.edu/manifests/view/drs：52097639$66i.

翁方纲所赋之诗当即《书明许文穆赠赵文毅兕觥铭拓本后》，其中写道："何前、章后奚必疑？桂生、颜生递相属，桂生昨饮颜氏斋，醉呼许、赵云'吾侪'。"①"何前"指何元英收藏在前，"章后"指章藻功收藏在后。桂生即桂馥，颜生即颜崇榘。当时有人为朱彝尊的诗作注，认为何元英、章藻功二家同时都有此觥，怀疑其中有一个是赝品。翁方纲认为不必怀疑，专门写了考辨，论证此犀角杯先传到何元英手中，康熙十六年（1677）朱彝尊看到后写过一首诗。章藻功作为陈潜夫后裔的女婿收藏了这只犀角杯。章藻功跋傅作楫《雪堂诗集》云："戊戌春残迎马帐。""戊戌"是康熙五十七年（1718），上距朱彝尊赋诗时，又过了四十余年了。②

## 二、兕觥归赵

翁方纲于乾隆五十一年（1786）九月，提督江西学政，冬到南昌③，跋兕觥曰："是觥今藏曲阜颜氏家，尝以拓本遗予，为作长歌并为辨。朱检讨集与章岂绩跋之文，并非歧误。今得晔者庭先生，语及家世，清芬口泽，出此拓本共观，精诚感召，良非偶然，因为书此铭以志墨缘。丙午十二月廿日。"④者庭先生即赵用贤五世孙赵王槐（1719—1798），者庭是他的号。赵王槐寄籍宛平，乾隆十年（1745）取明通榜，历任山东陵县、冠县等知县，乾隆五十一年（1786）赵王槐年近七十而告归后，其子赵贵览迎养于湘潭任所，道过南昌，从翁方纲那里看到了兕觥铭的拓本。⑤

---

① 翁方纲撰：《复初斋诗集》卷十七，清刻本。《翁方纲年谱》，第125页。
② 翁方纲撰：《复初斋诗集》卷十五，《兕觥辨》。
③ 《翁方纲年谱》，第236—7页。
④ 影2/542—3。翁方纲撰、沈津辑：《翁方纲题跋手札集录》，广西师范大学出版社，2002年，第460页。
⑤ 〔清〕李铭皖修：《（同治）苏州府志》卷一百四十七，清光绪九年刊本。赵贵览，曾任湖南乾州（今吉首市）同知。

《五世孙王槐求觎记》印证了翁方纲的这段跋。乾隆五十年（1785）春，赵王槐先请翁方纲写信介绍颜氏，希望以其他珍品交换觎觎。"秋，再诣南康，复乞诗文以归。"（台20左下角，常107）。

此年七月，翁方纲在庐山脚下的南康（今庐山市南康镇）。[1]赵王槐向其所乞之诗，就是哈佛燕京图书馆新入藏拓本的第一部分（1—7A，台6—9；常108），图版如下：

---

① 《翁方纲年谱》，第248页。

可校点为：

兕觥归赵歌

兕觥传来二百年，黄、陈、章后今归颜。朱检讨诗未铭椟，而我一再诗文编。（予曩为此觥作歌并考辨。）此斋此觥缘不浅，摹册成图裱成卷。觥居东鲁定我怀，卷到西江欣客展。客为谁乎可共论，文毅五世之贤孙。是夕挑灯堕双泪，天风激荡江怒奔。赵叟双瞳烂如电，见此兼旬废眠饭。湖湘三月寄书来，不辞千里陈初愿。报书我为析其由，百斛明珠那惜酬。只缘陋巷珍高义，代友论心直到秋。秋来访我匡山麓，青眼相看真面目。地从江介指齐鲁，天教旧物归尝（常）熟。颜公心事唯我知，颜公嗜好乃独奇。世间无物此觥配，压囊只要覃溪

诗。君往叩门再拜说，淡交千古盟冰雪。月晕光仍旧酒痕，血诚气可
穿山裂。颜公奉觥向君笑，赵叟倾心誓相报。觥喜多年逢故人，叟泣
还乡告家庙。向来藏觥事偶然，今日还觥事更传。谱出兕觥新乐府，
压倒米家虹月船。①

丁未初秋，者翁先生访我于南康，谆致求觥于颜氏之意，余因赋
此以寄颜衡斋，并书此一通以呈者翁先生，当遍示知交，以博和作，
庶为忠孝清门又增此一段诗话也。

七月廿有九日方纲并识。

此歌先简述兕觥来历，历经黄端伯、陈潜夫和章藻功之手，而传到颜氏那
里。朱彝尊的诗并未铭刻在兕觥的匣子上，而翁自己已作过诗和《兕觥
辨》。翁方纲在"西江（即江西）"将兕觥铭拓本展示给"文毅五世之贤
孙"赵王槐看。"赵叟"甚为激动，丁未三月写信给翁方纲，到秋天又到
匡山（庐山）脚下的南康拜访翁方纲，希望能兕觥归赵。翁方纲知道颜崇
榘（衡斋）特别希望得到翁方纲之诗，于是写了此诗，送给颜衡斋。翁方
纲希望兕觥归赵，成为一段佳话，比米芾的书画船还要脍炙人口。他还希
望知交们来和此诗，促成此事。赵王槐所乞之文即翁方纲八月一日所写的
《为常熟赵氏乞曲阜颜衡斋归兕觥序》。②

赵王槐还制作了玉斝、银船，准备去交换兕觥，请翁方纲在玉斝上题
词："比于玉，犹堂芥，杯棬孔怀，饱德歌既醉。常熟赵文毅公五世孙王
槐造，北平翁方纲书。"在银船上题词："彝有足，舟则跗之，借以载德，

---

① 《复初斋诗集》卷三十四。宋代黄庭坚的《戏赠米元章二首》有"沧江静夜虹贯月，定是米家
书画船"之句。米芾常乘舟载书画游览江湖。后常以"米家船"借指米芾的书画。《翁方纲年谱》
第253页。
② 影7/1914、《文集》2/8B—9。《翁方纲年谱》，第248页。

如之何勿思？乾隆丁未秋仲，虞山赵王槐为衡斋先生作，覃溪方纲书。"①
（台21，常107）巧的是，1975年，山东新泰市图书馆从汶南镇类王庄征集
到一批玉器，其中就有这只翁方纲题铭的玉杯。②

哈佛燕京新入藏拓本的第二部分（7B—8）即同一年腊月梁同书的题
诗，以及次年（戊申，1786）孟春苏去疾的题诗③（台9，常108—9），校
点如下：

> 觥归不归自天壤，觥竟得归理无爽。忠孝难磨太史心，镌题忽入
> 名公赏。二百年来付孙子，东鲁、西江两媒氏。文犀一角琥珀光，
> 连城之璧君家是。
> 是年腊月之望钱塘梁同书题。

> 兕生于山，一角觥只。匪俾触邪，黄流燕喜。文毅受兹，如莘
> 与秋。子孙求之，如命在舟。箪瓢系颜，故觥归赵。何物能久，懿
> 此忠孝。
> 归觥三章，章四句。
> 者庭三表兄正之。戊申孟春同里苏去疾作。
>
> 国学生穆大展镌

梁同书（1723—1815），钱塘（今浙江杭州）人，书法家，乾隆十二年
（1747）中举人，十七年（1752）特赐进士，官侍讲。与刘墉、翁方纲、

①参阅《（同治）苏州府志》卷一百四十七。
②马培林：《翁方纲题铭玉杯》，《新泰文史资料选辑》第2辑，1987年，第81—84页。
③〔清〕郑光祖：《一斑录》，杂述一，《兕觥归赵》，清道光《舟车所至丛书》本。文字有所不同，
如"如命在舟"作"玉斝银舟"。

王文治并称书法"清四大家"。苏去疾（1728—1805），清诗文家，乾隆二十八年（1763）进士及第，授庶吉士，改刑部主事，外放贵州都匀府八寨同知。穆大展（1722—1810?），祖籍南京之苏州人，诸生，尤擅篆刻。

赵王槐于乾隆五十三年（1788）十二月初八日写的《五世孙王槐求觥记》说："今九月望，饬币往求辗转，于鸿博公所得之。"（台20左下角，常107）赵王槐先到颜衡斋那里，因为这只犀角杯在大宗鸿博公颜懋伦后裔手中，所以请颜衡斋辗转致词，颜懋伦的后裔慨然允诺，把觥上的铭文拓了数百本，过了三天，把这只犀角杯交给了赵王槐。[①]至此就兕觥归赵了。不过此事已成文坛佳话，唱和之作不断，《兕觥归赵诗册》的大部分文字都是此后称颂兕觥归赵的诗文。

## 三、诗册刻石

乾隆五十四年（1789）六月，礼部侍郎朱珪（1731—1806）为赵王槐写的《兕觥归赵歌》中说："我初识翁犹妙年，为翁作歌今华颠。浮云苍狗一觥酒，千秋忠孝长新鲜。"（台12—13，常109）[②]

赵王槐得兕觥之后，赋诗寄赠翁方纲，乾隆五十四年，翁方纲和了四首，并邀同志和之，以志艺林快事。[③]赵王槐把翁方纲以前所作《兕觥归赵歌》刻在石碑上留念，征求诸家和作。翁年来因公务奔走在外，所收集的和作多所遗失，"因录此和元韵四诗以备兕觥诗话云耳。乾隆庚戌（1790）十二月覃溪翁方纲"（台19，常109）。

王文治（1730—1802）在乾隆五十六年（1791）六月五日题诗一首，

---

① 《（同治）苏州府志》卷一百四十七。
② 〔清〕朱珪撰：《知足斋诗集》，卷第七，《兕觥归赵歌为赵王槐作》，清嘉庆九年阮元刻增修本。
③ 《复初斋诗集》，卷第三十七，《明常熟赵文毅兕觥，久藏曲阜颜氏。文毅五世孙者庭，不远数千里，持予诗往求，今竟得之。者庭赋诗寄谢，次韵四首，并邀同志和之，以志艺林快事》《翁方纲年谱》，第270页。

在序言中称颂翁方纲的关键作用："窃谓此觥流转颜氏，赵氏知之，不得不求。赵氏求之，颜氏亦不得不归。然非癖于嗜古如覃溪者，决未能委曲为之作合；非老于文律如覃溪者，亦未必能为之记载歌咏，而期其必传意千古，忠魂实式凭之，故有此奇遇耶。"① （台11、1，常109—110）

蒋衡（1672—1742）精书法，发现唐《开成石经》出于众手，又失校核，遂花了十二年重写《十三经》，后刻石太学，定名《乾隆石经》。其孙蒋和自称江南小拙，乾隆四十六年（1781）从曲阜颜氏那里求得先世墨迹，像赵王槐一样，对颜氏颇为感激，于乾隆五十八年（1793）受赵王槐之请，题诗称颂："兕觥与玉斝，区区何足惜。忠孝以传家，更胜连城璧"。（台3，常110）蒋和的隶书大字匾额《兕觥归赵诗册》落款"写十三经拙老人孙小拙蒋和隶额"（台2，常106），也可能是这一年写的。

这一年（1793），湖广总督毕沅（1730—1797）的属吏赵贵览讲述了其父赵王槐乞归兕觥的故事，把翁方纲所写的歌、序、辨展示给毕沅看，毕沅写了《兕觥归赵记》，感慨一只小小的犀角杯因人而不朽："异哉，此非物之能不朽夫人，而人之能不朽夫物也。"（台4—5，常107—8）毕沅的《归觥诗次翁宫詹覃谿方纲韵》②也可能作于此年。

乾隆五十九年（1794）五月，翁方纲将扈跸热河③，收到了赵王槐的手札和寄来的兕觥图墨，翁方纲无暇立即作答，到五月廿七日，在密云（今北京市密云区）行帐，抄录了一首和诗作为回信。④ （台18，常110）六月，翁方纲又命其子翁树培（1765—1811）也写了一首和诗，称颂"兕

---

① 〔清〕王文治：《梦楼诗集》卷二十，《题兕觥归赵事迹后有序》，清道光二十九年重刻本。
② 〔清〕毕沅撰：《灵岩山人诗集》卷三十五，清嘉庆四年毕氏经训堂刻本。
③ 《翁方纲年谱》，第326页。热河，水名，在今河北承德市东，流经避暑山庄。
④ 《复初斋诗集》卷四十六，《赵者亭以所造兕觥图墨见寄，仍用前韵奉酬》。《翁方纲年谱》，第332页。

觥墨谱俨同编，有气如虹欲烛天"①（台18，常110）。

费淳（1739—1811），字筠浦，浙江杭州人。乾隆二十八年（1763）进士，授刑部主事。丁巳（1797）春仲，费淳乘船经过常熟，赵者庭到船上见他，把石刻兕觥归赵诸题咏的拓本送给他，并请他写诗，费淳告别后，写了一首长诗，寄给赵者庭。（台15—6，常110—111）

钱大昕（1728—1804），号竹汀，苏州府嘉定县人，祖籍常熟，清代史学家、语言学家，钱嘉学派的代表人物。乾隆十九年（1754）进士，选翰林院庶吉士，其后历任翰林院编修等职。乾隆四十年（1775），因父丧归里，从此引疾不仕。嘉庆三年（1798）二月，钱大昕写了五言的《赵文毅公兕觥诗，为者庭先生赋》，称颂"忠贞留口泽，什袭有辉光"②（台17，常111）。此年赵王槐已经八十岁了，于五月去世。③

台北所藏拓本影像之14（常111）没有作者署名与年月，尚无法确定其作者与写作年代，有待进一步研究。

## 四、千秋忠孝

不见于台北藏《兕觥归赵诗册》拓本的题诗尚多。翁方纲写诗之后，"同时作者不下百人"，为何一只小小的犀角杯能引起如此众多诗人的讴歌？

费淳在其兕觥诗中注道："文毅得觥，旋以予客，盖因议事与许牾，钱南国作叙云。"（台15—6，常110—111）赵用贤因议事而与许国相抵牾，未将兕觥作为传家宝传给子孙。可见赵用贤自己并不怎么重视此杯。

---

① 〔清〕翁树培撰：《三十汉瓦轩遗诗》，卷上，《赵者庭以所造兕觥图墨见寄，次大人韵》，清道光二十六年淮阳张氏刻本。
② 〔清〕钱大昕撰：《潜研堂诗续集》，《四部丛刊》影印清嘉庆十一年刻本。
③ 李桓辑：《国朝耆献类征》卷二百三十六，明文书局，1985年，第161—695页至161—700页。

朱彝尊于康熙十六年（1677）写的《兕觥歌》的主旨是称颂赵用贤敢于逆鳞进谏和对许国赠觥以示支持，只说到这只犀角杯一度经过娄江张氏，而归秀水何氏，并未提及黄端伯和陈潜夫。

从章藻功开始，才赋予此觥越来越多的象征意义。章藻功的《藏检讨赵公兕觥记》突出这只犀角杯作为"忠"的象征。这篇记中披露：此觥"后赵传之门人黄端伯，黄传之门人陈潜夫，两贤皆殉国难，余陈婿也，谨受而藏之，为之记。……黄海岸先生义重君臣，捐躯殉国。陈元倩先生出偕妻妾，携手沉渊。"[1]他把这篇记的前言刻在楔盖上，中央篆文四字，曰"三忠口泽"（台20右下，常106）。"三忠"指赵用贤、黄端伯、陈潜夫，意为这是他们三人饮过的杯子。

黄端伯，新城（今江西省黎川县）人，尝镌私印曰"海岸道人"，明崇祯十七年（1644）福王于南京称帝，大学士姜曰广推荐黄端伯，次年授仪制主事。五月，南京失守，百官皆迎降。端伯不出，被清兵所俘，关了四个月，仍拒绝投降，最后被杀。[2]这是最为后人所赞许的。陈潜夫，字元倩，浙江钱塘人，崇祯十七年福王称帝，擢陈潜夫为监军御史，巡按河南。未几，南京不守，潜夫去绍兴投奔鲁王，乃自募三百人列营江上。清顺治三年（1646）五月晦，江上之军尽溃，潜夫走至山阴化龙桥，偕妻妾二孟氏同赴水死。[3]章藻功敢于表彰抗清殉难的黄、陈，是因为当时清朝为维护长治久安，需在社会上倡导忠君。乾隆十三年（1748）颜懋伦为此觥所写的跋感叹道："于戏！一杯传受，忠烈相继，道存于是器云乎哉。"（台20左上，常106—7）

乾隆帝对南明君臣的态度进一步宽容，于乾隆四十年（1775）敕纂

---

[1] 《思绮堂文集》，卷七。
[2] 《明史》卷二百七十五，"黄端伯"，第7047—7048页。
[3] 《明史》卷二百七十七，"陈潜夫"，第7104—7106页。

《钦定胜朝殉节诸臣录》，表彰南明抗清诸臣的忠君大义。在涉及兕觥的诗义中，"忠"更成为一个突出主题。翁方纲的一首诗写道："朱检讨作《兕觥歌》，章吉士有《兕觥记》，记端大书曰：'三忠。'上下低回百年事，三忠赵公、黄暨陈，能饮此觥能致身，章也自言陈氏壻。"①赵怀玉的《兕觥归赵歌用翁詹事方纲韵，为家大令王槐》诗中说："兹觥曾见海清浅，想见三忠心不卷。"注曰："赵传新城黄元公，黄传钱塘陈元倩，两先生皆殉国难。"②

翁方纲襄助赵王槐从颜氏那里换回兕觥，则又突出了这只犀角杯"孝"的含义。翁方纲写道："且夫颜氏收藏之博、鉴别之精，不止此一觥也。若其归于赵氏，则二百年先人之手泽也。在收藏家损一物，不足减其美富；而在孝孙之用心，得此一物，足以回二百余年忠义之气。"③这只犀角杯成了"忠孝"的象征，文人墨客讴歌不绝。蒙古族诗人法式善（1753—1813）在乾隆五十二年（1787）写了《兕觥归赵歌和翁覃溪方纲先生》，称赞翁方纲："作忠作孝先生宜。"④史学家赵翼（1727—1814）是赵王槐之父赵谨凡的门下士，乾隆五十三年（1788）写了《兕觥归赵歌》，称颂："杖疮忍痛祖宗烈，桮泽兴怀子孙孝。"⑤赵王槐的《归觥集》序总结道："一物也，以忠始，以孝终，求之圣人之居，归诸大贤之里。"⑥

翁方纲及唱和者也不忘兕觥之本意：忠臣进谏。翁方纲不止一次在诗文中提及兕觥与玉杯铭文的史料价值："我笔此条光日星，方纲纂修《明纲目》，

---

① 《复初斋诗集》卷十七，"书明许文穆赠赵文毅兕觥铭拓本后"。
② 〔清〕赵怀玉：《亦有生斋集》卷十一，清道光元年刻本。
③ 《文集》，9B。
④ 〔清〕法式善撰：《存素堂诗初集录存》卷一，清嘉庆十二年王墉刻本。刘青山：《法式善研究》，上海大学博士学位论文，2011年，第95—96页。
⑤ 〔清〕赵翼撰：《瓯北集》卷三十二，清嘉庆十七年湛贻堂刻本。陈清云：《赵翼年谱新编》，上海师范大学，博士学位论文，2013年，第254—255页。
⑥ 《（同治）苏州府志》卷一百四十七。

谨增此二铭于万历五年分注下。直作史读弗作铭。"①翁方纲参与纂修《明纪纲目》，将兕觥铭作为史料，写进了万历五年的注释中。②

在唱和诗人中，洪亮吉（1746—1809）最为特殊。他在嘉庆四年（1799）上书军机大臣言事，嘉庆帝怒其语戆，下狱论斩，这段经历比赵用贤上疏而受廷杖更为惊险。翰林王引之、贵庆、赵怀玉等十余人冒险入狱看望洪亮吉。后洪亮吉免死遣戍伊犁，赵怀玉等出送，堪比许国赠觥。嘉庆五年（1800），嘉庆帝以"罪亮吉后，言事者日少"，即传谕伊犁将军，释亮吉回籍。亮吉回籍后，就写了《兕觥还赵歌为赵大令贵览赋》，呈给赵王槐之子赵贵览。诗中写道："同官饯别事亦常，正气棱棱挽朝局。君不见：救朱云，辛庆忌；救阳城，张万福。武臣何忠谆，文臣反瑟缩。差强人意唯许公，稍为儒生洗惭辱。此觥阅岁二百余，如璧归赵盟无渝。我作兕觥歌，泪若绠贯珠。忤宰相者罪濒死，忤圣主者当如何？"③洪亮吉实以朱云、阳城自况，这首沉痛的和诗实可谓兕觥归赵诗册的终章。

---

① 翁方纲撰：《复初斋诗集》卷十七，清刻本。
② 〔清〕弘历批，〔清〕傅恒撰：《御定资治通鉴纲目三编》卷二十六，清乾隆文渊阁四库全书抄本。
③ 〔清〕洪亮吉撰：《更生斋集》，《更生斋诗》第二，清光绪授经堂刻《洪北江全集》本。李金松撰：《洪亮吉年谱》，人民出版社，2015年，第288—293、330页。朱云，西汉人，以直言极谏著称，史称"朱云折槛"。当时左将军辛庆忌以死相争，救下朱云。阳城（736—805）于唐贞元十一年（795）伏阁上疏，论裴延龄奸佞，唐德宗大怒，因太子李诵开解而获免。金吾将军张万福拜谢阳城等曰："诸谏议能如此言事，天下安得不太平？"

# 汉学与汉籍：胡适与葛思德东方图书馆关系补述

张宗品　蒋卓伟[*]

**摘　要：**胡适于1950—1952年出任普林斯顿大学葛思德东方图书馆馆长一职，这是其晚年生涯中浓墨重彩的一笔。胡氏出任馆长时期的经历近年来已为学界关注，相关研究成果也较为丰富。然而，胡适对葛思德图书馆关注和利用的时间却远不止这两年。可以说，胡适是国内最早的一批关注到葛思德图书馆的学术价值的知识分子之一，也是对葛思德图书馆贡献最多的中国学者之一。本文依据胡适的书信、日记、学术文集等文献指出，至迟在1938年，胡适已通过孙念礼初识葛思德图书馆藏书，而胡适后来研究《水经注》的直接原因正是帮助王重民编目。胡适与葛思德图书馆的因缘，恰可为汉学与汉籍之关系加一生动注脚。

**关键词：**胡适　葛思德东方图书馆　学术

## 一、"回到学术生活"

胡适早年在美留学，可以说多少是与美国的学术界有所接触的。然而彼时的胡适，还未有后来的那般影响力。胡适的真正成名是在国内的白

---

* 张宗品，陕西师范大学历史文化学院副教授；蒋卓伟，陕西师范大学历史文化学院古典文献专业学生。

话文运动，然而，留美的经历却使他几乎本能地将学术眼光投向大洋彼岸的世界。因此，从北京大学到驻美大使，胡适的目光和活动一直介于中美两国之间，在担任驻美大使时期，将更多的重心放在了美国的"东方学研究"上①。

胡适在后来进行政治活动时，不止一次地表达出对学术研究的向往与怀念。例如，早在1937年9月9日，胡适就在给北京大学秘书长郑天挺的信中说："弟自愧不能有诸兄的清福，故半途出家，暂作买卖人，谋蝇头之利，定为诸兄所笑……弟唯一希望诸兄能忍痛维持松公府内的故纸堆，维持一点研究工作，将来居之者成绩，必远过于行者，可断言也。"②"半途出家""买卖人""蝇头之利"，是胡适对自己投身政坛的自嘲，而其鼓励郑天挺等尚在学界之人"维持一点研究工作"，并认为其将来成绩远过于自己这个"行者"，实际则表达了他仍然对学术研究十分看重。及至他在驻美期间给自己的妻子江冬秀的信中也表达了这样的意思："我只能郑重向你再发一愿：至迟到战争完结时，我一定回到我的学术生活去。"③

我们难以探知胡适内心中"政治"与"学术"的斗争与权衡，但可以推想的是，在美期间活动于美国学界并被连续授予"名誉博士"的经历多少为他做出"回到学术生活"的决定助力。而只有"回到学术生活"的胡适，才可以其不同于一般学者的眼界与机遇，逐渐与葛思德图书馆这一宝库产生缘分。

---

① 按：胡适在20世纪30年代频繁与美国政、学界人士接触，并经常在美国各高校研究所进行讲演。

② 《胡适畅谈北大旧事·七七事变后的一封信》，台北《"中央"日报》，1960年12月18日，收入胡颂平：《胡适之先生年谱长编初稿》，联经出版公司，1984年，第1615页。

③ 耿云志、欧阳哲生编：《胡适全集》第24卷，安徽教育出版社，2003年，第383页。

## 二、缘起：胡适与葛思德藏书的初识

葛思德东方图书馆（以下或简称葛馆）是由美国企业家葛思德的私人藏东方汉典古籍发展扩充而来的，其脉络源流学界已梳理清楚，兹不赘言①。在此过程中，瑞希莱克·罗斯（Robert de Resillac-Roese）、义理寿、孙念礼、王重民等人发挥了重要作用，完成了葛思德藏书的最初编目，意义深远②。

以往的研究多将孙念礼作为义理寿的助手及葛思德藏书早期编目的"参与者"看待③，关注胡适与葛思德藏书的研究者也往往认为，胡适与葛思德图书馆发生关系是在1943年到1946年从事研究《水经注》的时期④，然而却鲜有人注意到，胡适最初关注到葛思德藏书，其实正是通过孙念礼，时间也比我们现今所认为的要早很多。

胡适1938年5月11日的日记中有如下的记录：

> 早饭客人有Dr. Nancy Lee Swann，她是管中国书的；Princeton Institute of Advanced Study前年买了McGril大学的Gest藏的中国书大批，归Dr. Swann管理。
>
> 早饭后，她约我去看中国书，尚未清理好，其中有一些很好的书，——有一些碛砂藏经，有清朝大臣的列传稿本。

①②③ 详可参凌一鸣、裴佳瑶、李思文：《普林斯顿大学东亚图书馆藏中文古籍的早期收藏与编目》，《图书馆论坛》，2022年第1期。

④ 当今对胡适与葛思德图书馆的关系研究最为细密者，当为周质平先生。此说详可见周质平《光焰不熄：胡适思想与现代中国》，九州出版社，2012年，第375—395页。农伟雄注意到了在1938年"普大"校长陶德邀请胡适为葛思德藏书进行鉴定的经历，但亦未提及孙念礼面见胡适一事。详参农伟雄：《胡适和葛思德东方图书馆》，《中国图书馆学报》，1995年第2期。

Princeton有此大藏书，可惜无人能用。[①]

胡适在日记中记录的这些信息，当是其与孙念礼交谈所得，这也代表了胡适对于葛思德藏书的最初印象。从其言辞中可以看出，胡适是颇为看重葛思德藏书的，并且已经知晓葛思德处藏有"碛砂藏经"及"清朝大臣的列传稿本"这些重要材料，甚至发出了"无人能用"的惋叹。而所谓的"尚未清理好"，其背景正是义理寿与孙念礼在此期间进行的初期编目整理工作。

关于孙念礼，较为人所熟知的是其博士论文《班昭传》（*Pan Chao, Foremost Woman Scholar of China*），此文奠定了其在国际汉学界的地位。然而事实上，从1928年受聘于麦吉尔大学开始，孙念礼便开始了对葛馆藏前300号书目的整理工作，直至1936年，孙念礼因葛思德与普林斯顿高级研究院合作的机会，来到普林斯顿继续进行图书整理工作[②]。也正由于此，她才得以在1938年遇见驻美的胡适。这次会晤或许对葛思德图书馆来说没有掀起多大的波澜，然而却使得胡适得以早早地关注到葛思德藏书，为胡适与葛馆缘分之滥觞。

值得注意的是，此次会面对孙念礼来说，恐怕也带有强烈期盼与重要意义。孙念礼与胡适见面的这段时间，正是孙念礼工作的"瓶颈期"。这一点在国内学界尚未得到充分认识。根据D.E.Perushek所撰的《孙念礼与葛思德中文研究图书馆》（Nancy Lee Swann and the Gest Chinese Research Library）一文，我们得以管窥20世纪30年代葛馆遭遇的困难情形。兹简列如下：

---

[①] 曹伯言整理：《胡适日记全编》（七），安徽教育出版社，2001年，第98页。
[②] 孙念礼的早期编目工作详可参凌一鸣：《海外续薪：孙念礼中文古籍保护工作考述》，《大学图书馆学报》，2020年第5期。

一是孙念礼工作的重要材料——《古今图书集成》的意外罹祸：
"When the books were being transported from Montreal, there was a fire in the truck that caused damage primarily to the boxes and covers of the Ku chin t'u shu chi ch'ena. an original set of that encyclopedia done in copper movable type in 1726."孙念礼的主要工作重心便是在整理中文类书上，而《古今图书集成》的损毁，无疑给她的工作带来了沉重打击。

二是孙念礼与普林斯顿高等研究院对接时的困难："The Institute for Advanced Study is a research institute, and as such had no mechanism for administering a Chinese library, let alone purchasing books for it. A connection was set up with the Princeton University Library, but until the mid−1940s when Gest Library was moved into Princeton's main library building, Swann had to coordinate with two masters."管理上的问题直接影响到葛思德藏书的归属与去向，因此对孙念礼来说，与普林斯顿方的斡旋是十分耗费其心力的。

此外还有一定程度上的个人待遇的困窘："The only quarters the Institute could provide were in the basement of a large brick commercial building on Nassau Street, the main street in Princeton。" ①

故而，在1938年孙念礼给Drek Bodde的信中，孙念礼这样写道："It is extremely lonely to work in a center without others in the field with whom one may discuss the work. I am exceedingly glad that Dr. David N. Rower and his wife have now arrived in Princeton for Dr. Rowe to pick up as he can from the angle of China the excellent threads that Bob and Jean Reischauer had begun to weave into apattern for Far Eastern Studies at Princeton University. Research to center in the Gest Library will come more slowly, and I grow very discouraged at the

---

① 以上详见 D. E. Perushek，Nancy Lee Swann and the Gest Chinese Research Library，*Journal of East Asian Libraries*，number 77，volume 1985。

apparent waste of the years for me。"①

其沮丧之情，于此可见一斑。可以想见，当胡适来到普林斯顿时，孙念礼是带着一定期望前去面见胡适的。此时的孙念礼迫切需要一位中国学者的帮助，胡适或许正是她要寻找的人选之一。然而因为种种原因，胡适似乎无意参与其中。故而孙念礼后来找到并接洽了王重民，最终完成了葛馆逾千种古籍善本的审查、善本书录的撰写工作。

## 三、接触与利用：与王重民论学及《水经注》研究

胡适对葛思德藏书的接触与利用，离不开王重民，而王重民与葛馆的合作，胡适亦实参与其中，二人实是相互助益。

根据普林斯顿大学现存档案的记载，孙念礼与王重民的合作大约从1941年开始。至1945年，王重民正式入职普林斯顿大学进行编目工作。这一过程学界已有揭示②。这段时间内，胡、王二人的信件时常围绕着他们在美期间的学术工作展开。从通信中可见，胡适对王重民所做的工作是颇感兴趣的，如对王氏与恒慕义在国会图书馆所编的《清代名人传记》，胡适即表现出"看印样"即"作短序"的意愿，双方亦因此合作③。此事始发端于1943年2月16日，然而直至5月12日，胡适的序文仍未作成。此日恰好是胡适准备动身从费城（Philadelphia）到普林斯顿看葛馆的时候，故信中胡适说"代告恒先生，乞恕迟缓之罪"④。此时的胡适尚未开始其关于《水经注》的研究，结合其前后论学的信件来看，其主要工作重心在于

---

① "Noteson Dr. Swann's Food and Money in Ancient China." 13，March–41950.p.524.
② 凌一鸣：《海外续薪：孙念礼中文古籍保护工作考述》，载《大学图书馆学报》2020年第5期。
③ 北京大学信息管理系、台北胡适纪念馆编：《胡适王重民先生往来书信集》，国家图书馆出版社、安徽教育出版社，2009年，第25页。
④《胡适王重民先生往来书信集》，第76页。

秦汉文献及佛教文献①。此行直接原因是去费城"赴一个会",而往普林斯顿的重点应在于去查阅葛思德书库所藏的佛教文献。故而在当月25日,胡适为复王重民写《名人传》引言之事时,顺带提及了其在葛思德书库的见闻感受:

> 在 Princeton 两天,看了 Gest 书藏,也颇失望。原来听说此君注重佛经与医书,但匆匆看了,这两组都不算出色。佛经有南宋残本若干,元藏残本若干,明藏藏本若干,西夏文佛经两册,如此而已。医书之中,《本草》似无一善本,《千金要方》亦无好本。《外台秘要》是日本延享三年(1764)翻明末(1640)的翻宋本,已为最善本了。我试索《医林改错》(王清任),亦只是翻刻的烂版。但 Gest 全部之中,明刻本颇不少。②

这是胡适首次对葛思德藏书进行总体的评估。有意思的是,与在1938年时的"泛泛印象"不同,胡适对其藏书的版本价值并不抱有多大的乐观态度,指出的不足之处,基本切中要害。但他仍然鼓励王重民为葛思德书库做好整理工作,并说道:"此次我匆匆看了,允为作一简单报告,提出整理方法。此为东美四大书藏之一,值得整理一道。老兄愿意做整理之事,我十分高兴。乞暂勿告人。到成熟时,当见分晓。"③

---

① 1943年4月18日王重民致胡适的信中即谈到了《周礼》《史记》《汉书》《大正藏》《弘藏》等书的"校对 film"等问题,固还有其他书目事宜,但此信已大抵可反映二人在这一时段的学术兴趣点所在。详见《胡适王重民先生往来书信集》,第67—69页。

② 《胡适王重民先生往来书信集》,第78页。"赴一个会"一语同此页,在本段之前。按:胡适所言"南宋残本、元藏残本"等书,今检之屈万里著《普林斯顿大学葛思德东方图书馆所藏中文善本书目》已阙录,不知何故。或为胡适"秘藏",暂不得一一核检,俟后之有志者为之。但胡适言葛思德书库所藏医书版本问题即多明版的情形,确实如此,盖其所言非虚。

③ 《胡适王重民先生往来书信集》,第79页。

普方与王重民联系的中间人正是胡适。①在王重民与普大开展合作之处，胡适亦费心参与，这是以往的研究未及阐明的。从后来胡适与王重民的多次论学来看，王重民的编目，或许多少受到了胡适"提出整理方法"乃至具体项目方面的协助②，如今王氏《普林斯顿大学葛思德东方图书馆藏善本书录》的价值自不必多言，但我们亦不可完全忽略胡适在普大早期编目时的作用。

而目前学界公认的胡适与葛思德图书馆馆藏文献发生直接联系的缘起——《水经注》研究，时间上其实已到了1943年11月5日。此日王重民来信说："上周遇到一部校本《水经注》……重民审阅之后，定为赵一清校本"，并提及"《水经》的'赵、戴''全、赵'两公案，百年以来，犹在讨论，所以把旧说检阅一次。"王重民提及此事仍为编目："这是编善本书目以来，第一篇费气力的提要。"王氏信后附记随载了其亲撰的《水经注笺》的提要，主要梳理了《水经注》的相关版本校勘问题③。这大概激起了胡适的兴趣，促使胡适后来的研究基本出于研究《水经注》的版本与校勘。于是方有胡适11月8日复信中说："我很觉得此案太离奇，多不近情理之处，其中也许有别情，为考据家所忽略。"从此开始了后来近二十年的《水经注》研究。

胡适的"重审《水经注》公案"，无论是对胡适的研究领域还是《水经注》的研究领域，均给予了大量关注。在谈及胡适重审此案缘起之时，或只直视胡适在各种场合的自述如所谓"满足我自己'求真实'与'求公

---

① 《胡适王重民先生往来书信集》，第77页。
② 1943年9月27日王重民致胡适的信件中即提道："至于Princeton方面，一俟先生作好报告，恒先生愿给重民假期，去看有无特别书籍！"所谓"报告"，已不知具体内容为何，但大抵是关于葛思德藏书的。是可想见胡适确实已助王重民与普方的合作。信见于《胡适王重民先生往来书信集》，第97页。
③ 《胡适王重民先生往来书信集》，第107页。

道'的标准""给自己一点严格的方法上的训练"云云①，或阐发新义，以
为其要与土国维争胜，为自己的考据方法正名②。而鲜有提及其实在11月
8日之前，王重民已说明此事最初之目的即为编目。胡适本人乃至后来的
研究者固可为此事赋予更多深刻的阐释与发微，然而"编目"这一最简单
而又最直接的原因，恐怕也不可完全忽略。只是此时的胡适"一生不曾读
过《水经注》""对于戴、赵、全诸家校本公案，始终不曾发一言"。在某
种意义上，胡适后续的研究，亦有意为复王氏之询教。

胡适后来为自己研究所用的《水经注》版本作过一个简目，其中出于
葛馆者有四：

1.清乾隆甘泉岑熔抄本赵一清《水经注释》四十卷、《刊误》十二卷、
《附录》二卷《四库全书》写本；

2.清光绪六年章寿康刻本黄宗羲《今水经》；

3.清光绪六年章寿康刻本黄祐诚《水经注图说》（残稿）；

4.清光绪六年章寿康刻本孔继涵《水经释地》。③

胡适为甘泉岑本及章寿康翻刻的赵氏《水经注》作过跋，而胡适最为
看重的仍为甘泉岑本。今普大所藏岑本，书前的胡适题记是尤桐抄写的复
件。与原件对比，尤桐的字要较楷正，文字内容上基本没有差别。胡适断
定这部抄本"确是从《四库》本传抄的"，通过二本的比勘，研究赵书
《刊误》《附录》的增删，并说"这一类的问题，我在海外如果没有这部岑

---

① "满足我自己'求真实'与'求公道'的标准"语见《胡适全集》第24卷，第629页。亦可见
《胡适王重民先生往来书信集》，第119页。"给自己一点严格的方法上的训练"语见《胡适全集》
第25卷，第37页。

② 此说的代表为桑兵：《胡适与〈水经注〉案探源》，《近代史研究》，1995年第5期。

③ 耿云志主编：《胡适遗稿与秘藏书信》第4册，黄山书社，1994年，第485页。

抄《库》本的帮助,都是无法解答的了"。①胡适的这个成果,为后来屈万里著《普林斯顿大学葛思德东方图书馆所藏中文善本书目》所继承②。

胡适利用葛馆藏书进行研究的另一个重要成果是在1946年检查乾隆皇帝《题水经注六韵》的月日。当时胡适正在"乡间歇夏",由尤桐在葛馆代查资料。胡适后来说因为乾隆皇帝的诗作水平太差,中国的编目者和美国的图书馆都不屑收藏,唯独葛思德图书馆有藏,从而帮助他解决有关《水经注》的问题,原文如下:

> In the whole United States there was no complete copy of the collected poems of that emperor except in the Gest Library. I appealed to my friends Dr. Nancy Lee Swann and Dr. T'ung Yiu at the Gest Library,who were kind enough to find the date I wanted to ascertain.③

此时的孙念礼已任葛馆的馆长,具体抄验事项则经尤桐。有此二位协助,胡适最终撰成《清高宗〈题水经注〉诗的月日》一文,指出乾隆皇帝的御诗作于乾隆三十九年(1774)"二月十二日与二月十七日之间"④,早于戴震校《永乐大典》本《水经注》。以此证明其"猜谜"——"皇帝说错了话",而戴震等人争论是否要掩盖皇帝的疏失。

这一成果的价值被学界忽视日久,但其实对《水经注》公案研究有深刻影响。时至今日,学界仍在利用胡适的这一成果,对戴校《水经注》的

---

① 清乾隆甘泉岑熔抄本赵一清《水经注释》四十卷、《刊误》十二卷、《附录》二卷卷首题记。胡适原稿见《胡适遗稿与秘藏书信》第3册,第47—50页。

② 详见屈万里:《普林斯顿大学葛思德东方图书馆所藏中文善本书目》,艺文图书馆,1975年,第177页。

③《胡适全集》第39卷,第498页。

④《胡适全集》第14卷,第498页。

问题进行不断检讨①。可以看出，胡适利用葛馆进行的早期研究，是与王重民共同探讨进行的。葛馆藏书为远在海外的胡适提供了丰富的足资考用的资料，成为胡适在美期间学术研究的重要资源基础之一。

## 四、埋身故纸：出任葛思德图书馆馆长

在胡适与葛馆关系的这一脉络中，胡适出任葛馆馆长的两年是最为学界注意的一个部分。前文已述周质平先生在这一方面做的工作，为避重复，本文着重梳理胡适在任馆长期间生活与学术的其他细节。

胡适在 1949 年 4 月 6 日抵美，在 1950 年 1 月，胡适意外想起自己有机会进入普林斯顿大学工作。1 月 5 日胡适的日记有记载如下：

> 年底忽收到 Princeton 大学的 "Special Program in the Humanities" Commites 主席 Prof. Whitney J. Oates 来信说，有人提我的名，为 Alfred Hodder Fellow ship 之候选人。
>
> 想了几天回信 Oates 说可以考虑我的姓名。我颇想借一栖身之地，把《中国思想史》的英文简本写定付印。

可见胡适与普大的"二次接触"，是由普大先发的。胡适在给赵元任的信中甚至是只知道"有人 nominated 我"，后来才知此人是谁②。1948 年，义理寿去世，孙念礼退休，标志葛思德图书馆的发展进入下一个阶段。恰逢胡适赴美，因此在普方看来，也需要与胡适"再续前缘"，以继续管理葛思德图书馆的海量藏书。而胡适亦需"栖身之地"，故而胡适在 1 月便已

① 详见杨应芹：《御用之作与独立研究的终极成果——戴震两种不同版本的〈水经注〉》，《文史哲》，2014 年第 2 期。
② 《胡适之先生年谱长编初稿》，第 2122 页。

有意接受普大的邀请了。

事实上,胡适的《中国思想史》竟未作成。1950年左右的胡适,正处于一个"内外交困"的时期,或谓之为"黯淡岁月"。此时胡适时刻关注国内的政治形势,但结果往往不尽如其意,5月,胡适的无名指发病,请"Dr. Stinchifield割开手掌,抽去一小筋"①;9月,国内的"批胡运动"又达到一个小高潮,胡适之子胡思杜公开批判胡适为"总是人民的敌人,也是我自己的敌人"。虽然胡适并不认为胡思杜的批判是出于"奉令发表",也早表示过"对此不屑置喙",但作为远在重洋的一位父亲,看到这样的消息,心中难免不会郁闷②。顾颉刚、陈垣等人亦参与批判胡适③,12月又有傅斯年去世④,这都对其精神带来了沉重打击。

以此背景来看,胡适在进入葛馆工作之时,其实是有着"累累若丧家之犬"的状态。而葛馆的藏书使他可以埋身故纸,做一些学问,对其未尝不是一种宽慰。

胡适在葛馆上任后,便对王重民当年编的书目进行了审校工作,点数了"重民认为'善本'的总数"一千一百四十种⑤。胡适此次的重点在葛馆所藏之"碛砂藏"。1950年10月17日胡适补日记,内容均关于"碛砂藏",并说这些书与那些医书"将来都会散失了。也许我们将来还得到海外来做影片回去收藏参考呢!"这样的话,与前文所述及其在给王重民的信中所说,恰恰矛盾,或许是任馆长的胡适在此时亦对这些藏书有了更多

---

① 《胡适日记全编》(八),第28页。
② 《胡适日记全编》(八),第55—68页。
③ 《胡适之先生年谱长编初稿》,第2123—2126页。与对待胡思杜的批判一样,胡适并不认为陈垣的批判是出于其真,甚至认为陈垣的批判文章是"代笔伪作"。
④ 《胡适日记全编》(八),第89页。
⑤ 《胡适日记全编》(八),第75页。关于胡适对王氏编目的审校,是当今学界研究之一空白区,王氏稿本秘于普林斯顿,尚未全面公开,亦难考索。可参见凌一鸣、姚伯岳:《王重民〈普林斯顿大学葛思德东方图书馆藏善本书录〉稿本考述》,《图书馆杂志》,2022年第4期。

不一样的认识，也希望能借助这些故纸，稍缓和其精神，此日之文字，大抵可视为其"纾困"之语。

胡适有文考订《诸佛世尊如来菩萨尊者名称歌曲》原委，又在1955年为"碛砂藏"作朱书题记，均为今之普大书录所承①。日记中胡适也提到自己在看的"崇祯时马元调刻沈括《梦溪笔谈》，有补，有续，而汲古阁刻此书乃无续，无补"，此书即为葛馆所藏善本之一②。1959年又有《记美国普林斯顿大学的葛思德东方书库藏的〈碛砂藏经〉原本》③，足见胡适对葛馆藏书的重视与利用。

虽然胡适在葛馆做了很多有益的工作，但是从胡适后来的言论来看，其在普林斯顿的时光也并不舒心。1953年，胡适给杨联陞写信，说道：

> 贞一（按：劳干）的信最可表示他的迂。Princeton没有中国部，也没有远东部，未必能欢迎他来，至今日为止，尚未见有人来问我。④

此信言劳干，实则也透露出胡适对普林斯顿的学术环境的不满。胡适从最开始，就无意全身心投入整理编目的工作中，而此时在普大，除此之外，亦无别事可做。在1957年7月26日给赵元任的信中，胡适也自嘲他在美国大学眼里是"白象"（white elephant），"No one takes me seriously"⑤。故而我们重新看那段时间胡适的言行，可以发现胡适在葛馆除了办关于中国印刷史的展，翻阅葛馆的藏书之外，其主要关注点和着力处仍然在于哲

---

① 《普林斯顿大学葛思德东方图书馆所藏中文善本书目》，第388页。
② 《胡适日记全编》（八），第203页。
③ 《胡适全集》第9卷，第403—411页。
④ 《胡适全集》第25卷，第530页。
⑤ 《胡适全集》第25卷，第530页。

学历史及政治方面，所接触的人也基本是普大之外的一些人士。胡适后来在给赵元任的信中提到不愿再向洋人"讨饭吃或抢饭吃"，也是可以理解的了。[①]

1952年胡适在葛馆的聘期终止，此后胡适终身任葛馆的荣誉馆长，并且仍然继续关心和利用葛馆藏书，甚至直至1961年，胡适还在费心给葛思德图书馆捐赠自己的藏书[②]。

## 五、结语

虽然胡适对葛馆藏书的认识是随着时间而变化的，但可以肯定的是，胡适对于这一文献宝库的态度始终是认真负责的。胡适为葛馆做出的工作，值得肯定。从某种意义上来说，胡适为葛馆的付出，其实是为中国文化、中国典籍的传衍生发。对于葛馆，则如李马援（Marion Levy）所说："以葛思德图书馆委员会委员的身份，我觉得普林斯顿大学深深地受惠于胡教授。"[③]同时，葛馆不仅在学术上给胡适以支持，使其在美研究中国学术时能利用故籍，甚至在胡适最困顿的时候，还能为其提供"栖身"之处。双方实为相互成就。我们相信，无论是在葛馆藏书研究还是在胡适学术研究的维度上，厘清双方的关系变化，都将是有所裨益的。

海外汉籍是中华文化的载体和象征，不仅具有重要的文献价值，更有实际的学术意义。20世纪以来，围绕汉籍而产生的中外学术交流促进了中

---

① 胡适与其他一些留美学者的境遇，周质平已做出了相关揭示。周氏特别提到，详见周质平：《胡适的情缘与晚境》，黄山书社，2008年，第299—302页。

② 除前文提及胡适在1959年作的《记美国普林斯顿大学的葛思德东方书库的〈碛砂藏经〉原本》一文外，1957年胡适在给杨联陞的信中提其又去了Princeton检查《道藏》之《老君音诵诫经》，见《胡适全集》第26卷，第87页。捐赠之事，详见庄申：《记普林斯顿大学葛斯特东方图书馆追悼胡适之先生著作展览会及其相关之史料》，《大陆杂志》第24卷，第10期。载入《大陆杂志语文丛书》，第1辑，第4册，第173—174页。

③《光焰不熄：胡适思想与现代中国》，第380页。

西思想文化的碰撞、理解和汇通，并由此产生了面貌迥异的新学术和新文化。葛思德文库汉籍与胡适的人生经历正是汉籍与汉学关系的一个生动注脚。

# 北美中文古籍编目中的国际合作
## ——以普林斯顿大学图书馆为中心

凌一鸣　刘　君*

**摘　要：** 北美地区收藏有数量庞大、品类丰富的中文古籍。这些书籍入藏后需经过编目整理，此项工作对工作人员有较高要求，在北美语境下尤显困难。因此，北美各主要中文古籍收藏单位均曾采用不同形式的国际合作对馆藏进行编目。普林斯顿大学图书馆较早开展中文古籍的编目合作工作，这一过程中王重民、屈万里、昌彼得等知名文献学家均有参与。在数字环境下，该馆事先参与计算机联合编目，引领了北美中文古籍编目的趋势，为相关工作的进行提供了有力的个案参考。

**关键词：** 北美　普林斯顿大学图书馆　古籍编目　国际合作

随着中华古籍保护计划、全球汉籍合璧工程等项目的开展，海外中文古籍的调查与研究渐成热点。北美所藏中文古籍内容丰富，体量巨大，且渊源有自，经历了一个漫长的发展过程。这一过程中，不少中文古籍收藏单位都对所藏中文古籍进行了编目与整理。古籍编目工作要求工作者具备版本学、目录学、图书史、文字学、音韵学等多方面的专业知识和技能，而北美地区处于非汉语语境，对古籍编目者的学术素质要求更高，在当地

---

* 凌一鸣，男，天津师范大学古籍保护研究院副教授。刘君，女，天津师范大学历史文化学院研究生。

聘请专业人员的难度也更大。因此，北美中文古籍收藏单位常常寻求与中国古籍专家展开国际合作，从而摸清馆藏。纵观北美古籍编目历史与现状，该工作有大量中外专家学者的参与及合作，这一点体现了中文古籍编目乃至古籍保护研究潜藏的国际性。

美国普林斯顿大学图书馆藏有规模较大、特点鲜明的中文古籍，在全世界中文古籍收藏与汉学研究领域具有一定的影响力。近百年来，在罗伯特·瑞希莱克-罗斯（Robert de Résillac-Roese）、孙念礼（Nancy Swann）、胡适、童世纲、马泰来等历任馆长的推动下，王重民、屈万里、昌彼得、艾思仁（Soren Edgren）等古籍研究专家主持或参与了数次普林斯顿中文古籍目录编纂工作。这些国际合作编目活动的展开模式和发展历程充分展示了北美古籍国际合作编目的特殊性。

## 一、北美中文古籍收藏及编目过程中的国际合作

本文提到的"国际合作"是指不同国别的中文古籍工作者基于厘清古籍的目的而进行的一种跨国别的协作行为。追根溯源来说，北美藏书机构收藏中文古籍的时间甚早，从晚清就已经开始。从这个角度看，北美中文古籍收藏建立这一过程本身就是一种国际合作行为。

一般认为，北美的中文古籍收藏最早可追溯到清同治六年（1867）。当时美国国会委托史密森学会（Smithsonian Institution）向其他国家办理书籍交换事宜。该学会辗转联络到中国政府，请求办理。两年后，清政府选购明、清刻本十种交与美国大使馆。但据杨海峥教授考证，美国外交家凯莱布·顾盛（Caleb Cushing）早在清道光二十五年（1845）就将二百三十七种共两千五百四十七卷中文书籍运回美国，并指出："这不仅是美国历史上第一批成规模的中文收藏，也是美国国会图书馆汉籍收藏的发端，因此

在北美汉籍收藏史上具有重要意义。"①

最早成为北美中文古籍收藏中心的是美国国会图书馆。继 1845、1869 年两宗中文古籍入藏后，清政府于清光绪三十年（1904）将其参加美国博览会的图书两千多册赠送给美国国会图书馆。清光绪三十四年（1908）为答谢美国退还庚子赔款，清政府再次赠送了《古今图书集成》一部。此后几年中，美国又通过植物学家施维格（也译作施永格）等为国会图书馆采购了大量中文书籍，并形成了以农业、地图、方志及大型类书、丛书等为代表的第一批特藏。②

随着中美交往的日益频繁，双方的经济、文化交流与人员往来也越来越多。在美国政府、各大学、基金会以及学术机构的支持下，承担学术生产与输出职责的美国高校成了研究中国的主要阵地，大学图书馆的资源、设备与服务均达到了较高水平，高校东亚图书馆逐次建立，形成了中文古籍收藏的强大力量。与此同时，高校东亚图书馆也成为北美中文古籍编目国际合作开展的主要平台。

1902 年，哥伦比亚大学丁龙汉学讲座首任教授夏德（Friedrich Hirth）开始建设该校的中文古籍收藏，在北美高校中堪称先驱。1918 年，康奈尔大学建立华生东亚文库。1926 年，藏书家葛思德（Guion Gest）将藏书寄存于加拿大麦吉尔大学，成立葛思德华文藏书库。在此之后，夏威夷大学、芝加哥大学、西雅图华盛顿大学等美国知名高校分别通过种种途径，购入中文古籍，为此后东亚图书馆或远东图书馆的成立奠定了基础。

出于建立研究资料库的考虑，也考虑到中文书籍尤其是中文古籍的特殊性，各个筹备中的东亚图书馆都延请了中国学者帮助建立初期专藏。例如，赵元任、梅光迪为哈佛大学收集中文古籍；王际真为哥伦比亚大学收

---

① 杨海峥：《顾盛与北美汉籍收藏》，《图书馆论坛》，2022 年第 1 期。
② 潘德利：《美国国会图书馆藏中国古籍善本概略》，《图书情报工作》，2003 年第 6 期。

购中文古籍；俄亥俄州立大学由严文郁承担搜求古籍的任务。这些人员或为华人专家，或为浸淫中国文化已久的外籍学者，在研究领域内各擅胜场，因此也会根据自己的专业特长购求古籍。这也构成了北美中文古籍收藏与编目事业在国际合作上的开端。

随着北美高校东亚图书馆的纷纷建立，馆藏中文古籍的整理编目工作理应陆续开展。但中文古籍编目工作对工作人员的专业素养要求较高，在北美地区语言环境下难度尤显。因此，高校东亚图书馆往往邀请中国古籍专家协助展开中文古籍编目的国际合作，从而摸清馆藏。例如，加拿大哥伦比亚大学亚洲馆先后请过王伊同、钱存训、潘铭燊、李直方、马泰来、沈迦、戴联斌等专家学者对馆藏善本进行短时间的梳理；[1]1992年，时任哈佛燕京图书馆馆长的吴文津邀请沈津赴美国，为该馆编纂中文古籍善本书志。[2]此后，加州大学伯克莱分校东亚图书馆、俄亥俄州立大学图书馆、加拿大多伦多大学东亚图书馆等也都采取了国际合作的编目方式。

此外，在"中华古籍保护计划"的大背景下，海内外积极开展中华古籍保护合作项目。2013年，在北京召开"海外（北美地区）中华古籍保护工作研讨会"。北美地区收藏中文善本较多的十二家图书馆馆长或负责人受邀参加。会议决定加强对北美中文古籍进行调查、整理和公布的工作，探讨海外（北美地区）中文古籍合作保护工作和交流情况，研讨项目并探索合作机制，特别是就编纂《北美中文善本古籍联合目录》、北美中文古

---

① 武亚民、刘静：《加拿大不列颠哥伦比亚大学亚洲图书馆中文古籍与特藏》，程焕文、沈津、张琦主编：《2016年中文古籍整理与版本目录学国际学术研讨会论文集（上）》，广西师范大学出版社，2018年，第51页。

② 任雅君、沈津：《〈美国哈佛大学哈佛燕京图书馆藏中文善本书志〉编纂访谈记》，载《天一阁文丛》第十辑，浙江古籍出版社，2012年。

籍数字化和整理出版进行讨论。[①]2015年，国家图书馆启动了海外中华古籍调查暨数字化合作项目。[②]这些国际合作，既是古籍编目国际合作的延续与发展，也是海外古籍回归的新形式。

## 二、20世纪80年代前普林斯顿大学图书馆中文古籍编目中的国际合作

普林斯顿大学图书馆等北美高校图书馆一般不设立中文古籍编目的专门职位，他们对古籍的编目整理除了本馆工作人员，常常通过延请专家或参与联合项目完成。在其漫长的发展历程中，在数任馆长的积极努力与促成下，王重民、屈万里、昌彼得、艾思仁等学养深厚的中文古籍编目专家与版本专家先后主持或参与了编目整理普林斯顿大学以葛思德东方图书馆为中心的中文馆藏。

北美大学的东亚图书馆大多建立于东亚系成立之后，作为该校东亚研究的文献支持与研究资源存在并发挥作用。普林斯顿大学的情况有所不同，他们的中文古籍收藏早在东亚系正式成立之前已经具备了相当的规模和较为完善的体系。这首先要归功于企业家葛思德的个人收藏。

1926年，葛思德将藏书存于加拿大麦吉尔大学。葛思德华文藏书库的首任馆长德国人罗伯特·瑞希莱克-罗斯，同时承担编目的工作。但因罗斯中文水平受限，他聘请中国留学生桂质柏作为助理，并曾求助美国国会图书馆负责中文书籍编目的馆员——迈克尔·哈格蒂（Michael Hagerty）。迟至1928年，葛思德的好友义理寿亲自接过了编目的工作。但当其时，义理寿尚身处中国，所以他将其所作的目录、笔记及批注寄到加拿大，时任

---

① 陶建强、陶伟成、陶仁和：《历史文献修复保护理论与实践》，广东人民出版社，2015年，第67页。
② 李伟、马静：《海外古籍回归与利用的模式及思考》，《古籍保护研究》，2016年。

葛思德图书馆工作人员、知名的中国史专家孙念礼予以协助整理核对。这一越洋合作的模式成为该馆国际合作编目的起源和发端。1936年，由于种种原因，葛思德与麦吉尔大学终止了合作，赎回了自己的藏书。①同年7月，普林斯顿大学宣布收购这批藏书，并成立了葛思德东方图书馆。当时已出任馆长的孙念礼随藏书一同转职至普林斯顿大学。在孙念礼任职期间，继续由她和义理寿承担葛馆的中文古籍整理与编目工作。合作的基本模式为长期保持越洋书信往来。②

现今，很多北美图书馆延请中国古籍专家到馆协助馆藏中文古籍编目工作，这也成为北美中文古籍工作国际合作中最为常见的模式。普林斯顿大学葛思德东方图书馆与王重民的合作可以视作这一协作模式的道夫先路者之一。1939—1947年，王重民应时任美国国会图书馆东方部主任恒慕义（Hummel William）邀请，在该馆进行中文古籍善本整理。

就目前档案材料来看，王重民到馆后，孙念礼对其提供了力所能及的帮助。首先是将义理寿所编辑的馆藏目录交予王氏供其参考，其次是保证了王氏可以索取其所需要的书籍进行核对修订。

王重民在普林斯顿大学工作的成果是一部古籍善本书录。但作为葛馆第一次延请中国古籍专家到馆编目，王重民到馆编目的模式启发了后任者摸清乃至发掘馆藏的思路，在馆史上有重要意义。此后，曾长期担任东亚图书馆馆长的著名图书馆学家童世纲沿着孙念礼的思路，积极促成了中国学者屈万里到馆编目。

---

① 详参何义壮：《普林斯顿大学东亚图书馆和葛思德文库》，载周欣平编：《东学西渐：北美东亚图书馆1868—2008》，高等教育出版社，2012年，第133—152页。
② 参见凌一鸣、裴佳瑶、李思文：《普林斯顿大学东亚图书馆藏中文古籍的早期收藏与编目》，《图书馆论坛》，2022年第1期。

与在美工作的王重民不同，屈万里当时在中国台湾任"中央研究院"历史语言研究所研究员、代理所长，因此在程序上更为复杂。为保证屈氏到馆编目符合美国及普林斯顿大学的流程要求，屈万里由普林斯顿大学图书馆馆长威廉·迪克斯（William Dix）与历史系教授牟复礼（Frederick Mote）共同邀请来美。在美期间，屈氏除在馆考察古籍以外，还在历史系承担"中国书籍史"相关课程的教学工作。

据时任馆长、图书馆学家童世纲序："乂君曾手编分类详目，几于完成。继有王君有三者，夙习书史，从袁守和馆长治目录之学……以葛馆宋元明旧椠颇有北平图书馆所无者，为编善本书录四册。然未能版行。教授屈君翼鹏……以普林斯顿高深研究所之礼聘，停旆于葛馆，检王君之旧稿，写琳琅之新志。校订删补，附益述评，录序跋则节繁摘要，记行格而并及高广。究版本之传衍，著优劣之所在。"①据此可知，在屈万里编纂善本目录的过程中，馆方向其提供了馆藏王重民目录手稿供其参核辨正。屈万里认为："王氏原稿的体例和他所编的《美国国会图书馆善本书志》（以下简称王《志》）一样……有改变体例的必要"，"又因王氏的原稿系仓促间编成，错误的、遗漏的、应补充的和应删汰的地方颇多，于是干脆就把原稿放下，而重新作了一部。"②虽然屈氏如是说，但实际上《书录》与《书志》的关系非常紧密。屈万里所作《普林斯顿大学葛思德东方图书馆中文善本书志》（以下简称屈《志》）手稿亦藏于普林斯顿大学葛思德东方图书馆。此手稿更能直接体现屈《志》与王《志》之间的关系，该馆复印王《志》手稿，并以西式精装订为六册，屈万里即在此稿上用蓝色钢笔进行增删改易。因此，屈万里目录是在王重民所作目录的基础上进行审核

---

① 屈万里：《普林斯顿大学葛思德东方图书馆中文善本书志》，艺文印书馆，1975年，第2页。
② 屈万里：《普林斯顿大学所藏的中文图书》，《屈万里先生全集》，联经出版社，1985年，第1133—1137页。

修正而成的。由此可见屈《志》的工作流程是：以王《录》底稿复印件为工作底本，原则上沿用其著录内容，有疑问者再加修改补充。故而在大多数篇目中，屈《志》定稿本基本上是誊录王《录》文字，著录内容、考证结论尤其是版本判断大多沿用；至于版框尺寸，则将王《录》中的阿拉伯数字改为中文数字。屈《志》对王《录》最实质性的改动，是在王《录》的基础上，屈万里把可以确认的出版年代从年号精确到了年份。对于王《录》在著录原书信息时的文字错漏，屈万里也做了认真地校正。[①]

经过王重民、屈万里两次审查以后，葛馆的明刻本收藏情况基本摸清，并有一系列相对较为完整的书目书志。普林斯顿东亚图书馆也逐渐形成了较为成熟的国际合作模式：延请中国古籍专家以访学名义到馆短期编目，馆方提供硬件及后勤服务。鉴于馆藏清刻本的情况还需要系统性的考察，于是时任台湾"中央图书馆"特藏组主任的昌彼得于1979年受时任葛馆馆长蔡武雄之邀赴美主持考编该馆藏书。

据昌氏自述，其原计划时间为两年，后缩为一年，分两阶段展开：1979年5月至10月，昌彼得在美编目；1980年，昌氏因故无法按时赴美，委托其同事吴哲夫在美代编四个月，并于是年8月底到馆接替，又约两月完成。总计一年时间，考察两千八百部古籍。[②]这是葛馆第一次对所谓非善本的中文古籍进行编目，其最终成果即葛思德东方图书馆编《普林斯顿大学葛思德东方图书馆中文旧籍书目》（以下简称昌《目》）。由于昌《目》所收书目远在王、屈二志之上，在其出版时，昌氏制作了可供笔画检字的《书名著者综合索引》，以助读者使用。该目也是很多论著和书目中提到

---

① 参见凌一鸣、姚伯岳：《王重民〈普林斯顿大学葛思德东方图书馆藏善本书录〉稿本考述》，《图书馆杂志》，2022年第4期，第137—145页。
② 葛思德东方图书馆：《普林斯顿大学葛思德东方图书馆中文旧籍书目》，台湾商务印书馆股份有限公司，1990年，第681—682页。

"普林斯顿大学葛思德东方图书馆藏"的依据，得到了广泛的利用。由此可见，当时中文古籍编目工作的国际合作，由于地区问题受到了距离、政策等影响因素的制约。

昌《目》的编纂过程由编制目录卡片开始，由于昌彼得无法长期在美，该目由其三位助手庄惠芬、周苏英、陈纯翠提供协助。现普林斯顿大学东亚馆收藏有昌彼得书目底稿，大多内容详于定本昌《目》，可据以考察昌氏编目的方法与过程。现存昌氏底稿为单张笔记本活页纸，与该馆历史目录卡片配合使用。

定本昌《目》一般不解释版本判断的原因，而在底稿中可见其根据。如《癸辛杂识》（今索书号 C368/2992），定本著录为："明刊清修《稗海》本"，底稿则著录为"明刊康熙间修补本"，并注："按此书不避清讳，其行款、字体视万历间会稽商氏半野堂所刊《稗海》本无差，内多修补版，当康熙间所为也。"底稿内"康熙间"三字乃为铅笔涂改，旁注"昌先生：OK！"，盖助手为求谨慎，征得昌氏同意后删去。今核是书与馆藏半野堂本《稗海》，确行款版式几同，唯其修补版似非出自同时，昌氏团队考量后更为明刊清修，更为审慎。

在版本对比上，与王、屈一样，昌氏也利用了其可能得到的资源。如《新镌批评出像通俗奇侠禅真逸史》（今索书号 387/3056），定本著录为"清初文新堂刻本"，底稿说明其根据："此书无刻书年月，书中亦不避清帝讳，台湾'中央'图书馆作'清初夏履先刊本'，《台大普通本书目》作'明刊清印本'，今审此书字体，似为翻刻，绝不类明季刊本。"

又定本昌《目》在版本描述上较之王、屈二志，较为详细，凡其可考者皆标注刻、印、修、补者及时间，但一般不对版本作解说，实际上在前期工作中昌氏已对一部分书进行了详细分析。如《虞文靖公道园全集》，昌《目》定本著录为："清道光丁酉十七年（1837）岷阳孙锓古棠书屋刊民国元年（1912）存古书局修补本。"底稿注："此帙为孙锴原刻，故书中同治讳'淳'字不避，版心下方有'古棠书屋'字样者为原版，无此或刻于书名卷数下方者为补版。"昌氏对于原版、补版特征的判别，在目录中无法体现，底稿中则均保留下来。从底稿可见，昌《目》用以参校的目录主要有《四库全书总目提要》《续修四库全书总目提要》《贩书偶记》《四库简明目录标注》及当时已出版的各大图书馆古籍书目等。

今按：昌氏实际在馆编目时间一缩再缩，导致许多部分书目未及详核原书，如能保存底稿中的备注与解释，对于不能到馆目验的读者来说具有很大的实用意义。昌氏底稿上可见其助手铅笔校改的痕迹，如《郝文忠公陵川文集》（今索书号D33/1613）编者，昌《目》底稿作"王缪"，有铅笔更正为"王镠"，并署"H.F.",当为庄惠芬作。似此又有卷数错误、书名错误等均有校改。此外庄氏等还补充了序跋中与成书及出版有关的信息。从此种种，可见昌氏与几位助手的合作模式。

## 三、计算机时代普林斯顿大学图书馆中文古籍编目中的国际合作

20世纪末，随着计算机的快速发展与广泛利用，图书编目事业发生了重大变革，古籍编目工作自然也不外如是。在建立了良好的编目基础后，普林斯顿大学于20世纪80年代末90年代初加入中文善本书国际联合目录项目，承担编辑中心职能，成为世界上计算机中文古籍编目的先驱者之一。该项目最初源于美国研究图书馆组织（The Research Libraries Group，简称RLG）1987年提出的《中文善本书国际机读联合目录》计划。该计划是在当时编目工作计算机化的潮流下产生的，其初衷是对包括北美、中国大陆、中国台湾、日本乃至欧洲在内的中文善本书通过计算机编目予以分

析与处理。①普林斯顿大学作为牵头馆参与该项目第二阶段编目试验，最初由北京大学图书馆、中国科学院图书馆派员为普林斯顿大学葛思德东方图书馆进行计算机编目。此后普林斯顿大学又加入中文善本书项目（Chinese Rare Book Project），版本学家艾思仁曾审核该馆编目数据。

鉴于以上工作都是围绕东亚图书馆展开，现任馆长何义壮（Martin Heijdra）上任后，发现普林斯顿大学其他分馆同样藏有中文古籍，而东亚图书馆同样有不少未编中文古籍。同时，何氏与该馆工作人员也认为，东亚图书馆的已编汉籍目录存在着比较严重的问题，不仅编目体例很不统一，著录内容也存在不少疏误。于是制定两阶段计划，开展古籍目录审查与未编书编目工作。

第一阶段成果为《普林斯顿大学图书馆藏中文善本书目》，该目综合了馆史上历次善本古籍编目的成果，以网络目录格式为基础出版了馆藏善本目录。在此目出版后，该馆现任馆长何义壮提出了对该校各分馆所有1912年以前中文书籍进行书目审查以及未编书编目的计划，并于2019年11月正式启动。该计划的考察对象包括普林斯顿大学的东亚图书馆、艺术考古图书馆、少儿图书馆所有1796—1911年间出版的中文古籍，这就是目前仍在进行的馆藏编目第二阶段。

第二阶段称作"普林斯顿大学藏中文古籍编目（1796—1911）"项目（Project Volume 2），该阶段承接该馆编辑、中华书局出版的《普林斯顿大学图书馆藏中文善本书目》，以该校东亚图书馆馆藏为中心展开，并首次对普林斯顿大学寇岑少儿图书馆（Cotsen Library）和马昆德艺术考古图书馆（Marquand Library）的中文古籍收藏进行整理与编目。这一阶段于2019年11月4日正式启动，具体模式结合了馆史上中国学者到馆编目与计算机

---

① 该项目具体实施过程，参见曹淑文：《〈中文善本书国际机读联合目录〉项目简介》。

远程编目两种形式。该阶段由天津师范大学古籍保护研究院团队主要负责，普林斯顿大学图书馆方组织了项目团队予以配合，包括东亚图书馆馆长何义壮、资深中文古籍编目专家曹淑文、东亚图书馆馆员温道明（Thomas Ventimiglia）、少儿图书馆馆员陈敏捷、艺术考古图书馆中国艺术研究员 Kimberly Wishart 等。该阶段第一步是对该馆网络目录的审核，包括统一格式、规范体例和改正错误。第二步是对该馆未上网汉籍目录进行审核和部分重编工作。第三步是对马昆德艺术考古图书馆所藏汉籍进行编目。未来即将开展的第四、第五步的主题分别是对寇岑少儿图书馆所藏汉籍编目和东亚图书馆未编汉籍编目的工作。现该阶段仍在进行中，主要工作模式为远程合作编目。由普林斯顿大学方提供书影等信息，申请人及其团队在中国国内进行编目，以期在编目工作的同时形成书影资料库。

## 四、结论

普林斯顿大学图书馆藏中文古籍编目工作中的国际合作最早可追溯到1928年，义理寿与孙念礼以越洋书信往来的模式对馆藏中文古籍进行整理编目。普林斯顿大学东亚图书馆身为北美中文古籍收藏的重镇，积极寻求不同形式的国际合作。早期邀请王重民、屈万里、昌彼得、艾思仁等学养深厚的中文古籍编目专家与版本专家先后到馆主持参与编目工作。如今数字时代，普林斯顿大学牵头参与中文古籍数字化、计算机联合编目等项目。不仅为北美地区中文古籍编目提供了有力的个案参考，还对中华古籍保护计划、全球汉籍合璧工程等项目的开展提供了助力。

# 哈佛燕京图书馆藏宝卷目录探析

胡玉花[*]

**摘　要：**目前学界对哈佛燕京图书馆藏宝卷的研究主要聚焦于剖析其文本内容的文学价值与宗教价值，对其目录问题关注较少。笔者查阅相关资料发现，海内外学者在介绍这批宝卷时存在种类卷数著录不一、版本时间及来源混淆不清等问题。因此挑选了目前所能找到的著录哈佛燕京图书馆藏宝卷书目的资料进行比较研究，对照原书书影，参考最新研究成果，探究这些差异产生的原因，厘清变化脉络，为哈佛燕京图书馆所藏宝卷研究的深入开展提供参考。

**关键词：**哈佛燕京图书馆　宝卷　目录　探析

宝卷是由唐代寺院中的俗讲演变而来的一种中国传统说唱文学形式。明清以来，取材于中国民间故事的宝卷日渐流行，是研究民俗学非常重要的资料。哈佛燕京图书馆所藏的这批宝卷具有许多其他宝卷目录未曾著录的书目和版本，具有极其重要的文献价值。

目前学界对于哈佛燕京图书馆所藏宝卷目录进行专门介绍的主要有：2010年，霍建瑜在《书目季刊》上发表《哈佛燕京图书馆藏韩南所赠宝卷

---

\* 胡玉花，女，云南腾冲人。北京大学中国古文献研究中心博士生，研究方向为中国古典文献学、先秦两汉文学文献、海外汉学与汉籍研究。

经眼录》（下文简称《经眼录》），该文介绍了哈佛燕京图书馆所藏韩南捐赠宝卷目录。①2013年，霍建瑜主编《美国哈佛大学哈佛燕京图书馆藏宝卷汇刊》（下文简称《汇刊》）七册，由广西师范大学出版社出版，收录了哈佛燕京图书馆所收藏的明代至民国年间宝卷。②哈佛燕京图书馆官网的宝卷原书书影，书影旁边有相关的目录信息。2023年8月，上海古籍出版社出版国家社科基金重大项目"海外藏中国宝卷整理与研究"阶段性成果《海外中国宝卷收藏与研究导论》，其下编"海外藏中国宝卷总目"③著录了近年来海外收藏宝卷目录调查的最新成果。该书参考了霍建瑜的《经眼录》，并将《中国宝卷总目》（下文简称《宝卷总目》）中名称相关的宝卷在书中加以标明。

笔者将哈佛燕京图书馆官网的宝卷书影信息、《汇刊》和"海外藏中国宝卷总目"进行比较分析，发现三者在宝卷的来源、种类、刊刻时间、版本和卷数等方面的著录多有差异，因此本文以表格的形式将它们对比分析，找出著录不一之处，并探究这些差异产生的原因，以期为学界更好地利用这批书目提供参考。

---

① 霍建瑜：《哈佛燕京图书馆藏韩南所赠宝卷经眼录》，《书目季刊》，2010年第1期，第99页。
② 霍建瑜主编：《美国哈佛大学哈佛燕京图书馆藏宝卷汇刊》第1册，广西师范大学出版社，2013年，第18页。
③ 见李永平、〔荷〕伊维德、〔俄〕白若思等：《海外中国宝卷收藏与研究导论》下编"海外藏中国宝卷概览"，因书末称"海外藏中国宝卷总目"，笔者觉得此标题更能体现这批宝卷的著录方式及特点，因而采其书末称法，读者核查原书时请注意此点。

## 一、哈佛燕京图书馆藏宝卷目录对比表①

| 种类 | 哈佛燕京图书馆官网书影信息 | 《汇刊》 | 海外藏中国宝卷总目 | 来源 |
|---|---|---|---|---|
| 1 | 《秀女宝卷》(《山西平阳府平阳村秀女宝卷全集》)一卷。裕安山人重刊,光绪二十三年(1897)。 | 《秀女宝卷》一卷。清光绪二十三年(1897),裕安山人刻本。一册。 | 《秀女宝卷》一卷。清光绪二十三年(1897)裕安山人刻本。 | 香港购 |
| 2 | 《刘香宝卷》(《太华山紫金镇两世修行刘香卷全集》)二卷。广东文魁阁书坊,光绪元年(1875)。 | 《太华山紫金镇两世修行刘香宝卷全集》二卷。清末广东文魁阁刻本。一册。 | 《太华山紫金岭两世修行刘香宝卷》二卷。清粤东省城文魁阁书坊刻本。 | 香港购 |
| 3 | 《梁皇宝卷》一卷。守经堂,光绪己亥年(1899)。 | 《梁皇宝卷全集》一卷。清光绪二十五年(己亥年,1899)裕安山人重刊本。一册。 | 《佛说梁皇宝卷》二卷。清光绪二十五年(1899)罗浮山朝元洞藏版刻本。 | 香港购 |
| 4 | 《何仙姑宝卷》(《吕祖师度何仙姑因果卷》)二卷。文魁阁,光绪二十四年(1898)。 | 《何仙姑宝卷》二卷。清光绪二十四年(1898)善书坊刻本。一册。 | 不著录 | 香港购 |

① 表中将目前所能找到的著录有哈佛大学燕京图书馆藏宝卷信息的书目对应比较。笔者比对后发现《经眼录》与《汇刊》的差别仅仅是《新刻醒心宝卷》与《化劫宝卷》的时间著录不同,因此不再把《经眼录》放入表格。《汇刊》和哈佛燕京图书馆官网的宝卷,不仅包括了韩南所赠的宝卷,还包括了霍建瑜所谓从香港购买的和高龄居美华人所捐赠的另外两部分宝卷。表格将此分别简记为"韩南赠""香港购"和"华人赠"。(关于表格为何选用霍建瑜的说法,在后面的来源部分有详细论述)而"海外藏中国宝卷总目"中存在将同一名称不同版本的宝卷著录为一种宝卷的情况,表格为便于与其他两份资料比较,遂将这部分宝卷拆开来著录,对于比其他两份资料多出的宝卷则注为"新本"。来源:哈佛燕京图书馆官网宝卷书影信息86种, https://curiosity.lib.harvard.edu/chinese-rare-books/catalog。霍建瑜主编:《美国哈佛大学哈佛燕京图书馆藏宝卷汇刊》,广西师范大学出版社,2013年,第25—45页。李永平、〔荷〕伊维德、〔俄〕白若思等:《海外中国宝卷收藏与研究导论》,上海古籍出版社,2023年,第246—260页。

续表

| 种类 | 哈佛燕京图书馆官网书影信息 | 《汇刊》 | 海外藏中国宝卷总目 | 来源 |
|---|---|---|---|---|
| 5 | 《李鳌救母》一卷。文在兹善书坊藏版，成德堂刊，光绪三十一年（1905）。 | 《李鳌救母回阳录》一卷。清光绪三十一年（1905），成德堂刻本。一册。 | 《李鳌救母宝卷》一卷。时间、版本不详。叶首有"最乐堂善书，借看数日收回，勿渎勿失"。 | 香港购 |
| 6 | 《重刻观世音菩萨本行经简集》（《香山宝卷》）二卷。普明禅师，上海文益书局石印本，民国三年（1914）。 | 《重刻观世音菩萨本行经简集》二卷。宋释普明辑。民国三年（1914）上海文益书局石印本。二册。 | 不著录 | 韩南赠 |
| 7 | 《重刻观世音菩萨本行经简集》（《香山宝卷》《香山卷》）二卷。普明禅师，杭州昭庆彗空经房，民国二十年（1931）。 | 《重刻观世音菩萨本行经简集》二卷。宋释普明辑。民国二十年（1931），浙江杭州西湖昭庆寺彗空经房刻本。一册。 | 《香山宝卷》二卷（上下卷）。时间不详，刻本。卷末有"宋天竺普明禅师编集，清梅院后学净宏简行"。 | 韩南赠 |
| 8 | 《潘公免灾宝卷》（《潘公宝卷》《潘公免灾救难宝卷》）三卷。杭州俞旺瑞，同治庚午年（1870）。 | 《潘公免灾救难宝卷》三卷。清同治九年（1870）俞旺瑞刻本。一册。 | 《潘公免灾救难宝卷》三卷。清同治九年（1870）姑苏玛瑙经房刻本。 | 韩南赠 |
| 9 | 《新刻醒心宝卷》（《醒心宝卷》）二卷。岳邦翰。常州培本堂，光绪癸巳年（1893）。 | 《新刻醒心宝卷》二卷。清岳邦翰撰。清光绪二十年（甲午，1894）刻本。二册。 | 《醒心宝卷》二卷。清岳邦翰撰。清光绪十九年（1893）常州乐善堂。 | 韩南赠 |
| 10 | 《庞公宝卷》一卷。宁波大酉山房，光绪乙未年（1895）。 | 《庞公宝卷》一卷。清光绪二十一年（1895）宁波大酉山房刻本。一册。 | 《庞公宝卷》一卷。宁波大酉山房刻本。 | 韩南赠 |
| 11 | 《江南松江府华亭县白沙村孝修回郎宝卷》一卷（附《七七宝卷》一卷，《喫斋经》一卷，《花名宝卷》一卷，《法船经》一卷）。上海翼化堂，光绪庚子年（1900）。 | 《江南松江府华亭县白沙村孝修回郎宝卷》一卷。清光绪二十六年（庚子，1900）翼化堂刻本。一册。 | 《江南松江府华亭县白沙村孝修回郎宝卷》一卷。清光绪二十六年（1900）上海翼化堂刻本。附《七七经》一卷，《吃素经》一卷，《花名卷》一卷，《法船经》一卷。 | 韩南赠 |
| 12 | 《张氏三娘卖花宝卷全集》（《张氏三娘卖花宝卷》《张氏宝卷》《卖花宝卷》）一卷。苏州祥兴斋，光绪三十年（1904）。 | 《张氏三娘卖花宝卷》一卷。光绪三十年（1904）祥兴斋刻本。一册。 | 不著录 | 韩南赠 |

| 种类 | 哈佛燕京图书馆官网书影信息 | 《汇刊》 | 海外藏中国宝卷总目 | 来源 |
|---|---|---|---|---|
| 13 | 《张氏三娘卖花宝卷全集》(《绘图卖花宝卷》《张氏三娘卖花宝卷》《张氏宝卷》《卖花宝卷》)一卷。民国宁波学林堂书局石印本。 | 《张氏三娘卖花宝卷》一卷。民国宁波百岁坊学林堂书局石印本。一册。 | 《绘图卖花宝卷》一卷。时间不详。宁波百岁坊学林堂书局印本。 | 韩南赠 |
| 14 | 《新刻洛阳宝卷》(《洛阳受生宝卷》《洛阳宝卷》)一卷(书影有卷上下)。朱明孝杭州玛瑙经房,民国十八年(1929)。 | 《新刻洛阳宝卷》二卷(《受生宝卷》)。民国十八年(1929)朱明孝杭州玛瑙经房刻本。一册。 | 《洛阳宝卷》一卷。民国十八年(1929)浙江杭州玛瑙经房刻本。 | 韩南赠 |
| 15 | 《化劫宝卷》一卷。薛慧上。上海中教佛堂大中国印刷公司,盐城观音禅寺石印本,民国丁丑年(1937)。 | 《化劫宝卷》一卷。民国二十七年(1938)江苏盐城观音禅寺石印本。一册。 | 《化劫宝卷》一卷。民国丁丑年(1937)上海中教佛堂大中国印刷公司盐城观音禅寺石印本。 | 韩南赠 |
| 16 | 《刘香宝卷》(《刘香女宝卷》《刘香宝卷全集》《刘香卷》《太华山紫金镇两世修行刘香宝卷全集》)残存上卷。苏州玛瑙经房善书局,光绪二十四年(1898)。 | 《太华山紫金镇两世修行刘香宝卷》二卷(存卷上)。清光绪二十四年(1898)苏城玛瑙经房善书局刻本。一册。 | 《太华山紫金岭两世修行刘香宝卷》二卷。清光绪二十四年(1898)苏城玛瑙经房善书局刻本。 | 韩南赠 |
| 17 | 《刘香宝卷》(《刘香女宝卷》《绘图刘香女宝卷》《太华山紫金镇两世修行刘香宝卷全集》)二卷。宁波学林堂书局石印本,民国十九年(1930)。 | 《太华山紫金镇两世修行刘香宝卷》二卷。民国十九年(1930)宁波学林堂书局石印本。二册。 | 《太华山紫金岭两世修行刘香宝卷》二卷。民国十九年(1930)春宁波学林堂书局石印本。 | 韩南赠 |
| 18 | 《刘香宝卷》(《刘香女宝卷》《校正刘香宝卷》《太华山紫金镇两世修行刘香宝卷全集》)二卷。蒋春记书庄石印本,民国元年至十八年(1912—1929)。 | 《太华山紫金镇两世修行刘香宝卷全集》二卷。民国蒋春记书庄石印本。二册。 | 不著录 | 韩南赠 |

续表

| 种类 | 哈佛燕京图书馆官网书影信息 | 《汇刊》 | 海外藏中国宝卷总目 | 来源 |
|---|---|---|---|---|
| 19 | 《目莲宝卷全集》（《目莲三世宝卷》《目莲救母三世宝卷》《目莲卷》）一卷。杭州西湖彗空经房刻本，光绪三年(1877)。 | 《目莲宝卷全集》一卷。清光绪三年(1877)西湖彗空经房刻本。一册。 | 《目莲宝卷全集》一卷。光绪三年(1877)彗空经房刻本。 | 韩南赠 |
| 20 | 《重刻修真宝传》（《修真宝卷》《修真宝传》）一卷。丹林刻本。光绪元年至四年(1875—1878)。 | 《重刻修真宝传》一卷。光绪四年(1878)丹林刻本。一册。 | 不著录 | 韩南赠 |
| 21 | 《观音灵感宝卷》（《观音宝卷》）一卷。民国上海宏大善书局石印本。 | 《观音灵感宝卷》一卷。民国上海宏大善书局石印本。一册。 | 《观音灵感宝卷》一卷。民国上海宏大善书局石印本。 | 韩南赠 |
| 22 | 《如意宝卷》（《绘图如意宝卷》）二卷。民国文元书局石印本。 | 《如意宝卷》二卷。民国上海文元书局石印本。二册。 | 《如意宝卷》一卷。时间不详。上海文元书局印行。 | 韩南赠 |
| 23 | 《新编合同记宝卷》（《田素贞宝卷》《绘图合同记宝卷》《合同记宝卷》《大悲咒》）二卷。附《大悲咒》。民国石印本。 | 《新编合同记宝卷》二卷。民国石印本。二册。 | 《合同记宝卷》一卷。时间不详，上海惜阴书局印本。封内有："为善者如春园之草。日茂也。"附《大悲咒》。 | 韩南赠 |
| 24 | 《针心宝卷》（《真修宝卷》）一卷。上海宏大善书局石印本，民国己未年(1919)。 | 《针心宝卷》一卷。民国八年(1919)上海宏大善书局石印本。一册。 | 《针心宝卷》一卷。民国己未年(1919)宏大书局刻本。 | 韩南赠 |
| 25 | 《延寿宝卷》（《金本中宝卷》《绘图延寿宝卷》）一卷。民国上海文益书局石印本。 | 《新出延寿宝卷》一卷。民国上海文益书局石印本。一册。 | 《绘图延寿宝卷》一卷。民国上海文益书局石印本。 | 韩南赠 |
| 26 | 《金不换宝卷》（《绘图金不换宝卷》）二卷。民国上海惜阴书局石印本。 | 《金不换宝卷》二卷。民国上海惜阴书局石印本。二册。 | 《绘图金不换宝卷》一卷。时间不详，上海惜阴书局印本。 | 韩南赠 |
| 27 | 《何文秀宝卷》（《绘图何文秀宝卷》）二集。宁波学林堂书局石印本，民国二十五年(1936)。 | 《何文秀宝卷》（《绘图何文秀宝卷》）二卷。民国二十五年(1936)宁波学林堂书局排印本。二册。 | 《何文秀宝卷》一卷。民国二十五年(1936)学林堂书局刻本。 | 韩南赠 |

| 种类 | 哈佛燕京图书馆官网书影信息 | 《汇刊》 | 海外藏中国宝卷总目 | 来源 |
|---|---|---|---|---|
| 28 | 《新刻黄糠宝卷》(《绘图黄糠宝卷》《黄糠宝卷》)二卷。民国宁波学林堂书局石印本。 | 《新刻黄糠宝卷》二卷。民国宁波百岁坊学林堂书局石印本。一册。 | 《黄糠宝卷》一卷。民国宁波百岁坊学林堂书局石印本。 | 韩南赠 |
| 29 | 《唐僧宝卷》(《绘图唐僧宝卷》)二卷。民国文元书局石印本。 | 《唐僧宝卷》二卷。民国上海文元书局石印本。二册。 | 《唐僧宝卷》二卷。民国年间文元书局石印本。 | 韩南赠 |
| 30 | 《五祖黄梅宝卷》(《黄梅宝卷全集》《黄梅卷》)二卷。杭州慧空经房,民国十一年(1922)。 | 《五祖黄梅宝卷》二卷。民国十一年(1922)浙江杭州慧空经房刻本。一册。 | 《五祖黄梅宝卷》一卷。民国十一年(1922)浙江杭州慧空经房刻本。一册。 | 韩南赠 |
| 31 | 《三世修道黄氏宝卷》(《黄氏卷》《黄氏宝卷》)二卷。杭州玛瑙经房,民国八年(1919)。 | 《三世修道黄氏宝卷》二卷。民国八年(1919)杭州弼教坊玛瑙经房刻本。一册。 | 《三世修道黄氏宝卷》二卷。民国八年(1919)杭州弼教坊玛瑙经房刻本。 | 韩南赠 |
| 32 | 《目连三世宝卷》(《目连救母三世宝卷》《修行宝杖》《目连宝卷》)三卷。镇江宝善堂善书坊,光绪丙子年(1876)。 | 《目连三世宝卷》三卷。清光绪二年(1876)镇江宝善堂刻本。一册。 | 《目连三世宝卷》三卷。清光绪二年(1876)镇江宝善堂刻本。 | 韩南赠 |
| 33 | 《山西平阳府平阳村秀女宝卷全集》(《秀女宝卷全集》《秀女卷》)一卷。杭州玛瑙经房,光绪三十四年(1908)。 | 《山西平阳府平阳村秀女宝卷》一卷。清光绪三十四年(1908)杭州玛瑙经房刻本。一册。 | 《山西平阳府平阳村秀女宝卷》一卷。清光绪三十四年(1908)杭州玛瑙经房刻本。 | 韩南赠 |
| 34 | 《现世宝卷》(《现世宝》)二卷。杭州玛瑙经房,光绪五年(1879)。 | 《现世宝卷》二卷。清光绪五年(1879)杭州玛瑙经房刻本。一册。 | 《现世宝卷》二卷。清光绪五年(1879)杭州玛瑙经房刻本。 | 韩南赠 |
| 35 | 《真修宝卷》(《针心宝卷》《砭心真修宝卷》)一卷。盐邑徐宝珩光绪戊子年(1888)。 | 《真修宝卷》一卷。清光绪十四年(1888)刻本。一册。 | 《修真宝卷》。清光绪十四年(1888)徐宝衍刻本,又名《砭心真修宝卷》。 | 韩南赠 |
| 36 | 《花名宝卷》(《四季花名宝卷》《新钞经卷合刻》)不分卷。民国元年至二十二年(1912—1934)石印本。 | 《新刻花名宝卷》一卷。民国石印本。一册。 | 《花名宝卷》一卷。民国抄本。 | 韩南赠 |

续表

| 种类 | 哈佛燕京图书馆官网书影信息 | 《汇刊》 | 海外藏中国宝卷总目 | 来源 |
|---|---|---|---|---|
| 37 | 《浙江杭州府钱塘县白蛇宝卷》(《白蛇宝卷雷峰塔》《白蛇宝卷》)二集。上海文益书局石印本。民国四年(1915)。 | 《浙江杭州府钱塘县白蛇宝卷》二卷。民国四年(1915)上海文益书局石印本。二册。 | 不著录 | 韩南赠 |
| 38 | 《百花台双恩宝卷》(《绘图百花台宝卷》《百花台宝卷》)二集。上海文益书局石印本,民国六年(1917)。 | 《百花台双恩宝卷》二卷。民国六年(1917)上海文益书局石印本。一册。 | 《绘图百花台宝卷》一卷。民国六年(1917)上海文益书局刻本。 | 韩南赠 |
| 39 | 《浙江嘉兴府秀水县刺心宝卷》(《增像刺心宝卷》《绘图刺心宝卷》《刺心宝卷》)二卷。上海何广记书局石印本,民国六年(1917)。 | 《浙江嘉兴府秀水县刺心宝卷》二卷。民国六年(1917)上海何广记书局石印本。二册。 | 《刺心宝卷》二卷。民国六年(1917)上海何广记书局刻本。 | 韩南赠 |
| 40 | 《目莲救母幽冥宝传》(《目莲救母宝传》《目莲救母游地狱》《目莲宝传》)二卷。光绪庚子年(1900)。 | 《目连救母幽冥宝传》二卷。清光绪二十六年(1900)刻本。一册。 | 《目连救母幽冥宝传》一册。清光绪二十六年(1900)刻本。 | 韩南赠 |
| 41 | 《菱花镜宝卷》二集。宁波朱彬记书庄铅印本,丙寅年(1926)。 | 《菱花镜宝卷》二卷。题慈水九老山人悟觉子香山普境氏辑。民国丙寅年(十五年,1926)宁波朱彬记书庄排印本。二册。 | 《菱花镜宝卷》一卷。民国宁波朱彬记书庄排印本。 | 韩南赠 |
| 42 | 《绘图新出双剪发宝卷》(《梅英宝卷》《增像双剪发宝卷》《双剪发宝卷》)二卷。民国上海广记书局石印本。 | 《绘图新出双剪发宝卷》二卷。民国上海广记书局石印本。二册。 | 《绘图双剪发宝卷》二卷。时间不详。上海文益书局刻本。叶首有"版权所有""总发行上海文益书局"。 | 韩南赠 |
| 43 | 《善宗宝卷》一卷。上海宏大善书局石印本,民国壬戌年(1922)。 | 《善宗宝卷》一卷。民国十一年(1922)上海宏大善书局石印本。一册。 | 《善宗宝卷》一卷。民国壬戌年(1922)宏大善书局印本。 | 韩南赠 |

| 种类 | 哈佛燕京图书馆官网书影信息 | 《汇刊》 | 海外藏中国宝卷总目 | 来源 |
|---|---|---|---|---|
| 44 | 《新编清风亭宝卷》(《绘图天雷报宝卷》《绘图清风亭宝卷》《清风亭宝卷》)二卷。民国上海惜阴书局石印本。 | 《新编清风亭宝卷》二卷。王尘隐编。民国上海惜阴书局石印本。二册。 | 《新编清风亭宝卷》二卷。王尘隐编。民国上海惜阴书局石印本。 | 韩南赠 |
| 45 | 《新出绘图金枝宝卷》(《红楼镜》《红楼镜宝卷》)二卷。上海文益书局石印本,民国丙辰年(1916)。 | 《新出绘图金枝宝卷》(《红楼镜》)二卷。民国五年(1916)上海文益书局石印本。二册。 | 《红楼镜宝卷》一卷。上海惜阴书局印本。 | 韩南赠 |
| 46 | 《新出抢生死牌宝卷》(《平安宝卷》《铁莲花》《抢生死牌宝卷》《生死牌》)二卷。民国元年至十八年(1912—1929)石印本。 | 《新出抢生死牌宝卷》二卷。民国石印本。二册。 | 《新出抢生死牌宝卷》一卷。民国石印本。 | 韩南赠 |
| 47 | 《何仙姑宝卷》(《绘图何仙姑宝卷》)二卷。上海文益书局石印本,民国三年(1914)。 | 《何仙姑宝卷》二卷。民国三年(1914)上海文益书局石印本。一册。 | 《绘图何仙姑宝卷》一卷。民国三年(1914)文益书局印本。 | 韩南赠 |
| 48 | 《珠塔宝卷全集》(《绘图珍珠塔宝卷全集》《珠塔宝》)二卷。杭州聚元堂石印本,清宣统元年(1909)。 | 《珠塔宝卷》二卷。清宣统元年(1909)杭州聚元堂石印本。一册。 | 不著录 | 韩南赠 |
| 49 | 《新出绘图双玉燕宝卷》(《双玉燕宝卷》《玉燕卷》)二卷。杨菊生。民国二十年(1931)石印本。 | 《新出绘图双玉燕宝卷》二卷。杨菊生辑。民国二十年(1931)石印本。二册。 | 《新出绘图双玉燕宝卷》二卷。杨菊生辑。民国二十年(1931)石印本。 | 韩南赠 |
| 50 | 《新刻还金镯宝卷》(《魁星宝卷》《还金镯宝卷》)一卷。上海文益书局石印本,民国丙辰年(1916)。 | 《新刻还金镯宝卷》(《魁星宝卷》)一卷。民国五年(1916)上海文益书局石印本。一册。 | 《还金镯宝卷》二卷。又名《魁星宝卷》。民国五年(1916)上海文益书局石印本。一册。 | 韩南赠 |
| 51 | 《新编田素贞宝卷》(《新编合同记宝卷》《素贞卷》《田素贞宝卷》)二卷。上海广记书局石印本,民国元年至十八年(1912—1929)。 | 《新编田素贞宝卷》二卷。民国上海广记书局排印本。二册。 | 《田素贞宝卷》一卷。时间不详,上海广记书局刻本。 | 韩南赠 |

| 种类 | 哈佛燕京图书馆官网书影信息 | 《汇刊》 | 海外藏中国宝卷总目 | 来源 |
|---|---|---|---|---|
| 52 | 《绘图张义双钉记宝卷》（《金龟宝卷》《钓金龟宝卷》《双钉记宝卷》《张义宝卷》）二卷。上海惜阴书局石印本，民国元年至十八年（1912—1929）。 | 《绘图张义双钉记宝卷》（《金龟宝卷》《钓金龟宝卷》）二卷。民国上海惜阴书局石印本。一册。 | 《双钉记宝卷》一卷。陈德（润身）编。又名《张义宝卷》《金龟宝卷》。时间不详，上海惜阴书局石印本。 | 韩南赠 |
| 53 | 《绣像蜜蜂记宝卷》（《绘图蜜蜂记宝卷》《蜜蜂记宝卷》）二卷。上海惜阴书局石印本，民国元年至十八年（1912—1929）。 | 《绣像蜜蜂记宝卷》二卷。民国上海惜阴书局石印本。一册。 | 《蜜蜂记宝卷》二卷。民国上海惜阴书局石印本。 | 韩南赠 |
| 54 | 《再生缘宝卷》（《绘图再生缘宝卷》）二卷。上海惜阴书局石印本，民国元年至十八年（1912—1929）。 | 《再生缘宝卷》二卷。民国上海惜阴书局石印本。二册。 | 《再生缘宝卷》二卷。民国上海惜阴书局石印本。 | 韩南赠 |
| 55 | 《绘图秦雪梅三元记宝卷》（《三元记宝卷》《秦雪梅三元记宝卷》）二卷。上海惜阴书局石印本，民国元年至十八年（1912—1929）。 | 《绘图秦雪梅三元记宝卷》二卷。民国上海惜阴书局石印本。二册。 | 《秦雪梅三元记宝卷》一卷。民国上海惜阴书局石印本。 | 韩南赠 |
| 56 | 《雪山宝卷全集》（《悉达太子宝卷》《绘图雪山太子宝卷》《雪山太子宝卷》《太子宝卷》）二卷。民国元年至十八年（1912—1929）印本。 | 《雪山宝卷》二卷。民国石印本。二册。 | 《雪山宝卷全集》二卷。民国石印本，作者、版本不详。 | 韩南赠 |
| 57 | 《雪梅宝卷》（《陈世美宝卷》《雪梅宝卷三官堂》）二卷。民国元年至十八年（1912—1929）石印本。 | 《雪梅宝卷》二卷。民国石印本。一册。 | 《雪梅宝卷》二卷。民国石印本。 | 韩南赠 |
| 58 | 《真修宝卷》（《真修宝卷》《针心宝卷》《绘图真修宝卷》）二卷。上海惜阴书局石印本，民国元年至十八年（1912—1929）。 | 《真修宝卷》二卷。民国上海惜阴书局石印本。二册。 | 《修真宝卷》。上海惜阴书局刻本，又名《绘图真修宝卷》。 | 韩南赠 |

| 种类 | 哈佛燕京图书馆官网书影信息 | 《汇刊》 | 海外藏中国宝卷总目 | 来源 |
|---|---|---|---|---|
| 59 | 《孟姜仙女宝卷》(《里长城宝卷》《绘图孟姜女宝卷》《孟姜女宝卷》)一卷。民国元年至十八年(1912—1929)石印本。 | 《孟姜仙女宝卷》一卷。民国石印本一册。 | 《孟姜女宝卷》一卷。时间不详,上海文元书局石印本。 | 韩南赠 |
| 60 | 《新出绘图刘子英打虎双珠球宝卷》(《绘图双珠球刘子英宝卷》《双珠球宝卷》《刘子英宝卷》)二集。宁波林赓记书局石印本,民国元年至十八年(1912—1929)。 | 《新出绘图刘子英打虎双珠球宝卷》二卷。民国甬江林赓记书局排印本。二册。 | 《绘图双珠球刘子英宝卷》二卷(上下集)。民国甬江林赓记书局刻本。 | 韩南赠 |
| 61 | 《正本双珠凤奇缘宝卷》(《绘图双珠凤宝卷》《双珠凤宝卷》)二卷。上海文益书局石印本,民国十年(1921)。 | 《正本双珠凤奇缘宝卷》二卷。民国十年(1921)上海文益书局石印本。二册。 | 《正本双珠凤奇缘宝卷》。民国十年(1921)上海文益书局刻本。 | 韩南赠 |
| 62 | 《刘文英宝卷》二卷。上海文益书局石印本,民国十三年(1924)。 | 《刘文英宝卷》二卷。民国十三年(1924)上海文益书局石印本。二册。 | 《刘文英宝卷》二卷。民国十三年(1924)上海文益书局刻本。 | 韩南赠 |
| 63 | 《五常宝卷》一卷。杭州郑小康武林印书馆石印本,民国十年(1921)。 | 《五常宝卷》一卷。民国十年(1921)郑小康等集资杭州武林印书馆石印本。一册。 | 《五常宝卷》一卷。民国十年(1921)杭州郑小康武林印书馆石印本。 | 韩南赠 |
| 64 | 《双凤宝卷》(《绘图双凤宝卷》)二集。上海惜阴书局石印本,民国元年至十八年(1912—1929)。 | 《双凤宝卷》二卷。民国上海惜阴书局石印本。二册。 | 不著录。 | 韩南赠 |
| 65 | 《新编南楼宝卷》(《南楼记宝卷》《绘图南楼宝卷》《南楼宝卷》)二集。上海惜阴书局石印本,民国元年至十八年(1912—1929)。 | 《新编南楼宝卷》二卷。民国上海惜阴书局石印本。二册。 | 《绘图南楼宝卷》一卷。时间不详。上海惜阴书局石印本。 | 韩南赠 |

续表

| 种类 | 哈佛燕京图书馆官网书影信息 | 《汇刊》 | 海外藏中国宝卷总目 | 来源 |
|---|---|---|---|---|
| 66 | 《普通福缘宝卷》(《绘图普通文明福缘宝卷》《绣像福缘宝卷》)二卷。上海姚文海书局,民国六年(1917)。 | 《普通福缘宝卷》二卷三十回。民国六年(1917)上海姚文海书局石印本。二册。 | 《福缘宝卷》一卷。民国六年(1917)上海姚文海书局石印本。二册。 | 韩南赠 |
| 67 | 《梁皇宝卷全集》(《梁皇宝卷》)一卷。宁波学林堂书局石印本,民国二十二年(1933)。 | 《梁皇宝卷全集》一卷。民国二十二年(1933)宁波学林堂书局石印本。二册。 | 《佛说梁皇宝卷》二卷。民国二十二年(1933)宁波学林堂书局石印本。 | 韩南赠 |
| 68 | 《梁山伯宝卷》二卷。上海文益书局石印本,民国十三年(1924)。 | 《梁山伯宝卷》二卷。民国十三年(1924)上海文益书局石印本。二册。 | 不著录。 | 韩南赠 |
| 69 | 《小董永卖身宝卷》(《绘图董永宝卷》《董永卖身宝卷》)存上册。上海文元书局石印本,民国元年至十八年(1912—1929)。 | 《小董永卖身宝卷》二卷(存上册)。民国上海文元书局石印本。一册。 | 《绘图董永宝卷》一卷。上海文元书局石印本。 | 韩南赠 |
| 70 | 《新刻说唱金凤宝卷》(《绘图龙凤锁宝卷》《龙凤锁宝卷》《金凤宝卷》)二卷。上海文益书局石印本,辛亥(1911)。 | 《新刻说唱金凤宝卷》二卷。清宣统三年(1911)上海文益书局石印本。二册。 | 《金凤宝卷》三卷。清宣统三年(1911)上海文益书局印本。 | 韩南赠 |
| 71 | 《八宝双鸾钗宝卷》(《绘图八宝鸾钗宝卷》《八宝鸾钗宝卷》)二集。上海惜阴书局石印本,民国元年至十八年(1912—1929)。 | 《八宝双鸾钗宝卷》二卷。民国上海惜阴书局石印本。二册。 | 《八宝鸾钗宝卷》二卷。上海惜阴书局印本。 | 韩南赠 |
| 72 | 《观音菩萨劝女人修行偈》(《叹孤孀卷》)一卷。宁郡三余堂刻本,清光绪二十八年(1902)。 | 《观音菩萨劝女人修行偈》一卷。清光绪二十八年(1902)宁郡三余堂刻本。一册。 | 《叹孤孀卷》一卷。清光绪二十八年(1902)宁郡三余堂刻本。一册。 | 韩南赠 |
| 73 | 《河南开封府花枊良愿龙图宝卷全集》(《包公巧断血手印》《绘图龙图宝卷》《龙图宝卷》《花枊良愿龙图宝卷》)二卷。上海文元书局石印本,民国元年至十八年(1912—1929)。 | 《河南开封府花枊良愿龙图宝卷》二卷。民国上海文元书局石印本。二册。 | 《绘龙图宝卷》一卷。时间不详。上海文元书局印本。 | 韩南赠 |

| 种类 | 哈佛燕京图书馆官网书影信息 | 《汇刊》 | 海外藏中国宝卷总目 | 来源 |
|---|---|---|---|---|
| 74 | 《杏花宝卷》(《新版杏花宝卷全集》)一卷。宁波学林堂书局石印本,民国民国二十年(1931)。 | 《杏花宝卷》一卷。民国二十年(1931)宁波学林堂书局石印本。一册。 | 《杏花宝卷》一卷。民国二十年(1931)宁波学林堂书局印刻。 | 韩南赠 |
| 75 | 《育王宝卷》(《阿育王宝卷》《柏郎公宝卷》《柏侍郎公宝卷》)十种。上海翼化堂书局石印本,甲子年(1924)。 | 《阿育王宝卷》一卷十种。民国十三年(1924)上海翼化堂石印本。一册。 | 《阿育王宝卷》一卷。甲子年(1924)上海翼化堂印本。 | 韩南赠 |
| 76 | 《绘图梅花戒宝卷》(《梅花戒宝卷》)二卷。民国元年至十八年(1912—1929)石印本。 | 《绘图梅花戒宝卷》二卷。民国石印本。二册。 | 《绘图梅花戒宝卷》二卷(上下卷)。民国年间石印本。 | 韩南赠 |
| 77 | 《绘图新出鸡鸣宝卷》(《绘图鸡鸣宝卷》《鸡鸣宝卷》)二卷。上海文益书局石印本,民国四年(1915)。 | 《绘图新出鸡鸣宝卷》二卷。民国四年(1915)上海文益书局石印本。二册。 | 《绘图新出鸡鸣宝卷》二卷(上下集)。民国四年(1915)上海文益书局刻本。 | 韩南赠 |
| 78 | 《湖广荆州府永庆县脩行梅氏花杀宝卷》(《失罗帕》《绘图梅氏花杀宝卷》《花杀宝卷》)二集。上海惜阴书局石印本,民国元年至十八年(1912—1929)石印本。 | 《湖广荆州府永庆县脩行梅氏花杀宝卷》二卷。民国上海惜阴书局石印本。二册。 | 不著录 | 韩南赠 |
| 79 | 《绘图十美图宝卷》(《十美图宝卷》)二集。上海惜阴书局,民国元年至十八年(1912—1929)石印本。 | 《绘图十美图宝卷》二卷。民国上海惜阴书局石印本。二册。 | 《绘图十美图宝卷》二卷(上下集)。时间不详。上海惜阴书局印本。 | 韩南赠 |
| 80 | 罗清。《正信除疑无修证自在宝卷》。1368—1662年。 | 《正信除疑无修证自在经》一卷。明刻本。一册。 | 《正信除疑无修证自在宝卷》一卷。明刻本。 | 华人赠 |
| 81 | 《破邪显证钥匙经》(《破邪显证钥匙宝卷》《钥匙经》)上下卷。1368—1662年。 | 《破邪显证钥匙经》二卷。明刻本。二册。 | 《破邪显证钥匙宝卷》二卷(上下卷)。罗清编,明刻本,经折装。 | 华人赠 |
| 82 | 罗清。《叹世无为经》(《叹世无为宝卷》《叹世宝卷》《无为宝卷》)。1368—1662年刻本。 | 《叹世无为经》一卷。明刻本。一册。 | 《叹世无为宝卷》一卷。时间版本不详。 | 华人赠 |

续表

| 种类 | 哈佛燕京图书馆官网书影信息 | 《汇刊》 | 海外藏中国宝卷总目 | 来源 |
|---|---|---|---|---|
| 83 | 《姚秦三藏西天取清解论》（《姚秦三藏西天取清解论宝经》）1368—1662年刻本。 | 《姚秦三藏西天取清经解》。明刻本。一册。 | 《姚秦三藏西天取清解论》一卷。明朝刻本，经折装。 | 华人赠 |
| 84 | 罗清。《巍巍不动泰山深根结果经》（《巍巍不动泰山深根结果宝卷》《泰山深根宝卷》《泰山宝卷》《泰山经》）1368—1662年刻本。 | 《巍巍不动泰山深根结果经》一卷。明刻本。 | 《巍巍不动泰山深根结果经》（宝卷）一卷。明刻本，封尾有"说上咒，无一物，无有比赛"。 | 华人赠 |
| 85 | 《巍巍不动泰山深根结果经》（《泰山深根结果宝卷》《巍巍不动泰山深根结宝卷》）。1644—1911年抄本。 | 《巍巍不动泰山深根结果经》。清初抄本。一册。 | 《巍巍不动泰山深根结果经》（宝卷）一卷。清初抄本。 | 华人赠 |
| 86 | 罗清。《苦功悟道经》（《苦功悟道宝卷》《苦功宝卷》《苦功经》《悟道卷》）。1698年刻本。 | 《苦功悟道经》一卷。清康熙三十七年(1698)刻本。 | 《弘扬苦功悟道经》二卷。清康熙年间刻本。 | 华人赠 |
| 87 | 不著录 | 不著录 | 《观音游地狱宝卷》一卷。清光绪三十四年(1908)抄本，《宝卷总目》未著录该版本。 | 新本 |
| 88 | 不著录 | 不著录 | 《张氏三娘卖花宝卷》一卷。光绪十九年(1893)玛瑙经房刊刻。《宝卷总目》未著录该版本。 | 新本 |
| 89 | 不著录 | 不著录 | 《白蛇宝卷》一卷。清同治九年(1870)吴际升抄本，封内有"雷峰塔原本""袁蔚山题"。《宝卷总目》未著录该版本。 | 新本 |
| 90 | 不著录 | 不著录 | 《化劫宝卷》一卷。民国乙丑年(1925)上海提篮桥东平凉路榆林里佛堂印本。《宝卷总目》未著录该版本。 | 新本 |
| 91 | 不著录 | 不著录 | 《佛说梁皇宝卷》二卷。时间、版本不详。 | |

## 二、哈佛燕京图书馆藏宝卷目录探析

### （一）哈佛燕京图书馆藏宝卷的来源探析

2005 年，沈津在《汉学研究通讯》上发表的《北美地区中文古籍文献整辑工作近况举要》介绍了哈佛燕京图书馆所藏宝卷的来源，指出哈佛燕京图书馆原来馆藏宝卷有十种。韩南在哈佛东亚系退休后将其所藏宝卷九十一种一百三十一册捐赠给了图书馆，这些宝卷中有许多是《宝卷总目》未曾著录的难得之本。之后，图书馆又于 2004 年新入藏了明清珍本宝卷八种十册经折装，分别为：《苦功悟道宝卷》，清康熙三十七年（1698）刻本，一册；《叹世无为宝卷》，明刻本，一册；《破邪显证钥匙经》，明刻本，二册（又有复本一部，也是明刻本，二册）；《正信除疑无修证自在宝经》明刻本，一册；《巍巍不动泰山深根结果经》明刻本，一册（又一部，题《泰山深根结果宝卷》，清初抄本，一册）；《姚秦三藏西天取清经论》，明刻本，一册。这八种宝卷在历来各家善本书目中都未曾著录。①

2013 年，由霍建瑜主编的《汇刊》的引言部分也介绍了哈佛燕京图书馆的宝卷来源及存藏情况。哈佛燕京图书馆所收藏的明至民国间的宝卷，共八十六种一百二十四册。其来源主要分为三部分：

首先，是 20 世纪 70 年代初购于香港书商的五种宝卷刻本，分别是：文魁阁书坊刻本《刘香宝卷》；光绪二十四年（1898）文魁阁善书坊刻本《何仙姑宝卷》；清光绪三十一年（1905）成德堂刻本《李鳌救母回阳录》；光绪二十三年（1897）裕安山人刻本《秀女宝卷》。这五种版本在目前已知的书目中，均未曾著录。

---

① 沈津：《北美地区中文古籍文献整辑工作近况举要》，《汉学研究通讯》，2005 年第 24 期，第 18—19 页。

其次，哈佛燕京图书馆的大部分宝卷都是由韩南于1996年10月捐赠的，共七十四种一百一十一册，现存藏于图书馆善本书库，放置在贴有藏书票的淡黄色纸袋中。这批宝卷包括十九种刻本，其余皆为石印本。①韩南毕业于哈佛大学东亚系，是一位出色的汉学家。1957年，韩南在北京大学进行研究，当时中国的书价比较便宜，他和北京琉璃厂的一些伙计交为朋友，利用得到的一些资助来买宝卷。那时，很多公共图书馆看不上宝卷，韩南便全部买了下来。他将这些宝卷，包括他所藏的清末民初出版的小说二百三十一种八百四十六册，在退休后全部捐给了哈佛燕京图书馆。

另外，2004年10月，一位高龄居美华人捐赠了"明版'五部六册'及一部清初抄本《巍巍不动泰山深根结果经》，共八册，经折装"。据捐赠者所述，这些宝卷乃其父的珍藏。现存于哈佛燕京图书馆善本书库。②

2023年，"海外藏中国宝卷总目"认为哈佛燕京图书馆收藏宝卷八十六种。哈佛燕京图书馆善本书库中的宝卷均系韩南捐赠，为七十四种。这部分宝卷包括了"五部六册"和《正信除疑无修证自在宝经》《姚秦三藏西天取清经论》《李鳌救母》等。③

根据前面所述，我们不难发现这样几个问题：

第一，沈津对于2004年新入藏的这批明清珍本宝卷的论述与霍建瑜稍有出入，据前面的列表比照，沈津所提到的这八种十册与《汇刊》引言所说的"明版'五部六册'及一部清初抄本《巍巍不动泰山深根结果经》，共八册，经折装"相比，应是多了《破邪显证钥匙经》的复本一部，亦为明刻本，二册。这也合理解释了为何在沈津的文章中，2004年入藏的这批

---

① 引言部分说"这批宝卷包括19种刻本，其余皆为石印本"，但实际著录这批宝卷还有很多排印本。

② 《美国哈佛大学哈佛燕京图书馆藏宝卷汇刊》第1册，第18页。

③ 李永平、〔荷〕伊维德、〔俄〕白若思等：《海外中国宝卷收藏与研究导论》，上海古籍出版社，2023年，第246页。

宝卷是八种十册，而《汇刊》著录的是七种八册。

第二，《汇刊》在引言部分介绍的五种宝卷刻本，只列出了四种，据上表可知，当是缺了清光绪二十五年（1899）裕安山人重刊本《梁皇宝卷全集》。

第三，据沈津所言，哈佛燕京图书馆原来馆藏宝卷有十种普通之本，韩南所捐赠的宝卷有九十一种一百三十一册。若按照藏入哈佛燕京图书馆的时间先后来看，这十种宝卷应该就是《汇刊》所著录的20世纪70年代初购于香港书商的五种宝卷刻本，但从2005年到2013年间这十种宝卷刻本是否有流失，或是当时著录之误就不得而知了。

第四，霍建瑜已在引言中指出哈佛燕京图书馆宝卷存藏的情况，韩南所捐赠的七十四种宝卷现存于哈佛燕京图书馆善本书库，高龄居美华人捐赠的宝卷也存于哈佛燕京图书馆善本书库。购于香港书商的五种宝卷刻本，除《李鳌救母回阳录》藏于哈佛燕京图书馆地下书库，其余四种均存于哈佛大学存储书库。①首先，"海外藏中国宝卷总目"认为哈佛燕京图书馆善本书库中所有宝卷均为韩南赠，这一来源说法与《汇刊》互相抵牾。其次，"海外藏中国宝卷总目"认为韩南赠七十四种包括"五部六册"，根据前面的分析，这"五部六册"亦即沈津所谓"八种十册"的主要部分，《汇刊》和《北美地区中文古籍文献整辑工作近况举要》均表示这部分宝卷是在2004年新入藏的。②最后，"海外藏中国宝卷总目"认为韩南赠七十四种还包括《正信除疑无修证自在宝经》《姚秦三藏西天取清经论》《李鳌救母》，其中《李鳌救母》即《汇刊》所谓20世纪70年代购于香港的宝卷。而《正信除疑无修证自在宝经》和《姚秦三藏西天取清经论》均系霍建瑜和韩南所谓"五部六册"。

---

① 《美国哈佛大学哈佛燕京图书馆藏宝卷汇刊》第1册，第18页。
② 《海外中国宝卷收藏与研究导论》，第244—246页。

综上所述，从时间和已知的宝卷入藏信息推算，沈津所述的哈佛大学原来馆藏宝卷应是20世纪70年代购于香港的宝卷，其次是1996年韩南所捐赠的宝卷，最后是2004年入藏的"五部六册"和清抄本。

### （二）哈佛燕京图书馆藏宝卷的种类探析

据上文所述，关于韩南所捐赠的宝卷九十一种一百三十一册，为何到2010年霍建瑜的《经眼录》和哈佛燕京图书馆官网里变成了七十四种一百一十一册，以至于后来的《汇刊》及"海外藏中国宝卷总目"等都沿用这个数字。因笔者无法看到沈先生所述的九十一种一百三十一册的具体书目，仅从一个数字不能分析出具体减少的宝卷。其中或有因同本异名问题而多著录的本子，或有复本，或有流失，因而后来著录时有所减少。因目前所能看到的原书书影为《汇刊》和哈佛燕京图书馆官网所示，所以文章的叙述暂以目前所能看到的这八十六种宝卷为基础，探寻这批宝卷的增减情况。

关于哈佛燕京图书馆所藏宝卷的种类，《汇刊》、哈佛燕京图书馆官网和"海外藏中国宝卷总目"均言八十六种。但"海外藏中国宝卷总目"著录燕京图书馆善本书库的宝卷全由韩南捐赠，七十四种。细数"海外藏中国宝卷总目"中对同一书名、不同版本的宝卷著录在一起，为七十三种。若与《汇刊》和哈佛燕京图书馆官网的著录方式一样，每种版本各算一种，则为八十一种。

将"海外藏中国宝卷总目"中的宝卷拆分对照后发现它所列出的韩南捐赠宝卷既包括了购于香港的五种宝卷刻本中的四种：《秀女宝卷》[清光绪二十三年（1897）裕安山人刻本]、《太华山紫金岭两世修行刘香宝卷》（清粤东省城文魁阁书坊刻本）、《佛说梁皇宝卷》（清光绪二十五年罗浮山朝元洞藏版刻本）、《李鳌救母宝卷》一卷（时间、版本不详。叶首有"最乐堂善书，借看数日收回，勿渎勿失"）①。还包括了高龄居美华人捐赠的"七种八册"宝卷。《汇刊》和哈佛燕京图书馆官网所著录的七十四种由韩南所捐赠的宝卷中的十种：《何仙姑宝卷》二卷［清光绪二十四年（1898）善书坊刻本］、《重刻观世音菩萨本行经简集》（《香山宝卷》二卷。普明禅师，1914上海文益书局石印本）、《张氏三娘卖花宝卷》（光绪三十年祥兴斋刻本）、《太华山紫金镇两世修行刘香宝卷全集》（民国蒋春记书庄石印本）、《重刻修真宝传》（光绪四年丹林刻本）、《浙江杭州府钱塘县白蛇宝卷》（民国四年上海文益书局石印本）、《珠塔宝卷》（清宣统元年杭州聚元堂石印本）、《双凤宝卷》（民国上海惜阴书局石印本）、《梁山伯宝卷》（民国十三年上海文益书局石印本）、《湖广荆州府永庆县脩行梅氏花杀宝卷》（民国上海惜阴书局石印本）。新增了《宝卷总目》②《汇刊》和哈佛燕京图书馆官网都未曾著录的五种新本：《观音游地狱宝卷》一卷（清光绪三十四年抄本）、《张氏三娘卖花宝卷》一卷（光绪十九年玛瑙经房刊刻）、《白蛇宝卷》一卷（清同治九年吴际升抄本）、《化劫宝卷》一卷（民国乙丑年上海提篮桥东平凉路榆林里佛堂印本）。

由于目前笔者未能看到这五种新本的书影，仅从目录不敢判定其是否有重合版本，但若都是目前所见八十六种所没有的新本，这对于我们完整爬梳之前沈津所言的宝卷书目如何变成目前所见的这几种宝卷以及研究利用这批宝卷将具有大的价值。

### （三）哈佛燕京图书馆藏宝卷的卷数探析

结合前面的表格对比，我们发现《汇刊》和哈佛燕京图书馆官网的卷数著录一致，均是按照原书实际卷数来著录，有的宝卷分为上下卷，但只有一册，亦是记作二卷。"海外藏中国宝卷总目"的卷数著录主要分为以下四

---

① 参见下文的"版本时间之疑"，应为"清光绪三十一年（1905），成德堂刻本"。
② 车锡伦编著：《中国宝卷总目》，燕山出版社，2000年，第1页。

种情况：①《汇刊》和哈佛燕京图书馆官网著录为一册一卷，原书显示有一册一卷的书目。"海外藏中国宝卷总目"的著录情况主要分为两种，一种是与前二者一样著录为一卷，如《秀女宝卷》《李鳌救母宝卷》《庞公宝卷》等；另一种是著录为二卷，如《佛说梁皇宝卷》《还金镯宝卷》《佛说梁皇宝卷》等。对于这类宝卷，"海外藏中国宝卷总目"选择与前二者著录一致，即著录为一卷为主，著录为二卷次之。②原书显示有一册二卷的书目。"海外藏中国宝卷总目"的著录情况主要分为两种。首先是与前二者一样著录为二卷，如《太华山紫金岭两世修行刘香宝卷》《香山宝卷》等。"海外藏中国宝卷总目"选择跟前二者著录不一致，即著录为一卷为主，著录为二卷次之。③原书显示有二册二卷的书目。"海外藏中国宝卷总目"的著录情况主要分为三种。首先是与前二者一样著录为二卷，如《破邪显证钥匙宝卷》《绘图十美图宝卷》《绘图新出鸡鸣宝卷》等；其次是著录为一卷，如《绘龙图宝卷》《福缘宝卷》《绘图南楼宝卷》等；再者是著录为三卷，如《金凤宝卷》。跟前二者著录一致，即著录为二卷为主，著录为一卷次之，著录为三卷再次之。④原书显示有一册三卷的书目。"海外藏中国宝卷总目"的著录情况与前二者相同，如《目莲三世宝卷》《潘公免灾救难宝卷》。

**（四）哈佛燕京图书馆藏宝卷的版本探析**

美国哈佛燕京图书馆所藏的这批宝卷在版本上主要包括抄本、刻本、排印本及石印本，其中石印本最多，刻本和排印本次之，最少的是抄本。从上表中我们可以看出哈佛燕京图书馆官网、《汇刊》和"海外藏中国宝卷总目"对宝卷的版本著录信息有明显差异。譬如：

1.《何文秀宝卷》（图1）、《新编田素贞宝卷》（图2）、《新出绘图刘子英打虎双珠球宝卷》（图3）。哈佛燕京图书馆官网著录为"石印本"。《汇刊》著录为"排印本"。"海外藏中国宝卷总目"著录为"刻本"。查看原书书影，我们发现原书存在字体歪斜、墨色不匀、笔画粗细不一致、栏线拼接不严密

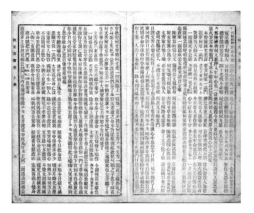

图 1

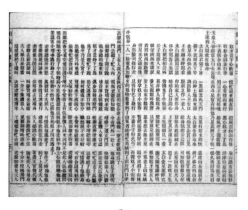

图 2

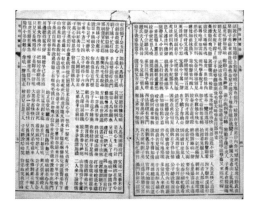

图 3

等特征，当为"排印本"。

2.《花名宝卷》，哈佛燕京图书馆官网和《汇刊》著录为"石印本"。"海外藏中国宝卷总目"著录为"抄本"。虽然石印本多为手写软体字，可能会与抄本混淆，但其也有自身的"明显特征"。我们查看原书书影（图4）就会发现字体有比较明显的油墨感，且其中的"撇"和"捺"不似抄本干净利落，是比较典型的石印本。

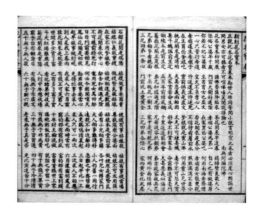

图 4

3.《百花台双恩宝卷》（图5）、《浙江嘉兴府秀水县刺心宝卷》（图6），《真修宝卷》（图7）、《正本双珠凤奇缘宝卷》（图8）、《刘文英宝卷》（图9）、《绘图新出鸡鸣宝卷》（图10）。哈佛燕京图书馆官网和《汇刊》著录为"石印本"。"海外藏中国宝卷总目"著录为"刻本"。查看原书书影我们发现字体并没有刻本呈现出来的特点，虽然部分书页（图11）有一些污渍，油墨感不是很重，但依旧能看

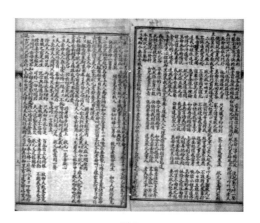

图 5

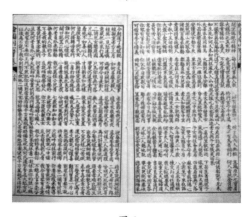

图 6

到石印本的软体小字和均匀墨色。《杏花宝卷》（图7）则是将"石印本"著录为"印刻"。

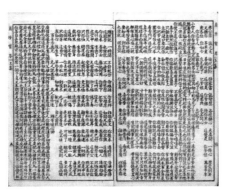

图 7

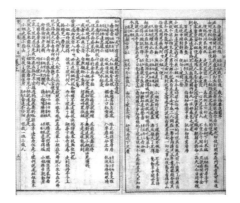

图 8

图 9

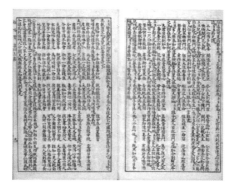

图 10

图 11

4.此外,《汇刊》和哈佛燕京图书馆官网有明确的版本信息,而"海外藏中国宝卷总目"标注版本不详。查看目录以及原书书影,对应的宝卷都有具体的版本信息。譬如《李鳌救母宝卷》。"海外藏中国宝卷总目"著录"版本不详。叶首有'最乐堂善书,借看数日收回,勿渎勿失'"。①《汇刊》和哈佛燕京图书馆官网著录"清光绪三十一年(1905),成德堂刻本,善书坊藏版"。原书书影如图12所示,叶首确实有"最乐堂善书,借看数日收回,勿渎勿失",但再翻一叶(图13)就能发现刊刻的版本信息。诸如此类宝卷著录情况,还有许多,详见上表。

---

① 《海外中国宝卷收藏与研究导论》,第252页。

图12                                  图13

### （五）哈佛燕京图书馆藏宝卷的刊刻机构探析

1.关于《新刻醒心宝卷》（《醒心宝卷》）的刊刻机构，哈佛燕京图书馆官网著录为"常州培本堂"，《汇刊》未著录，"海外藏中国宝卷总目"著录为"常州乐善堂"。前面已经说过，"海外藏中国宝卷总目"参考了《经眼录》和《宝卷总目》，《经眼录》与《汇刊》基本一致，未曾著录。首先，我们查阅《宝卷总

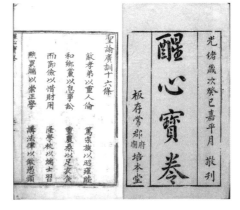

图14

目》发现关于《醒心宝卷》的著录情况，发现《宝卷总目》给出了多个版本，其中有两个时间比较相近的版本，分别是清光绪癸巳年（十九年，1893）常郡府庙乐善堂刊本，二册。清光绪二十年（1894）常州培本堂刊本，二册。①很明显"海外藏中国宝卷总目"参考《经眼录》确定了时间是

---

① 《中国宝卷总目》，第330页。

清光绪癸巳年，所以选择了"常州乐善堂"刊本。但霍建瑜在《汇刊》里
已经纠正过来了，应是"清光绪二十年（甲午年，1894）"，笔者在后面
的时间差异上有具体论述，也即清光绪二十年的常州培本堂刊本。其次，
我们查看原书书影，如图14，原书著录的是"板存常郡府庙培本堂"，两
个证据均可说明是"培本堂"本。

2.《绘图新出双剪发宝卷》。
哈佛燕京图书馆官网和《汇刊》著
录为"民国上海广记书局石印本"。
"海外藏中国宝卷总目"著录为
"时间不详，上海文益书局刻本。
叶首有'版权所有''总发行上海
文益书局'"。我们核对原书书影，
发现叶首（图15）有"版权所有，
总发行广记书局，分发行广记书

图15

局"，与"海外藏中国宝卷总目"所著录不一致。我们再核对《宝卷总目》
发现其著录有《绘图新出双剪发宝卷》的版本包括"民国五年（1916）上
海文益书局石印本，一册。民国上海广记书局石印本，一册"①。因此，若
"海外藏中国宝卷总目"看到的是《宝卷总目》著录的"民国五年上海文益书
局石印本，一册"，便不会著录时间不详。若看到的是"民国上海广记书局
石印本，一册"，便不会著录为"上海文益书局"。

### （六）哈佛燕京图书馆藏宝卷的刊刻时间探析

关于哈佛燕京图书馆藏宝卷的刊刻时间，有的宝卷可以根据书中扉
页和卷末信息判定具体刊刻年份，有的只能判定属于哪个时代，比如是

---

① 《中国宝卷总目》，第252页。

明代、清代还是民国。在具体时间不确定，只有年代的情况下，哈佛燕京图书馆官网的著录信息与后两种目录相比，多了一个年代区间的限定。而对于可以判定具体刊刻年份的这类宝卷，上表中的三种著录信息又有所不同，譬如：

1. 关于《新刻醒心宝卷》（《醒心宝卷》）的刊刻时间，哈佛燕京图书馆官网、“海外藏中国宝卷总目”以及霍建瑜的《经眼录》均著录为“清光绪十九年（癸巳年，1893）”而《汇刊》著录为“光绪二十年（甲午年，1894）”。笔者查看原书书影，发现封内（图16）确实写有“光绪岁次癸巳嘉平月敬刊”，但后面还有“光绪岁次甲午春月之吉常郡蒋玉真撰、陈灿子书”（图17）及“光绪岁次甲午秋仲谷旦孝廉公岳邦翰谨识”（图18）的信息。靠后的时间出现在刻本里，且不是作为书写笔迹添上去的，因此“光绪二十年”为是。

光緒歲次癸巳嘉平月 敬刊
醒心寶卷
板存常郡廟府 培本堂
聖諭廣訓十六條
敦孝弟以重人倫 篤宗族以昭雍睦
和鄉黨以息爭訟 重農桑以足衣食
尚節儉以惜財用 隆學校以端士習
黜異端以崇正學 講法律以儆愚頑

图16

引
人之信與不信吾何較焉吾奉
呂帝多年見有醒心真經喜不自勝業
經刊刻行世無奈真經文詞深奥淺
見之人不能明達洞曉是以淺做真經
之意杜撰粗俗言語一篇名曰醒心
寶卷祈望樂善君子諒余苦心
倘賜覽觀則幸甚矣是爲引
皆維
光緒歲次癸巳冬月之吉蠡河樵人謹
識岳可朗
光緒歲次甲午春月之吉常郡蔣玉真撰 陳燦子書

图17

而進於純良其或未能善者當速改而歸
於無過庶不負天地君父師保之恩而時
雍於變爲孝子爲悌弟爲仁人豫順積於
家庭太和翔於宇宙是則予之厚望也已
時維
光緒歲次甲午秋仲 穀旦
孝廉公 岳邦翰謹識
大凡善書寶卷要皆聖賢遺訓醒世
良言但人有智愚之分故有過中不及
之弊智者見之以爲其文而不足觀愚
者見之心雖向慕而不能觀是則雖有
千經萬卷奚益於世固無論已而吾
心則不然吾惟知吾之心謁吾之忱

图18

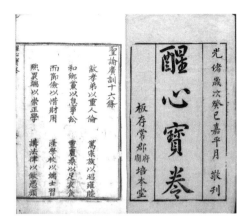

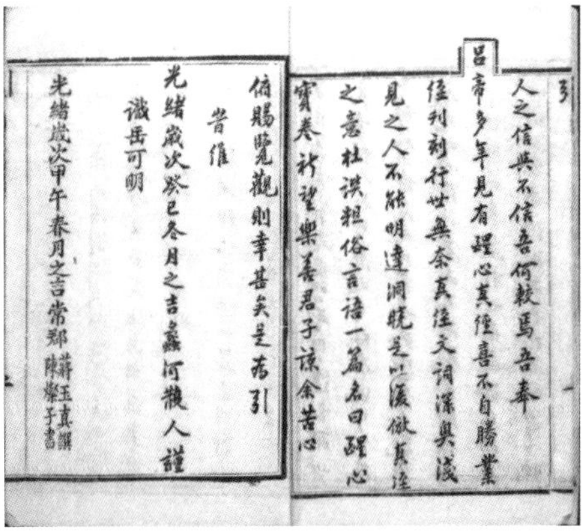

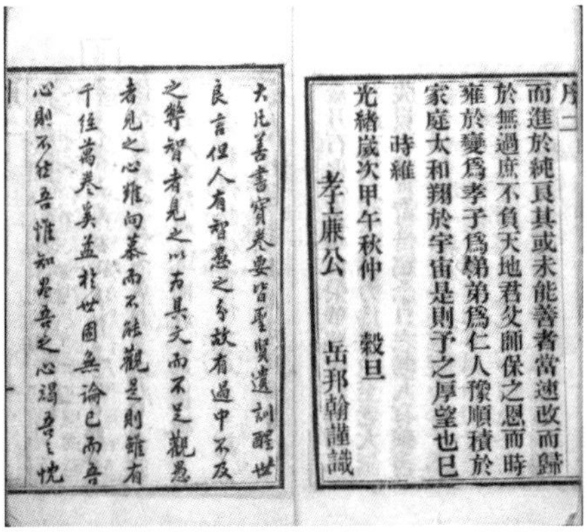

2.关于《化劫宝卷》的刊刻时间，哈佛燕京图书馆官网、"海外藏中国宝卷总目"以及霍建瑜的《经眼录》均著录为民国丁丑年（1937），《汇刊》著录为"民国二十七年（1938）"。查看原书书影，我们发现扉页确实有"民国丁丑年"（图19），"叙"里也提到了"民国二十六年"（图20），但后面的"王慧仙敬跋"（图21）和"刘佩琳敬跋"（图22）的落款时间都是"民国二十七年"，所以"民国二十七年"为是。误录的原因应是只看了卷首和卷末，未细查卷中的"跋"，而霍建瑜在主编《汇刊》时，对宝卷全书进行影印，得以看到此条信息，因此勘正。

图19

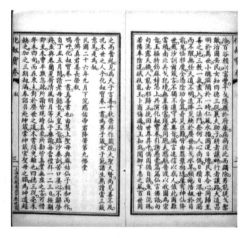

图20

图 21

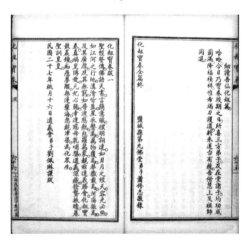

图 22

3.此外,《汇刊》和哈佛燕京图书馆官网有明确的时间信息,而"海外藏中国宝卷总目"标注"时间不详"。查看目录以及原书书影,对应的宝卷都有具体的时间信息。譬如《香山宝卷》(《重刻观世音菩萨本行经简集》)。"海外藏中国宝卷总目"著录"《香山宝卷》二卷(上下卷)。时间不详,刻本。卷末有'宋天竺普明禅师编集,清梅院后学净宏简行。'"《汇刊》和哈佛燕京图书馆官网均著录为"民国二十年(1931)"。原书书影如图23和图24所示，图24是卷下的卷末，确有"宋天竺普明禅师编集，清梅院后学净宏简行"。图23是卷上的卷末，已经明确提供了刊刻时间："民国二十年八月"。

图 23

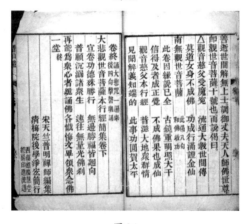

图 24

## 三、结语

文章通过对目前所能搜集到的哈佛燕京图书馆所藏宝卷的书目资料进行比较研究，发现这些目录资料在对宝卷的来源、种类、卷数、版本、刊刻机构和时间等信息的著录上均有显著差异。文章仔细爬梳了这批宝卷存在的具体差异，并结合原书书影信息厘清了这些差异产生的具体原因，以期能为哈佛燕京图书馆所藏宝卷的深入研究提供参考。同时，囿于目前未能看到沈津在《北美地区中文古籍文献整辑工作近况举要》中所言的几种宝卷的具体目录及"海外存藏中国宝卷总目"中五种"新本"的书影内容，在厘清这批宝卷目录的演变情况上尚有探讨空间。

# 多伦多大学东亚图书馆藏中文古籍简介

乔晓勤*

摘　要：多伦多大学郑裕彤东亚图书馆最早入藏的中文古籍为"慕氏藏书"。收藏者为慕学勋（1880—1929），山东蓬莱人，又名元甫，字玄父。其收藏的古籍在其去世后由其子女出售给当时加拿大圣公会河南区主教怀履光（William Charles White，1873—1960）。慕学勋收藏古籍的范围遍及经、史、子、集各部，共计有三千余种、四万余册。其中明版古籍二百三十余种，清乾隆以前古籍四百余种。东亚图书馆在过去的几十年中通过捐赠及其他渠道又陆续入藏了几百种中文古籍，使本馆成为北美中文古籍收藏的重镇。本文着重介绍本馆的古籍收藏概况及馆藏古籍特色。

关键词：中文古籍　多伦多大学　东亚图书馆

　　加拿大多伦多大学郑裕彤东亚图书馆所藏古籍的主体部分是源于20世纪30年代入藏于多伦多皇家安大略博物馆（Royal Ontario Museum）的"慕氏藏书"，为山东蓬莱藏书家慕学勋的个人收藏。民国元年（1912），慕学

* 乔晓勤，中山大学历史学学士，文化人类学硕士、博士，美国匹兹堡大学图书馆信息学硕士。曾任中山大学人类学系讲师、副教授，美国得克萨斯州科技大学图书馆亚洲研究馆员，哈佛大学艺术图书馆亚洲艺术研究馆员，现任多伦多大学郑裕彤东亚图书馆中文部主任。著作与编辑著作有《加拿大多伦多大学慕氏藏书目》《加拿大多伦多大学东亚图书馆藏中文古籍善本提要》等。

勋毕业于天津北洋大学堂，后任北京德国公使馆中文秘书。其收藏活动与
其在京任职的时间大致相同，所收集图书的范围遍及经、史、子、集各
部。他曾自编、自刊《蓬莱慕氏藏书目》（收录于《中国著名藏书家书目
汇刊》近代卷第 31 册，商务印书馆，2005 年；共录入古籍两千五百五十一
种）。他曾刊行方宗诚《柏堂师友言行记》四卷（京华印书局刷印，慕学
勋作序）、朱锡珍《忍字辑略》五卷（民国十年铅印本）、李泰棻译《希腊
埃及时代之葬铭》等书，并任民国时期北京"中国大学"的教职。慕学勋
去世后，其长子慕庸（字守一）因策划与友人霍志明筹备霍氏达古斋文物
赴欧展览，而将其父的全部古籍收藏以一万零五百加元的价格于 1933 年售
予了英国圣公会河南教区主教怀履光①。

　　怀履光于 1873 年出生于英国德文郡，幼年时与父母移居加拿大安大略
省的诺伍德市（Norwood）。1896 年，怀履光被任命为英国圣公会的牧师，
1897 年，二十三岁的他被派往中国传教。在最初的十余年间，他在福建省
英国圣公会的传教团（Church Missionary Society，CMS）传教，其教会坐落
在福建省建宁县。1909 年，怀履光被派往河南开封，任英国圣公会河南教
区的主教，此时他三十六岁。从福建到河南，怀履光逐渐加深了对中国文
化的认识。1924 年，怀履光结识了皇家安大略博物馆的首任馆长加莱利
（Charles T. Cruelly，1876—1957），开始为该馆收集中国文物。他本人对青
铜器、洛阳金村汉墓都做过详尽的研究，还利用碑铭对在中国的犹太人的
历史也做了详尽的研究。在河南教区履职期间，他还结识了研究中国青铜
器及古代绘画的多伦多大学教授福开森（Professor John Calvin Ferguson，
1866—1945）及服务于长老教会的商代甲骨文研究权威明义士（James

---

① 慕庸的好友霍志明是民国时期重要的文物收藏家及古董商，在北京开有达古斋。其在 1930 年著
有《达古斋古证录》（*Prevues des Antiquités de Chine*），著录其所收并交易的文物。

Mellon Menzies，1885—1957)。与他们的交往丰富了怀履光对中国古代文明的知识。在怀履光洽购慕氏藏书的过程中，他曾求助于当时多伦多大学校长科迪 (Dr. Henry John Cody，1868—1951) 等人，在科迪的帮助下，怀履光共筹得捐款一万一千加元①。1933年，慕氏藏书购买成交后，怀履光求助当时在北京的美国公使馆退休海军武官义理寿 (Irvin Van Gorder Gillis，1875—1948) 招募了十名中国助手为慕氏藏书编目。义理寿所编的《慕氏藏书目》后装订成册，共三十八册，其中十七册于1935年在北京完成，另外二十一册为藏书运至多伦多后的补编，全书共收书两千九百四十六种。义理寿采用四库全书分类而建立起自己的中文古籍分类系统，并按此方法对慕氏藏书进行分类。

1930年，国民政府通过"古物保存法"，严格限制中国古物的出口，其中包括禁止1851年前出版的中国古籍的出口，慕氏藏书无法在1935年初如期装船赴运加拿大②。在福开森教授等人的斡旋下，由袁同礼、张庚楼、徐鸿宝等古物保管委员会成员在北京对慕氏藏书进行了鉴定。其结果是抽出了三种明版书，入藏北京图书馆，并将数十种广东地方志及有关地方文化的图书交给故宫博物院，其他图书则准予放行。到1935年6月该批图书运抵多伦多时，图书的总量为五万余册。其中包括怀履光在1933—1935年间陆续在中国各地购得的一万余册中文图书，这批图书包括了山东与河南两省的旧方志、民国时期出版物，特别是考古艺术书籍，以及近五千件金石拓片。1935年6月，慕氏藏书和怀履光后来采购的中文图书运抵

---

① Anna Liang U. The Ever Beckoning Horizon: The East Asian Collection at the University of Toronto, in Peter Zhou ed. *Collecting Asia: East Asian Libraries in North America，1868—2008*, Ann Arbor: Association for Asian Studies，Inc. 2010，pp. 139—140.
② 参见黄翔瑜:《民国以来古物保存法制之诞生背景试析》,《国史馆馆刊》,2012年第34期，第38页；列明北洋政府时期的1916年已经将文献类列入古物保护范围，1935年国民政府的古物范围大纲，更明确将文献类列入"图书类"。

多伦多，存放于新建成的萨缪尔展室（Sigmund Samuel Galleries）。1937 年
11 月，被命名为"慕学勋中文图书馆"（H.H. Mu Library of Chinese Books）
的安大略省第一家收藏中文图书的图书馆在皇家安大略博物馆开馆，怀履
光任第一任馆长。1953 年，杜百胜（William A. C. H. Dobson，1913—
1982）接任东亚系主任。在到任多伦多大学东亚系之前，杜百胜任职于英
国牛津大学。1953 年，他向卡内基基金会申请到四万两千美元的资助，用
于在香港采购中文图书。使得 1937 年始建的慕学勋中文图书馆收藏得到第
一次扩充。1961 年 9 月，慕氏藏书的主体部分运进多伦多大学新近落成的
文理学院大楼（Sidney Smith Hall），东亚研究系与新成立的东亚研究图书
馆皆在此大楼内，皇家安大略博物馆则保存了艺术与考古相关的部分慕氏
藏书，现藏共一百零四种，册数不详，另有三千多件拓片。1969 年，东亚
研究图书馆聘请哈佛燕京图书馆的吴文津为顾问，逐步开始馆藏的扩充及
收藏资源的多样化。20 世纪 70 年代，初东亚馆正式纳入多伦多大学图书馆
系统，1974 年搬入现今的馆址罗伯茨图书馆（The Robarts Library）。在此
后的三十年间陆续有一些机构及个人为本馆捐赠中文古籍，使这部分本馆
特藏得以进一步扩充。1990 年之后，包括中文古籍在内的馆藏资源逐步完
成线上编目，并参与了与部分北美东亚图书馆合作进行的研究图书馆协会
的中文古籍编目项目。2015 年之后，部分古籍善本通过国际交流及馆内特
别项目的方式完成了数字化，并全部开放给各地的使用者无偿使用，此计
划还在进行之中。

慕氏藏书的特色反映在以下几个方面。这些特色反映了慕氏本人的求
学、从宦经历及他对其故里事务的关切。

第一，以慕学勋所任职位来看，他不可能有当时著名私人藏书楼所具
有的殷实的经济实力来搜罗古本、善本。但他独具慧眼、扬长避短，得身
在京城之利，搜罗清代的官刻图书、抄本、稿本、朝廷老档等。本书所收

录的《福堂寺人小草》《六壬图像》《增广注释音辩唐柳先生集》《乐书》《战国策》以及清代《成婚档案》《京察满司官履历清册》等均属这类珍本、善本。其中明刘若愚撰《福堂寺人小草》二十一卷，为明抄本，二册，半叶十行二十四字，版心下书页码，无边框，叶高二十六厘米，宽十五厘米。前有刘若愚崇祯己巳年自序。是书为刘若愚涉魏忠贤案下狱后所述之宫廷事项纪略。分忧危竑议前纪略第一、后纪第二、先帝诞生第三、今上瑞徵第四、三朝典礼之臣第五、先监遗事纪略第六等。此本为清张蓉镜旧藏，墨笔小楷写就，广见朱笔圈点，其他书目未见著录。《六壬图像》，清抄本，二十四册，双红格东昌纸。不著撰人名氏，各卷首均有工笔重彩方位神煞画像。起于子时正北子位神，终于西北亥位神。神像后有占卜项目及结果。分别有：占天气风云、占出兵、占命灾福、占求望、占出行、占登山渡水、占婚姻、占疾病等，占卜事项均为墨笔小楷书写。本馆藏明初刻本《增广注释音辩唐柳先生集》有兜率庵题记谓："宋刊《柳集》，十三行，二十三字，法颜楷，且印工甚精。读其书立可习其字，此宋版书之所以可贵也。书中'恒'字、'桓'字均避宋讳，敬阙末笔。"本馆藏本仅有第一册，含正集之卷之四，无书前序文。原藏者定为南宋闽地建阳竹纸麻沙本，《中国古籍善本书目》所收录的北京大学藏是书宋刻本，为十二行二十一字，细黑口，四周双边间左右双边。其他古籍目录中所列类似本馆所藏者，断为明初刻本。《乐书》二百卷，宋陈旸撰，元至正七年（1347）福州路儒学刻，明修本。包背装。半叶十三行二十一字。左右双边，白口，双鱼尾。框高二十一点五厘米，宽十六点一厘米。本馆所藏为残卷，仅存《周礼训义》第三十八卷地官、鼓人、舞师，第三十九卷地官、舞师、春官、大宗伯、内宗、外宗、大司乐，第四十卷至第四十二卷周礼训义、春官、大司乐。馆藏《战国策》十卷，宋鲍彪校注，元吴师道重校，元刻本。本馆藏残本一册。半叶十一行二十字，小字双行同。左右双边，白口，单鱼尾。版心中镌书名、卷次。框高二十一厘米，宽十四点九厘米。本馆藏本为"魏卷"第七。封面朱笔题："《战国策》一册，元刊。此本同乡傅君沅叔兄赠之袁抱存公子，由抱转贻于予一卷，犹且未足，零断□□，□益于用，聊观其版式耳。苍茫斋主人记。"馆藏《清嘉庆道光两朝镶白旗成婚档案》不分卷，清抄本。一册。半叶十行二十二字。四周双边，白口，无鱼尾。框高二十七点五厘米，宽十七点五厘米。为嘉庆、道光两朝清镶白旗宗室女选婿之原始记录。朱色刻印之档案格式如下："旗第　族宗室　之第　女　字辈　年　月　日　时　生母　氏　之女所出　年　月　日　时卒年　岁　于　年　月　选　氏　为婿本月成婚。"本馆藏本之文字为墨笔楷书抄写，"第　女"之数字用朱笔。《京察满司官履历清册》不分卷，清抄本。一册，绵连纸。半叶八行二十一字。无边框，叶高二十五点五厘米，宽十七点五厘米。为清内务府之人事档案。本册计开之官员有满洲郎中十六员，蒙古郎中一员，宗室郎中一员，满洲员外郎二十三员，蒙古员外郎一员，宗室员外郎一员，满洲堂主事五员，满洲主事十六员，蒙古主事一员，宗室主事一员，满洲司务一员，满洲司库一员，满洲司狱四员，汉军司狱二员。本馆藏本为墨笔楷书，所列官位之等次及官员变动用朱红纸签标明。

第二，慕氏所藏之史部古籍，方志所占比例颇大。其中以山东、河南两省的县志尤多。这些县志多为清乾隆时期所修，在各种书目中较少著录。各县志的纸张、印刷质量皆不佳，字迹漫漶，另一种可能是这些县志为民间或后代翻刻。馆藏方志部分，除了慕学勋旧藏外，亦有怀履光在购得慕氏藏书后所采买的旧方志。

第三，与慕学勋长期在德国公使馆任职，对域外风土文化、西学东渐等颇有兴趣有关。《西域琐谈》《钦定蒙古源流》《皇明北虏考》《卫藏图识》等皆述西域、北疆的风物与历史，《海岛算经》《御制耕织全图》《远西奇器图说录最》《新制诸器图说》《宋明兵制备览》《礶花做法》则反映出慕氏对算学、农学、西方器用、兵制、民间工艺等的兴趣。其中清稿本《礶花做法》不分卷，撰者不详，一册，东昌纸。半叶九行二十字，小字双行不等。无边框，叶高二十五点五厘米，宽十三点五厘米。书中讲述各类烟花的制作方法。所述之烟花品种有礶花、瓶花、水浇莲、手把花、菊子花、四季花、报喜三元、金盏银台等。所涉及的部件、材料有赶桶子、方高纸、卷桶、花纸皮子、信子、花药、梃子等。本馆藏本疑似墨笔小楷稿本，书中多处有删改。《远西奇器图说录最》三卷，耶稣会士邓玉函撰，明王徵译绘，清抄本。四册，绵连纸。半叶九行十九字，墨笔楷书。无栏框，叶高二十一点三厘米，宽十四厘米。前有王徵天启七年（1627）序及凡例。题记曰："西海耶稣会士邓玉函撰，关西景教后学王徵译绘，金陵后学武位中较梓。"《新制诸器图说》不分卷，明王徵撰，武位中较梓，清抄本。二册。九行十八字，墨笔楷书。前有王徵天启六年（1626）自序。书中所附多幅工笔白描器物图十分精美，该抄本用《大清律例》书叶背面书写并装订成书，在流传的中国古籍抄本中颇为稀见。最后需要指出的是，慕学勋曾搜集了一些其他藏家所藏的善本。例如，《福堂寺人小草》曾为士礼居所藏，《增广注释音辩唐柳先生集》曾为华阳高氏苍茫斋所藏。《广文苑英华》这一中土罕见的珍本亦为慕氏所购得。从藏书印看，慕氏还入藏有曹寅、阮元、玉栋、完颜景贤、方功惠、田达村、仁和丁氏、王懿荣、周贞亮、潘祖荫等人的旧藏。

关于慕氏藏书的介绍与研究，较详者有吴晓玲《加拿大多伦多大学东亚图书馆所藏蓬莱慕氏书库述概》（《文献》1990年第3期），朱维信、Shuzo Uyenaka《多伦多大学东亚图书馆的收藏》（*Pacific Affairs*，vol.46，no.4，1973），余梁戴光《令人神往的前景：多伦多大学东亚图书馆》等已发表的文章。[①]另在《山东藏书家史略》（山东大学出版社，1992年）、《中国旧书业百年》（科学出版社，2005年）、《海外汉学资源调查录》（汉学研究资料及服务中心，1982年）等书中都有对慕氏藏书的简介。王汝梅的《多伦多大学东亚图书馆藏〈金瓶梅〉版本考》（《吉林大学社会科学学报》，1994年第4期）对本馆藏《金瓶梅》的评介和米列娜在《近代中国的百科辞书》（北京大学出版社，2007年）中对本馆藏黄摩西《普通百科大辞典》的评介均属对慕氏藏书中专书的研究。本馆对馆藏中文古籍的全面整理始于2006年。经过本人与馆内同仁的不懈努力，馆藏古籍的初步成果分别呈现有：善本古籍的详尽目录《加拿大多伦多大学东亚图书馆藏中文古籍善本提要》（2009年初版，2019年增订版）；馆藏精华的展览图录《文渊聚珍：多伦多大学东亚图书馆、皇家安大略博物馆中文善本特展》（英文版，*Leaves of Enchantment，Bones of Inspiration: The Dawn of Chinese Tidies in Canada － AN Exhibition of Chinese Rare Books by the Cheng Yu Tung East Asian Library，University of Toronto & The Royal Ontario Museum*，University of Toronto Library，2010）；义理寿及慕学勋早年编纂的慕氏藏书目录《加拿大多伦多大学慕氏藏书目》也已经整理完毕由国家图书馆出版社于2023年出版。目前，本馆正与中华书局合作，编纂馆藏中文古籍总目，希望这项工作可以揭示馆藏古籍的全貌，惠及学术研究。

---

[①] Raymond W. H. Chu & Shuzo Uyenaka. Notes and Comments: The East Asian Library Collection in the University of Toronto，*Pacific Affairs*，46，no. 4，1973；余梁戴光：《令人神往的前景：多伦多大学东亚图书馆》，载周欣平编：《东学西渐：北美东亚图书馆 1868—2008》，高等教育出版社，2012年。

# 蒲坂藏珍之印学书录解题
## ——UBC蒲坂藏书别录之一

武亚民[*]

**摘　要：** 加拿大不列颠哥伦比亚大学（简称UBC）图书馆所藏之中文古籍，虽数量不多，然渊源有自，如蒲坂藏书，乃1958年底购于澳门藏书家姚钧石之蒲坂书楼藏书。姚氏藏书多承继于广州徐信符之南州书楼藏书，而南州书楼藏书实为民国初年广东私人藏书之集大成者，因此，蒲坂藏书以具有十分明显的岭南特色而享誉海内外。由于长期以来使用较为频繁，且保存条件不佳，目前这部分藏书纸张老化、破损十分严重，急需抢救，然本馆限于人力、物力等条件，对这些书的修复或数字化等工作尚需时日。本文仅就其中之印谱部分藏书作一介绍，以备学者之需，并以期有志者施以援手。

**关键词：** 印谱　广东　蒲坂藏书　中文古籍　古籍保护　加拿大

治印之学，肇始于秦汉而兴盛于明清。秦汉用铜，秉钟鼎之遗意，乃将军关防之权符，故四部之中位列史部而专设玺印一门于金石。明清刻石，为书画之赘庸，实文人雅好之余兴，则目录之内附属子部而别立篆刻一门于艺术。虽然，明清善为印者皆崇汉法，汉印实后世治印之所宗。今合二者为一而总称之为印学。

---

* 武亚民，男，辽宁人，1987年毕业于北京大学图书馆学系，曾于辽宁省图书馆任职多年，从事古籍整理工作，后移居加拿大，现为加拿大不列颠哥伦比亚大学图书馆中文藏书编目员。

印之有谱，与书画同，皆见录于宣和。书画谱仅录其名目，而印谱则实存其形制。其篆法、布局、形状、尺寸，乃至于刀工、材质，皆可于谱中求之。谱有一人之专谱，有众人之合谱，有自订之稿谱，有汇编之存谱，要之以有边款释文者为上。

蒲坂藏书中，印学之书无多，约六十余种，然皆渊源有自，或南州书楼旧藏，或潘飞声故物，抑或得自于澳门梁汝洪之紫云青花砚斋者，其于印学不无小补，而尤致力于岭南印学。

其论印者，若谢景卿父子之《汉印分韵》正续编、李阳之《秦汉三十体印证》、何昆玉之《百举斋印谱》、谢耀之《摹古印式》，皆于汉印之法有所心得，为同侪所称。而陈澧手抄之《皇朝宝印考》、柯有榛批校之《印典》、邓其镰点评之《芥子园印章会纂》、梁垣光自述之《用印锁言》，则多为不传之秘，鲜为人知。陈澧序何、谢二谱，乃其印学思想之具体阐述。潘飞声题所藏各谱，亦为岭南印学增添许多掌故。

集汉印谱，则有《汉铜印丛》《听帆楼古铜印汇》《吉金斋古铜印谱》《古印藏真》《十钟山房印举》《十二金符斋印谱》《缪篆丛雅》等，据之可以考见存世汉印之传承源流。汪启淑《汉铜印丛》之十二卷全本已不多见，而吴大澄之《十二金符斋印谱》则更为稀世之珍，非但编订钤印出自黄士陵之手，所用之汉九字瓦图文纸亦为符翁所摹绘，绿瓦映朱印，堪称印瓦合璧，钤摹双绝。

至于诸家之谱，虽不乏名家之作，如赵之谦、吴昌硕、黄士陵等，而尤以岭南印人为多，其治印人、受印人及藏印人多与岭南有着不解之缘，许多珍秘之本藏弄其中。

黄士陵为岭南印派之祖，存世印谱众多，而此部《黄牧甫印谱》却并不多见，所收印虽与它谱有所互见，实则汇集了其再次寓居广州后早期的主要作品。

何昆玉乃岭南印人之集大成者，其印学兼众家之所长，所存《端州何昆玉印稿》汇集了其中年时期之主要作品，技法日臻完善；三部不同之《百举斋印谱》，更可考见其历时五年并三易其稿之精益求精；而《吉金斋古铜印谱》亦不同于通行之本，当是其手钤之初稿本，此等稿谱皆为何氏印学代表之作。

梁垣光擅刻小字印、多字印，此部《星堂印存》乃其自藏之本，版式新颖别致，钤印主次分明，释文翔实全面，远胜于《广州大典》所据之本。

补蠹山人邓其镰，顺德人，而以京兆籍中进士，嗜篆刻以自娱而不张扬，故不为乡人所知，所著《印论印谱类存》二卷，于印学理论乃至篆刻技法皆有新意，实为岭南印学之一助。

叶期、伍德彝皆岭南之善治印者，各有印谱传世，而此所存之《叶退庵集印》《松蕗存印》皆其亲手编订并钤印，为诸家谱录所不载。何桂林印谱虽有传闻，却不见著录，而此部《大小山堂印存》乃潘飞声得之于何氏本人，并由苏展骥题写书签，乃仅存硕果。何氏此谱以及许荣桂之《悔迟斋印存》皆录其早年之作品，可以佐证道、咸年间岭南本土印学之盛。

《友石印稿》《养性斋印可》《漱石斋印存》等皆并未署篆刻者姓名，尚待有识者进一步考证，然其出自岭南印人之手则毋庸置疑。若《友石印稿》，受印者多为岭南之名门望族及高官显宦，其治印者定为当时之篆刻大家。

其他如汪一簳、朱鹏、黄鹓、吴筠生等人虽非岭南本土生人，然皆曾寓居或鬻印于岭南，对岭南印学有着直接的影响。

印学虽小技，然小中亦可见大。正所谓，小之不弃，大之所成益远。若汉印者，关乎史，关乎兵，关乎文字之学，又岂止篆法刀工而已。今印亦然，其印文所承载之内涵，或为它书所不载，略可考见治印人与受印人及其家族与地方之小史。若邓其镰谱中之英文印，即反映出时代变迁之特征。故善读印谱可补史传之不足，亦读史之一助也。

余不懂印，不敢罔赞一词，唯据实而录，以备方家之需。编类为三，曰总论，曰合谱，曰专谱，以成书先后为序，方便检阅而已。

UBC大学图书馆　武亚民

2019年3月16日星期六草于温哥华，

十八年前之今日，余携妻女移居加拿大

2020年2月修订

2023年2月再订

# 总论之属

## 1.印旨一卷

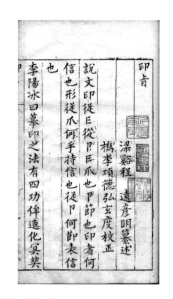

〔明〕程远撰；〔明〕项德弘校正

明万历檇李项氏宛委堂刻本

线装，一函一册

典藏号：rbsc/Asian Rare–1 no.1333

首鹿城归昌世小引，卷端题"梁谿程远彦明纂述，檇李项德弘玄度校正"，卷末题"云间友弟徐嶷同校于宛委堂，邑友俞覃儒书"。全书正文十二叶，小引三叶。版框高二十点五厘米，宽十三点五厘米，七行十六字，白口，单白鱼尾，四周单边，版心上镌题名，小引叶三版心下镌"何文焕刻"。

案，此书原附于程远《古今印则》之后，由檇李项氏兄弟刻于宛委堂,《印则》为古今之印选,由项梦原校刻,《印旨》则专论印学,由项德弘校刻。本馆藏本仅存《印旨》一册,原为丹徒张釜澄花室所藏,后由其子张深携至广东,张深曾任大埔、新宁、潮阳等县知县。南州书楼、蒲坂书楼递藏,略有虫蛀破损。

张釜印:"张釜之印"阴阳文方印;"澄花室珍藏书画印"朱文竖方印;"京江张氏藏书"朱文方印。

徐信符印:"南州书楼"朱文方印。

姚钧石印:"姚钧石藏书"朱文长方印;"蒲坂书楼"白文长方印;"钧石所藏金石书画印""民国庚辰"朱文方印。

## 2.印典八卷

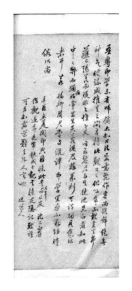

〔清〕朱象贤撰
清咸丰十年(1860)柯有榛广东抄本,清咸丰十一年(1861)柯有榛批校题跋
线装,一函七册
典藏号:rbsc/Asian Rare-1 no.1362

　　案，据清雍正间刻本抄录，无栏框，十一行二十一字。卷六后有柯有
榛识语云："辛酉孟夏阅印典，因忆此书去年与亡友沈公白眉借观，遂命
儿辈抄成。今观书忆友，隐记数语，可为知者道，难与外人言也。迂道
人。"另有批语数处，叙及师承及篆刻技法。卷首多出宋人序四篇，乃为
《吴郡图经续记》而作，误订于此。卷前有琅环仙馆主人识语，云书贾求
售，因是柯有榛故物，乃重金购入，与陈澧抄本《皇朝宝印考》合订一
处，并题其端曰《印典合璧》。南州书楼、蒲坂书楼递藏，书品完好。

〔清〕柯有榛（1814—1885）

　　柯有榛印："柯有榛""云虚""移得山川胜"朱文方印；"吾不知所以
然而然"白文方印。

　　徐信符印："南州书楼"朱文方印。

　　姚钧石印："蒲坂书楼"白文长方印；"钧石所藏金石书画印""民国
庚辰"朱文方印。

# 3.选集汉印分韵二卷

〔清〕袁日省原本;〔清〕谢景卿厘订;〔清〕谢云生摹录
**续集汉印分韵二卷** 〔清〕谢景卿纂摹
清嘉庆二年(1797)漱艺堂广州刻本,嘉庆八年(1803)漱艺堂广州刻《续集》
线装,一函四册
典藏号:rbsc/Asian Rare-1 no.1389

正集内封叶题"嘉庆二年三月,选集汉印分韵,漱艺堂开雕",首嘉庆二年(1797)谢景卿序,末宋葆淳跋,卷端题"袁日省予三甫原本,南海谢云生摹录"。《续集》内封叶题"嘉庆八年季春,续集汉印分韵,漱艺堂藏版",首嘉庆八年(1803)谢景卿自序,卷端题"南海谢景卿芸隐纂摹"。两集目录后皆题有刻工名"六书斋康二酉刊"。版框高二十二点五厘米,宽十二点七厘米,六行,字不等,白口,无鱼尾,四周双边,版心上镌题名,下镌声部及叶码。

案,此书虽是袁日省原本,然经谢景卿编订后而为世人所称,故谢氏复有《续集》之作,其嘉庆二年自序云:"安邑宋君芝山丙辰游粤,相与论列印篆，出所携袁予三先生选集汉印分韵手稿，叹未曾有，而原本编韵尚多讹舛，官私印参错互署。暇日悉为厘订，并命大儿云生摹录成帙，以供玩索。"书中将存世汉代古印中之文字，按韵编排，以便检索，上卷为平声韵，下卷为上声、去声及入声韵。谢景卿（1735—1806），字殿扬，号芸隐，广东南海人，谢兰生之父。南州书楼、蒲坂书楼递藏，书有虫蛀，需修补。

徐信符印："南州书楼"朱文方印。

姚钧石印："姚钧石藏书"朱文长方印；"蒲坂书楼"白文长方印；"钧石所藏金石书画印""民国庚辰"朱文方印。

## 4. 选集汉印分韵二卷

〔清〕袁日省原本；〔清〕谢景卿厘订；〔清〕谢云生摹录
**续集汉印分韵二卷** 〔清〕谢景卿纂摹
清嘉庆二年（1797）澉艺堂广州刻本，嘉庆八年（1803）澉艺堂广州刻《续集》，清沈本之校补。
线装，一函六册，破损严重
典藏号：rbsc/Asian Rare-1 no.1390

　　案，此本与no.1389同版，然正续集卷上之下平声部分均残缺，全书经沈本之校补，既补原书字体之未备，又补原书之缺字，原书已收之字则于格内续写于下方，原书未收之字则补写于天头。卷端墨笔题写"龙川沈本之藏阅"并钤印。沈本之，字星桥，广东龙川人，约嘉庆至同治间人。此本谢景卿序后钤有谢氏名号印记，当是谢氏自用之本。沈本之旧藏，蒲坂书楼递藏，全书虫蛀破损严重，已不适合阅读，需修补。

　　谢景卿印："谢景卿印"朱文回文方印；"芸隐"白文方印。

　　沈本之印："沈本之印"白文方印；"臣印本之"白文小方印；"龙川沈氏家藏"朱文竖方印；"星桥"朱文小方印。

　　姚钧石印："姚钧石藏书"朱文长方印；"蒲坂书楼"白文长方印；"钧石所藏金石书画印""民国庚辰"朱文方印。

## 5.篆刻针度八卷

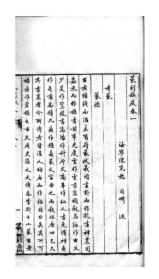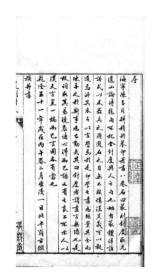

〔清〕陈克恕撰
清末民国吴筠生抄本
线装，一函二册
典藏号：rbsc/Asian Rare-1 no.1394

版框高十九厘米，宽十三点八厘米，十行二十二字，白口，单鱼尾，左右双边，版心下印有"孝菽堂"三字。

案，此抄本首尾皆有乾隆五十一年（1786）序跋多篇，可知乃据乾隆五十一年陈氏刻本抄录。用孝菽堂刷印之蓝丝栏格纸抄写，与馆藏《南来志》用纸相同，唯栏框颜色略异。首叶钤有"吟秋亲笔"白文方印及"延陵"朱文方印，当是抄者之印记。考馆藏《吴筠生印稿》（no.1338），此二印皆在其中，可知为吴筠生抄本。吴筠生（1868—?），字吟秋，号约盦，室名敛吉庐，山阴人，同治七年（1868）生，民国二十年（1931）尚有作品传世。陈克恕（1741—1809），字体行，号目耕，海宁人。此本乃蒲坂藏书之一种，然并无蒲坂书楼藏书印，书品完好。

## 6.皇朝宝印考一卷

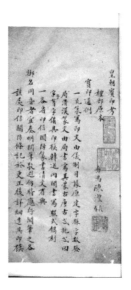

〔清〕礼部原本；〔清〕陈澧录
清道光、咸丰间陈澧广州抄本
线装，一函一册
典藏号：rbsc/Asian Rare-1 no.1362

无序跋，卷端题"皇朝宝印考，礼部原本，番禺陈澧录"，并钤"兰圃"朱文方印。无栏框，九行十八字，抬头二字。

案，从官书中摘录清代官印制度，案语中记载嘉庆间事。此乃陈澧早年抄本，所钤"兰圃"印是其早年所用。与清咸丰十年（1860）柯有榛抄本《印典》同函，卷前有琅环仙馆主人识语，云将二书合订一处，并题其端曰《印典合璧》。南州书楼、蒲坂书楼递藏，书品完好。

〔清〕陈澧（1810—1882）

陈澧印："兰圃"朱文方印。

姚钧石印："蒲坂书楼"白文长方印；"钧石所藏金石书画印"朱文方印。

## 7.秦汉三十体印证二卷

〔清〕李阳撰；〔清〕何瑛鉴赏
清道光二十年（1840）宝籀斋广州刻本及钤印本
线装，一函二册
典藏号：rbsc/Asian Rare-1 no.1334

内封叶及原印书签均题"秦汉三十体印证"，首道光二十年（1840）李阳自序、凡例，末有李阳跋。卷端题有"顺德李阳药洲纂辑，香山何瑛昆山鉴赏"，书分上下两卷，每叶钤二或三印，上栏钤印，下栏释文。释文、版框及序跋等皆为木版印刷，墨色，钤印为朱色。版框高十八点六厘米，宽十二点四厘米，白口，无鱼尾，四周单边，版心上镌"印证"，中镌卷次，下镌"宝籀斋藏"。

案，所钤印皆从古印谱中摹刻而成，并非古印原件，自序有云"摭群书之旨盖足征者三十体书，集为二帙"。南州书楼、蒲坂书楼递藏，书衣残缺，需修补。

徐信符印："南州书楼"朱文方印。

姚钧石印："姚钧石藏书"朱文长方印；"蒲坂书楼"白文长方印；"民国庚辰"朱文方印。

## 8.古玺文字征十四卷，附录一卷，汉印文字征十四卷，
## 附录一卷，检字一卷

〔民国〕罗福颐撰
民国十九年（1930）罗振常上海影印本
线装，一函八册
典藏号：rbsc/Asian Rare-1 no.1393

书名叶为鲍鼎题签，首民国庚午（十九年，1930）罗振玉序，末民国庚午罗福颐跋。

案，罗福颐跋云"去岁书成，季父为影印于沪江"，则此书乃罗振常于上海影印出版。

罗福颐（1905—1981）

徐信符印："南州书楼"朱文方印。

姚钧石印："蒲坂书楼"白文长方印；"钧石所藏金石书画印""民国庚辰"朱文方印。

## 9.印谱考四卷

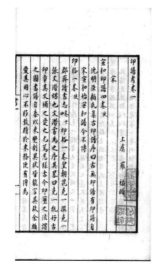

〔民国〕罗福颐撰
民国二十二年（1933）墨缘堂大连石印本
《待时轩丛刊》零种
线装，一函二册
典藏号：rbsc/Asian Rare-1 no.1359

　　内封叶正面题"印谱考四卷"，背面牌记题"癸酉季冬，墨缘堂印"，首民国二十年（1931）罗福颐自序。辑录宋元以来印谱一百四十六种，并为之解题。石印本，线装，一函二册。梁汝洪紫云青花研斋旧藏、蒲坂书楼递藏，略有破损。

　　梁汝洪印："梁汝洪珍"朱文方印，"紫云青花砚斋藏书"白文竖条印。

　　姚钧石印："蒲坂书楼"白文长方印；"钧石所藏金石书画印""民国庚辰"朱文方印。

## 10.篆刻入门

〔民国〕孔云白撰
民国二十六年（1937）上海商务印书馆三版影印本
线装，一函一册
典藏号：rbsc/Asian Rare-1 no.1395

首作者自叙，末叶题"中华民国二十四年十月初版，二十六年五月三版"，发行人王云五，印刷所及发行所皆为上海商务印书馆。书不分卷，分为八章。蒲坂书楼旧藏。

孔云白（1909—1951）

姚钧石印："蒲坂书楼"白文长方印；"姚钧石印""钧石所藏金石书画印""民国庚辰"朱文方印。

## 11.古铜印谱举隅十卷

〔日〕太田孝太郎撰
日本昭和九年（1934）太田孝太郎日本铅印本
线装，一函四册
典藏号：rbsc/Asian Rare-1 no.1386

首民国甲戌（二十三年，1934）方若序，版权页题"昭和九年八月二十日印刷，昭和九年八月廿五日发行""编纂兼发行者：太田孝太郎""发售处，文求堂书局"。

案，辑录古铜印谱百又五种，为之解题。蒲坂书楼旧藏。

〔日〕太田孝太郎（1881—1967）

姚钧石印："蒲坂书楼"白文长方印；"钧石所藏金石书画印""民国庚辰"朱文方印。

# 合谱之属

## 1.集古印谱六卷

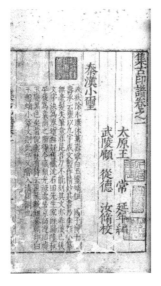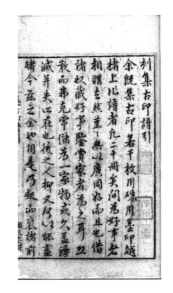

〔明〕王常辑；〔明〕顾从德校
明万历三年（1575）顾从德上海刻本，朱印本
线装，二函十册
典藏号：rbsc/Asian Rare-1 no.1335

　　无内封叶，首明万历三年（1575）顾从德"刻集古印谱引"，凡例，
"印谱旧叙"八篇九叶。卷端题"集古印谱"及卷次，"太原王常延年编，
武陵顾从德汝修校"。卷一末叶镌有刻工名"吴门姚起刻"。正文为朱印，
顾从德引文、凡例及旧叙为墨印。版框高二十点一厘米，宽十四点一厘
米，行字不等，印及释文相间，每叶多为四宽行，上下四格，版心中镌题
名及卷次，下镌叶码及"顾氏芸阁"。

案，明隆庆年间，顾从德曾将家藏古印钤印成《集古印谱》二十册，很快即销售一空，此书旧叙中所存隆庆六年（1572）沈明臣序及隆庆五年（1571）黄姬水序即是为该谱而作。后来顾从德又将前人书谱中所载之印汇编在一起，首秦汉玺，次王玺，再次官印、蛮夷印、部曲将军印，最后为私印，私印按沈氏四声韵编排，共编为六卷，用木板摹刻印行，初名仍为《集古印谱》，后更名为《印薮》。隆庆钤印本之二十册《集古印谱》已不多见，存世较多者则为此万历三年（1575）摹刻之六卷本印谱，且当时即有翻刻本行世。本馆此本刻印精良，尚未更名，且保存有刻工姓名，当是顾氏初印本。南州书楼、蒲坂书楼递藏，原书有破损，已经托裱修补，略有缺字。

〔明〕顾从德（1519—1587），〔明〕王常（1535—约1606）

徐信符印："南州书楼"朱文方印。

姚钧石印："姚钧石藏书"朱文长方印；"蒲坂书楼"白文长方印；"钧石所藏金石书画印""民国庚辰"朱文方印。

## 2.汉铜印丛十二卷

〔清〕汪启淑藏并辑
清乾隆十七年（1752）汪启淑钤印本
线装，一函十二册
典藏号：rbsc/Asian Rare-1 no.1384

内封叶、版心、卷端皆有题名"汉铜印丛"，首乾隆十七年（1752）
朱樟序，末汪澎跋。每叶钤二或四印，有释文。内封、序跋、版框皆为木
版印刷。版框高十二点五厘米，宽八点五厘米，四周花边，版心上镌题名
及卷次，下镌叶码，皆绿色印刷。

案，此谱乃汪启淑据所藏汉代铜印汇编并钤印成谱，此部为十二卷全
本，世不多见，钤印精良，书品极佳，唯书衣残缺。蒲坂书楼旧藏。

〔清〕汪启淑（1728—1799）

姚钧石印："蒲坂书楼"白文长方印；"钧石所藏金石书画印""民国
庚辰"朱文方印。

### 3.汉铜印丛十二卷

〔清〕汪启淑藏并辑
清乾隆十七年（1752）汪启淑钤印本
线装，一函四册
典藏号：rbsc/Asian Rare-1 no.1385

　　案，此部与no.1384同版，然为残本，仅存四册四卷，且经书贾作伪，欲以残充全，将卷端、版心等处所题卷数剜掉，又将汪澎跋移至卷首并去掉"跋"字以为序，经核对知为原书之卷九至十二。南州书楼、蒲坂书楼递藏，原书破损严重，已经托裱修补。

　　徐信符印："南州书楼"朱文方印。

　　姚钧石印："蒲坂书楼"白文长方印；"钧石所藏金石书画印""民国庚辰"朱文方印。

## 4.古铜印汇不分卷

〔清〕潘正炜藏印并辑

清道光十二年（1832）潘正炜听帆楼广州钤印本，清光绪七年（1881）潘飞声题跋

线装，一函三册

典藏号：rbsc/Asian Rare-1 no.1381

　　无内封叶，无卷端题名，原印书签题名"古铜印汇"。首嘉庆戊辰（十三年，1808）百龄序，道光十二年（1832）杨振麟序，末吴兰修跋，未署年。版框高十二点五厘米，宽九点三厘米，四周单边，版心上镌"古铜印汇"，下镌"听帆楼"，淡绿色印刷。

　　案，百龄序乃为潘有为《看篆楼印谱》所作，误收于此。此谱乃潘正炜以所藏古印汇编钤印而成，又称为《听帆楼古铜印汇》，不分卷，凡三册。首册序二叶，钤印七十七叶，首叶一印，次叶二印，余皆四印，凡三百三印。二册钤印六十一叶，每叶钤六印，凡三百六十六印。三册钤印六十五叶，跋一叶，首五十九叶每叶六印，次四叶每叶八印，次一叶四印，最后一叶五印，凡三百九十五印。总计收印一千零六十四枚。本馆此本乃潘氏家传之本，为潘正炜之侄潘恕旧藏，并有光绪七年（1881）潘恕之孙潘飞声题跋，祖孙均有钤印。蒲坂书楼递藏，书品完好。

〔清〕潘正炜（1791—1850）

潘恕印："南雪巢万松山房黎斋双桐圃卅六村草堂诗集之家"白文方印。

潘飞声印："潘飞声藏于梧桐庭院""家有汉阳嘉洗赵松雪兰亭砚"朱文方印；"兰史珍藏，不假不赠"白文方印。

姚钧石印："蒲坂书楼"白文长方印；"钧石所藏金石书画印""民国庚辰"朱文方印。

## 5.吉金斋古铜印谱不分卷

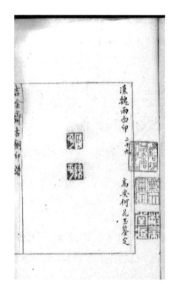

〔清〕何昆玉鉴定；〔清〕戴文审定
清同治八年（1869）何昆玉钤印本
线装，一函十二册
典藏号：rbsc/Asian Rare-1 no.1380

无内封叶及序跋，卷端上题各部分题名，下题"高要何昆玉鉴定"，皆墨笔书写。正文用纸有边框，淡绿色或淡赭黄色印刷，版心上印有"吉金斋古铜印谱"，据此著录题名。每叶钤一印，唯最后一册子母印则钤二印或多印，无释文。每册首叶框外右下角钤"敝帚堂藏"白文方印及"戴文审定"朱文方印。版框高十三点一厘米，宽九点八厘米，四周单边。

案，此本按朝代及类别编排，不分卷，与通行本不同。全书用纸亦不统一，版心题字大小及颜色均略有不同，当是编排时有所增补或替换，疑为何昆玉手钤初稿本，经戴氏敝帚堂收藏并重新审定。钤印年代据通行本陈澧序及何昆玉自序定为同治八年（1869）。各部分子目为：三代古官玺八；周秦白文印十二；周秦朱文印三十；秦汉魏晋官印六十；秦汉六朝官印五十九；秦汉六朝姓名私印四十，上平声；秦汉六朝姓名私印五十八，下平声；秦汉六朝姓名私印六十二，上去入声；秦汉六朝姓名之印，各式四十五；秦汉六朝姓名二字印七十；秦汉六朝姓名名印六十二，回文各式附；秦汉六朝子母印，全者三，母印三十四，子印五；秦汉六朝姓名名三字印十三；秦汉复姓名名四字印二；秦汉六朝各式三字印九；秦汉龙虎边姓名二字印一；秦汉姓名之印信五字印一；汉吉语印二；秦汉蜡封，象形七；汉魏两面印二十九；汉魏六面印四；汉钱钮吉语印一；汉铜钩印二。共计收录古印六百一十九枚。戴氏敝帚堂旧藏，梁汝洪紫云青花研斋、蒲坂书楼递藏，书品完好。

〔清〕何昆玉（1839—1896）

梁汝洪印："梁汝洪珍""紫云青花砚斋"朱文方印。

姚钧石印："蒲坂书楼"白文长方印；"钧石所藏金石书画印""民国庚辰"朱文方印。

## 6. 古印藏真一卷

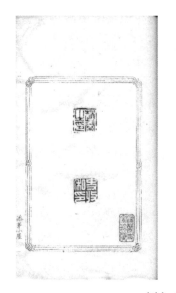

〔清〕居巢藏
清光绪五年（1879）杨氏添茅小屋钤印本，清光绪九年（1883）及十九年（1893）潘飞声题识
线装，一函一册
典藏号：rbsc/Asian Rare-1 no.1387

内封叶为柯有榛墨笔楷书，中间大字题"古印藏真"，左侧小字题"今夕盦所得"，并钤"某生"（梅生）朱文方印，右侧小字题"光绪己卯云开卩迁道人书"，并钤"柯有榛"朱文方印。首居巢自叙，述印篆源流，并云得古印八十一方，因集成谱，名曰古印藏真。叙未署年月，叙前钤有"居巢"白文方印，叙后钤有"添茅小屋书画印"朱文方印。叙后另有光绪九年（1883）潘飞声题识，云"癸未十月八夜，集杨氏添茅小屋，仑西大兄持赠此卷。潘飞声藏并记"，并钤"梧桐庭院词客平生快睹之章"白文方印及"潘兰史家珍藏"朱文印。书前又有光绪十九年（1893）潘飞声题签"居氏今夕盦古印藏真，光绪癸巳正月，潘飞声题"。一册，瓷青书

衣，前后各有空白护叶三叶，内封一叶，序四叶，钤印二十七叶，后余空白叶二十三叶。每叶钤二至五印不等，共八十五印。版框高十三点二厘米，宽九厘米，花框，四线连单圆环边框，四角双圆环，朱色印刷，无鱼尾，无叶码，版心下印"添茅小屋"。

案，居巢所藏古印之印谱与此同名者已知有三部存世，皆居巢卒后由杨氏添茅小屋钤拓，此乃其一。另有一部题为同治十一年（1872）拓，亦有柯有榛题签，但未署年。此部不题钤拓年代，柯有榛题签署年为光绪五年（1879），并钤有居巢私印，为潘飞声得自于杨氏添茅小屋者。考潘飞声于光绪九年（1883）秋曾返乡，于添茅小屋主人杨永衍处得到居巢诗文遗稿，并得知居巢已去世十年，遂为之编订诗稿成《今夕盦诗钞》，后于光绪二十六年（1900）由友人邱炜萱刊行。此印谱亦为当时杨永衍之子杨其光所赠。盖居巢卒后其遗稿并藏印等物尽归杨氏添茅小屋，而杨氏在钤拓此谱时仍钤有居巢私印以表明乃居巢之物。杨氏添茅小屋、潘飞声梧桐庭院、蒲坂书楼递藏。

〔清〕居巢（1811—?）

居巢印："居巢"白文方印，"某生"朱文方印。

杨永衍印："添茅小屋书画印"朱文方印。

柯有榛印："柯有榛"朱文方印。

潘飞声印："潘兰史家珍藏"朱文长方印，"梧棠庭院词客平生快睹之章"朱文方印。

姚钧石印："蒲坂书楼"白文长方印；"钧石所藏金石书画印""民国庚辰"朱文方印。

## 7. 十钟山房印举三十卷

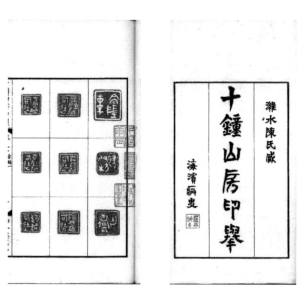

〔清〕陈介祺藏并编
民国十一年（1922）上海商务印书馆初版影印本
线装，二函十二册
典藏号：rbsc/Asian Rare-1 no.1378

内封叶为海滨病叟题签"潍水陈氏藏，十钟山房印举"，首民国辛酉（十一年，1922）陈敬第序，云涵芬楼据光绪九年（1883）陈介祺改订本影印，原稿每叶一印，影印本则合十八印为一叶，无释文。卷末有版权页，有上海商务印书馆告白云："十钟山房印举十二册，于中华民国十一年十一月初版印成，每部定价大洋二十圆。"

〔清〕陈介祺（1813—1884）

徐信符印："南州书楼"朱文方印。

姚钧石印："蒲坂书楼"白文长方印；"钧石所藏金石书画印""民国庚辰"朱文方印。

## 8.十二金符斋印谱不分卷

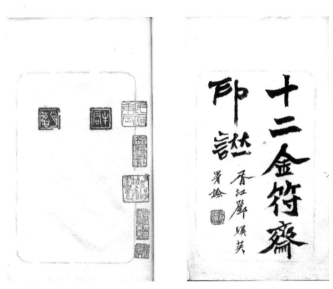

〔清〕吴大澂藏
清光绪十四年（1888）黄士陵广州钤印本
线装，一函八册
典藏号：rbsc/Asian Rare-1 no.1353

　　首叶为邓骥英墨笔楷书"十二金符斋印谱，胥江邓骥英署检"，并钤"邓"字白文小方印。无序跋，无卷端题名，不分卷，无叶码。每叶前后两面均印有边框，正面框内钤印，背面框内上方印有汉九字瓦圆形图案之"千秋万世长乐未央昌"，下方印有说明文字"汉九字瓦，前人著录所无，'万'字、'长'字与它瓦皆异。子琴勾渤"及"子琴"印记。版框及图文皆木板雕刻，绿色印刷。册中用纸偶有稍短者，当是编辑时有所替换。书凡八册，原无次序，后之收藏者于书根处印有一至八册之数及"十二金符斋印谱"字样。据此，首册题签一叶，空白一叶，钤印四十一叶，每叶钤二印；二册四十二叶，三至六册各四十一叶，每叶皆钤二印；七册四十一叶,每叶钤四印;八册四十叶,前二十叶每叶钤四印,后二十叶每叶钤一大官印。共计收录七百五十八印,无边款,无释文,私印为多,官印略少。版框高十六点二厘米,宽十点五厘米,四周单边,圆角,版心无字。

案,吴大澂于同治年间开始收藏古印,共集至两千多印,生前曾数次整理并钤印成谱。如光绪初年曾编辑并钤印成《十二金符斋印存》,收录所藏古印一百七十三枚,装订成二册。其后又增辑为《十六金符斋印存》,收录所藏金、银、玉、铜、铁、铅、泥等各种材质之古印五百八十九枚,装订成十册。光绪十四年(1888),即就任广东巡抚后之第二年,又召集门客幕僚中精通金石学之王同愈、陶惟坦、黄士陵、尹伯圜四人,将所藏二千多枚古印全部重新整理,编辑并钤印二十部,各分订成二十六册,仍名为《十六金符斋印存》。所编订之印谱,或因流传散佚,或经藏者重订,故诸家著录册数多寡不一。本馆所藏此部,凡八册,通篇用绿色印刷之汉九字瓦图文纸钤印,世不多见,仅知另有十二册存世。考此汉九字瓦,亦即吴大澂所藏。吴氏曾于光绪十二年(1886)十一月前后将所藏秦汉瓦当有图文者朱拓成卷,并加释文,此瓦即在其中,其拓卷现藏上海图书馆。吴氏于此瓦识语中即言及"万""长"二字为"它瓦所未见",与此册所题相同。而勾泐此汉九字瓦之"子琴"当即是符翕。符翕,字子琴,湖南衡阳人,宦粤二十余年,善治印,以精于金石书画鉴定而闻名岭南。光绪十三年(1887)吴大澂就任广东巡抚后,将黄士陵等精通金石之人招来府中,助其整理金石古印,黄士陵与符翕私交甚笃,符翕或亦参与其事,并得观古器而摹绘汉瓦,黄士陵即用符翕摹绘之汉瓦图文纸钤印成谱。题签之邓骘英,字君展,号枥园居士,番禺人,居廉弟子,善书画,喜收藏,与符翕相识,其所题签仍云"十二金符斋印谱",乃沿用旧名,应是在黄士陵等人全谱完成之前。此谱由黄士陵钤印,用符翕摹绘之汉九字瓦图文纸,可谓印瓦合璧,钤摹双绝。梁汝洪紫云青花研斋、姚钧石蒲坂书楼递藏。

〔清〕吴大澂（1835—1902）

梁汝洪印："梁汝洪""紫云青花研斋"朱文方印。

姚钧石印："蒲坂书楼"白文长方印；"钧石所藏金石书画印""民国庚辰"朱文方印。

## 9.周秦两汉名人印考一卷

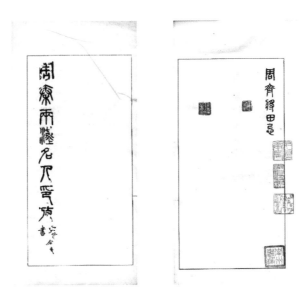

〔清〕吴大澂撰
民国八年（1919）上虞罗振玉影印本
线装，一函一册
典藏号：rbsc/Asian Rare-1 no.1363

无序跋及出版年代，无卷端题名，末叶有"周秦两汉名人印考，愙斋手书"，据此定题名。

案，此乃据吴大澂手书稿本影印，首齐将田忌印，末安新公王延印。疑似上虞罗氏民国八年彩色影印本，线装，一函一册。南州书楼、蒲坂书楼递藏，略有破损。

徐信符印："南州书楼"朱文方印。

姚钧石印："蒲坂书楼"白文长方印；"钧石所藏金石书画印""民国庚辰"朱文方印。

## 10.行素草堂集古印谱四卷

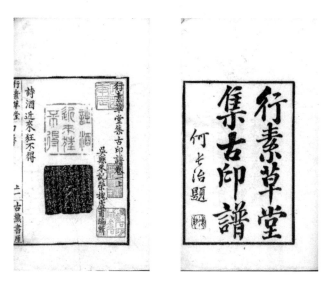

〔清〕朱记荣辑
清光绪十至十一年（1884—1885）朱记荣槐庐家塾苏州刻本，钤印本
《槐庐丛刻》零种
线装，一函八册
典藏号：rbsc/Asian Rare-1 no.1355

谱分四卷，每卷又各分为上下两部分，各卷皆有内封叶题名及牌记，卷一、二、四题光绪甲申年（十年，1884）藏版，卷三题光绪乙酉年（十一年，1885）藏版。各卷皆有序跋多篇，卷四有光绪十一年朱记荣自序。每叶钤一或二印，有释文。释文、版框、序跋及题名等皆为木版印刷，印则为钤印。版框高十三厘米，宽九点五厘米，白口，四周单边，版心上镌"行素草堂集古"及元亨利贞卷次，中镌"印谱"，下镌"古槜书屋"及"槐庐丛刻"。

案，所收印多为清汪启淑旧藏，少量为朱氏同时代人所刻。梁汝洪旧藏、蒲坂书楼递藏，书品完好。

〔清〕朱记荣（1836—1905）

梁汝洪印："梁汝洪"朱文方印。

姚钧石印："蒲坂书楼"白文长方印；"钧石所藏金石书画印""民国庚辰"朱文方印。

## 11.缪篆丛雅不分卷

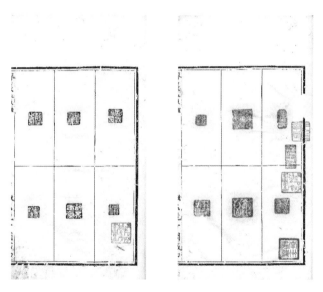

〔清〕杨守敬藏并辑
清光绪十九年（1893）杨守敬激素飞青阁钤印本
线装，一函八册
典藏号：rbsc/Asian Rare-1 no.1358

无序跋及内封叶，亦不题藏印者及钤拓者姓名。有边框，每半叶六格，上下两栏，左右三栏，木版印刷，无鱼尾，无叶码，版心上镌"缪篆丛雅"，下镌"激素飞青阁藏印"。"激素飞青阁"乃杨守敬书斋名。共八册，前三册为朱钤官印，仅正面每格钤一印。后五册为墨钤私印，每格钤一或二印，背面亦有钤印。南州书楼、蒲坂书楼递藏，书品完好。版框高二十二点五厘米，宽十四点八厘米，无鱼尾，四周双边，版心上镌"缪篆丛雅"，下镌"激素飞青阁藏印"，无叶码。

〔清〕杨守敬（1839—1915）

徐信符印："南州书楼"朱文方印。

姚钧石印："蒲坂书楼"白文长方印；"钧石所藏金石书画印""民国庚辰"朱文方印。

## 12.兰亭砚斋印谱不分卷

〔清〕潘仪增藏并辑
清光绪二十九年（1903）潘仪增番禺钤印本
线装，一函六册
典藏号：rbsc/Asian Rare-1 no.1340

内封叶正面题名“兰亭砚斋印谱”，背面牌记题“岭南潘氏藏真”，首光绪二十九年（1903）番禺潘仪增自序。每叶钤一印，间或有钤二印者，附墨拓边款。版框高十七点五厘米，宽十一点二厘米，小黑口，四周单边，版心上印题名。

案，辑录家藏清代名家印约三百枚。南州书楼、蒲坂书楼递藏，书衣磨损破旧，需修补。

〔清〕潘仪增（1845—1910）

徐信符印：“南州书楼”朱文方印。

姚钧石印：“蒲坂书楼”白文长方印；“钧石所藏金石书画印”“民国庚辰”朱文方印。

## 13.郑盦所藏泥封一卷

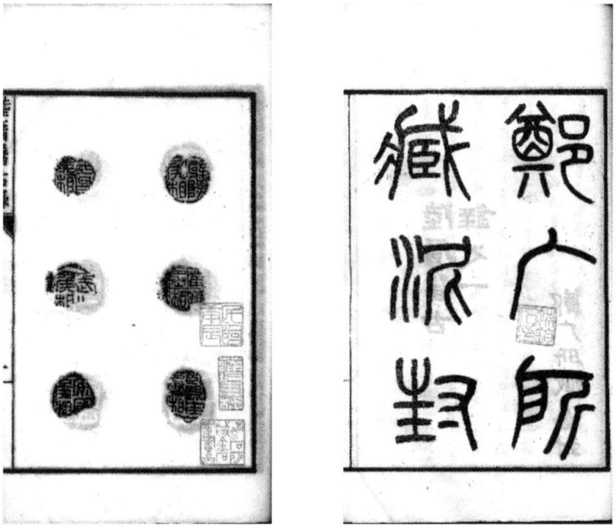

〔清〕潘祖荫藏；〔民国〕罗振玉辑
清光绪二十九年（1903）罗振玉上海石印本
《陆庵孴古录》零种
线装，一函一册
典藏号：rbsc/Asian Rare-1 no.1360

内封叶正面题"郑广所藏泥封"，背面题"陆庵眘古录之一，郑广所藏泥封"，首光绪癸卯（二十九年，1903）罗振玉辑印书序。版框高十九厘米，宽十三厘米，白口，单黑鱼尾，四周单边，版心上印"陆庵眘古录"，下印叶码。

案，书中收录潘祖荫旧藏古官、私印三百零四枚，每叶正反面各印六枚。蒲坂书楼藏书，书品完好，略有折角、断线。

〔清〕潘祖荫（1830—1890），罗振玉（1866—1940）

姚钧石印："蒲坂书楼"白文长方印；"钧石所藏金石书画印""民国庚辰"朱文方印。

## 14.贞松堂唐宋以来官印集存一卷

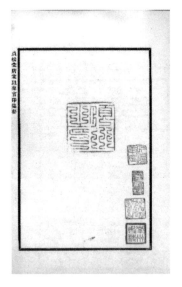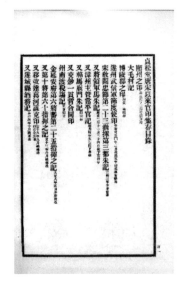

〔民国〕罗振玉藏并辑；〔民国〕罗福颐编并钤
民国十二年（1923）罗振玉钤印本
线装，一函一册
典藏号：rbsc/Asian Rare-1 no.1361

无书名页及版权页，目录及版心题名"贞松堂唐宋以来官印集存"，据此著录。目录后有民国癸亥（十二年，1923）罗振玉识语，云书中收录近十年所得古官印五十六枚，乃命儿子罗福颐编订成书。首为唐"颐州之印"，末为明"都纲之印"。目录、版框及版心题名为墨色印刷，官印为朱色钤印。

徐信符印："南州书楼"朱文方印。

姚钧石印："蒲坂书楼"白文长方印；"钧石所藏金石书画印""民国庚辰"朱文方印。

## 15. 小石山房印谱四卷，集名刻一卷，归去来辞一卷，集金玉晶石铜牙瓷竹木类印一卷

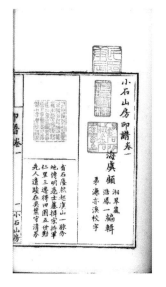 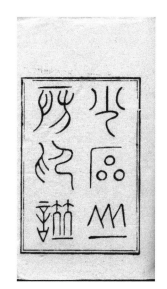

〔清〕顾湘、〔清〕顾浩编辑；〔清〕顾濂校字

清道光八至十一年（1828—1831）海虞顾氏小石山房刻并钤印本，同治八年（1869）补刻并钤印本

线装，一函六册

典藏号：馆藏两部，rbsc/Asian Rare-1 no.1339；rbsc asrs/CD6172 K8 1828

内封叶正面题"小石山房印谱"，背面牌记题"道光戊子秋日，海虞顾氏雕版"，书前有道光间序跋题词多篇，有道光八年（1828）及十一年（1831）顾湘自序，道光十一年顾浩自序，另有同治八年（1869）赵金灿序。版框高十三厘米，宽九点四厘米，或分栏或不分栏，小黑口，线鱼尾，四周双边，版心中镌"印谱"及卷次，下镌"小石山房"。

案，《印谱》四卷为道光八年刻并钤印，《集名刻》为道光十年刻并钤印，《归去来辞》为道光十一年刻并钤印，《集金玉晶石铜牙瓷竹木类印》为同治八年补刻并钤印。馆藏两部，其中一部（no.1889）为梁汝洪旧藏、蒲坂书楼递藏，书品完好。

梁汝洪印："梁汝洪"朱文方印。

姚钧石印："姚钧石藏书"朱文长方印；"蒲坂书楼"白文长方印；"钧石所藏金石书画印""民国庚辰"朱文方印。

## 16.华黍斋集印二卷

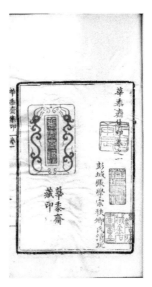

〔清〕黄鹓等篆刻；〔清〕张学宗藏并辑
清道光三十年（1850）张学宗钤印本
线装，一函二册
典藏号：rbsc/Asian Rare-1 no.1373

　　无内封叶，首道光庚戌（三十年，1850）黄鹓序，陆嘉言序，张学宗
自序。卷端题有"华黍斋集印""彭城张学宗秩卿氏清玩"。正文用纸有边
框，每叶正面钤一至三印不等，有释文，每卷钤印五十叶。释文及版框皆
为蓝色印刷，序为墨色印刷。版框高十二点八厘米，宽九厘米，四周双
边，版心上镌"华黍斋集印"，中镌卷次，下镌叶码。

　　案，此谱两卷，卷一首叶钤"华黍斋藏印"白文二龙戏珠纹方印，
末叶钤"行云流水"朱文方印及"张氏秩卿珍藏书画印"白文方印。卷
二首叶钤"慎思堂图章印"朱文竖方印，末叶钤"日日春"朱白文方印，
"华黍斋藏印"白文方印。此谱另有四卷本，为咸丰间钤印本，与此二卷

本不同。张学宗，字秩卿，彭城人，号华黍斋主人，其序云，集中以黄朗村刻印为多。黄朗村即黄鹓（约1798—？）。卷二末叶前误订入黄鹓《印痴篆稿》卷四之第一叶。南州书楼、蒲坂书楼递藏，原谱有破损，已经托裱修补。

徐信符印："南州书楼"朱文方印。

姚钧石印："蒲坂书楼"白文长方印；"钧石所藏金石书画印""民国庚辰"朱文方印。

## 17.钱叔盖胡鼻山两家刻印不分卷

〔清〕钱松、〔清〕胡震篆刻；〔清〕严荄藏并辑

清同治三年（1864）严荄钤印本

线装，一函二册

典藏号：馆藏两部，rbsc/Asian Rare-1 no.1337，no.1341

首同治三年（1864）吴云序，严荄序，末应宝时跋，蒋敦复跋，题词。无卷端题名，原印书签题"钱叔盖胡鼻山两家刻印，根复集字"，据

此著录题名。所用纸张正面有边框，版框及序跋皆为木刻墨印。每叶钤一或二印，间有粘贴之印蜕，多数印附有墨拓边款。版框高十六点五厘米，宽九点七厘米，四周单边，版心无字。

案，严荄（1824—约1893），字根复，广东人，与钱、胡二人为友，钱、胡二人相继故去后，乃收集二人所刻印石，汇印成册；为其编排并钤印者，乃嘉兴陈铁华。本馆藏两部，编排次序不同，钤印数量亦略有小异。一部（no.1337）为潘飞声梧桐庭院旧藏、蒲坂书楼递藏，有虫蛀，需修补；一部（no.1341）为南州书楼旧藏、蒲坂书楼递藏，书品完好。

〔清〕钱松（1818—1860）

潘飞声印："潘飞声藏于梧桐庭院""家有汉阳嘉洗赵松雪兰亭砚"朱文方印；"兰史珍藏，不假不赠"白文方印；"潘飞声印"白文回文方印.（no.1337）。

徐信符印："南州书楼"朱文方印（no.1341）。

姚钧石印："姚钧石藏书"朱文长方印；"蒲坂书楼"白文长方印；"钧石所藏金石书画印""民国庚辰"朱文方印。

## 18.味古堂印存不分卷

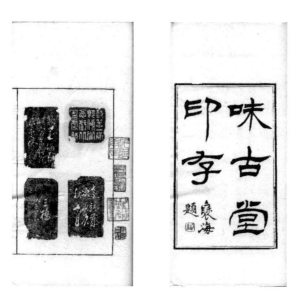

〔清〕冯兆年藏并辑
清光绪十四年（1888）冯兆年广州钤印本
线装，一函二册
典藏号：rbsc/Asian Rare-1 no.1366

　　内封叶为徐三庚题签"味古堂印存，袖海题"，书衣为熊湘湄题签"味古堂印存"，首光绪十四年（1888）南海梁金韬序，番禺何桂林题词，刘端本题词，潘飞声题词，南海萧伯瑶题词，末光绪十三年（1887）顺德冯兆年跋。无卷端题名，版框及序跋皆为木版印刷。每叶钤一印，偶有钤二印或三印者，附墨拓边款，共一百零七叶钤印。版框高十六点五厘米，宽十点五厘米，白口，四周单边，版心无字，无叶码。

　　案，此本较《广州大典》所据以影印之广东中山图书馆藏本多三叶，在编排上亦略有不同。所收录除首数印为明文彭所刻印外，其余皆清代名家所刻印，如丁敬、陈鸿寿、董洵、赵次闲、钱松、胡震、李阳、孟蒲生、常云生、陈泰瞻、柯有榛、徐三庚等。潘飞声旧藏、蒲坂书楼递藏，订线断裂，需修补。

潘飞声印："潘飞声印"白文回文方印。

姚钧石印："蒲坂书楼"白文长方印；"钧石所藏金石书画印""民国庚辰"朱文方印。

## 19.叶退庵集印不分卷

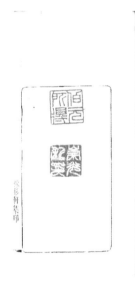
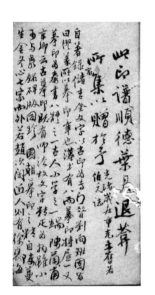

〔清〕叶期辑
清光绪二十七年（1901）叶期广州钤印本
线装，一函一册
典藏号：rbsc/Asian Rare-1 no.1374

无内封叶及序跋，首伯元氏手书题识两通，其一云"此印谱顺德叶君退庵所集，以赠于予。光绪岁在重光赤奋若，伯元志"。有边框，每叶初钤一印，部分叶面后来又多粘贴一印，无边款，无释文。版框高十一点五厘米，宽六点四厘米，四周单边，版心下印"绿杉轩集印"。

　　案，此谱版心虽题为"绿杉轩集印"，然并非《绿杉轩集印》全谱，仅存一百五十余叶，约为原谱之三分之一，所存以张嘉谟父子之印为多，而许多叶面都在原印之上方或下方粘贴有新印，粘贴之新印有伯元、胡曼、方功惠"碧琳琅馆"等印，伯元题识又云"此谱上则铜印，下则石刻"，则此谱应为叶退庵据绿杉轩谱删订增辑而成，已与绿杉轩原谱大不相同，可自成一谱，故名之为《叶退庵集印》。叶期（？—1914），字退庵，广东南海人，生年不详，民国三年（1914）卒。伯元为何人待考。蒲坂书楼旧藏略有破损。

　　姚钧石印："蒲坂书楼"白文长方印；"钧石所藏金石书画印""民国庚辰"朱文方印。

## 20. 名人印谱二卷

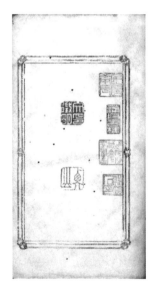

〔清〕佚名篆刻并辑
清光绪钤印本
线装，一函二册，破损严重
典藏号：rbsc/Asian Rare-1 no.1336

原谱无题名，无序跋，亦不题篆刻者、藏印者或钤印者姓名。所用纸张两面均印有蓝色边框，木版印刷，两册，每册四十叶，每叶钤一或二印，共约百印。除首叶钤"吴道子章"白文方印外，其他皆为明代及清初之著名书画家或收藏家之私人印章，无边款，无释文。版框高十七点八厘米，宽十点五厘米，四周花边，四角双环，版心无字。

案，所收印章皆从古书画中摹刻，不知出于何人之手。卷末有光绪二十四年（1898）番禺方国绮雅长氏手书题跋，称此谱"良玉精金几无遗网"。卷前另有民国二十八年（1939）惠阳黎颐公手书题识，云购于广州书肆。书衣及书根为后人题写书名"名人印谱"及上下卷次。蒲坂书楼旧藏，全书虫蛀破损严重，已不适合阅读，需修补。

姚钧石印："姚钧石藏书"朱文长方印；"蒲坂书楼"白文长方印；"钧石所藏金石书画印""民国庚辰"朱文方印。

## 21.集古印不分卷

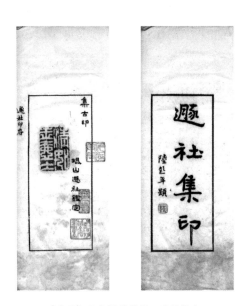

〔民国〕马光楣藏并辑；遁社鉴定

民国七年（1918）遁社崐山钤印本

线装，一函二册

典藏号：rbsc/Asian Rare-1 no.1382

　　卷端题名"集古印""昆山遁社鉴定"。版心题名"遁社印存"，内封叶陆彭年题签"遁社集印"，书签题名"遁社集古印"。首民国戊午（七年，1918）马光楣序，称"爰即所储，自文何以下，洎皖浙诸家，剔赝存真，得百数十方，名曰集古印"。版框高17.5厘米，宽7.4厘米，白口，四周单边，版心上印"遁社印存"。

　　案，此谱稿本尚存，此本乃发行本，内封叶、序及版框、书签等皆为木版印刷。谱中收录马氏所藏清人篆刻之诗文闲章共计六十八枚，每叶钤一印，分订两册，与序中所称之百数十方不符，或有续出。马光楣（1873—1940），字眉寿，号梅轩，昆山人，好收藏，晚年致力于印学。遁社，由马光楣等人于民国六年（1917）创立于昆山。钤印本，线装，一函二册。蒲坂书楼旧藏，书有磨损，并曾经水湿。

姚钧石印："蒲坂书楼"白文长方印；"钧石所藏金石书画印""民国庚辰"朱文方印。

## 22.摹古室印谱不分卷

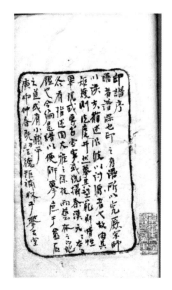

〔民国〕德距藏并辑
民国九年（1920）德距钤印本
线装，一函一册
典藏号：rbsc/Asian Rare-1 no.1352

书衣题签"摹古室印谱，己未十月，锐署"，首民国庚申（九年，1920）德距（？）序，有云"今编是谱，以便研摹"，落款署"庚申仲春既望，德距补序于摹古室"，则摹古室乃德距之堂号，此谱亦其手编。题签及序皆墨笔手书，正文有墨印边框，木版印刷，每叶钤一印，共三十一印，其中有姓名者如叶期、杨启瑞、李如金等，最后一印为"黄绍昌印"白文回文方印，则德距抑或岭南人。梁汝洪紫云青花研斋旧藏、蒲坂书楼递藏，略有虫蛀破损。版框高十一点五厘米，宽七厘米，四周单边，版心无字。

梁汝洪印："紫云青花研斋"朱文方印。

姚钧石印："蒲坂书楼"白文长方印；"钧石所藏金石书画印""民国庚辰"朱文方印。

## 23.琴石山房印谱不分卷

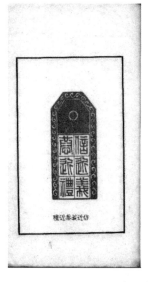

〔民国〕汤寿铭辑
民国十二年（1923）上海会文堂书局朱色影印本
线装，一函六册
典藏号：rbsc/Asian Rare-1 no.1351

内封叶题"琴石山房印谱，癸亥秋仲，吴昌硕老缶，时年八十"，书衣题签"琴石山房印谱，上海会文堂书局印行，戈朋云题"，首民国癸亥（十二年，1923）汤寿铭序，言据家藏旧印谱删订而成。版权页题"民国第一癸亥年七月出版""藏版者，古越琴石山房"，印刷及发行者"上海会文堂书局"，全六册，朱色影印本，线装，有边框，每叶收录一、二或四印不等，皆为诗文闲章，有释文，无边款。版框高十三点五厘米，宽八点五厘米，四周单边，版心无字。

　　案，汤寿铭（1873—1926），字涤先，号琴石山人，绍兴人，会文堂书局经理。蒲坂书楼旧藏，书衣残缺，需修补。

　　姚钧石印："蒲坂书楼"白文长方印；"钧石所藏金石书画印""民国庚辰"朱文方印。

# 专谱之属

## 1.秋水园印谱二卷，印说一卷，续集二卷

〔清〕陈链篆刻；〔清〕张维霱校
清乾隆二十五年（1760）张维霱刻并钤印本，清乾隆三十五年（1770）张维霱续刻并钤印本，
听流轩藏版
线装，一函四册
典藏号：rbsc/Asian Rare-1 no.1343

　　初集内封叶残缺，首钱陈群序，乾隆庚辰（二十五年，1760）陆芝序，辛巳（二十六年，1761）张维霱序。乾隆二十五年陈链后序订于《续集》之后，《印说》订于《续集》之首。《续集》内封叶题"秋水园印谱续集，听流轩藏版"，首乾隆庚寅（三十五年，1770）沈大成题词。版框高十七厘米，宽十点八厘米，白口，无鱼尾，版心上镌题名，中镌卷次。每叶钤一至三印不等，附释文。释文、版框及序等文字皆木版印刷。

案，两集各分为上下卷，《初集》乾隆二十五年（1760）刻并钤印，以陶渊明诗句入印，附印说一卷，《续集》乾隆三十五年（1770）刻并钤印，以谢灵运诗句入印，两集各钤印一百二十枚。梁汝洪紫云青花研斋旧藏、蒲坂书楼递藏，书品完好。

〔清〕陈链（1645—1715）

梁汝洪印："梁汝洪""紫云青花研斋"朱文方印。

姚钧石印："蒲坂书楼"白文长方印；"钧石所藏金石书画印""民国庚辰"朱文方印。

## 2.春晖堂印始八卷

〔清〕吴青震篆刻；〔清〕汪启淑鉴藏
清乾隆至道光间孙诚斋刻本，朱墨套印本
线装，一函四册
典藏号：rbsc/Asian Rare-1 no.1331

内封叶正面双行题"春晖堂印始",背面双行题"新安汪氏藏本",首乾隆己巳(十四年,1749)邵大业序,末许玉猷跋。卷端题"檇李吴苍雷摹古,新安汪启淑鉴藏"。每叶正面印有二至四印不等,背面释文。版框高十六点八厘米,宽十一点五厘米,无界栏,四周双边,版心上镌"印始",中镌卷次,下镌叶码及"春晖堂"。

案,吴青震,字苍雷,浙江嘉兴人。此谱为木板雕刻朱墨套印本,释文、序跋及版框为墨色,印为朱色,全谱分八卷,每卷二十叶,每两卷为一册,分订四册。卷一、三、五、七首叶右下角均印有"孙诚斋鉴赏印"朱文方印;卷三、六及跋后均有"孙甡园珍藏书画之章"阳文方印,唯卷三为朱色,其余两处为墨色;卷四、八末叶均有"晴园赏心暴书"白文方印,前者为朱色,后者为墨色。此三印皆为同一人所有,即孙诚斋,亦为木板刻印,汪氏原本并无此三印,当是孙诚斋重刻时增入者。孙诚斋生平不详,待考。德国国家图书馆藏有一本,与此本相同,该本为潘祖荫旧藏,锦绫函套上另有光绪乙巳年(三十一年,1905)后人题款。潘祖荫卒于光绪十六年(1890),则此本当刻印于此前。汪氏原本已不多见,现存除此孙诚斋刻印本外,另有民国十二年(1923)上海印学社影印本,其版心不题卷数,而分题"文""行""忠""信"。南州书楼、蒲坂书楼递藏,书品完好,书衣略有磨损。

〔清〕汪启淑(1728—1799)

徐信符印:"南州书楼"朱文方印。

姚钧石印:"姚钧石藏书"朱文长方印;"蒲坂书楼"白文长方印;"民国庚辰"朱文方印。

## 3.如水阁印谱不分卷

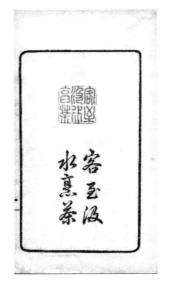

〔清〕李正辉篆刻并辑
民国十四年（1925）上海扫叶山房石印本
线装，一册
典藏号：rbsc/Asian Rare-1 no.1350

内封叶正面题"如水阁印谱"，背面牌记题"民国十四年石印"及"扫叶山房"圆形商标。首乾隆甲午（三十九年，1774）李正辉自序，胡怿堂序。

案，此谱以苏东坡赏心十六事入印，共十六叶，每叶正面钤一印，有释文，背面附友朋题咏，题咏者如李元、徐延、严鸣盛等人。李正辉，号愚痴，湖北蒲骚人。白峰居士旧藏，蒲坂书楼递藏，部分书口开裂，并曾经水湿。

姚钧石印："蒲坂书楼"白文长方印；"钧石所藏金石书画印""民国庚辰"朱文方印。

## 4.六息斋印谱不分卷

〔清〕汪一槃篆刻并辑
清嘉庆十一年（1806）汪一槃广州钤印本
线装，一函四册
典藏号：rbsc/Asian Rare-1 no.1349

　　首嘉庆丙寅（十一年，1806）陈豫钟序，陈文述序，吴熊光题词，冯
廷华题词，张德全征印启，石蕴玉题词，许学范题词，陈嵩庆题词。有边框，
边框及序文皆为木版印刷。每叶钤一印，凡一百五十八印，无释文，无边款。
版框高十一点八厘米，宽八点八厘米，单黑鱼尾，四周双边，版心无字。

　　案，此谱无内封叶，亦无卷端题名，诸家著录不一，有称《六息斋印
草》者，亦有称《六息斋印稿》或《六息斋印存》者，此据许学范题词所
称"六息斋印谱题词三首兼以赠别"著录题名。序文中称刻印者为汪子半
聋，知为汪一槃。汪一槃，字柱天，号半聋，仁和人，有《印学辨体》传
世。此谱中收录其自刻名号私印多枚，亦有为友朋士绅所刻印章，如刘

埔、奚冈、阮元、伊秉绶、阿克当阿、潘世恩、刘大勋、刘鼎来、刘肇绅、李秉铨、费丙章、陈希颐、彭志杰、董浩等。此谱乃汪半聋寓居羊城时所为，张德全启文中有"秋老珠江，他乡作伴""偶客羊城，为访周亲"之语。南州书楼、蒲坂书楼递藏，书衣略有磨损。

徐信符印："南州书楼"朱文方印。

姚钧石印："蒲坂书楼"白文长方印；"钧石所藏金石书画印""民国庚辰"朱文方印。

## 5. 半亩山房印集一卷

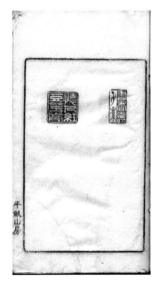

〔清〕朱鹏篆刻
清道光九年（1829）朱鹏半亩山房钤印本
线装，一函一册，破损严重
典藏号：rbsc/Asian Rare-1 no.1372

无内封叶及序跋，卷端墨笔题写"半亩山房印集，道光九年己丑九月起，南溟朱鹏篆刻"，正文用纸有边框，蓝色印刷，每叶正面钤一至四印不等，偶有重复，并有被剜去者，约九十叶钤印。版框高十四厘米，宽九厘米，四周单边，版心卜印有"半亩山房"。

案，此谱乃朱鹏自订之谱，收录其道光九年（1829）九月后所刻私印及为他人所刻之印，如黄本骥、吴荣光、蒋因培、祁□等。朱鹏，字南溟，湖南湘潭人，有《念先草堂诗》存世。蒲坂书楼旧藏，全书虫蛀破损严重，已不适合阅读，需修补。

姚钧石印："蒲坂书楼"白文长方印；"钧石所藏金石书画印""民国庚辰"朱文方印。

## 6.补罗迦室印谱二集不分卷

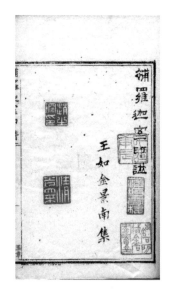

〔清〕赵之琛篆刻；〔清〕王如金辑
清道光十一年（1831）王如金钤印本
线装，一函四册
典藏号：rbsc/Asian Rare-1 no.1342

内封叶题"补罗迦室印谱二集，辛卯五月，高垲题"，首道光辛卯（十一年，1831）江介序，徐楙仲序，王光祖、汪鈇题词，末道光十一年汪之虞跋。卷端题有"王如金景南集"，序跋及版框为木版印刷，每叶钤二印，偶有钤一印或多印者，无释文，无边款。版框高十四点五厘米，宽十点五厘米，白口，四周双边，版心上镌题名，首册版心下朱文印有印章质料，如"玉章""晶章"等。

案，卷端及版心题名皆不题"二集"，然序跋及内封均题为二集。全谱不题分卷，亦无叶码，然每册各有卷端，可视为四卷。收录有赵之琛自刻印及为王如金、王斯恩、陈本中等人所刻印。南州书楼、蒲坂书楼递藏，有虫蛀，需修补。

〔清〕赵之琛（1781—1852）

徐信符印："南州书楼"朱文方印。

姚钧石印："蒲坂书楼"白文长方印；"钧石所藏金石书画印""民国庚辰"朱文方印。

## 7. 印痴篆稿四卷

〔清〕黄鹤篆刻
清道光二十九年（1849）黄鹤钤印本
线装，存一函一册
典藏号：rbsc/Asian Rare-1 no.1377

卷端题"印痴篆稿""古闽黄鹤朗村氏篆"。卷末李跋，末叶残缺，姓名年代不详。正文用纸有边框，每叶钤一至三印不等，皆诗文闲章，有释文。释文与版框同为木版印刷。版框高十二点八厘米，宽八点四厘米，版心上镌"印痴篆稿"及卷次，下镌叶码。

案，本馆此本仅存卷四，凡三十二叶，其首叶则误订入馆藏《藏华黍斋集印》（no.1373）卷二之后。南州书楼、蒲坂书楼递藏，原本破损严重，经托裱修补，然又有虫蛀，需修补。

〔清〕黄鹤（约1798—？）

徐信符印："南州书楼"朱文方印。

姚钧石印："蒲坂书楼"白文长方印；"钧石所藏金石书画印""民国庚辰"朱文方印。

## 8.适园印印不分卷

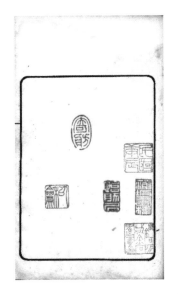

〔清〕吴咨篆刻；〔清〕陈式金藏并辑
清宣统三年（1911）汪洵石印本
线装，一函二册
典藏号：rbsc／Asian Rare-1 no.1371

内封叶题"适园印印"，首道光庚戌（三十年，1850）吴咨自序，言其友人陈君以和为其汇编印谱。宣统辛亥（三年，1911）阳湖汪洵序，言得印谱于书肆，乃付诸石印，以广其传。卷前有汪昉撰吴圣俞传。版框高十三点二厘米，宽十点二厘米，正文每叶钤印不等，白口，线鱼尾，四周单边，版心无字。

案，吴咨，字圣俞，武进人，咸丰八年（1858）卒，四十六岁。陈式金，字以和，江阴人，适园乃其园名。此谱收录吴氏道光二十八年至三十年间（1848—1850）为陈式金所刻印。蒲坂书楼旧藏，有破损，需修补。

〔清〕吴咨（1813—1858）

姚钧石印："蒲坂书楼"白文长方印；"钧石所藏金石书画印""民国庚辰"朱文方印。

## 9.大小山堂印存一卷

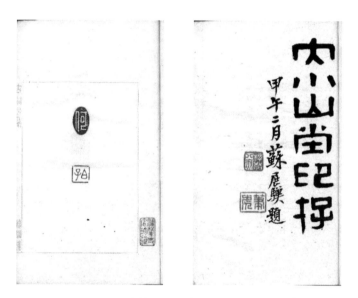

〔清〕何桂林篆刻并辑

清道光、咸丰间何桂林钤印本，光绪十六年（1890）潘飞声题序

线装，一函一册

典藏号：rbsc/Asian Rare-1 no.1367

首叶光绪二十年（1894）苏展骥墨笔题写"大小山堂印存，甲午二月苏展骥题"并钤印，光绪十六年（1890）潘飞声手写序。无卷端题名，有边框，绿色印刷。版框高十二点六厘米，宽九点四厘米，四周单边，版心上印"古铜印汇"，下印"听帆楼"。

案，此乃何桂林早年所辑自刻印谱，用潘氏听帆楼印刷之《古铜印汇》稿纸钤印，或许是其于道光咸丰年间为潘府幕僚时所为。每叶钤一印，间有钤二印或三印者，且偶有重复，凡四十四叶钤印，皆何氏自用私印。何桂林（约1826—约1899），字一山，广东增城人，邱菽园光绪二十五年（1899）自刻之《五百石洞天挥尘》中言何氏近年已卒，年七十四，则为道光初年生人。潘飞声序云："何丈一山，少负经世之志，屡历行间，及为诸侯宾客，始以著作传。今秋，余归自海外，丈亦从闽中还，已须发尽白矣。行箧稿本于兵医星卜各有成书，又得少时镌印一帙，颇具秦汉风骨。此雕虫小技，亦丈所不弃耶。吾今学知，小之不可弃，则大之所成益远矣。光绪庚寅九月，番禺潘飞声序。"并钤印。潘飞声旧藏、蒲坂书楼递藏，略有虫蛀。

潘飞声印："潘飞声印"白文回文方印；"乘槎十万里"白文方印；"潘兰史家珍藏"朱文竖方印。

苏展骥印："梓敬八分"阴阳文方印，"笔虎"朱文方印。

姚钧石印："蒲坂书楼"白文长方印；"钧石所藏金石书画印""民国庚辰"朱文方印。

## 10.悲盦印剩不分卷

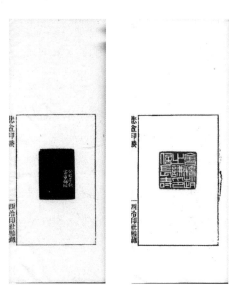

〔清〕赵之谦篆刻；〔民国〕丁仁藏并辑；〔民国〕西泠印社鉴藏
民国三年（1914）西泠印社杭州钤印本
线装，一函三册
典藏号：rbsc/Asian Rare-1 no.1388

内封叶为民国三年（1914）吴昌硕题签，两叶双面，每面一大字。首民国三年丁仁序，述辑印缘由。版框高十四厘米，宽九点六厘米，四周单边，版心上印"悲盦印剩"，下印"西泠印社鉴藏"。

案，每叶钤一印，另叶附墨拓边款。收录赵之谦晚年所刻自用之印三十余枚。钤印本，线装，一函三册。蒲坂书楼旧藏，书衣略有磨损。

〔清〕赵之谦（1829—1884），丁仁（1879—1949）

姚钧石印："蒲坂书楼"白文长方印；"钧石所藏金石书画印""民国庚辰"朱文方印。

# 11.摹古印式四卷，目录一卷

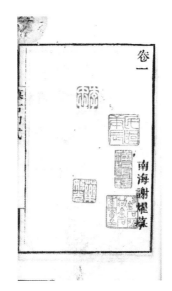

〔清〕谢耀篆刻并辑

清咸丰五年（1855）谢耀广州钤印本，有清光绪十一年（1885）潘飞声题识。

线装，一函一册

典藏号：rbsc/Asian Rare-1 no.1383

内封叶题"咸丰五年十月，摹古印式，张维屏题"，首咸丰乙卯（五年，1855）陈澧序，目录，卷端题"南海谢耀摹"。每叶钤二印，凡五十二印，目录附释文。内封、序、目录及版框皆木版印刷。版框高十四点五厘米，宽九点六厘米，黑口，四周单边，版心中镌"摹古印式"。

案，谢耀，字子辉，南海人，谢兰生之孙。本馆此本有清光绪十一年（1885）潘飞声题识。潘飞声旧藏，蒲坂书楼递藏，全书虫蛀破损严重，已不适合阅读，需修补。

潘飞声印："潘兰史家珍藏""家有汉阳嘉洗赵松雪兰亭砚"朱文方印；"潘飞声印"白文回文方印二枚。

姚钧石印："蒲坂书楼"白文长方印；"钧石所藏金石书画印""民国庚辰"朱文方印。

## 12.印论印谱类存二卷

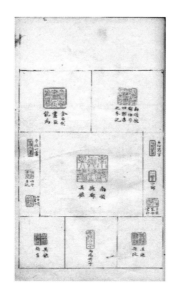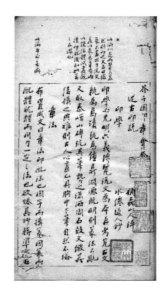

〔清〕邓其镰评并篆刻；〔清〕水仙道人抄并辑

清同治间水仙道人稿本，钤印本

线装，一函一册，破损严重

典藏号：rbsc/Asian Rare-1 no.1379

书衣题签"印论印谱类存二卷共一册，甲戌二月补蠹山人题检于申江客次，水仙道人辑藏"，内封叶题"印论印谱类存，水仙道人纂，补蠹山人署检，甲戌二月补书于沪渎客邸"，则此书辑成于甲戌（同治十三年，1874）之前。印论为手稿本，印谱为钤印本，每叶分多格不等，每格钤一印，亦有钤二、三印者，有释文，释文为墨笔手书。《印论》版框高十九点一厘米，宽十三点三厘米，半叶十行，十五至二十字不等，有眉评，四周单边；《印谱》版框高二十七厘米，宽十三点二厘米。

案，补蠹山人即邓其镳，原名骐，又名平寿，字伯鸾，一字子俊，号龙村居士，广东顺德龙山人，同治甲子（三年，1864）京兆乡贡举人，后中进士，官农部，家有荣寿堂储藏书籍，民国《顺德县志》载其有《补蠹山人诗存》，谭宗浚《希古堂集》略记其逸事，称其通小学，尤工小篆。全书分两部分，印论部分为辑抄芥子园论印之内容，题水仙道人抄，补蠹山人评，评论亦多中肯。印谱部分则多为邓其镳自刻之私人印章及少量为他人所刻印章，如李文田等，其中包括有两枚英文印章，反映出时代变迁之特征。另有数枚所收藏之名人印章，如钱梅溪、顾云美、丁龙泓等人所刻印。水仙道人，不知何许人，卷前钤有"慕桐写书"朱文印，则慕桐或即水仙道人本名，又，卷中有邓氏水仙香馆印，则或即名号之所由来，亦邓氏之家人，疑是邓其镳之妻妾。另，卷末有伍慕周印多枚，则慕桐抑或伍姓，待考。南州书楼、蒲坂书楼递藏，全书虫蛀破损严重，已不适合阅读，需修补。

徐信符印："南州书楼"朱文方印。

姚钧石印："蒲坂书楼"白文长方印；"钧石所藏金石书画印""民国庚辰"朱文方印。

## 13.端州何昆玉印稿不分卷

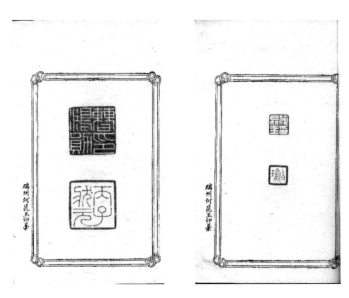

〔清〕何昆玉篆刻并辑
清光绪间何昆玉钤印本
线装，一函五册
典藏号：rbsc/Asian Rare-1 no.1348

　　无内封叶及序跋，无卷端题名，不分卷，无叶码，所用纸张有墨色版框，木版印刷，版心下印有"端州何昆玉印稿"，据此著录题名。每叶钤一至三印，间有钤多印者，无释文，无边款。版框高十四厘米，宽九点五厘米，四周双边，四角双环，版心下印有"端州何昆玉印稿"。

　　案，谱中收录何氏于同治年间及光绪初年自刻私印及为他人所刻印，如陈澧、李宗岱、潘斯濂、方浚颐、谭崇徽、曹鸿勋、苏廷魁、冯誉驹等。全谱未经编排，所钤印多有重复，乃陆续钤印而成，故称印稿，应是光绪十七年（1891）起所编辑《百举斋印谱》之前何氏刻印之汇编。据记载，何氏曾于光绪十四年（1888）编有《端州何昆玉印谱》一册，或即据此稿编订而成。何昆玉，原名琨，字伯瑜，别字百愚，广东高要人，道光九年己丑（1829）生，故自号己丑老人，自刻有"己丑生""生于己丑""己丑老人"等印，弟瑗玉，亦喜收藏，善篆刻。南州书楼、蒲坂书楼递藏，经虫蛀，书衣破损，订线断裂，需修补。

〔清〕何昆玉（1839—1896）

徐信符印："南州书楼"朱文方印。

姚钧石印："蒲坂书楼"白文长方印；"钧石所藏金石书画印""民国庚辰"朱文方印。

## 14. 百举斋印谱不分卷

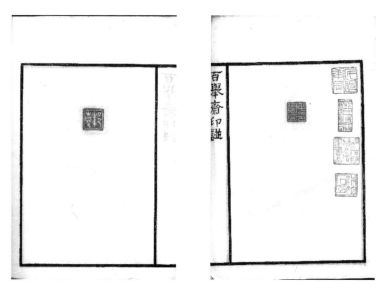

〔清〕何昆玉篆刻并辑
清光绪二十一年（1895）何昆玉钤印本
线装，一函四册
典藏号：rbsc/Asian Rare-1 no.1356

　　无内封叶及序跋，无卷端题名，不分卷，无叶码，所用纸张有墨色版框，木版印刷，有边框，每叶双面钤印，每面钤一或二印，偶有钤多印者，无边款，无释文。版框高十七厘米，宽十三点五厘米，四周单边，版心上镌"百举斋印谱"。

　　案，此谱四册，每册七十余叶，共收印约六百枚，与十二卷本数量相近，所收之印亦多见于十二卷本，唯次序有异，且未附边款，亦尚未分类，当是何氏用于编辑《百举斋印谱》之底本之一。其中亦收录有光绪二十一年（1895）六月因《百举斋印谱》各体印全部刻成而刻的"如愿"白文印。蒲坂书楼旧藏，书品完好。

　　姚钧石印："蒲坂书楼"白文长方印；"姚钧石印""钧石所藏金石书画印""民国庚辰"朱文方印。

## 15.百举斋印谱十二卷

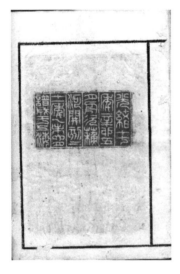

〔清〕何昆玉篆刻并辑
清光绪二十一年（1895）何昆玉上海钤印本
线装，存一函十册
典藏号：rbsc/Asian Rare-1 no.1344

内封叶正面粘贴墨拓题名"百举斋印谱"，背面钤印朱色牌记"光绪十七年辛卯五月，舟次苏河开刻，二十一年乙未六月，谱成于上海"。首墨拓粘贴之目录一叶，仅存正面，背面残缺，乃卷一仿古三十体之目录后半叶，误订于此。陈澧序，光绪辛卯（十七年，1891）吴大澂序，何昆玉自序，方浚颐题词，周寿昌题词，继格题词，沈秉成题词，皆为墨拓粘贴。正文所用纸张有墨色版框，木版印刷，每叶钤一印，亦有钤二印或多印者，上部钤印，下部粘贴墨拓边款，收印共六百四十枚。版框高十七点六厘米，宽十三点四厘米，四周单边，版心上镌"百举斋印谱"。

案，何昆玉师承诸家，为岭南印学之集大成者，此谱乃其晚年所辑刻，自称"仿古三十体、仿汉三十六体、官私印款式百体、急就章、元朱文，诸体兼备，共得六百四十事，以地支纪之，编为十二卷，取吾子衍《卅五举》之义，名曰《百举斋印谱》"，肇始于光绪十七年（1891），完稿于光绪二十一年（1895），其杂式印卷最后一印"如愿"白文印，边款云"乙未六月印谱成，如愿也"。谱中所收印多刻于光绪十七至二十一年间，间或收录有早年所刻之印，如急就章中收录有光绪九年（1883）刻印，杂式印中收录有光绪十二年（1886）为张之洞所刻印等等。各卷前有本卷目录，列各体印数量，并有小论。谱中之序文、题词、小论及边款等，乃何氏印学理论与实践之总结，为探究何氏篆刻渊源之重要文献。本馆此本无总目录，据序文、小论等识语并参诸其他存本可知，子卷为仿古三十体六十印，丑卷为仿古玺五十事，寅卷为仿周秦小玺五十事，卯卷为铜铸铜凿印五十事，辰卷为周秦汉魏十八体六十印，巳卷为周秦汉魏十八体五十印，午卷为汉魏官私印款式百体五十印，未卷为汉魏款式百体五十印，申卷为急就章五十印，酉卷为元朱文五十印，戌卷为杂式印七十印，亥卷为锦谖印林二卷。本馆此本仅存十卷，无卯、亥二卷。南州书楼、蒲坂书楼递藏，有虫蛀破损，需修补。

徐信符印："南州书楼"朱文方印。

姚钧石印："姚钧石藏书"朱文长方印；"蒲坂书楼"白文长方印；"钧石所藏金石书画印""民国庚辰"朱文方印。

## 16.百举斋印谱不分卷

〔清〕何昆玉篆刻并辑
清光绪二十一至二十二年（1895—1896）何昆玉钤印本
线装，一函一册
典藏号：rbsc/Asian Rare-1 no.1357

无内封叶及序跋，无卷端题名，不分卷，无叶码，所用纸张有墨色版框，木版印刷，单面钤印，每叶钤一或二印，偶有钤多印者，无边款释文，间有注明材质者。版框高十七厘米，宽十三点五厘米，四周单边，版心上镌"百举斋印谱"。

案，此谱一册，四十一叶钤印，与馆藏另两部《百举斋印谱》均不同，所收印较少，且多数印未收录在十二卷本之中，或是编辑《百举斋印谱》

时所汰除之余印，或是谱成后所新刻之印。蒲坂书楼旧藏，略有破损。

姚钧石印："蒲坂书楼"白文长方印；"姚钧石印"，"钧石所藏金石书画印""民国庚辰"朱文方印。

## 17.星堂印存一卷

〔清〕梁垣光篆刻并辑
清光绪二十一年（1895）梁垣光广东钤印本
线装，一函一册，破损严重
典藏号：rbsc/Asian Rare-1 no.1365

书衣题签残缺不全，已无法辨识，内封叶为光绪七年（1881）李文田题签"星堂印存，光绪辛巳十一月，李文田题"，木板雕刻，黑色印刷。正文用纸有花边框，木版雕刻，绿色印刷。四周边框之上边为三星相连之图纹，代表"星"字，下边为堂字之省笔图纹，代表"堂"字，与其所刻"星堂"之印相仿，左右两侧各为三竖线。每叶中间钤主印一枚，注明其材质，并附有墨拓边款及释文，墨拓边款皆剪贴而成，释文乃墨色印刷，材质说明则为手书。主印之外，各叶左下角均另钤有梁氏名号私印或闲章。卷末附其所撰"用印锁言"一叶，木版印刷。版框高十六点五厘米，宽九厘米。

案，此谱乃梁垣光自订之谱，收录其所刻各种材质之印，每种选录一印或二印，凡十六印，内封叶虽仍用光绪七年李文田题签，然卷中所录已有光绪二十一年（1895）所刻六十一岁纪念小字印。此谱与《广州大典》所据以影印之广东中山图书馆藏分类编排本体例不同，然所收各类印数量则大致相当，唯卷末无光绪二十一年梁氏刻印收费之"铁笔单"。相较二者，此谱为佳。梁垣光（1835—?），字景和，号星堂，广东三水人，约生于道光十五年（1835），善治印，尤以刻多字印、小字印见长，布局合理，刀工细腻，字多而不乱，笔细而不断，谱中即收录有其所刻一百三十二字象牙小印，六十四字小玉印，以及应徐琪之请所刻为俞樾祝寿之一百四十二字玉印，刻印精湛，堪称一绝。蒲坂书楼旧藏，全书虫蛀破损严重，已不适合阅读，需修补。

姚钧石印："蒲坂书楼"白文长方印；"钧石所藏金石书画印"民国庚辰"朱文方印。

## 18.悔迟斋印存不分卷

〔清〕许荣桂篆刻；李春华辑
清光绪二十四年（1898）李春华钤印本
线装，一函一册
典藏号：rbsc/Asian Rare-1 no.1364

内封叶题"悔迟斋印存，林文骢署检"，书衣有素心主人题书签，首光绪戊戌（二十四年，1898）新会许荣桂自序，云三十年前所治印犹有存者，李君澹愚见之，诧为异宝，复请作名印数种，汇为二册。所用纸张正面有边框，边框、序及内封叶皆木版印刷。每叶钤一至三印不等，无释文，无边款。版框高十五点五厘米，宽十厘米，小黑口，四周单边，版心镌"悔迟斋印存"。

案，此谱乃李春华为其编辑，序称汇为二册，本馆藏本仅存一册，钤印约六十叶。许荣桂（约1844—？），字叔闻，广东新会人。李春华（1859—1942），字澹愚，号素心主人，新会人，曾任教加拿大维多利亚华侨公立学校，与司徒旃等人交往甚密。南州书楼、蒲坂书楼递藏，书衣残缺，需修补。

徐信符印："南州书楼"朱文方印。

姚钧石印："蒲坂书楼"白文长方印；"钧石所藏金石书画印""民国庚辰"朱文方印。

## 19. 图书府一卷

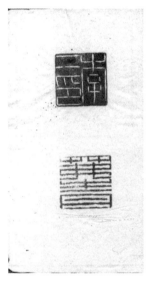

〔清〕李莃青篆刻并辑
清光绪二十六年（1900）李莃青钤印本
线装，一函一册，破损严重
典藏号：rbsc/Asian Rare-1 no.1497

无卷端题名，书衣题签"图书府"，下有墨笔题写"莃青寄老兰玩"，并钤有三印，"口口李氏""莃青戏墨""红豆"。首光绪二十六年（1900）潘飞声序，序及书签题名皆木版印刷。无栏框，共二十六叶钤印，首二十三叶每叶钤一印，次叶双行钤六印，再次叶双行钤八印，最后一叶钤二印。无版框，册高二十二点二厘米，宽十四厘米。

案，所收多大字印及不规则形状印，末叶所钤二印为"李二印"白文方印及"莿青"朱文方印，当即是篆刻者姓名。潘飞声序称，自黄士陵返乡及符翁卒后，"莿青于五羊独树一帜矣"。潘飞声、蒲坂书楼递藏。破损严重。

　　姚钧石印："蒲坂书楼"白文长方印；"钧石所藏金石书画印""民国庚辰"朱文方印。

## 20.松滔存印一卷

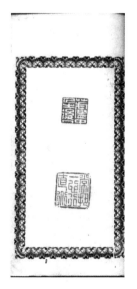

〔民国〕伍德彝篆刻并辑
清光绪三十二年（1906）伍德彝广州钤印本
线装，一函一册
典藏号：rbsc/Asian Rare-1 no.1368

　　内封叶题"松滔存印，丙午长至乙庄拓"，并钤"逸庄手拓"朱文方印。书衣题签"松滔存印，乙庄志"，并钤印。二者皆为伍德彝墨笔手书。无卷端题名，正文所用纸印有花边框，每叶钤二至三印，总约百印，无边款，无释文。版框高十六厘米，宽九点五厘米，花边框，版心无字。

案，此谱中印虽互见于《绿杉轩集印》之中，而此乃伍氏自订精选集，所收皆自刻之闲章私印。梁汝洪紫云青花研斋旧藏、蒲坂书楼递藏，书品完好。

〔民国〕伍德彝（1864—1928）

梁汝洪印："紫云青花砚斋"朱文方印。

姚钧石印："蒲坂书楼"白文长方印；"钧石所藏金石书画印""民国庚辰"朱文方印。

## 21. 双凤条馆印存一卷

〔清〕黄云纪篆刻并辑
清光绪三十三年（1907）黄云纪广州钤印本
线装，一函一册
典藏号：rbsc/Asian Rare-1 no.1369

内封叶题"双凤条馆印存"，并钤有"开卷有益""心中无我"等四枚不同风格印。无序跋，有边框，内封题名及边框均为木版印刷，黑色。每叶钤一至四印不等，并附墨拓边款，凡四十四叶钤印，首叶钤仿丁敬所刻之"不薄今人爱古人"白文方印，末叶钤法元人所刻之"双凤条馆""黄子云纪""云纪""黄公"朱文方印四枚。版框高十三点五厘米，宽十厘米，单黑鱼尾，四周双边，版心无字。

案，此谱收录黄云纪光绪年间所刻之闲章私印，有年代可识者自光绪七年（1881）至光绪三十三年（1907）。黄云纪（1842—1912），字禹铭，号忍斋，广东番禺人，自号双凤条馆主，治印宗汉法，兼收西泠诸家之长，传世印谱有《百忍斋印稿》，此谱则未见著录，非常珍贵。其光绪二十七年（1901）冬日醉后所作"云纪"白文方印，识语有云"时已午夜，风雨之声如波涛澎湃，与奏刀声相错杂于几案间，用刀之险劲，以为与古人暗合"，可以想见其功力之深厚。梁汝洪紫云青花砚斋旧藏、蒲坂书楼递藏，书品完好。

梁汝洪印："紫云青花砚斋"朱文方印.

姚钧石印："蒲坂书楼"白文长方印；"钧石所藏金石书画印""民国庚辰"朱文方印.

## 22.缶庐印集四集不分卷

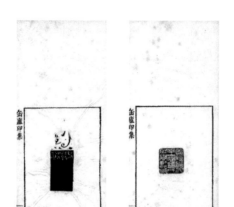

〔民国〕吴昌硕篆刻
民国三年（1914）西泠印社钤拓本
《潜泉印丛》零种
线装，一函四册
典藏号：rbsc/Asian Rare-1 no.1376

　　无内封叶，无卷端题名，据版心题名著录。首吴隐序，署年为阏逢射提格，即民国三年（甲寅，1914），序云"兹四集之作，或近所访获，或假之友人"，则此乃《缶庐印集》之第四集。正文用纸有边框，木版墨印，每叶钤一印，另叶附墨拓边款，凡六十二印。版框高十五点五厘米，宽十厘米，四周单边，版心上镌"缶庐印集"，版心下正面镌"潜泉印丛"，背面镌"西泠印社"。

　　案，《缶庐印集》又称《缶庐印存》，陆续编为四集，每集四册，线装，钤拓本。蒲坂书楼旧藏，书品完好。

　　〔民国〕吴昌硕（1844—1927）

姚钧石印："蒲坂书楼"白文长方印；"钧石所藏金石书画印""民国庚辰"朱文方印。

## 23.黄牧甫印谱不分卷

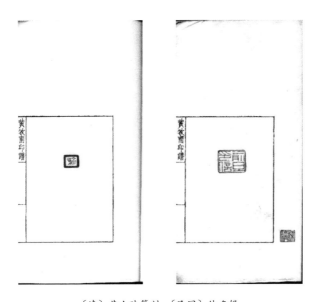

〔清〕黄士陵篆刻；〔民国〕佚名辑
民国钤印本
线装，一函四册
典藏号：rbsc/Asian Rare-1 no.1354

无内封叶，无卷端题名，无序跋，不分卷，无叶码，每叶钤一印，无边款，无释文。有边框，木版印刷。所收印多为黄士陵光绪十四至二十年间（1888—1894）所刻，钤印本，线装，一函四册。第一册四十八叶，首叶钤"俞旦印信"朱文方印，末叶钤"竹生翰墨"朱文方印，受印者有俞旦、王同愈、廖平章、张丙炎、龙令宪、龙凤镳、孙肇炘等。第二册四十四叶，首叶钤"中珏"白文竖条印，末叶钤"谭大"白文方印，受印者有王秉恩、朱一新、吴昌烈、谭崇徽等。第三册四十八叶，首叶钤"鸣玉琴馆"朱文方印，末叶钤"潘印宝镜"白文方印，受印者有谭崇徽、孔性脙、顺德何氏、金庆慈、张士骧、王崇烈、潘仪增、潘宝镜等。第四册四十七叶，首叶钤"钟印葆珩"白文方印，末叶钤"二梅卅岁后作"白文方印，受印者有钟葆珩、钟文华、琴墀、钟广澄、钟锡璜、刘庆嵩、刘聘荪、周渭、马贞榆、胡琪等。版框高十三点三厘米，宽八点五厘米，四周单边，版心上印"黄牧甫印谱"。

案，此谱不见著录，广州图书馆另藏有一部《黄牧甫印谱》，题为民国二十六年（1937）冯康侯汇拓，附边款，而此谱则无边款，然二者所用纸张之版式相近，或此谱亦出自冯康侯之手，待考。全谱钤印精良，部分印为他谱所未载，十分珍贵。梁汝洪旧藏、蒲坂书楼递藏，书衣略有磨损。

〔清〕黄士陵（1849—1908）

梁汝洪印："梁汝洪"朱文方印。

姚钧石印："蒲坂书楼"白文长方印；"钧石所藏金石书画印""民国庚辰"朱文方印。

## 24.吴筠生印稿不分卷

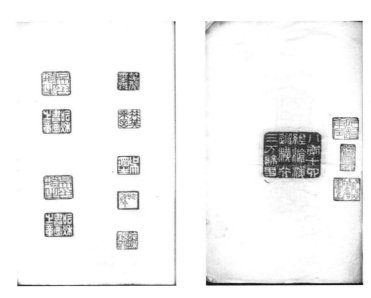

〔民国〕吴筠生篆刻并辑
清末民国吴筠生钤印本
线装，一函一册
典藏号：rbsc/Asian Rare-1 no.1338

　　无序跋题名，亦不题篆刻者或钤印者姓名。一册，白纸，每叶钤一印至十余印不等，钤印有重复。首十八叶皆为符翁（1840—1902）私印；次数叶为历阳吴伟烈印，吴氏字青门；再次数叶为集古印数枚及他人印数枚；最后为吴筠生私印及所刻印。吴筠生印约占半册，册后尚余空白叶数叶。册中夹有一叶墨笔手书印文出处及篆稿，所篆之印皆已刻成并钤于册中，有"山东鄙人""敛吉庐"等印，知此册乃篆刻人自用之稿。册中另有一叶于印下有说明文字，注明篆刻者姓名，如"金月生刻"三枚，"谭子畏刻"八枚，"何昆玉刻"二枚，皆金、谭、何等人为吴筠生所刻私印，由此可知此册之主人即为吴筠生。无版框，册高二十六点二厘米，宽十五点五厘米。

案，据印文知，吴筠生，字吟秋，号约盦，室名敛吉庐，山阴人，自称历山吴氏，册中有"戊辰生人"印，则生于同治七年戊辰（1868），又有"约厂外史五十后所作"印，则此册集印已至民国七年（1918）以后，故册中已有"光绪三十年岁次甲辰"及"光绪甲辰"等印数枚。2016年上海驰翰曾拍卖有吴筠生辛未年所作四条屏，则民国辛未年（二十年，1931）尚在世。册中之吴伟烈，或即其父辈。此册当为吴筠生以所藏印及所刻印陆续积累而成，抑或据旧谱而续成之，前半部分符翁之印亦多见于伍德彝《绿杉轩集印》之中。另外，册中"东坡居士"铜印下有道光十四年（1834）张廷济题识，疑为过录。册中另夹散叶数纸，有钤印，然并非出自吴氏之手，似为后之收藏此谱者所为。蒲坂书楼旧藏，书衣磨损破旧，订线松断，需修补。

〔民国〕吴筠生（1868—1931以后）

姚钧石印："蒲坂书楼"白文长方印；"钧石所藏金石书画印""民国庚辰"朱文方印。

## 25.东璧集不分卷

〔清〕佚名篆刻
清末钤印本
线装，一函六册，破损严重
典藏号：rbsc/Asian Rare-1 no.1391

　　无序跋，无总题名，亦不题篆刻人姓名。所用纸张有绿色边框，木版印刷，版心上镌"东璧集"，据此著录题名。每叶钤二印，偶有钤一印或三印者，附释文。释文与内封题名均为木版墨印。版框高十六厘米，宽十二厘米，单鱼尾，四周双边，圆角。

　　案，印文内容取古代修身治家格言及子史佳句入印，分四部分，各有内封叶题名，一曰唐太宗百字文印谱，二曰朱子治家格言印谱，三曰子史精言集录印谱，四曰西厢长短佳句印谱。蒲坂书楼旧藏，全书虫蛀破损严重，已不适合阅读，需修补。

　　姚钧石印："蒲坂书楼"白文长方印；"钧石所藏金石书画印""民国

庚辰"朱文方印。

## 26.友石印稿不分卷

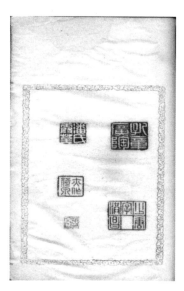

〔清〕佚名篆刻并辑
清道光、咸丰间钤印本
线装，一函二册，破损严重
典藏号：rbsc/Asian Rare-1 no.1345

无序跋及内封叶，亦不题篆刻者或钤印者姓名，有边框，木版印刷，无叶码，每叶钤二至八印不等，左右两排，略有重复，偶有剪贴者，背面亦间或钤印。共二册，第二册后半部所用纸张及其版式与前不同，当为续增者，浅绿色木版印刷，版心无字。第一册，无边框，册高二十六点二厘米，宽十五点五厘米；第二册，版框高十七点五厘米，宽十点五厘米，四周花边，浅绿色木版印刷，版心无字。

案，集中收录该篆刻者所刻或所藏之印章，受印人有查升（1650—1707）、邓士宪（1771—1839）、廖姓（1788—1870）及其"丁丑进士"

印、曹联桂（1803—1854）、汪鸣相（1794—1840）及其"癸巳状元"印、朱为霖及其"丙申进士"印、张维屏（1780—1859）、汤金钊（1772—1856）、许球（道光三年进士）、朱昌颐（1784—1855）、龙元僖（1809—1884）、龙元傅、梁国琮（道光十八年进士）、冯树勋（咸丰四年南海知县）、曹联桂及其"乙未榜眼"印等。续增部分有吴凤藻及其"癸丑榜眼"印、游显廷（咸丰二年进士）、龙元份、温子绍（1833—1907）、孔广陶（1832—1890）、胡锡燕（蓟门）、许应鑅（1820—1891）及其"癸丑会魁"印，等等。受印者多为岭南之名门望族或高官显宦，则治印者定为当时之篆刻大家，惜未署名。印多刻于道光、咸丰间，谱则随刻随钤，未经编排，故称印稿。馆藏另有一谱题为"友石印存"，开本较此为小，亦未署名，二者乃出自同一人之手。篆刻者待考。南州书楼、蒲坂书楼递藏，全书虫蛀破损严重，已不适合阅读，需修补。

徐信符印："南州书楼"朱文方印。

姚钧石印："蒲坂书楼"白文长方印；"钧石所藏金石书画印""民国庚辰"朱文方印。

## 27.友石印存不分卷

〔清〕佚名篆刻并辑
清道光、咸丰间钤印本
线装，一函一册，破损严重
典藏号：rbsc/Asian Rare-1 no.1347

　　无序跋及内封叶，亦不题篆刻者或钤印者姓名。有边框，木版印刷，无叶码，版心上镌"友石印存"。每叶钤二至七印不等，左右两排，共五十二叶钤印。末数叶收录为陈星府、郑逢吉、万策勋、李钧、郭焕、翁心存（1791—1862）等人所刻印。版框高十五点五厘米，宽九厘米，单黑鱼尾，四周单边，版心上镌"友石印存"。

　　案，馆藏另有一谱题为"友石印稿"，开本较大，亦未署名，二者出自同一人之手，篆刻者待考。蒲坂书楼旧藏，全书虫蛀破损严重，已不适合阅读，需修补。

　　姚钧石印："蒲坂书楼"白文长方印；"钧石所藏金石书画印""民国

庚辰"朱文方印。

## 28.养性斋印可一卷

〔清〕佚名篆刻
清光绪钤印本
线装，一函一册
典藏号：rbsc/Asian Rare-1 no.1332

无内封叶，无序跋，无卷端题名，亦不题篆刻者或钤印者姓名。首佚名墨笔手书题诗二首，有"学是三冬""传家衣钵"之语，疑是篆刻者自题，又称"梅花居士"，或即其别号。所用纸张正面有浅绿色边框，木版印刷，每叶钤一至七印不等，共四十一叶钤印，首数叶多为粘贴之印蜕。无边款，偶有文字说明。或注明其材质如"牙章""沈玉章""雨轩铜章二十方"等；或注明其年代如"戊子秋""丁亥冬代玉辉刻""庚寅春镌"等。首二叶注文有题"铭""俊"者，疑是篆刻或集印者姓名。版框高十三点八厘米，宽八点五厘米，四周单边，云纹角，版心上镌"养性斋印可"。

案，所收之印有山阴史氏之印，如史悠谦印；有丰城盛氏之印，如"丰城盛福泰章""臣印福泰""榆孙季莹""寄舲小印""寄苓"等印。盛景璿（1880—1929），字季莹，号芰舲，广东番禺人，黄士陵曾为其刻印多枚，然此谱中并无与之同款之印。另有"臣廷济"阴阳文方印一枚，疑是张廷济（1768—1848）之印。由盛季莹印可知谱中所题之丁亥、戊子、庚寅等干支纪年，分别应是光绪十三年（1887）、十四年（1888）和十六年（1890）。蒲坂书楼旧藏，原书有虫蛀，已经托裱修补，仍有卷边磨损。

姚钧石印："姚钧石藏书"朱文长方印；"蒲坂书楼"白文长方印；"民国庚辰"朱文方印。

## 29. 漱石斋印存一卷

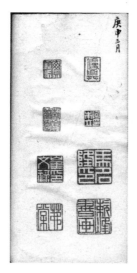

〔民国〕佚名篆刻
民国九年（1920）钤印本
线装，一函一册
典藏号：rbsc/Asian Rare-1 no.1370

内封叶墨笔题写"漱石斋印存"，并钤"苣英书"白文竖条印，无卷端题名，无序跋，亦不题篆刻人姓名。无边框，多数叶面每叶钤一印，少数叶面每叶钤多印，钤印有重复，共二十九叶钤印。所收印多为私人名号印，如韩炳垣、吴鉴光、李荣材、吴崇勋、何伟南、吴德存、钟文照、赖钦文、马庆芝、马名隆等，其中卷末数叶以马名隆印居多，并有墨笔注明"庚申三月""庚申四月""五月"等。

案，马名隆，字实符，号漱峰，又号砚村，别号果庵，2014年广东衡益曾拍卖有其戊寅年（1938）所作《竹石图》，疑即广州《华国报》之创办者，则"庚申"年当为民国九年（1920）。苣英不知何许人，疑即为篆刻者，待考。蒲坂书楼旧藏，书品完好。

姚钧石印："蒲坂书楼"白文长方印；"钧石所藏金石书画印""民国庚辰"朱文方印。

# 30.魏斋鉢印存稿一卷

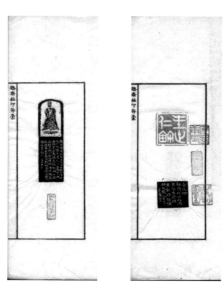

〔民国〕易熹篆刻并辑
民国九年（1920）易熹铃印本
线装，一函一册
典藏号：rbsc/Asian Rare-1 no.1375

　　无内封叶及序跋，书中夹有一手书题签"魏斋鉢印集"。所用纸张有墨印版框，每叶铃一印，并附墨拓边款，凡二十六印，附散叶一叶，铃二印及古鉢一枚。边款署名多自题为易熹、魏斋或大厂。版框高十七点五厘米，宽八点八厘米，四周单边，版心上印"魏斋鉢印存稿"，无叶码。

　　案，易熹（1874—1941），更名孺，号大厂，别号魏斋，广东鹤山人。稿中收录其民国八九年间（1919—1920）所刻印。

　　姚钧石印："蒲坂书楼"白文长方印；"钧石所藏金石书画印""民国庚辰"朱文方印。

# 31.茶禅印笈一卷

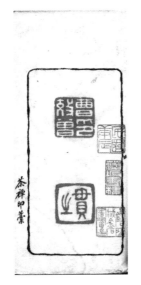

〔民国〕高茶禅篆刻并辑
民国十一年（1922）高茶禅钤印本
线装，一函一册，破损严重
典藏号：rbsc/Asian Rare-1 no.1392

内封叶正面题"茶禅印笈"，背面牌记题"玄点阏茂涂月幼动銝揭橥于无所住室"。首民国壬戌（十一年，1922）闽县林苍、陈鸣则、侯官吴炎南、陈福敷四人分别题词，为铅字排印。正文有边框，每叶钤二印，共三十叶六十印，无边款释文，所收皆为为他人所刻私印。版框高十四点四厘米，宽七点四厘米，四周单边，版心下印"茶禅印稿"。

案，高茶禅（1896—1976），原名联潢，字幼铿，号茶禅，福州人。牌记所题"玄点阏茂"即民国壬戌年，"涂月"为农历十二月，"幼銝"即幼铿，銝通铿，"揭橥"即揭示，"无所住室"为高茶禅之室号。蒲坂书楼旧藏，全书曾经水湿，仍有霉痕，部分叶面破损严重，已不适合阅读，需修补。

姚钧石印："蒲坂书楼"白义长方印；"钧石所藏金石书画印""民国庚辰"朱文方印。

## 32.尹困印谱不分卷

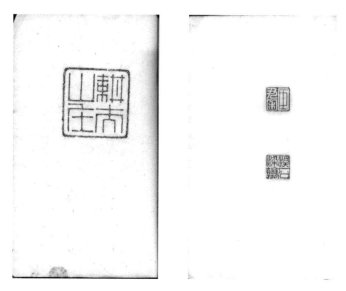

〔朝鲜〕尹困篆刻并辑
清光绪二十二年（1896）尹困香港钤印本
线装，一函一册
典藏号：rbsc/Asian Rare-1 no.1346

无内封叶及序跋，无卷端题名，不分卷，无叶码，白纸，每叶钤一至二印，无释文，无边款。无版框，册高十九点九厘米。

案，此谱乃朝鲜尹困之印谱，专为赠潘飞声而钤印，一册，共二十二叶，所录皆尹困名号私印，卷首有光绪丙申（二十二年，1896）尹困手书题识，云"光绪丙申，高丽尹困手拓，兰史先生雅鉴，时同客香港"。尹困（1841—?），号溪石，又称溪石居士，朝鲜人，生于1841年，光绪年间寓居上海、广州、香港等地，善草书。潘飞声旧藏，蒲坂书楼递藏，书品完好。

姚钧石印："蒲坂书楼"白文长方印；"钧石所藏金石书画印""民国庚辰"朱文方印。

# 老学斋藏书续考
## ——新加坡国立大学图书馆所藏部分

### 李国庆[*]

**摘　要：**马鉴先生的书斋名"老学斋"，有藏书万卷，1925年始于北京，1936年辗转到了香港，逃过侵华日军的魔爪，最终一部分流落新加坡，一部分东渡太平洋入藏美国弗吉尼亚大学图书馆。笔者通过实地查访和文献梳理，此前介绍过流落弗吉尼亚的部分情况，本文补充流传在新加坡国立大学的另一部分情况，以完全揭示老学斋藏书的面貌，供学界作进一步探索。

**关键词：**马鉴　老学斋　藏书　新加坡国立大学

2018年，笔者作《老学斋藏书西传考》[①]时，新加坡国立大学的中文古籍尚未整理完毕，留下了缺憾。马鉴先生哲嗣马蒙所作的《记老学斋藏书》云："老学斋藏书凡一万八千六百余册，为先父历年搜购以备日常教学参考之用者。其中除一部（分）于先父生前转让友人，为新加坡马来亚大学所得……"现存于美国弗吉尼亚大学的是余下的大部分。这一部分因为转藏弗吉尼亚大学时编有简目，所以尽管该馆至今也还没有编出详细的古籍目录，我们也可以凭简目而识得大概。详见旧文，此不赘述。现在

---

\* 李国庆，上海师范大学特聘教授，美国俄亥俄州立大学终身教授。

① 《图书馆杂志》，2018年第8期。

《新加坡国立大学图书馆中文古籍目录》①已编完，由中华书局出版了。两相结合，应该可以揭示老学斋藏书的基本面目了。兹将该目所载老学斋藏书梳理如下。

一

新加坡国立大学图书馆没有老学斋藏书入馆的明确记载。马蒙先生的文章是这样说的：1954年，"新加坡马来亚大学创设中文学系，亟切求购中文图书，友人有以出让藏书为请者，因检出重复及不常需用者八千余册，以应所请"。②由于当初没有记录，书上的印章便是辨认的唯一依据。现查得该馆古籍中有三百一十七种两千八百五十册上有马鉴先生的印章，当属老学斋旧物。虽然传统上藏书家都会在自己的藏书特别是古籍上盖印，但也不能排除有未盖印者。又，该古籍目录收录的下限是1911年，老学斋转让给该校的书中或有此后的出版物。这两条应该可以解释为何两个统计有六千册左右的差额。

目前所见的这三百一十七种两千八百五十册原老学斋古籍中，可计入善本的，即清乾隆六十年（1795）之前的刻本和稿抄本，有五十八种九百一十九册。按四部分类，经部四种十八册，史部十一种四百三十三册，子部二十种一百四十册，集部十五种一百三十六册，类丛部八种一百九十二册。其余为普本，即嘉庆到宣统年间的刻本和稿抄本，有二百五十九种一千九百三十一册，计经部四十四种三百五十一册，史部六十四种七百一十

---

① 沈俊平、高斌编：《新加坡国立大学图书馆中文古籍目录》，中华书局，2021年。
② 当时是马来亚大学在新加坡的分校。1962年，马来亚大学位于新加坡的校区独立为新加坡大学。1980年，新加坡大学和南洋大学合并，校名定为新加坡国立大学。该校曾出版过蒋振玉主编的《马来亚大学中文图书目录》（马来亚大学报社，1956—1965），从中册起易名为《新加坡大学中文图书目录》。据该《目录》前言，该编收图书13000册，包括传统线装书和现代印本，著录简略，无藏书印信息。

三册，子部五十六种二百九十四册，集部八十九种五百五十五册，类丛部四种十一册，新学一种二册，和刻本一种五册。

按弗吉尼亚大学图书馆保存的简目，该馆应有九百八十四种马氏藏书。其中经部一百零三种，史部一百八十种，子部二百四十八种，集部四百三十六种，丛部十七种。民国之前的约占百分之三十，即抄本十一种，元刻本一种，明刻本七种，清刻本经部四十二种，史部五十八种，子部九十七种，集部八十九种，丛部二种，共三百零七种。该馆未统计册数。按马蒙先生所记，老学斋藏书共一万八千六百余册，给了新加坡国立大学八千余册，则弗吉尼亚大学图书馆应该有一万册左右。

综合现知的两处藏书情况，我们会发现，马蒙先生所言，老学斋藏书乃是其父马鉴先生历年搜购以备日常教学参考之用者，符合实际情况。就版本和文物价值而言，藏书中珍稀之物不多。马鉴先生虽然是中文系的教授，偏爱历代笔记掌故，"有心法老学庵笔记之体裁，集平日见闻心得，信笔录之，期以成编"，所以名其书斋为老学斋，但为教学需要，四部要籍皆备。由此也可见当时虽然新学勃起，文史不分的学术传统仍在，教授学养之丰厚令人叹为观止。

我们还可以发现，分处两地的老学斋藏书，就古籍（民国前的书物）而言，差不多等量齐观。新加坡国立大学有三百一十七种，弗吉尼亚大学有三百零七种。其中善本，新加坡国立大学五十八种，弗吉尼亚大学也有约五十种。所以如把老学斋藏书作为那个时代传统学者藏书之典型作研究，必须两者兼顾。

二

新加坡国立大学图书馆马氏藏书上的印章，跟弗吉尼亚大学图书馆的一样，共有九种。除姓名、字号、斋名外，有两方为"劫余文物"印。马蒙先生在文中有说明：抗战期间，香港沦陷，马鉴北上任教于在成都复校的燕京大学，老学斋藏书封存于香港大学之邓志昂中文学院。1946年，马鉴先生仍回港大任教，"行装甫卸，即径赴邓志昂中文学院，及见故书十九完好无损，欣喜过望，因请友人篆'老学斋劫余文物'一章，以志其事"。当然我们不能认为他在所有的劫余故书上都盖了一遍这方印章，事实是有"劫余文物"印的书不多。

| | | | | | |
|---|---|---|---|---|---|
| | 季明 | | 马鉴 | | 马鉴之印 |
| | 老学斋 | | 马鉴读 | | 季明 |
| | 鄞马鉴季明藏 | | 鄞马氏老学斋劫余文物 | | 马氏老学斋劫余文物 |

　　大部分书上只有一方印，或名或字，少数有二到三方，名、字共存，然似乎并无规律可循。又，大部分书上只有马氏印章，少数有他人印章。虽然不能说凡是只有马氏印章的都是他第一次购得并保有，但可以认为大部分，尤其是清末的普通书籍，应属这种情况；而凡是有他人印章的，可以认定是辗转而得之物。

　　马先生在书上题跋不多，计有这么两种情况。一是记录购书事。如

《慈溪黄氏日钞分类读史》二卷，清光绪二十九年（1903）铅印本，封面墨笔题"（民国）二十四年十一月十七日购自广州市"。《牡丹亭还魂记》二卷五十五出，清光绪十二年（1886）积山书局石印本，卷首内封墨笔题"（民国）三十五年五月一日于成都季明"。二是记录转让事。如《段氏说文注订》八卷，清同治五年（1866）碧螺山馆补刻本，钤有"燕笙藏书""安定胡氏尌德堂藏书印""单丕"印，内封墨笔题"民国十一年二月廿四日单不厂先生所赠，季明识"。《说文新附考》六卷，清同治七年（1868）碧螺山馆刻本，钤有"胡氏香海棠书屋珍藏""单丕"印，序末墨笔题"民国十一年二月廿四日单不厂先生所赠，季明识"。马先生郑重记载的这位单先生如今鲜为人知，当年却是深受胡适等名家尊重的学者。据《浙江古今人物大辞典》：单丕（1877—1930），字诒孙，号不厂，弱冠时名常惺。原籍萧山，生于海宁。二十五岁补博士弟子员，获第一。后赴日本留学。1920年后历任北京大学教授、浙江图书馆馆长、"中央研究院"中文科主任兼汉文图书室主任等职。后致力于永嘉理学考据和目录校勘学。著有《宋儒年谱》《二程学说之异同》《宋代哲学思想史》等十余种。可补充的是，他是接李大钊任北京大学图书馆主任的人。生平藏书八千余册，大多经他亲手校订批注，后由浙江图书馆购藏。

其余凭印章可知是辗转得来之书中，有三种虽无题识，但可推断跟上述两种同属当年同事的旧物。一种是《文心雕龙》十卷，清乾隆六年（1741）养素堂刻本，钤有"马鉴之印""叔雅""春瀛""德荫堂""刘文典"印。卷首尚有墨笔题记"民国二十一年三月文典记时淞沪陷已经旬矣"。刘文典（1889—1958），原名文聪，字叔雅，安徽合肥人，著名国学家、教育家。1917年被时任北京大学文科学长的陈独秀聘为文科教授，并担任《新青年》英文编辑和翻译。又，清乾隆朝大学士阿克敦（1685—1756）有《德荫堂集》，此书或为其旧物。

另一种是《后汉书注》，光绪十四年（1888）广雅书局刻本，钤有"王国维""马鉴读"印。王国维（1877—1927），初名德桢，字静安，晚号观堂，浙江杭州府海宁人，国学大师。1922年，受聘为北京大学国学门通讯导师。

现知弗吉尼亚藏书中也有原刘文典先生的两种书、原王国维先生的一种书，印章相同。

|  | 刘文典 |  | 叔雅 |  | 王国维 |
|---|---|---|---|---|---|

最后一种是周作人先生旧物。《惜抱先生尺牍》八卷，清宣统元年（1909）小万柳堂据海源阁本重刻本，钤有"会稽周氏凤皇专斋藏""马鉴之印"印。周作人（1885—

1967），原名周櫆寿，后改名周作人，又名启明，号知堂，浙江绍兴人。中国现代著名散文家、文学理论家、评论家、诗人、翻译家，中国民俗学开拓人，新文化运动的杰出代表。历任国立北京大学教授、东方文学系主任，燕京大学新文学系主任、客座教授。周作人藏有三国吴凤凰元年残砖，砖文曰"凤凰元年七"，并请篆刻大家张樾丞刻了这方收藏章。

# 三

其他凭印章可略考递传者如下：

## （一）严启丰

《春秋胡传》三十卷，钤有"东山""马鉴之印""严启丰印""成雷之印""迪庄珍藏"印。

据1903年12月的《京师大学堂同学题名录》，严启丰，字迪庄，二十八岁，湖州府归安县人，是知他生于1875年。民国四年（1915）3月24日的《政府公报》载内务部给国务卿徐世昌的呈文，请求给积劳病故的严启丰抚恤，写有履历。简而言之，严启丰于光绪二十九年（1903）报捐内务部主事，6月签分户部贵州清吏司行走，7月考取京师译学馆，拨入大学堂仕学馆，三年后以优等毕业，先后在户部、巡警部、民政部任职，入民国后做到内务部民治司第五科科长，直至1915年1月8日病故。今美国国会图书馆藏其写本《传家琬琰录》三卷，卷内有"吴兴严启丰迪庄辑录""随分读书斋""迪庄藏本""归安严启丰章"等印。查目录，知他还著有《显考觐侍府君（严以盛）行述》一卷，清光绪三十四年（1908）农工商部印刷科铅印本。严以盛，光绪年间做过直隶遵化州知州，有《梦影盦遗稿》六卷存世，民国二年吴兴严氏随分读书斋刻本。

### （二）沈德寿抱经楼

《南华经》八卷，钤有"授经楼藏书印""吴兴药盦""马鉴之印""德寿闳笈之印"印。

据《江浙藏书家史略》，沈德寿，字药庵，别号窳民。浙江慈溪人。累世经商，以卖药闻名。自幼好书画，广集名家尺牍，藏书三万五千余卷。按：抱经楼本是清乾隆年间鄞县藏书家卢址藏书之所。韩昌黎寄赠友人卢仝诗句中有："春秋三传束高阁，独抱遗经究终始。"卢采"抱经"二字名其藏书楼，友人钱大昕作《抱经楼记》以赠之。卢址藏书后多归沈德寿所有，沈氏亦署其藏书处曰抱经楼，示仍其旧，并撰其藏书目曰《抱经楼藏书志》六十四卷传于世。然此书上的两方印分别是沈的名和字，第三方却曰"授经楼"，或是其藏书处的又一名。

### （三）胡燕笙

《盐铁论》十二卷，钤有"燕笙藏书""安定胡氏""马鉴之印""胡氏珍本""盐官胡氏"印。

胡燕笙，生卒待考。清末八旗蒙古文人延清（1846—1920）诗文集中有"为赋二律并补和胡燕笙观察、何润夫京兆赐题拙辑蝶仙小史诗韵。时庚子秋下五日也"句。因知是清末民初人，有道员衔。上述单不厂先生所赠二书分别有"燕笙藏书""安定胡氏尌德堂藏书印"和"胡氏香海棠书屋珍藏"印，当也是此人旧物。

### （四）金嗣芬

《笑笑录》六卷，清光绪年间上海《申报》馆仿袖珍版铅印本，钤有"楚青""金嗣芬印""季明"印。

金嗣芬，字楚青，号想灵，清末民初浙江同里人，光绪辛卯（1891）举人，江西补用知县。民国时曾任南京市教育设计委员会委员。著有《板桥杂记补》《东湖消夏续录》等。

### （五）潘飞声

《骈体文钞》三十一卷，清同治六年（1867）娄江徐氏刻本，钤有"芝圃珍藏""马鉴读""季耕鉴藏""翦淞阁""潘飞声"印。

潘飞声（1858—1934），字兰史，号剑士、心兰等，祖籍福建省人，斋名翦淞阁。长于诗词书画，为中国近代著名诗人、书画家。著有《翦淞阁随笔》等。新加坡国立大学图书馆的中文古籍中除此一种外，尚有六种上也有潘飞声的多种印章，包括此二枚，但没有马氏印，未敢确定是否同时得来。

### （六）庞镜塘

《停云阁诗话》八卷，清咸丰五年（1855）刻本，钤有"镜唐藏书""马鉴"印。

庞镜塘（1900—1977），山东菏泽人，国民革命军军事将领。1921年考入北京大学文学系，后转入山西大学政治经济系。1925年毕业后南下广州，参加国民革命。1927年春，任黄埔军校政治教官。后官至国民政府山东省党部主任委员。庞镜塘收藏书籍多达九万余册，在其身后大部分归国内的公立图书馆，小部分现存加拿大英属哥伦比亚大学东亚图书馆。

**（七）傅增清**

《广学类编》十二卷，清光绪二十七年（1901）上海广学会铅印本，钤有"马鉴之印""江安傅增清收藏书画金石印"印。

傅增清，生卒不详，字雨农，四川省江安县（今属宜宾市）人。光绪十八年（1892）壬辰科二甲进士，历官江苏知府。工诗。傅增清兄弟傅增浚、傅增湘亦是进士。傅增湘（1872—1949）又是中国近代大藏书家。

## 四

老学斋藏书收归新加坡国立大学的过程，目前只有马蒙先生的简短记述：1954年，新加坡马来亚大学创设中文学系，急切求购中文图书，友人有以出让藏书为请者，因检出重复及不常需用者八千余册，以应所请。这位友人是谁，未见记载。此次编目，该馆馆长吴菁燕女士有序，略述馆藏建设过程。其中提道：1965年，中文馆获得本地藏书家许绍南先贤家属惠赠许氏生前收藏全部书刊五千余种（共七千余册）……许氏为潮州潮安人，早岁南下，经商为业。性恬淡，无所嗜好，唯以典籍自娱。货殖所得，轧以书市，尤喜聚戏曲小说，辟室以藏，颜之曰"霜月虫音斋"，长日深更，翻阅玩索，遂以收藏研究通俗文学及戏曲名家。

查书目中有一种《龙威秘书》十集，清乾隆五十九年至嘉庆元年（1794—1796）大酉山房刻本，钤有"鄞马鉴季明藏""绍南"印。因此猜想，许绍南会不会就是马蒙先生所说的那位友人呢？本书目中有许绍南先生印章的书近五十种，同时有马鉴藏印的仅此一种，故不敢确认。或许他购得老学斋藏书，因为意在捐献，所以并未遍盖印章。希望新加坡国立大学图书馆的同仁可以追寻出真相。

以上略述目前可见新加坡国立大学图书馆马鉴老学斋藏书的大概，及对照美国弗吉尼亚大学所藏而生出的初步判断。限于条件，一些结论不免粗率，有待日后完善。总之，近代社会动荡，私人藏书之命运，较往昔更为多舛。老学斋藏书作为近代学者的私藏能保持基本完整，分藏美国和新加坡两所著名大学，实属幸运，值得进一步研究。

2021 年 2 月 18 日记

# 附录：新加坡国立大学图书馆藏老学斋中文古籍简目

## 善本

### 经部

1.焦氏易林四卷 1741 3957

〔汉〕焦赣撰　〔清〕赵新校

清乾隆间刻本　四册

钤有"马鉴之印"印。

2.尚书古文疏证八卷 335.1 3693

〔清〕阎若璩撰

清乾隆十年（1745）朱续晫眷西堂刻本　八册

钤有"鄞马鉴季明藏"印。

3.监本书经六卷 332 3300

〔宋〕蔡沈集传

清康熙间金陵奎壁斋刻本　四册

钤有"马鉴之印"印。

4.春秋胡传三十卷 690 1300

〔宋〕胡安国传

明万历间新安黄之寀刻本　二册

钤有"东山""马鉴之印""严启丰印""成雷之印""迪庄珍藏"印。

### 史部

5.汲古阁十七史 2511.1 9300

〔明〕毛晋校刊

明崇祯间毛氏汲古阁刻本　三百一十六册

钤有"马鉴之印""峻峰珍藏""春泉氏读书记"印。

6.明朝纪事本末八十卷 2720.3 8939

〔清〕谷应泰编

清顺治十五年（1658）筑益堂刻本　二十四册

钤有"马鉴之印""季明"印。

7.竹书纪年二卷穆天子传六卷 2521.2 3943

〔南朝梁〕沈约注　〔清〕王贤喈校

清乾隆五十六年（1791）刻本　一册

钤有"季明""马鉴之印"印。

8.元经薛氏传十卷 2512 5319

〔隋〕王通撰　〔唐〕薛收传　〔宋〕阮逸注　〔清〕袁绚校

清乾隆间刻本　二册

钤有"马鉴之印"印。

9.吴越春秋六卷 2529 6533

〔汉〕赵晔撰

清乾隆间刻本　三册

钤有"季明""马鉴之印"印。

10.颜习斋先生年谱二卷 2278.1 5138

〔清〕李塨纂　〔清〕王源订

清康熙四十六年（1707）刻本　二册

钤有"季明""马鉴之印""马鉴读"印。

11.金鳌退食笔记二卷 3045 3149

〔清〕高士奇撰

清康熙间刻本　一册

钤有"寿旗翼室""襄卿""王有赞""马鉴之印"印。

12.明儒学案六十二卷 1025 1100

〔清〕黄宗羲撰　〔清〕万言订

清乾隆四年（1739）慈溪二老阁刻本　十六册

钤有"马鉴之印"印。

13.日下旧闻四十二卷补遗一卷 3056.2 5136

〔清〕朱彝尊辑

清康熙二十七年（1688）六峰阁刻本　十二册

钤有"蕴古堂之印""季明""马鉴之印"印

14.水经注四十卷 3037 9330

〔汉〕桑钦撰　〔北魏〕郦道元注　〔清〕黄晟校刊

清乾隆十八年（1753）东壁垣刻本　十册

钤有"马鉴""黄有泽藏书""云国文章""马鉴之印"印。

15.汉艺文志考证十卷 AC149 Zcl 1705

〔宋〕王应麟撰

清乾隆间刻本　二册

钤有"马鉴之印"印。

## 子部

16.二程全书六十七卷 1209 3900

〔宋〕程颢、程颐撰

清康熙间御儿吕氏宝诰堂刊刻本　二十册

钤有"古口堂珍藏图书"　"鄞马鉴季明藏"印。

17.南华真经评注五卷 1111. 31 2300

〔晋〕向秀注　〔晋〕郭象评

明后期刻本　五册

钤有"马鉴之印"印。

18.南华经八卷 AC149 Zcl 3915

〔明〕洪应绍纂注　〔明〕毕熙志校阅

明万历间刻本　二册

钤有"授经楼藏书印""吴兴药盦""马鉴之印""德寿阁笈之印"印

19.庄子因六卷 1111.8 5000

〔清〕林云铭撰

清乾隆四十五年（1780）梅园萃华堂刻本　六册

钤有"马鉴"印

20.医学源流论二卷 AC149 Zcl 3009

〔清〕徐大椿撰

清乾隆二十二年（1757）吴江半松斋刻本　二册

钤有"马鉴之印""禹门"印

21.西溪丛语二卷 AC149 Zcl 1648

〔宋〕姚宽撰

明万历间刻本　一册

钤有"季明""马鉴之印"印

22.能改斋漫录十八卷 AC149 Zcl 3822

〔宋〕吴曾撰

清乾隆间武英殿聚珍本　八册

钤"鄞马鉴季明藏"印

23.闻见瓣香录十卷 AC149 Zcl 1838

〔清〕秦武域纂

清乾隆五十八年（1793）笑竹书屋刻本　六册

钤有"马鉴之印"印

24. 清异录四卷 9297 3570

〔宋〕陶谷撰　〔明〕沈循阅

明万历间刻本　二册

钤有"马鉴之印"印

25. 双槐岁抄十卷 2720.72 9193

〔明〕黄瑜撰

清康熙间刻本　四册

钤有"马鉴"印

26. 毗耶室驱暑闲抄不分卷 AC149 Zcl 1607

题〔清〕砚云主人辑

清乾隆四十三年（1778）砚云书屋刻本　三册

钤有"马鉴之印"印

27. 盐铁论十二卷 4312 5470

〔汉〕桓宽撰

清乾隆间刻本　四册

钤有"燕笙藏书""安定胡氏""马鉴之印""胡氏珍本""盐官胡氏"印

28. 中论二卷 1166 0000

〔汉〕徐干撰　〔清〕蔡祖拔校

清乾隆间刻本　一册

钤有"季明""马鉴之印"印

29. 封氏闻见记十卷 AC149 Zcl 1932

〔唐〕封演撰

清乾隆二十一年（1756）雅雨堂刻本　二册

钤有"鄞马鉴季明藏"印

30.谷山笔尘十八卷 AC149 Zcl 1699

〔明〕于慎行撰　〔明〕郭应宠编次　〔明〕于纬校梓

明末抄本　八册

钤有"马鉴之印"印

31.丹铅总录二十五卷 AC149 Zcl 783

〔明〕杨慎撰

清乾隆三十年（1765）杨昶务本堂校刻本　六册

钤有"马鉴之印"印

32.智囊补二十八卷 AC149 Zcl 1920

〔明〕冯梦龙辑

明末天启崇祯间刻本　十二册

钤有"马鉴之印"印

33.枫窗小牍二卷湖湘故事不分卷 2665.72 6314

〔宋〕袁褧撰　〔宋〕陶岳撰

清顺治间刻本　一册

钤有"马鉴之印"印

34.宝颜堂秘笈 AC149 Zcl 1069

〔明〕陈继儒校辑

明万历间沈氏尚白斋刻本　二十七册

钤有"马鉴之印"印

35.夜谭随录十二卷 AC149 Zcl 890b

〔清〕和邦额撰

清乾隆四十四年（1779）圣经堂刻本　十二册

钤有"季明"印

**集部**

36.楚辞灯四卷 5242. 2 7583

〔清〕林云铭论述　　〔清〕林沅校正

清康熙三十六年（1697）刻本　四册

钤有"马氏老学斋劫余文物"印

37.杜诗详注二十五卷首一卷附编二卷 AC149 Zra 39

〔唐〕杜甫撰　　〔清〕仇兆鳌辑注

清康熙三十二年（1693）　刻本　十三册

钤有"马鉴之印"印

38.白香山诗集四十卷长庆集二十卷后集十七卷补遗二卷别集一卷
AC149 Zcl 478

〔唐〕白居易撰　　〔清〕汪立名编订

清康熙四十二年（1703）一隅草堂刻本　十册

钤有"马鉴读""季明""马鉴之印""马氏老学斋劫余文物"印

39.樊南文集详注八卷 AC149 Zcl 99

〔唐〕李商隐撰　　〔清〕冯浩编订

清乾隆三十年（1765）刻本　四册

钤有"鄞马鉴季明藏""老学斋"印

40.遗山先生诗集二十卷 AC149 Zcl 404

〔金〕元好问撰

明抄本　七册

有"维新市隐""黄有泽藏书""马鉴"印

41.居易录三十四卷 AC149 Zcl 88

〔清〕王士祯撰

清康熙间刻本　八册

钤有"鄞马鉴季明藏"印

42.蚕尾集十卷续集二卷后集二卷 AC149 Zra 55

〔清〕王士祯撰

清雍正间刻本　六册

钤有"马鉴之印"印

43.文心雕龙十卷 5212 7106

〔南朝梁〕刘勰撰　〔清〕黄叔琳辑注

清乾隆六年（1741）养素堂刻本　六册

钤有"马鉴之印""叔雅""春瀛""德荫堂""刘文典"印

按：卷首有墨笔题记，署"民国二十一年三月文典记时淞沪陷已经旬矣"

44.词镜平仄图谱不分卷 5575 9976

〔清〕赖以邠撰　〔清〕查继超辑

清乾隆四十八年（1783）林氏栖梧轩刻朱墨套印本　二册

钤有"马鉴之印"印

45.岁华纪丽四卷 AC149 Zra 49

〔唐〕韩鄂撰　〔清〕高士奇校

清康熙三十年（1691）刻本　二册

钤有"鄞马鉴季明藏"印

46.凭山阁增定留青全集二十四卷 AC149 Zra 40

〔清〕陈枚选辑　〔清〕李汾参订

清康熙二十三年（1684）刻本　二十册

钤有"季明"印

47.乐府诗集一百卷 AC149 Zcl 68

〔宋〕郭茂倩编

清初毛氏汲古阁刻本 十四册

钤有"鄞马鉴季明藏""马鉴之印""马氏老学斋劫余文物"印

48.古诗源十四卷 AC149 Zcl 1880

〔清〕沈德潜选

清康熙五十八年（1719）竹啸轩刻本 四册

钤有"马鉴之印""季明"印

49.文章轨范七卷 AC149 Zcl 1011

〔宋〕谢枋得选评 〔清〕姚延谦、张琳校订

清康熙五十七年（1718）澹成堂刻本 四册

钤有"敦古堂藏书""马鉴之印"印

50.太史升庵全集八十一卷 AC149 Zcl 3867

〔明〕杨慎撰

清乾隆六十年（1795）养拙山房重刻本 四十册

钤有"季明"印


**类丛部**

51.古香斋鉴赏袖珍初学记三十卷 AC149 Zcl173

〔唐〕徐坚等撰

清乾隆间刻本 十二册

钤有"厉氏家藏""马鉴之印"印

52.格致镜原一百卷 9301 3335

〔清〕陈元龙撰

清雍正十三年（1735）刻本 十八册

钤有"马鉴之印""维新市隐""黄有泽藏书"印

53.稗海四十六种 2620. 72 5170

〔明〕商浚辑

明万历间商氏半野堂刻本　十三册

钤有"马鉴之印""季明"印

54.五朝小说八十一种 3070. 2 6144

清顺治间刻本　九册

钤有"马鉴之印"印

55.龙威秘书十集 9100. 81 7629

〔清〕马俊良辑

清乾隆五十九年至嘉庆元年（1794—1796）大酉山房刻本　七十八册

钤有"鄞马鉴季明藏""绍南"印

56.微波榭丛书 713. 1 3700

〔清〕孔继涵辑

清乾隆间孔氏微波榭刻本　三十二册

钤有"鄞马鉴季明藏"　"马鉴之印"印

57.朱子遗书初刻十二种二刻六种 9112 3459

〔宋〕朱熹撰

清康熙间御儿吕氏宝诰堂重刻本　十二册

钤有"马鉴之印"印

58.西堂全集十八种 9117 1433

〔清〕尤侗撰

清康熙间刻本　十八册

钤有"马鉴""宣庭氏所藏"印

# 普本

## 经部

59.重刊宋本十三经注疏附校勘记十三种四百十六卷111 000

〔清〕阮元校　清道光六年（1826）重校刻本　一百六十册

钤有"马鉴之印"印

60.皇清经解一千四百卷110 1333

〔清〕阮元辑　清光绪十三年（1887）上海书局石印本　六十四册

钤有"马鉴读"印

61.禹贡今注不分卷345 3300

〔清〕阎宝森撰

清宣统三年（1911）京师琉璃厂铅印本　一册

钤有"马鉴之印"印

62.今文尚书考证三十卷335. 3 3633

〔清〕皮锡瑞撰

清光绪二十三年（1897）师伏堂刻本　四册

钤有"马鉴之印"印

63.絜斋毛诗经筵讲义四卷432 3335

〔宋〕袁燮撰

清乾隆嘉庆间刻本　一册

钤有"孚远""惟诚""马鉴之印"印

64.诗诵五卷435. 2 9000

〔清〕陈仅撰

清光绪十一年（1885）四明文则楼陈氏木活字本　二册

钤有"马鉴之印"印

65.周礼六卷 522 0000

〔汉〕郑玄注　〔唐〕陆德明音义

清同治十一年（1872）山东书局刻本　六册

钤有"马鉴之印"印

66.九旗古义述不分卷 648. 3 3335

〔清〕孙诒让撰

清光绪二十八年（1902）刻本　一册

钤有"马鉴之印"印

67.夏小正通释不分卷 633 4900

〔清〕梁章钜辑

清光绪十三年（1887）浙江书局刻本　一册

钤有"马鉴之印"印

68.明堂阴阳夏小正经传考释十卷附刘笺一卷 633 3339

〔清〕庄述祖撰　〔清〕刘翊宸校刊

清光绪九年（1883）重刻本　四册

钤有"马鉴之印"印

69.大戴礼记补注十三卷 628. 2 2300

〔清〕孔广森撰

清同治十三年（1874）淮南书局重刻本　四册

钤有"马鉴之印"印

70.大戴礼记解诂十三卷 628. 2 3300

〔清〕王聘珍撰

清光绪十三年（1887）广雅书局刻本　三册

钤有"马鉴"印

71.求古录礼说校勘记三卷648.2 9333

〔清〕王士骏辑

清光绪二年（1876）刻本　一册

钤有"马鉴之印"印

72.左通补释三十二卷718.2 4429

〔清〕梁履绳撰

清光绪元年（1875）补刻本　十六册

钤有"马鉴之印"印

73.左传旧疏考正八卷718.2 3933

〔清〕刘文淇撰

清光绪三年（1877）湖北崇文书局刻本　四册

钤有"津门黄氏珍藏""马鉴之印""季明"印

74.春秋左传杜注三十卷首一卷春秋名号一图二卷718.2 4300

〔清〕姚培谦撰

清光绪十九年（1893）浙江书局刻本　十册

钤有"纯如""老学斋""马鉴""马氏老学斋劫余文物"印

75.春秋公羊经传解诂十二卷附校记一卷742 3300

〔汉〕何休撰

清同治二年（1863）刻本　二册

钤有"马鉴之印"印

76.何氏公羊春秋十论不分卷749 1933

〔清〕廖平撰

清宣统三年（1911）国学扶轮社铅印本　一册

钤有"马鉴之印"印

77.春秋金锁匙不分卷691 3990

〔元〕赵汸撰

清乾隆间曲阜孔氏红榈书屋刻本　一册

钤有"马鉴之印"印

78.读春秋界说不分卷697 4390

〔民国〕梁启超撰

清光绪二十四年（1898）琳琅山馆刻本　一册

钤有"马鉴之印"印

79.戴氏注论语二十卷938. 3 3000

〔清〕戴望注

清同治十年（1871）刻本　二册

钤有"马鉴之印"印

80.读书脞录四卷 AC149 Zcl 1961

〔清〕孙志祖撰

清嘉庆四年（1799）刻本　三册

钤有"鄞马鉴季明藏""季明""马鉴之印"印

81.经义述闻不分卷154. 2 3596

〔清〕王引之撰

清嘉庆二年（1797）刻本　八册

钤有"马鉴之印"印

82.东塾读书记二十五卷 AC149 Zcl 1694

〔清〕陈澧撰

清光绪八年（1882）刻本　四册

钤有"马鉴之印"印

83.古学考不分卷 169 3130

〔清〕廖平撰

清光绪二十三年（1897）尊经书局刻本　二册

钤有"瓣芳斋""马鉴""栗"印

84.小学钩沉三十九种附六种十九卷 1478/1—4

〔清〕任大椿辑　〔清〕王念孙校正

清光绪十年（1884）　龙氏重刻本　四册

钤有"马鉴之印"印

85.段氏说文注订八卷 AC149 Zcl 3926

〔清〕钮树玉撰

清同治五年（1866）碧螺山馆补刻本　四册

钤有"燕笙藏书""安定胡氏尌德堂藏书印""单丕"印

按:内封墨笔题"民国十一年二月廿四日单不厂先生所赠，季明识"，末钤"马鉴之印"朱印

86.说文新附考六卷附说文续考一卷 AC149 Zcl 3925

〔清〕钮树玉撰

清同治七年（1868）碧螺山馆刻本　二册

钤有"胡氏香海棠书屋珍藏"　"单丕"印

按:序末墨笔题"民国十一年二月廿四日单不厂先生所赠，季明识"，末钤"马鉴之印"朱印

87.说文系传校录三十卷 5098 6509

〔清〕王筠撰　〔清〕刘耀椿参订

清咸丰七年（1857）刻本　四册

钤有"马鉴之印"印

88.说文引经考证八卷 AC149 Zcl 1081

〔清〕陈瑑撰　〔清〕徐郙参校

清同治十三年（1874）湖北崇文书局重刻本　二册

钤有"马鉴之印"印

89.许氏说文解字双声叠韵谱不分卷 AC149 Zcl 1067

〔清〕邓廷桢撰

清光绪七年（1881）后知不足斋刻本　二册

钤有"马鉴之印"印

90.文字发凡四卷 AC149 Zcl 3510

〔清〕龙志泽编

清光绪三十年（1904）广智书局铅印本　一册

钤有"马鉴之印"印

91.切韵指掌图不分卷 AC149 Zcl 1135

〔宋〕司马光撰

清光绪十六年（1890）刻本　一册

钤有"马鉴之印"印

92.释字百韵不分卷 AC149 Zcl 1442

〔清〕陈劢撰　〔清〕张岳年、张家骧校刊

清光绪十六年（1890）重刻本　一册

钤有"马鉴之印""马氏家藏""杭州厚栽堂马氏珍藏书画记"印

93.佩文诗韵释要五卷 AC149 Zcl 727

〔清〕陆润庠重校

清光绪十二年（1886）刻本　二册

钤有"马鉴之印"印

94.音学辨微不分卷附录一卷 AC149 Zcl 1311

〔清〕江永撰

清宣统二年（1910）国学保存会影印本　一册

钤有"马鉴之印"印

95.骈雅训纂十六卷 AC149 Zcl 39

〔明〕朱谋㙔撰　〔清〕魏茂林训纂

清同治十一年（1872）经纶书室重刻本　六册

钤有"马鉴读"印

96.续广雅三卷 AC149 Zcl 1168

〔清〕刘灿辑　〔清〕王堃订

清嘉庆二十四年（1819）刻本　一册

钤有"马鉴之印"印

97.支雅二卷 AC149 Zcl 1169

〔清〕刘灿编　〔清〕王堃订

清道光六年（1826）刻本　一册

钤有"马鉴之印"印

98.别雅五卷 AC149 Zcl 1091

〔清〕吴玉搢辑

清道光二十九年（1849）小蓬莱山馆重刻本　四册

钤有"季明""马鉴之印"印

99.广雅疏证八卷 AC149 Zcl 1855

〔清〕王念孙撰

清光绪十四年（1888）上海鸿文书局石印本　四册

钤有"季明""马鉴读"印

100.释谷四卷 AC149 Zcl 901

〔清〕刘宝楠撰

清光绪间广雅书局刻本　一册

钤有"鄞马鉴季明藏"印

101.迮言六卷 AC149 Zcl 1259

〔清〕钱大昭撰

清光绪四年（1878）刻本　二册

钤有"马鉴之印"印

102.经解入门八卷 154.2 3358

〔清〕江藩纂

清光绪十四年（1888）鸿宝斋石印本　二册

钤有"季明"印

**史部**

103.史记评林一百三十卷 2511.15 9327

〔明〕凌稚隆辑校

清同治十三年（1874）长沙魏氏养翙书屋校刻本　二十八册

钤有"马鉴之印"印

104.汉书评林一百卷 2550.15 1927

〔汉〕班固撰　〔唐〕颜师古注　〔明〕凌稚隆辑校

清同治十三年（1874）长沙魏氏养翙书屋校刻本　三十二册

钤有"马鉴之印"印

105.后汉书注又补不分卷 2555.15 1193

〔清〕沈铭彝撰

光绪十四年（1888）广雅书局刻本　一册

钤有"王国维""马鉴读"印

106.旧唐书二百卷 AC149 Zcl 4219

〔后晋〕刘昫等撰

清光绪十年（1884）上海同文书局石印本　四十八册

钤有"季明""马鉴之印"印

107.唐书二百七十三卷 2621.1 4900

〔宋〕欧阳修、宋祁撰

清同治十二年（1873）浙江书局校刻本　三十册

钤有"马鉴之印"印

108.辽史一百十五卷附钦定辽史语解十卷 AC149 Zcl 4230

〔元〕托克托等纂修

清道光四年（1824）刻本　十六册

钤有"马鉴之印"印

109.辽史一百十六卷 2685.1 7900

〔元〕脱脱等修

清光绪二十八年（1902）史学会社石印本　三册

钤有"马鉴之印"印

110.续后汉书四十二卷 2560.05 1119

〔宋〕萧常撰

清道光二十一年（1841）刻本　六册

钤有"华县汤子寿藏书印""马鉴之印""马鉴"印

111.周季编略九卷 2530 3327

〔清〕黄式三纂

清同治十二年（1873）上浣浙江书局刻本　四册

钤有"马鉴之印"印

112.东华录三十二卷 2742 4170

〔清〕蒋良骐辑

清晚期刻本　十二册

钤有"季明""马鉴之印"印

113.历朝纪事本末九种六百五十八卷2513　7339

清光绪二十八年（1902）上海书局石印本　二十七册

钤有"马鉴之印"印

114.武王克殷日纪不分卷2520.4 6635

〔清〕林春溥纂

清嘉庆二十四年（1819）刻本　一册

钤有"马鉴之印"印

115.元亲征录一卷2700.71 9633

〔清〕何秋涛校正　　〔清〕李文田、沈曾植校注

清光绪十九年（1893）刻朱墨印本　一册

钤有"鄞马鉴季明藏""马鉴"印

116.十六国春秋一百卷2578.8 9733

〔北魏〕崔鸿撰

清光绪十二年（1886）湖北官书局重刻本　二十册

钤有"为春室收藏图书""马鉴之印"印

117.元史氏族表三卷2700.15 5994

〔清〕钱大昕撰

清晚期江苏书局刻本　二册

钤有"鄞马鉴季明藏"印

118.慈溪黄氏日抄分类读史二卷2516 1953

〔宋〕黄震撰

清光绪二十九年（1903）　铅印本　二册

钤有"马鉴之印"印

按:封面墨笔题"二十四年十一月十七日购自广州市"

119.史记菁华录六卷 2511.16 9331

〔清〕姚祖恩编

清道光十三年（1833）大盛堂重刻本四册

钤有"马鉴之印"印

120.西汉节义传论二卷 2520.4 1135

〔清〕李邺嗣撰

清光绪十一年（1885）金峨山馆刻本一册

钤有"鄞马鉴季明藏"印

121.国朝先正事略六十卷 2259.8 3313

〔清〕李元度撰

清光绪二十四年（1898）上海书局重校石印本　四册

钤有"马鉴之印""马氏老学斋劫余文物""李""佛声宝爱"印

122.袁督师事迹一卷 2267 5499

清光绪三十年（1904）南海伍氏粤雅堂校刻本　一册

钤有"马鉴之印"印

123.宋元学案一百卷首一卷 1022 9511

〔清〕黄宗羲撰　〔清〕黄百家纂辑　〔清〕全祖望修订　〔清〕冯云濠等校刊

清光绪五年（1879）长沙寄庐重刻本　四十册

钤有"马鉴之印"印

124.明儒学案六十二卷 1025 1100

〔清〕黄宗羲撰　〔清〕莫晋、莫阶校刊

清道光元年（1821）刻本　二十四册

钤有"马鉴之印"印

125.国朝书画家笔录四卷 AC149 Zcl 2128

〔清〕窦镇辑

清宣统三年（1911）文学山房木活字本　八册

钤有"马鉴之印"印

126.列女传补注八卷叙录一卷 2261.60 7832

〔清〕王照圆撰

清嘉庆十七年（1812）栖霞郝氏晒书堂刻本　四册

钤有"鄞马鉴季明藏"印

127.关帝圣迹图志全集十卷 AC149 Zcl 1336

〔清〕卢湛等辑

清嘉庆十二年（1807）广东山陕会馆刻本　四册

钤有"马鉴之印"印

128.王深宁先生年谱不分卷 2275.2 6988

〔清〕陈仅纂辑　〔清〕张恕编次

清道光二十五年（1845）四明继雅堂重刻本　一册

钤有"马鉴之印"印

129.求阙斋日记类钞二卷 2268.83 3335

〔清〕曾国藩撰　〔清〕王启原校编

清光绪二年（1876）传忠书局刻本二册

钤有"马鉴之印"印

130.光绪壬寅补行庚子辛丑恩正并科顺天乡试同年全录不分卷 2261.35 3413

清光绪二十八年（1902）　补刻本　二册

钤有"马鉴之印"印

131.通志二百卷 4681 4300

〔宋〕郑樵撰

光绪二十八年（1902）上海鸿宝书局石印本　四十册

钤有"马鉴之印"印

132.钦定续通典一百五十卷 4681 1440

〔清〕嵇璜等编纂

清光绪二十八年（1902）上海鸿宝书局石印本　八册

钤有"马鉴之印"印

133.钦定续通志六百四十卷 4681 1430

〔清〕嵇璜等编纂

清光绪二十八年（1902）上海鸿宝书局石印本　四十册

钤有"马鉴之印"印

134.钦定续文献通考二百五十卷 4681 1614

〔清〕嵇璜等编纂

清光绪年间上海鸿宝书局石印本　二十四册

钤有"马鉴之印"印

135.皇朝通典一百卷 4681 1344

〔清〕嵇璜等编纂

清光绪二十八年（1902）上海鸿宝书局石印本　八册

钤有"马鉴之印"印

136.皇朝通志一百二十六卷 4681 1343

〔清〕嵇璜等编纂

光绪二十八年（1902）上海鸿宝书局石印本　八册

钤有"马鉴之印"印

137.皇朝文献通考三百卷 4681 1361

〔清〕嵇璜等编纂

清光绪二十八年（1902）上海鸿宝书局石印本　三十二册

钤有"马鉴之印"印

138.汉官仪三卷 AC149 Zcl 944

〔宋〕刘攽撰

清道光四年（1824）刻本　一册

钤有"马鉴"印

139.浣霞摸心记二卷 4673 1181

〔清〕金城撰

清道光间刻本　二册

钤有"马鉴之印"印

140.广东考古辑要四十六卷 3073.3 3433

〔清〕周广等辑

清光绪十九年（1893）还读书屋刻本　十册

钤有"马鉴之印"印

141.粤屑八卷 AC149 Zcl 1386

〔清〕刘世馨辑　〔清〕刘士莘校录　〔清〕许联升订定

清道光十年（1830）聚锦同记刻本　四册

钤有"马鉴之印"印

142.湖壖杂记不分卷 3070.2 1543

〔清〕陆次云撰

清光绪七年（1881）钱唐丁氏刻本二册

钤有"马鉴之印"印

143.南游记不分卷 3050. 82 8530

〔清〕孙嘉淦撰

清嘉庆十年（1805）守意盦刻本　一册

钤有"马鉴之印"印

144.谈瀛录六卷 2376 4570

〔清〕袁祖志撰

清光绪十七年（1891）同文书局石印本　二册

钤有"马鉴之印"印

145.补环宇访碑录五卷附补环宇访碑录失编一卷 2096. 2 2156

〔清〕赵之谦纂集　〔清〕沈树镛复勘

清同治三年（1864）刻本　二册

钤有"马鉴之印"印

146.补晋书经籍志四卷 2571. 15 2393

〔清〕吴士鉴纂

清光绪二十一年（1895）刻本　一册

钤有"鄞马鉴季明藏"印

147.元史艺文志四卷 2700. 15 5956

〔清〕钱大昕补撰

清晚期江苏书局刻本　一册

钤有"鄞马鉴季明藏"印

148.持静斋书目四卷续增一卷附持静斋藏书纪要二卷 AC149 Zcl 1846

〔清〕丁日昌辑　〔清〕林友松等校

清同治光绪间刻本　六册

钤有"马鉴之印"印

149.汇刻书目二十卷 AC149 Zcl 1803

〔清〕顾修撰　〔清〕朱学勤补

清光绪十二至十五年（1886—1889）上海福瀛书局刻本　二十册

钤有"马鉴之印"印

150.昭德先生郡斋读书志二十卷附志二卷 AC149 Zcl 1936

〔宋〕晁公武撰　〔宋〕姚应绩编

清光绪十年（1884）长沙王氏刻本　十册

钤有"鄞马鉴季明藏"印

151.四库未收书目提要五卷 AC149 Zcl 1593

〔清〕阮元撰

清光绪四年（1878）上海淞隐阁铅印本　一册

钤有"马鉴之印"印

152.善本书室藏书志四十卷附录一卷 AC149 Zcl 2052

〔清〕丁丙辑

清光绪二十七年（1901）钱塘丁氏刻本　十六册

钤有"马鉴之印"印

153.士礼居藏书题跋记六卷 AC149 Zcl 1830

〔清〕黄丕烈撰

清光绪八年（1882）刻本　四册

钤有"马鉴之印"印

154.皇清经解缩本编目十六卷 110 1333

〔清〕凌忠照编　〔清〕张绍铭分辑

清光绪十八年（1892）上海古香阁影印本　四册

钤有"马鉴之印"印

155. 小学考五十卷 AC149 Zcl 979

〔清〕谢启昆撰

清光绪十五年（1889）石印本　六册

钤有"马鉴之印"印

156. 宋史四百九十六卷目录三卷 2665.1 9900

〔元〕脱脱等撰

清光绪元年（1875）浙江书局校刻本　一百册

钤有"季明"印

157. 欧阳氏遗书不分卷 AC149 Zcl 1036

〔清〕欧阳直撰　〔清〕欧阳冈校刊

清道光二十年（1840）梅花书屋刻本　一册

钤有"季明"印

158. 滟澦囊五卷 2737.71 5580

〔清〕李馥荣编　〔清〕刘承莆参订

清道光二十七年（1847）刻本　一册

钤有"季明"印

159. 平浙纪略十六卷 AC149 Zcl 1381

〔清〕秦湘业撰

清光绪元年（1875）上海申报馆铅印本　四册

钤有"季明"印

160. 儒林宗派十六卷 168.1 5742

〔清〕万斯同撰

清宣统三年（1911）上海国学扶轮社铅印本　二册

钤有"季明"印

161.仇十洲绣像列女传二卷 2261.60 7830

题〔明〕汪氏辑　〔明〕仇英补图

清光绪十二年（1886）铁城广百宋斋本上海同文书局石印本　四册

钤有"季明"印

162.沪城备考六卷 AC149 Zcl 5014

〔清〕褚华撰

清光绪四年（1878）上海申报馆仿聚珍版铅印本　二册

钤有"季明"印

163.凝香室鸿雪因缘图记三集 2268.82 1155

〔清〕麟庆撰

清光绪十二年（1886）上海同文书局石印本　三册

钤有"季明"印

164.古刻丛钞不分卷 2096.6 3343

〔元〕陶宗仪撰　〔清〕孙星衍重编

清光绪十一年（1885）白堤八字桥朱氏槐卢家塾刻本　一册

钤有"季明"印

165.行素堂目睹书录十编 AC149 Zcl 1775

〔清〕朱记荣辑订

清光绪十年（1884）古吴白堤孙谿槐庐家刻本　十册

钤有"季明"印

166.文海披沙八卷 AC149 Zcl 1394

〔明〕谢肇淛撰

清光绪三年（1877）上海申报馆铅印本　四册

钤有"季明"印

**子部**

167.家语疏证六卷 1076 9300

〔清〕孙志祖撰

清嘉庆间刻本　二册

钤有"季明""马氏老学斋劫余文物"印

168.荀子补注二卷 1120.8 2300

〔清〕郝懿行撰

清嘉庆间刻本　一册

钤有"马鉴读"印

169.新语二卷 1131 0000

〔汉〕陆贾撰

清光绪元年（1875）湖北崇文书局刻本　一册

钤有"季明""马鉴之印"印

170.法言疏证十三卷 1150 9300

〔汉〕扬雄撰　〔清〕汪荣宝注

清宣统三年（1911）金薤琳琅斋铅印本　四册

钤有"马鉴之印"印

171.汉学商兑三卷 1345 1194

〔清〕方东树撰

清光绪二十六年（1900）浙江书局校刻本　四册

钤有"马鉴读"印

172.医林改错二卷 AC149 Zcl 3008

〔清〕王清任撰

清道光十年（1830）京都隆福寺胡同三槐堂书铺刻本　二册

钤有"马鉴之印"印

173.驱蛊燃犀录不分卷 AC149 Zcl 3528

题〔清〕燃犀道人撰

清光绪十九年（1893）宝镜山房刻本一册

钤有"马鉴之印"印

174.冷庐医话五卷 AC149 Zcl 3029

〔清〕陆以湉撰

清光绪二十三年（1897）乌程庞氏刻本　四册

钤有"马鉴之印"印

175.医宗必读五卷首一卷 AC149 Zcl 3084

〔明〕李中梓撰　〔明〕吴肇广参　〔明〕李廷芳订

清尚友堂刻本　六册

钤有"马鉴之印"印

176.吕氏春秋二十六卷 1126. 2 0000

〔汉〕高诱注

清光绪元年（1875）浙江书局据毕氏灵岩山馆本校刻本　六册

钤有"马鉴之印"印

177.风俗通义十卷 AC149 Zcl 1523

〔汉〕应劭撰

清光绪元年（1875）湖北崇文书局刻本　二册

钤有"季明""马鉴读"印

178.容斋随笔十六卷、续笔十六卷、三笔十六卷、四笔十六卷、五笔十卷 AC149 Zcl 697

〔宋〕洪迈撰

清光绪二十年（1894）皖南洪氏重刻本　十八册

钤有"鄞马鉴季明藏"印

179. 识小录一卷 4734.7 9170

〔清〕王夫之撰

清同治四年（1865）湘乡曾氏金陵节署刻本　一册

钤有"马鉴之印"印

180. 归田琐记八卷 AC149 Zcl 1379

〔清〕梁章钜撰

清同治五年（1866）连元阁刻本　二册

钤有"马鉴之印"印

181. 浪迹丛谈十一卷 AC149 Zcl 1029

〔清〕梁章钜撰

清道光二十七年（1847）亦东园刻本　四册

钤有"马鉴之印"印

182. 冷庐杂识八卷附续编一卷 AC149 Zcl 1910

〔清〕陆以湉撰

清咸丰六年（1856）刻本　八册

钤有"马鉴之印"印

183. 鸥陂渔话六卷 AC149 Zcl 1744

〔清〕叶廷琯撰

清同治九年（1870）姑苏城内珠明寺西谢文翰斋刻本　六册

钤有"马鉴之印"印

184. 随园琐记二卷 AC149 Zcl 1972

〔清〕袁祖志撰　〔清〕包祖同校

清光绪五年（1879）刻本　二册

钤有"马鉴之印"印

185.常谈四卷 AC149 Zcl 1704

〔清〕刘玉书撰 〔清〕刘亨庆编次 〔清〕刘达斌校

清光绪二十五年（1899）刻本 四册

钤有"马鉴之印"印

186.人海记二卷 AC149 Zcl 1670

〔清〕查慎行编 〔清〕张士宽校刊

清宣统二年（1910）扫叶山房石印本 二册

钤有"马鉴之印"印

187.小学盦遗书四卷 AC149 Zcl 1102

〔清〕钱馥撰

清光绪二十一年（1895）什邡清风室校刻本 一册

钤有"马鉴之印"印

188.群书札记十四卷 AC149 Zcl 1706

〔清〕朱亦栋撰

清光绪四年（1878）武林竹简斋重刻本 七册

钤有"马鉴之印"印

189.愈愚录六卷 AC149 Zcl 1988

〔清〕刘宝楠撰

清光绪十五年（1889）广雅书局刻本 二册

钤有"马鉴"印

190.长兴学记不分卷 1349 3119

〔民国〕康有为撰

清光绪十八年（1892）寓沪思求阙斋翻刻本 一册

钤有"马鉴之印"印

191.记闻类编十四卷 2746 3672

〔清〕蔡尔康辑

清光绪三年（1877）上海印书局铅印本　六册

钤有"清轩""道□堂""马鉴之印""清细"印。

192.雨堂偶笔五卷首一卷 AC149 Zcl 1741

〔清〕蒋庆籲撰　〔清〕蒋庆篪、蒋庆第校

清光绪二十三年（1897）刻本　四册

钤有"马鉴之印"印

193.梦溪笔谈二十六卷、补笔谈三卷、续笔谈十一篇 AC149 Zcl 1658

〔宋〕沈括撰

清光绪三十二年（1906）番禺陶氏爱庐校刻本　四册

钤有"鄞马鉴季明藏"印

194.啸亭杂录八卷续录二卷 2746.2 1447

〔清〕昭梿撰

清光绪六年（1880）刻本　六册

钤有"鄞马鉴季明藏"印

195.古香斋鉴赏袖珍春明梦余录七十卷 3056.2 3885

〔清〕孙承泽撰

清光绪九年（1883）广州惜分阴馆刻本　二十四册

钤有"鄞马鉴季明藏"印

196.静娱亭笔记十二卷 AC149 Zcl 1244

〔清〕张培仁撰

清同治光绪间刻本　八册

钤有"马鉴之印"印

197.对山书屋墨余录十六卷 AC149 Zcl 1053

〔清〕毛祥麟撰

清同治九年（1870）湖州醉六堂吴氏刻本　六册

钤有"马鉴之印"印

198.见闻续笔二十四卷 AC149 Zcl 930

〔清〕齐学裘撰

清光绪二年（1876）天空海阔之居刻本　九册

钤有"马鉴之印"印

199.耳邮四卷 AC149 Zcl 1382

〔清〕俞樾编

清光绪四年（1878）上海申报馆仿聚珍版铅印本　二册

钤有"马鉴"印

200.雨窗消意录甲部四卷 AC149 Zcl 1107

〔清〕牛应之编

清后期刻本　四册

钤有"马鉴之印""芸楼""季明"印

201.太平广记五百卷目录十卷 AC149 Zcl 1518

〔宋〕李昉等编　〔清〕黄晟校刊

清道光二十六年（1846）三让睦记刻本　四十八册

钤有"马鉴读""季明"印

202.续夷坚志四卷 AC149 Zcl 1236

〔金〕元好问纂

清嘉庆十三年（1808）大梁书院刻本一册

钤有"马鉴之印"印

203. 异谈可信录二十三卷 AC149 Zcl 785

〔清〕邓旸辑

清嘉庆元年（1796）碧山楼刻本 十二册

钤有"马鉴之印"印

204. 宋辽金元四史朔闰考二卷 2662. 15 9735

〔清〕钱大昕撰

清咸丰二年（1852）刻本 一册

钤有"马鉴之印"印

205. 翰林要诀不分卷 AC149 Zcl 2047

〔元〕陈绎曾撰

清光绪五年（1879）京都琉璃厂酉山堂书坊校刻本 一册

钤有"马鉴之印"印

206. 论书偶存不分卷 AC149 Zcl 2119

〔清〕李朝栋撰　〔清〕武文炳梓

清光绪十六年（1890）岐山武氏刻本一册

钤有"马鉴之印"印

207. 古今集联不分卷 AC149 Zcl 1294

〔清〕莫友芝等辑

清同治十三年（1874）京都琉璃厂刻本 四册

钤有"马鉴之印"印

208. 谜拾二卷附谜学一卷 AC149 Zcl 1214

〔清〕唐景崧撰

清光绪十九年（1893）刻本 一册

钤有"马鉴之印"印

209.蟋蟀秘要一卷 AC149 Zcl 2966

清咸丰十一年（1861）刻本　一册

钤有"马鉴之印"印

210.大乘起信论疏解汇集八种 1839.71 9313

〔清〕杨文会汇刻

清光绪十一至二十五年（1885—1899）金陵刻经处刻本　十二册

钤有"季明""马鉴读"印

211.因明入正理论疏八卷 1811.5 9000

〔唐〕释窥基撰

清光绪二十二年（1896）金陵刻经处刻本　二册

钤有"季明""马鉴读"印

212.相宗八要直解八卷 1872.22 1425

〔明〕释智旭等撰

清同治九年（1870）金陵刻经处刻本二册

钤有"季明""马鉴读"印

213.弘明集十四卷 1857 1830

〔南朝梁〕释僧祐集

清光绪二十二年（1896）金陵刻经处刻本　四册

钤有"季明""马鉴读"印

214.释迦谱十卷 1893 9320

〔南朝梁〕释僧祐撰

清光绪三十四年（1908）刻本　四册

钤有"季明""马鉴之印""马鉴读"印

215.大慈恩寺三藏法师传十卷 1899 4444

〔唐〕释彦悰笺

清宣统元年（1909）常州天宁寺刻本　三册

钤有"季明""马鉴之印""马鉴读"印

216.翻译名义集二十卷 1810 6585

〔宋〕释法云编

清光绪四年（1878）金陵刻经处刻本　六册

钤有"季明""马鉴读"印

217.艺林伐山十三卷 AC149 Zcl 1417

〔明〕杨慎撰

清光绪年间上海申报馆仿聚珍版铅印本　二册

钤有"季明"印

218.经余秘书必读八卷 AC149 Zcl 978

〔清〕钱树棠等辑

清嘉庆十一年（1806）文畬堂刻本　四册

钤有"蔼人""季明"印

219.孪史四十八卷 AC149 Zcl 1392

〔清〕王希廉撰

清光绪二年（1876）上海申报馆仿聚珍版铅印本　六册

钤有"季明"印

220.桯史十五卷附录一卷 AC149 Zcl 1421

〔宋〕岳珂撰　〔明〕毛晋订

清光绪年间上海申报馆仿聚珍版铅印本　四册

钤有"季明"印

221.曼陀罗华阁琐记二卷 AC149 Zcl 1270

〔清〕杜文澜撰

清咸丰十一年（1861）刻本　二册

钤有"季明"印

222.笑笑录六卷 AC149 Zcl 2514

题〔清〕独逸窝退士编

清光绪年间上海申报馆仿袖珍版铅印本　五册

钤有"楚青""金嗣芬印""季明"印

**集部**

223.离骚汇订不分卷 AC149 Zcl 1302

〔清〕王邦采辑

清光绪二十六年（1900）广雅书局刻本　二册

钤有"马鉴""马氏老学斋劫余文物"印

224.楚辞新注求确十卷 AC149 Zcl 69

〔清〕胡浚源增注

清嘉庆二十五年（1820）务本堂刻本　四册

钤有"马鉴之印""马氏老学斋劫余文物"印

225.靖节先生集十卷首一卷末一卷 5263. 2 4303

〔晋〕陶渊明撰　〔清〕陶澍集注

清道光二十年（1840）刻本　四册

钤有"季明""马鉴之印""马鉴读"印

226.陶渊明集八卷首一卷末一卷 AC149 Zcl 113

〔晋〕陶渊明撰

清光绪六年（1880）信都呼清泰刻三色套印本　四册

钤有"马鉴之印"印

227.王子安集注二十卷首一卷末一卷 AC149 Zcl 1882

〔唐〕王勃撰　〔清〕蒋清翊注

清光绪九年（1883）吴县蒋氏双唐碑馆刻本　六册

钤有"马鉴之印""马氏老学斋劫余文物"印

228.张说之文集二十五卷附补遗五卷 AC149 Zcl 455

〔唐〕张说撰

清光绪三十一年（1905）仁和朱氏刻朱印本　四册

钤有"马鉴之印"印

229.李太白文集三十卷 AC149 Zcl 523

〔唐〕李白撰　〔宋〕宋敏求编

清光绪元年（1875）湖北崇文书局刻本　四册

钤有"鄞马鉴季明藏"印

230.唐陆宣公集二十二卷 4662.4 4713

〔唐〕陆贽撰　〔清〕周石、吴绍沅重校

清嘉庆二十三年（1818）春晖堂刻本六册

钤有"季明""马鉴之印"印

231.新雕校证大字白氏讽谏不分卷 AC149 Zcl 1157

〔唐〕白居易撰

清光绪十九年（1893）刻本　一册

钤有"马鉴之印"印

232.昌黎先生集四十卷 1195 0000

〔唐〕韩愈撰　〔唐〕李汉编

清同治八年（1869）江苏书局重刻本　十册

钤有"季明""马鉴之印""马氏老学斋劫余文物"印

233.韩文百篇编年三卷 AC149 Zcl 336

〔唐〕韩愈撰　〔清〕刘成忠选评

清光绪二十六年（1900）食旧堂刻本　三册

钤有"马鉴之印"印

234.唐柳河东集四十五卷外集五卷附录一卷 AC149 Zcl 1329

〔唐〕柳宗元撰　〔明〕蒋之翘辑注　〔清〕杨廷理重刊

清道光十九年（1839）双梧居重刻本　二十册

钤有"马鉴之印"印

235.孙明复小集一卷 AC149 Zcl 951

〔宋〕孙复撰

清光绪十五年（1889）问经精舍校刻本　一册

钤有"马鉴之印"印

236.后山先生集二十四卷首一卷 AC149 Zcl 103

〔宋〕陈师道撰

清光绪十一年（1885）赵本重刻本　四册

钤有"马鉴"印

237.水心先生别集十六卷 1271 2300

〔宋〕叶适撰

清同治九年（1870）刻本　四册

钤有"马鉴之印"印

238.梦窗甲乙丙丁稿四卷补遗一卷附札记一卷 AC149 Zcl 1233

〔宋〕吴文英撰

清光绪二十五年（1899）四印斋刻本　二册

钤有"马鉴之印"印

239.深宁先生文钞八卷 AC149 Zcl 774

〔宋〕王应麟撰　〔清〕叶熊校刊　〔清〕叶培元、叶培诚参订

〔清〕陈仅等校

清道光九年（1829）紫藤花馆刻本　八册

钤有"马鉴之印"印

240.滹南遗老王先生文集四十五卷 AC149 Zcl 755

〔金〕王若虚撰

清光绪十二年（1886）刻本　四册

钤有"鄞马鉴季明藏""马氏老学斋劫余文物"印

241.铁厓咏史八卷附铁厓小乐府一卷 AC149 Zcl 84

〔元〕杨维桢撰　〔清〕宋泽元校订

清光绪十二年（1886）忏华盦刻本　四册

钤有"马鉴"印

242.剡源文钞四卷附录佚文一卷 AC149 Zcl 829

〔清〕黄宗羲选定　〔清〕何焯评点

清光绪十五年（1889）大酂山馆重刻本　二册

钤有"马鉴之印"印

243.春酒堂文集不分卷 AC149 Zcl 818

〔清〕周容撰

清宣统二年（1910）上海国学扶轮社铅印本　二册

钤有"马鉴"印

244.八行堂集约钞二卷 AC149 Zcl 1265

〔清〕史大成撰　〔清〕史久垣校刊

清光绪十二年（1886）史氏刻本　二册

钤有"马鉴之印"印

245.道援堂诗集十二卷附词一卷 AC149 Zcl 324

〔清〕屈大均撰

清乾隆嘉庆间刻本　八册

钤有"鄞马鉴季明藏""马鉴"印

246.聊斋先生文集二卷 AC149 Zcl 106

〔清〕蒲松龄撰

清宣统元年（1909）国学扶轮社铅印本　二册

钤有"马鉴之印"印

247.惜抱先生尺牍八卷 AC149 Zcl 1415

〔清〕姚鼐撰　〔清〕陈用光辑

清宣统元年（1909）小万柳堂据海源阁本重刻本　四册

钤有"会稽周氏凤皇专斋藏""马鉴之印"印

248.有正味斋骈体文二十四卷首一卷 AC149 Zcl 73a

〔清〕吴锡麒撰　〔清〕王广业笺

清咸丰九年（1859）青箱塾刻本　六册

钤有"鄞马鉴季明藏""学然后知不足""伟民""陈国人印"印

249.杏本堂诗古文学制二卷 AC149 Zcl 922

〔清〕陈之纲撰

清嘉庆间刻本　二册

钤有"马鉴之印"印

250.今白华堂诗八卷 AC149 Zcl 551

〔清〕童槐撰　〔清〕童华校录

清同治八年（1869）刻本　四册

钤有"马鉴之印"印

251.柏枧山房文集十六卷附续集一卷 PL2719 Mzl. B

〔清〕梅曾亮撰

清宣统三年（1911）上海国学扶轮社石印本　四册

钤有"马鉴之印"印

252.继雅堂诗集三十四卷 AC149 Zcl 406

〔清〕陈仪撰

清道光二十七年（1847）刻本　六册

钤有"马鉴之印"印

253.南兰文集六卷 CS2990 Zs. L

〔清〕张恕撰

清光绪五年（1879）刻本　四册

钤有"马鉴之印"印

254.古微堂内集二卷 AC149 Zcl 817

〔清〕魏源撰

清宣统元年（1909）上海国学扶轮社铅印本　一册

钤有"马鉴之印"印

255.眠琴馆诗钞四卷 AC149 Zcl 453

〔清〕胡斯錞撰

清道光十四年（1834）刻本　一册

钤有"马鉴之印"印

256.修齐堂诗钞五卷 AC149 Zcl 1269

〔清〕李承烈撰

清道光十五年（1835）刻本　一册

钤有"马鉴之印"印

257.梅窝诗钞三卷、梅窝词钞一卷、梅窝遗稿一卷、附梅窝诗补遗一卷 AC149 Zcl 1445

〔清〕陈良玉撰

清光绪元年（1875）刻本　二册

钤有"马鉴之印"印

258.赌棋山庄文集七卷 AC149 Zcl 371

〔清〕谢章铤撰

清光绪十年（1884）弢盦南昌使廨刻本　三册

钤有"马鉴之印"印

259.复堂类集二十一卷 AC149 Zcl 123

〔清〕谭献撰

清光绪十一至十三年（1885—1887）刻本　六册

钤有"马鉴之印"印

260.庸盦文别集六卷 AC149 Zcl 1380

〔清〕薛福成撰

清光绪二十九年（1903）石印本　六册

钤有"马鉴之印"印

261.镇亭山房诗集十八卷 AC149 Zcl 430

〔清〕陆廷黻撰

清光绪十七年（1891）刻本　六册

钤有"马鉴之印"印

262.镇亭山房骈文四卷 AC149 Zcl 1251

〔清〕陆廷黻撰

清光绪间刻本　二册

钤有"马鉴之印"印

263.人境庐诗草十一卷 5530. 3 1413

〔清〕黄遵宪撰

清宣统三年（1911）铅印本　四册

钤有"马氏老学斋劫余文物"印

264.聊园杂文略一卷 AC149 Zcl 1651

〔清〕土增祺撰

清光绪二十九年（1903）成都文伦书局铅印本　一册

钤有"马鉴之印"印

265.师郑堂骈体文存二卷 AC149 Zcl 905

〔清〕孙同康撰　〔清〕李越缦鉴定

清光绪二十一年（1895）刻本　一册

钤有"马鉴之印"印

266.近水楼遗稿不分卷 AC149 Zcl 1013

〔清〕忻恕撰　〔清〕忻肇寅辑

清宣统二年（1910）木活字本　一册

钤有"马鉴之印"印

267.初唐四杰文集二十一卷 AC149 Zcl 101

〔清〕项家达辑

清光绪五年（1879）淮南书局刻本　四册

钤有"马鉴之印""马氏老学斋劫余文物"印

268.南宋群贤小集八十种 AC149 Zcl 152

〔宋〕陈起编　〔清〕顾修辑

清嘉庆六年（1801）读画斋重刻本　三十八册

钤有"鄞马鉴季明藏""马鉴"印

269.古文苑二十一卷 AC149 Zcl 108

〔宋〕章樵注　〔清〕李锡龄校刊

清光绪十四年（1888）长沙惜阴书局重刻本　四册

钤有"鄞马鉴季明藏""马鉴读"印

270.续古文苑二十卷 AC149 Zcl 454

〔清〕孙星衍撰

清光绪十一年（1885）白堤八字桥朱氏槐庐家塾刻本　八册

钤有"马鉴之印""孙溪逸士过眼"印

271.古文渊鉴六十四卷 AC149 Zcl 1334

〔清〕徐乾学等编注

清宣统二年（1910）学部图书局影印本　二十四册

钤有"马鉴之印"印

272.骈体文钞三十一卷 AC149 Zcl 46a

〔清〕李兆洛辑

清同治六年（1867）娄江徐氏刻本　十册

钤有"芝圃珍藏""马鉴读""季耕鉴藏""剪淞阁""潘飞声"印

273.文苑菁华不分卷 AC149 Zcl 855

〔清〕蒋其章辑

清同治十二年（1873）铅印本　八册

钤有"马鉴之印""半亩园曾存""竹云山馆""犊山父""竹云""子孙永保"印

274.八家四六文注八卷附八家四六文补注一卷 AC149 Zcl 447a

〔清〕许贞干注

清光绪十八年（1892）上海图书集成印书局铅印本　八册

钤有"马鉴之印"印

275.唐文粹一百卷补遗二十六卷 AC149 Zcl 1326

〔宋〕姚铉纂

清光绪十六年（1890）杭州许氏榆园校刻本　二十四册

钤有"马鉴之印"印

276.唐诗三百首续选不分卷 AC149 Zcl 242

〔清〕于庆元编　〔清〕于鼎元等校

清道光十七年（1837）经济堂校刻本　一册

钤有"马鉴之印"印

277.国朝常州骈体文录三十一卷附结一宦骈体文一卷 AC149 Zcl 1096

〔清〕屠寄辑

清光绪十六年（1890）影印本　六册

钤有"马鉴之印"印

278.句余嗣响不分卷 AC149 Zcl 1234

〔清〕沈思钦等撰

清宣统二年（1910）天门山馆木活字本　一册

钤有"马鉴之印"印

279.名人尺牍小品四卷 AC149 Zcl 912

〔清〕王元勋、程化騄编

清光绪七年（1881）常熟抱芳阁刻本　四册

钤有"马鉴之印"印

280.辨志文会课艺不分卷 AC149 Zcl 1077

〔清〕宗源瀚撰

清光绪七年（1881）刻本　六册

钤有"马鉴之印"印

281.蕭社笔谈三卷 AC149 Zcl 1012

〔清〕张时中撰

清光绪十七年（1891）廪延徐氏校刻本　一册

钤有"马鉴之印"印

282.沧浪诗话二卷 AC149 Zcl 513

〔宋〕严羽撰　〔清〕胡鉴注　〔清〕任世熙校

清光绪七年（1881）广州刻本　一册

钤有"马鉴"印

283.带经堂诗话三十卷首一卷 AC149 Zcl 1010

〔清〕王士祯撰

清同治十二年（1873）广州藏修堂重刻本　十册

钤有"马鉴"印

284.瓯北诗话十卷 AC149 Zcl 1198

〔清〕赵翼撰

清同治十三年（1874）红杏山房重刻本　二册

钤有"冰清玉洁""金溪赵氏""宋清献公子孙""马鉴之印"印

285.停云阁诗话八卷 AC149 Zcl 97

〔清〕李家瑞纂

清咸丰五年（1855）刻本　二册

钤有"镜唐藏书""马鉴"印

286.详注笔耕斋尺牍二卷附详注写信要览一卷 AC149 Zcl 1177

〔清〕管士骏撰　〔清〕叶凤池阅正

清光绪年间上海申报馆仿聚珍版铅印本　一册

钤有"马鉴之印"印

287.宋六十名家词六十一种 AC149 Zcl 1297

〔明〕毛晋辑

清光绪十四年（1888）汲古阁原本钱唐汪氏重校刻本　十八册

钤有"鄞马鉴季明藏"印

288.宋元名家词十五种 AC149 Zcl 1325

〔清〕江标辑

清光绪二十一年（1895）刻本　四册

钤有"马鉴之印"印

289.更生斋诗余二卷拟两晋南北史乐府二卷附鲐轩外集一卷 AC149 Zcl 808

〔清〕洪亮吉撰

清光绪三至四年（1877—1878）鄂垣授经堂重刻本　一册

钤有"马鉴之印"印

290.疏影楼词四卷 AC149 Zcl 753

〔清〕姚燮撰

清道光十三年（1833）上湖草堂刻本　二册

钤有"马鉴之印"印

291.花笑楼词四种四卷 AC149 Zcl 810

〔清〕杨其光撰　〔清〕陈步墀选

清宣统元年（1909）铅印本　一册

钤有"马鉴之印"印

292.诗余偶钞六卷 AC149 Zcl 261

〔清〕王先谦辑

清光绪十六年（1890）长沙王氏刻本　一册

钤有"马鉴之印"印

293.牡丹亭还魂记二卷五十五出 5686 8441

〔明〕汤显祖编

清光绪十二年（1886）积山书局石印本　四册

钤有"季明"印

按:卷首内封有墨笔题识,署"三十五年五月一日于成都季明",末钤"马鉴"印

### 294. 返魂香传奇四卷 AC149 Zcl 4198

〔清〕宣鼎撰

清光绪三年(1877)上海申报馆铅印本　二册

钤有"马鉴之印"印

### 295. 青石山不分卷 AC149 Zcl 234

清光绪九年(1883)抄本　八册

钤有"马鉴之印"印

### 296. 聊斋志异遗稿四卷 5739 2977.2

〔清〕蒲松龄撰

清光绪四年(1878)聚珍堂木活字本二册

钤有"马鉴之印"印

### 297. 想当然耳八卷 AC149 Zcl 2515

〔清〕邹钟撰

清光绪四年(1878)聚珍堂木活字本四册

钤有"马鉴之印"印

### 298. 聊摄丛谈六卷 AC149 Zcl 1189

〔清〕须方岳撰　〔清〕余培元校

清光绪十二年(1886)文英堂刻本　六册

钤有"马鉴之印"印

### 299. 池上草堂笔记二卷 AC149 Zcl 1050

〔清〕梁恭辰撰

清光绪十八年(1892)汴梁城北书店街艺文堂刻本　八册

钤有"马鉴之印"印

300.评论出像水浒传二十卷七十回 5752 9131

〔元〕施耐庵撰　　〔清〕金人瑞评点

清嘉庆间善成堂重刻本　二十册

钤有"马鉴之印"印

301.官场现形记五编六十卷 AC149 Zcl 1856

〔清〕李宝嘉撰

清光绪二十九年（1903）石印本　十七册

钤有"马鉴之印"印

302.读书纪数略五十四卷 9301 4939

〔清〕宫梦仁编纂　　〔清〕宋泽元校刊

清光绪六年（1880）忏花盦刻本　十二册

钤有"马鉴之印"印

303.升庵外集二十四卷 AC149 Zcl 3866

〔明〕杨慎撰　　〔明〕焦竑编　　〔明〕顾起元校

清道光二十四年（1844）影明版桂湖重刻本　四十册

钤有"季明"印

304.西征集四卷 AC149 Zcl 1151

〔清〕黄家鼎撰

清光绪八年（1882）刻本　二册

钤有"季明"印

305.芳茂山人诗录十卷 AC149 Zcl 3537

〔清〕孙星衍撰

清光绪十年（1884）白堤八字桥孙溪槐庐家塾刻本　一册

钤有"季明"印

306.唐五代词选三卷 AC149 Zcl 1193

〔清〕冯煦辑

清光绪十三年（1887）刻本 一册

钤有"修竹甘蕉吟馆""季明"印

307.蕉轩摭录十二卷 AC149 Zcl 1176

〔清〕俞梦蕉撰

清光绪年间上海申报馆仿聚珍版铅印本 四册

钤有"季明"印

308.水浒后传四十回 5752. 2 3309

〔清〕陈忱撰

清光绪三年（1877）申报馆铅印本 十册

钤有"季明"印

309.林兰香六十四回 AC149 Zcl 1416

〔清〕随缘下士撰 题〔清〕寄旅散人批点

清光绪三年（1877）上海申报馆铅印本 八册

钤有"季明"印

310.青楼梦六十四回 AC149 Zcl 4138

〔清〕俞达撰

清光绪四年（1878）上海申报馆仿聚珍版铅印本 十册

钤有"季明"印

311.绘芳录八十回 AC149 Zcl 4197

题〔清〕西泠野樵撰

清光绪四年（1878）上海申报馆仿聚珍版铅印本 十六册

钤有"季明"印

312.后西游记四十回 AC149 Zcl 4196

清光绪年间上海申报馆铅印本　八册

钤有"季明"印


## 类丛部

313.点勘记二卷附省堂笔记一卷 AC149 Zcl 916

〔清〕欧阳泉撰

清光绪九年（1883）资中官舍宝砚斋校刻本　二册

钤有"马鉴之印"印

314.说剑堂集十四种 AC149 Zcl 1028

〔清〕潘飞声撰

清光绪二十四年（1898）仙城药洲刻本　一册（残本）

钤有"马鉴之印"印

315.郋园先生全书 9100.9 9851

叶启倬辑

清光绪三十三年至民国六年（1907—1917）长沙叶氏校刻本　四册

钤有"马鉴之印"印

316.屑玉丛谭初集十六种 AC149 Zcl 1383

〔清〕钱征、蔡尔康辑

清光绪四年（1878）上海申报馆仿聚珍版铅印本　四册

钤有"季明"印


## 新学类

317.广学类编十二卷 9336 3172

〔英〕唐兰孟编　〔英〕李提摩太鉴定　〔清〕任廷旭译

清光绪二十七年（1901）上海广学会铅印本　二册

钤有"马鉴之印""江安傅增淯收藏书画金石印"印

## 和刻本

318.豫章罗先生年谱十七卷 1217 0000

〔元〕曹道振编次　〔明〕谢鸾重校

日本宽政八年（1796）听雨精舍刻本　五册

钤有"鄞马鉴季明藏"印

# 新加坡汉籍来源考述
## ——以新加坡国立大学图书馆藏中文古籍为中心

高　斌[*]

**摘　要：** 新加坡国立大学图书馆是东南亚藏中文古籍数量最多的图书馆，在其汉籍收藏史中，融合了早期马来亚大学、南洋大学、早期义安学院等机构的藏书，并得到了新加坡本地藏书家许绍南等人的捐赠。在当地华人华侨的不断资助之下，图书馆拥有了极其丰富的中文古籍馆藏。从所藏古籍钤印中可知，古籍多来源或经手于晚清民国岭南藏书家、日本藏书家和新加坡本地藏书家，这些古籍最终落户新加坡，与东南亚华人在20世纪争取中华文化在海外的传承有着密切的联系。随着对新加坡国立大学图书馆所藏中文古籍整理编目的完成，对新加坡所藏这一批珍贵古籍的研究将进入一个新的阶段。

**关键词：** 新加坡　汉籍收藏史　古籍流布　藏书家

东南亚地区是世界上海外华人的重要聚居区，其中又以新加坡和马来西亚为最。中国和东南亚地区在历史和地理上有着密切的联系，也使得东南亚地区成为海外中华文化传播的重要区域，当地华人对传承和发扬中华文化也极为看重。新马地区很多高校都设有以研究中华语言文化为主要内容的汉

* 高斌，新加坡国立大学汉学博士，南方科技大学人文社会科学学院讲师。

学系，并有与之相配套的中文图书馆，有相当丰富的中文藏书。笔者自2018年8月起，受新加坡国立大学图书馆（National University of Singapore Libraries）聘请，负责对馆藏中文古籍进行整理和编目工作，历时两年多，完成了对馆藏民国前古籍的整理和编目工作，共整理出古籍近四千种计四万五千多册，并于2021年出版了《新加坡国立大学图书馆中文古籍目录》两册。

新加坡国立大学图书馆（后文简称国大图书馆）是东南亚馆藏中文古籍数量最多的图书馆，完成对馆藏中文古籍的整理和编目，对于学界重新评估新加坡乃至整个东南亚的汉籍分布及馆藏状况意义重大。受历史文化等因素影响，目前学界认为东南亚汉籍主要分布于越南，且多为越南人在汉文化影响下撰述的汉喃典籍。"东南亚各国因其地理及气候原因，纸张保存不易，加之战火不断，所存汉籍数量稀少。越南是东南亚各国中受中国文化影响最深的国家，历史上曾有不少汉籍传入，但永乐十六年（1418），明成祖遣人悉取越南古今书籍送至金陵，此后越南又屡遭兵燹，目前越南保存的古籍多非汉籍，而是汉字与喃字混合使用的汉喃。东南亚各国所藏汉籍的总量约为一万六千余册，约两千部。"①另据《越南汉喃文献目录提要》序言中提及："越法文版《越南汉喃遗产目录》所收录的五千多种古籍中，有三分之一的古籍系由中国传去的，其中包括一些重抄重印本；另三分之二的古籍系越南人在中国汉文化影响下撰述的作品。"②从以上材料可知，越南保存的从中国传去的古籍不到两千种，目前中国学术界则将越南所存汉籍数目基本上视为东南亚所藏汉籍总数，而国大图书馆所藏古籍大多数都是由中国刊刻而流传过去的，现存民国前古籍总数已近四千种，远超学界当前认知。新加坡除了国大图书馆之外，南洋理工大学图书馆（Nanyang Technological University Libraries）和新加坡国家图书馆

① 郑杰文、刘心明、王震等：《境外汉籍的流布、价值与再生性回归》，《汉籍与汉学》，2018年第2期，第8页。

② 刘春银、王小盾、陈义主编：《越南汉喃文献目录提要》，"中央研究院"文哲所，2002年，序言页。

（National Library of Singapore）也藏有线装古籍，但数量不多，可以说国大图书馆所藏古籍基本上代表了整个新加坡的汉籍收藏状况。

国大图书馆收藏中文古籍的历史可以追溯至1953年马来亚大学（University of Malaya）成立中文图书馆时期，但半个多世纪以来从未对图书馆所馆藏的古籍进行过单独的系统性整理①，已出版的书目多为馆藏中文书籍总目。国大图书馆之所以能馆藏数量丰富的中文古籍，和当地华人群体重视传承中华文化的精神密不可分，在这片远离中国的土地上，曾经诞生了世界上唯一一所海外华文高校——南洋大学（Nanyang University），当地华人群体为保存和传承中华文化所做的努力可见一斑。因此对国大图书馆所藏中文古籍来源的研究考察，对于揭示中华文化在东南亚的保存与传播意义重大。

## 一、新加坡国立大学图书馆汉籍收藏史及现状

国大图书馆的中文书籍，由其所属中文图书馆（NUS Chinese Library）②负责收藏管理，目前藏有中、日文书籍逾七十万册，其中中文书籍六十余万册，线装书籍近十七万册③，居东南亚各图书馆之首。国大中

---

① 在笔者对国大图书馆馆藏古籍进行整理之前，关于国大图书馆所藏中文古籍的书目主要有以下几种：Chiang Chen-yu et al., *Catalogue of the Chinese Collection of the University of Malaya Library*, Volume Ⅰ, Singapore：The University of Malaya Press，1956；Chiang Chen-yu, *Catalogue of the Chinese Collection of the University of Singapore Library*, Volume Ⅱ, Singapore：The University of Malaya Press，1965；辜美高、李金生主编：《新加坡国立大学中文图书馆藏中国明清通俗小说书目提要》，新加坡国立大学中文系汉学研究中心，1998年；南洋大学图书馆编：《南洋大学图书馆华文藏书目录》，南洋大学图书馆，1980年；蒋振玉编：《许绍南先生赠书目录》，新加坡大学出版社，1966年。
② 中文图书馆已于2021年12月3日更名为云茂潮中文图书馆（Wan Boo Sow Chinese Library）。
③ 十七万册线装书籍之统计数据来源于图书馆历年汇总数据所得，但在古籍整理中发现，图书馆将一些线装的书法碑帖、当代古籍影印本及一些以线装形式出版的当代书籍，均作为线装古籍来管理收藏。因此，国大馆藏十七万册线装古籍一说可能与事实不符。目前整理完成编目的古籍，为民国前刊刻的古籍，由于时间和人力有限，在此次古籍整理过程中，图书馆原本著录为民国间刊印本的线装古籍，没有进行重新整理和版本校对，原因在于民国间刊刻的古籍多有牌记，详细记录了版本刊刻信息，入藏时馆员错误著录版本信息的可能性不大，但民国间刊刻的古籍在国大图书馆所藏古籍中占有相当大的比重。

文图书馆能有现在之成就，与东南亚华人社会的支持密不可分，在一定程度上成为本地区华人保存和传承中华文化的精神象征，而国大中文图书馆因其丰富的馆藏，也为东南亚汉学研究的发展提供了强有力的学术资源支撑，实际上扮演了保存和推动中华文化研究发展的角色。国大图书馆所藏中文古籍十分丰富，这与其自成立以来注重对中文古籍的搜罗与保护密切相关，也与新加坡国立大学的发展联系紧密。在新马社会中处于重要地位的华人群体，于国立大学成立之初就给予了重要的支持，像李光前（Lee Kong Chian）、叶祖意（Yeap Chor Ee）等一批当地华人华侨，都曾为早期国立大学中文图书馆的成立和华文教育的发展做出过巨大的贡献。

新加坡国立大学图书馆对中文古籍的收藏，与中文系及中文图书馆的设立紧密相连。1949年，马来亚大学创立，由当时的爱德华七世医学院（King Edward VII Medical College）和莱佛士学院（Raffles College）合并组成。1953年，马来亚大学设立中文系，并成立中文图书馆，聘请贺光中博士担任系主任[①]，其夫人蒋振玉代理中文图书馆主任一职。随后贺光中在1953—1954年先后两次赴中国香港及日本搜购古籍，初步奠定了中文图书馆古籍收藏的雏形。贺氏夫妇二人也以收藏佛经典籍为自己的爱好，当时的国际形势与文化

---

① "贺光中教授现年四十岁，去年（1952）仍在香港大学任中文系主任职务，系在北京出生，后在上海受教育，曾任金陵大学教授，对于中国文学甚有研究云。"（《马大中文学系讲师聘定，贺光中教授最近将来星》，《星洲日报》，1953年4月25日，第5页。）"贺光中博士现任职于澳洲坎贝拉国立大学设立之国立图书馆，彼来马大任教职之原因，为彼本人甚希望能与华人社会发生更密切之联系。贺博士为闻名于英国及澳洲之学者，现年四十岁，出生于北平，肄业于上海及布鲁塞尔，曾任上海亚洲学院教授、南京东方学院教授（一九四七—四八）、南京金陵大学教授（一九四八—四九）、香港大学中文学系中国语文及文学之高级讲师（一九五〇—五二），后因私事离开香港大学往澳洲任现职。"（《马来亚大学中文学系，聘贺光中博士主持，职位为高级讲师，执行主任工作》，《南洋商报》，1953年4月25日，第5页。）

氛围，也促成了贺光中对中文图书馆古籍的收藏。[①]贺光中博士两次从中国香港和日本共收集中文书籍十三万多册，其中大部分为线装古籍，图书馆这两次收入的古籍，分别加盖"University of Malaya Library，Singapore，13 Nov. 1953"和"University of Malaya Library，Singapore，12 Sep. 1955"蓝印椭圆形图章。随后在贺光中博士指导下，中文图书馆编著了《马来亚大学中文图书目录》两卷[②]，其中著录了馆藏的所有中文书籍，包括两次海外收购的线装古籍。

1955年，在陈六使（Tan Lsrk Sye，1897—1972）等一批东南亚华人华侨的积极筹建下，在新加坡成立了历史上唯一一所海外华文大学——南洋大学。在经历了诸种困难之后，南洋大学终于于次年顺利开学，陈六使在开学致辞上讲道："数十年来，华侨未受祖国之保护，但凭赤手空拳，经历过无数的痛苦、艰辛，竭力奋斗，终于由创立小学、中学，以至于大学，这就是在今天正式上课的南洋大学，因此，我要说今日是海外华侨最光荣的日子。"[③]陈六使将南洋大学开学之日称为"海外华侨最光荣的日子"，足见东南亚华人对南洋大学寄予的厚望。在南洋大学成立之初，东南亚华人也纷纷解囊，尤其是在图书馆成立及馆藏书籍的收集方面，进行

---

① 详见邱克威：《马来亚大学东亚图书馆藏中文古籍及其钤印探析》，《马来西亚人文与社会科学学报》，2020年第2期，第8—10页。此篇论文中所指马来亚大学所藏古籍，在1962年吉隆坡马来亚大学与新加坡马来亚大学分开前，均指校址在新加坡的马来亚大学，即现在新加坡国立大学的前身。邱文所探讨的1962之前马来亚大学入藏的古籍与国大图书馆早期收藏之古籍同源。

② 这两卷目录分别刊印于1956年和1965年，是一套目录之两卷，但题名由于马来亚大学在新加坡与吉隆坡两地分开办学，已由马来亚大学改为新加坡大学。蒋振玉在第二卷序中提道："曩岁癸巳，撰录马来亚大学中文图书目录上册。既梓行矣。比年续编史地社会科学二类。寄港付印。邮筒往复。迁延时日。今岁始得问世。而学校已易名。斯编是以改称新嘉坡大学中文图书目录中册。"Chiang Chen-yu，*Catalogue of the Chinese Collection of the University of Singapore Library*，Volume Ⅱ，preface page.

③ 陈六使：《海外华人最光荣的日子》（1956年3月15日），载王如明主编：《南洋大学文献》，新加坡南洋大学毕业生协会，2015年，第15页。

了相当大的投入。当时的本地报刊进行了相关报道："南洋大学当局对于图书的购置现正积极进行，以便开学时应用，最近经决定向澳门华侨藏书家姚钧石氏购买中国古书十余万部，其中多为线装书，价目为五十万元港币，而姚氏报效南洋大学十万元港币及八十个书橱，实收四十万元。据悉：南大图书馆主任严文郁氏来星，途经澳门时，曾看过这些古书，以前有美国人出价二十万元美金，姚氏以其不是华人机构，所以不愿脱手，而愿低价售予南洋大学，唯全部古书的运费、保险费及装箱费须由南大负责，同时南大必须派员前往澳门点书检阅配送。"①可见在南洋大学成立之初，就开始了古籍的收集，虽然姚氏藏书最终落户加拿大英属哥伦比亚大学图书馆（University of British Columbia Library）②，但足见南洋大学从成立伊始就十分重视中文古籍的收集，并投入巨资，并与当时同在新加坡的马来亚大学成竞争之势，南洋大学图书馆所藏中文古籍后成为国大图书馆古籍之重要组成部分。

1959 年，马来亚大学成立了吉隆坡马来亚大学③，马来亚大学分为新加坡和吉隆坡两校。至 1961 年马来亚国会通过法案，1962 年 1 月 1 日起，两校各成为独立大学，吉隆坡的马来亚大学继承了原马来亚大学的校名，而位于新加坡的马来亚大学则改为星（新）加坡④大学。两地学校独立后，

---

① 《南洋大学积极进行购置图书，向澳门华侨藏书家姚钧石购中国古书十余万部》，《南洋商报》1955 年 2 月 3 日，第 5 页。

② 郭明芳：《严文郁与广东姚氏蒲坂书藏——记蒲坂书藏售书史料一则》，《东海大学图书馆馆刊》，2017 年第 16 期，第 24—28 页。

③ 参见《吉隆坡马大成立，林有福致电祝贺》，《星洲日报》，1959 年 1 月 16 日，第 5 页："本坡首席部长林有福，昨致电马来亚联合邦教育部长佐哈里，祝贺吉隆坡之马来亚大学正式成立。"另据同日的《南洋商报》报道："马大新加坡校维持原有的文学院、医学院、科学院以及法学系，其地理学系及印度语文系，因为适应需要，决定迁设于吉隆坡校。"其实早在 1957 年，马来亚大学即在吉隆坡成立工程系，但当时并不是独立的大学，只是马来亚大学下属院系，至 1959 年始成为拥有自治权的分部。

④ 早期由于翻译之不同新加坡被称为"星加坡"或是"新嘉坡"。

马来亚大学所藏古籍几乎全由新加坡大学继承，仅有几千册转移至吉隆坡，其中所转移的古籍多是原图书馆中所保存的古籍复本，现已成为马来亚大学图书馆所藏中文古籍的主体。据学者邱克威（Khoo Kiak Uei）研究指出，现今马来亚大学东亚图书馆共藏有民国前古籍四百零二种三千二百二十四册。①原马来亚大学所藏古籍之所以均由新加坡大学继承，原因在于文学院下属中文系等各系，均留在新加坡继续办学，与之配套的中文图书馆及其藏书也多由新加坡大学继承。

1963年末，新加坡本地商人许绍南（Koh Siow Nam）去世，随后家人根据其遗命将五千余种七千余册中文书籍赠予新加坡大学中文图书馆。当时代为接受捐赠的中文馆主任蒋振玉遂编有《许绍南先生赠书目录》②一书，对许绍南赠书进行了详细的编目。书中序言提及："许君绍南潮州潮安人，早岁南下，经商为业。性恬淡，无所嗜好，唯以典籍自娱。货殖所得，辄以市书，尤喜聚戏曲小说，辟室以藏，颜之曰霜月虫音斋，长日深更，翻阅玩索，遂以收藏研究通俗文学及戏曲名家。甲辰冬，以疾卒于星洲，遗命将平生庋藏，悉数捐赠新嘉坡大学中文图书馆，家族遂将全部遗书辇交本馆，计新旧书籍五千余种约七千册。"③其所捐赠的古籍多钤有"许绍南印""霜月虫音斋藏书""许绍南先生赠书之印"，成为国大图书馆馆藏汉籍中非常重要的组成部分。许绍南所收藏之古籍，多为其移民新加坡经商发迹之后，利用资财购置所得，其所购置的古籍多来源于中国国内，其所藏古籍中可见汪见元、蔡圣涯、丁晏、瞿宣颖、沈均珌等人的藏

① 邱克威：《马来亚大学东亚图书馆藏中文古籍及其钤印探析》，第3页。
② 蒋振玉编《许绍南先生赠书目录》一书，也是蒋振玉所编图书馆总目录之下册，与前文提及的两卷本目录，同为蒋振玉计划编纂的目录之一种。
③ 蒋振玉编：《许绍南先生赠书目录》，序言页。许绍南卒于1963年11月，蒋氏称许氏卒于"甲辰冬"，有误，应为"癸卯冬"。See "Before Death—a Gift: Businessman Leaves 10,000 Books to Singapore University", *The Straits Times*, 17 November 1963, Page 2.

书印。许绍南在20世纪50年代与身居大陆的苏乾英、龙榆生、周作人等文人学者交往密切，多有书信往来，很多古籍多是从大陆友人处获得。[1]由此可见，溯源国大古籍的来源历史，与华人的移民史及新马华人与大陆文人的交往史都有着很大的相关性。

1973年7月5日，义安工艺学院（Ngee Ann Technical College）将馆藏八千余册关于中国古典文学的线装书赠送给南洋大学，在谈及捐赠理由时，时任学院理事长的纪崇说："义安以前是一间文科学院，为了符合国家工商业发展的需求，适应当前工艺教育的政策，学院于1968年开始改组成为一所工艺院，注重训练培养技术及管理人才，因此图书馆内所藏计当时耗资近十万元所采购的有关中国古典文学的书籍，现已失去了其作用。为了这一点，学院当局乃决定将这一批书籍赠送南大。"[2]这一批赠书上多钤有建校初期之"义安学院图书馆章"，被南洋大学收入后，又在书中钤"南洋大学图书馆藏书"印，成为南洋大学所藏汉籍中的重要组成部分。

1980年4月，南洋大学理事会接受时任总理李光耀（Lee Kuan Yew）的建议，与新加坡大学合并成新加坡国立大学，不久后，南洋大学图书馆与新加坡大学图书馆的藏书也合并在一起馆藏。据当时的《南洋商报》报道："随着国立大学的成立，南大与新大图书馆的藏书将合并在一起。这两间大学书籍和定期刊物合订本的总数约有一百万册，此外，还有无数的现代杂志、缩微印刷品以及视听材料。南大与新大中文书籍合并起来的总数约有二十八万六千册。中文图书馆附设部将设于肯特岗（Kent Ridge）图书馆内，现在有关方面正策划以确定两校（南大与新大）的图书合并后

---

[1] 关于许绍南与中国大陆文人学者的交往，可参见拙文《苦茶庵书简二十封辑录与研究》，《南京师范大学文学院学报》，2003年第1期，第68—71页。
[2]《义安工艺学院，八千本线装书，赠送南洋大学》，《星洲日报》，1973年7月6日，第5页。

会放置在一起。"①两校合并后，图书馆的古籍也合并馆藏，其中原藏于南洋大学的古籍均加盖有"南洋大学图书馆藏书"篆书长方形印章。在20世纪60年代建校之初，南洋大学图书馆约藏有四万五千册线装古籍，藏书也以中文为主，至1980年被合并之前，所藏三十万册书籍中，则中英文书各半。②南洋大学图书馆原馆藏的线装古籍民国后的占比较大，民国前的占现在新加坡国立大学图书馆馆藏古籍总数的四分之一多，其中善本五十七种，民国前普通古籍三百一十六种，共计一万零一百零二册，且古籍中多保存较完整的大型丛书，仅《二十四史》就有同治光绪间金陵书局等五局合刻本、光绪十年（1884）上海同文书局石印本及光绪二十九年（1903）五洲同文局石印本三个版本，每一种均达数百册。南洋大学图书馆在被合并之前，刊印了三十三册的《南洋大学图书馆华文藏书目录》，但这套目录并非精心编纂的目录，而是将藏书卡排列在一起影印而成。现在图书馆中，原南洋大学图书馆藏书的藏书号（Call Number）多以纯数字编码，而原新大所藏古籍之藏书号则多以英文字母AC加数字编码，两者现在虽合并馆藏，但仍十分容易区分。南洋大学在世界海外华文教育史上具有重要的历史地位，而南洋大学图书馆所藏古籍，则是探讨相关问题重要的物质载体，对研究南洋大学的历史变迁意义重大。

1983年7月，国大文学与社会科学学院成立以时任第一副总理兼教育部部长吴庆瑞（Goh Keng Swee）为主席的东亚哲学研究所（Institute of East Asian Philosophies），委员包括杜维明教授、余英时教授等人。该研究所亦有自己独立的图书馆："该所的图书馆目前已有藏书达三万二千多册，

---

① 《随着国立大学成立南大与新大图书馆藏书将合并在一起》，《南洋商报》，1980年6月27日，第42页。

② Ong Zhi Jia, "Development of Chinese Libraries in 20th Century Singapore", MSc. Dissertation, University of Strathclyde, 2019, p.32.

过去两年得到当局七十万元的拨款，现正迅速成长。藏书目标是五万册，预期将成为本区域儒家学说及东南亚哲学思想最完善的图书馆。"①其中所藏部分图书也是线装古籍。至1992年，因为研究方向改变，东亚哲学研究所改名东亚政治经济研究所（Institute of East Asian Political and Economics），随后其所属图书馆亦将馆藏图书交予国大图书馆馆藏。

2002年10月，图书馆所属日文资料室，将其所藏日本研究相关书籍交予中文图书馆馆藏，这批书籍中也有不少珍贵古籍，且以日本人的本土创作为主，也有早期日本所刊刻的小本古籍，可以展现日本早期的出版印刷技术，是日本研究的重要史料。

截至目前，据国大图书馆官方统计，所藏线装书籍总数约十七万册。但自大学成立到现在，并没有进行一次单独而全面的古籍整理，现有的目录多是馆藏中文书籍总目，没有完整的馆藏古籍目录。而且图书馆在划分珍贵古籍和一般书籍时，误将当代影印的线装书，当作古籍加以保护，为图书馆的古籍保护工作和读者借阅带来了不便。从2018年开始的古籍整理计划，是新加坡国立大学自成立以来最全面的一次古籍整理计划，目的就是对馆藏古籍进行系统整理编目，为后续古籍的保护和资源利用提供便利。此次古籍整理项目，分两部分完成：第一，将馆藏所有中文古籍进行整理、分类、版本鉴定，共分为善本古籍（1795年之前刊刻的古籍）、普通古籍（1796—1911年间刊刻的古籍）和一般古籍（1912年之后刊刻的古籍）三类，发现需要修补和特藏的古籍加以标注，整理结束后交由馆员负责修改图书馆检索系统中的数据信息；第二，进行古籍目录编目，详细著录善本古籍的版本信息、印章等内容，并进行甄选和扫描书影，对民国前的普通古籍仅作简单目录和印章著录。此次古籍整理项目，共整理出善本古籍七百七十一种，其中

---

① 《东亚哲学研究所获赠全套〈廿五史〉》，《联合晚报》，1985年1月29日，第8页。

元刊本一种，明刊本二百零四种，清刊本五百二十六种，和刻本四十种；民国前的一般古籍三千一百一十八种，包含清刻本两千九百六十三种，和刻本一百五十种，朝鲜刻本四种，越南刻本一种；重新校订民国间刊本七百零二种，涵盖了目前国大图书馆馆藏的全部珍贵中文古籍。①在整理过程中，对古籍的版本重新做了核对，并对图书馆查询系统的错误版本信息进行了修改。对于整理过程中发现的古籍虫蛀、破损等状况，也做了详细的备注，以供图书馆后续进行古籍修补和保护工作。在此工作的基础上，完成了《新加坡国立大学图书馆中文古籍目录》一书，分上下两册，共收录善本古籍六百零三种，民国前的普通古籍两千九百九十四种，其中上册为稀有善本，共甄选了二百七十一种，并扫描书影作展示，下册则为善本与普通古籍合编简目，对古籍中出现的印章及手写评注、题跋等，也做了较为详细的著录。②在对国大图书馆馆藏中文古籍整理编目的同时，也彻底掌握了图书馆所珍藏的稀有古籍概况，为后续古籍典藏数据库的建立、珍本古籍的影印、校勘及相关研究工作的开展奠定了基础。

## 二、馆藏所涉及的重要藏书家

国大图书馆所藏中文古籍中钤有数量众多的藏书印章，通过对古籍所钤藏书印章的研究，可以探究这些古籍最初的来源及经手的藏书家。经过对近四千种古籍所钤印章的分析可知，国大图书馆所藏古籍来源极其广泛，所涉及的藏书家人数众多，藏书家所处时代几乎涵盖了晚明、清代至

---

① 文中所提及的七百零二种民国间刊本，是原本著录为民国前刊本的古籍，在整理过程中将其版本重新修订为民国间刊本。

② 〔新加坡〕沈俊平、高斌合编：《新加坡国立大学图书馆中文古籍目录》，中华书局，2021年。此书目为全球汉籍合璧工程目录之一种，也属中华书局"海外中文古籍总目"系列成果之一，并受2020年度国家古籍整理出版专项经费资助。书籍出版过程中根据甄选要求一些书法字帖类古籍及和刻本中所刊刻的日本人关于本国之著述不在书目收录之列，且以1911年为下限。

民国各个时期，而尤以晚清民国藏书家居多。从藏书所占比重来看，以晚清民国时期岭南藏书家的藏书最多，兼有日本藏书家及新加坡本地藏书家的藏书。下文将重点介绍国大馆藏古籍中占比较大的几位藏书家，以此窥探国大图书馆所藏古籍的来源及特点。

国大图书馆所藏古籍中有数量众多的孔氏岳雪楼丛钞和岳雪楼藏书，是馆藏古籍的一个重要特点。孔广陶（1832—1890），字鸿昌，一字怀民，号少唐，广东南海人，清代著名藏书家、刻书家。其父孔继勋（1792—1842）早年以经营盐业致富，喜收藏典籍，孔广陶承袭其父所藏，花巨资购买各时代善本典籍。有藏书处"三十三万卷楼"及"岳雪楼"，前者兼具刻书处职能，国大图书馆藏有清同治十三年至光绪十一年（1874—1885）刻多色套印本《古香斋袖珍十种》及清光绪十四年（1888）校注重刻本《北堂书钞》一百六十卷，均为南海孔氏三十三万卷堂刻本。岳雪楼除藏书外，还具有收集校勘珍贵古籍的功能，最具代表性的就是岳雪楼丛钞。据《南海孔氏岳雪楼丛钞散出本知见录》一文中指出："在清代，广东著名藏书家南海孔广陶岳雪楼抄本颇负盛名。其所以知名，有两大缘由：（一）孔氏丛钞选择版本较为精良，孔氏选抄了外间绝无传世的四库未传本、永乐大典本和刊刻精良的内府本；（二）注重校对，这些抄本抄工虽不很精，但每抄一本都有专人校对，并于书前注明校者姓名，可靠程度较高。正因为孔氏丛钞有以上特征，国内各大图书馆均把这些抄本列为善本书的行列。"[1]虽然作者提到孔氏丛钞的两个特点，未必与现存孔氏丛钞本全都相符[2]，但足见孔氏丛钞的珍贵程度。作为一系列的抄本，孔氏丛钞多达五百余种，现今多藏于广东中山图书馆，有四百一十二种，其余

---

① 谢晖：《南海孔氏岳雪楼丛钞散出本知见录》，《广东史志》2000年第1期，第39页。
② 新加坡国立大学图书馆所藏孔氏丛钞本，多不见校对者姓名，有几种抄本均是影抄的四库本，与论文中提及的特点并不完全相符。

则散佚在海内外各处总数约四十六种。①新加坡国立大学图书馆则馆藏有孔氏丛钞十九种，是除广东中山图书馆之外的第二大丛钞馆藏地，这十九种丛钞均在卷端页印有朱文"孔氏岳雪楼影钞本"字样。据书中的避讳字来判断，这些抄本多为道光至光绪年间抄写，且不同书为不同人抄写而成，用毛太纸，字体端庄。且书中均钤有"印庐珍藏"印，孔氏家族在光绪末年后逐渐衰落，其藏书也随之散落各地。国大所藏这十九种孔氏丛钞，应是被同为广东人的何秀峰（1898—1970）所收藏，后流落至星岛。何秀峰为广东中山人，亦名念劬，号印庐、冰盦，广东水师提督何榆庭之子。其书斋名为千印楼。国大所藏古籍中多见"印庐所藏精品""印庐珍藏""千印楼""曾在印庐""印庐珍藏金石书画章"等，皆为其经手之古籍。战后移居香港，善于治印。现将国大馆藏十九种孔氏丛钞著录如下：

| | | |
|---|---|---|
| 《先进遗风》二卷 | 〔明〕耿定向撰 | 一册 |
| 《绍熙州县释奠仪图》一卷 | 〔宋〕朱熹撰 | 一册 |
| 《南岳小录》不分卷 | 〔唐〕李冲昭撰 | 一册 |
| 《宣德鼎彝谱》八卷 | 〔明〕吕震等撰 | 一册 |
| 《道德经解》二卷 | 〔宋〕苏辙撰 | 一册 |
| 《中西经星同异考》不分卷 | 〔清〕梅文鼎撰 | 一册 |
| 《天学会通》不分卷 | 〔清〕薛凤祚撰 | 一册 |
| 《宗玄集》三卷 | 〔唐〕吴筠撰 | 一册 |
| 《绛守居园池记注》一卷 | 〔唐〕樊宗师撰 | 一册 |
| 《元英集》八卷 | 〔唐〕方干撰 | 一册 |
| 《白莲集》十卷 | 〔后唐〕释齐己撰 | 二册 |
| 《沧浪诗集》二卷 | 〔宋〕严羽撰 | 一册 |

① 所提及统计数字均来源于谢晖：《南海孔氏岳雪楼丛钞散出本知见录》，第39页。

《复古诗集》六卷　　　　　　〔元〕杨维桢撰　　　一册

《元风雅集》前集六卷后集六卷　〔元〕孙存吾编　　　三册

《全室外集》九卷续集一卷　　　〔明〕释宗泐撰　　　二册

《忠义集》七卷　　　　　　　　〔元〕赵景良编　　　一册

《玉山纪游》不分卷　　　　　　〔明〕袁华辑　　　　一册

《象台首末》五卷附录一卷　　　〔宋〕胡知柔编述　　一册

《周易图说》二卷　　　　　　　〔元〕钱义方撰　　　一册

国大图书馆馆藏古籍中占最大比重的，当属马鉴老学斋藏书。马鉴（1883—1959），字季明，又字寅生，祖籍浙江鄞县（今浙江宁波鄞州区）人，著名文史学者。其藏书地为老学斋，故其藏书多见"老学斋"印章。1936年后移居香港，于香港大学任教。抗战时期，香港沦陷，马鉴远赴成都燕京大学任教，战后回香港，所藏书大部分保存完好，在其幸存书籍上又加盖了"老学斋劫余文物"印。1954年，新加坡马来亚大学创建中文系，贺光中博士远赴香港购书，从其藏书中购入"重复及不常需用者八千余册"，剩余藏书约一万余册则在马鉴去世后被弗吉尼亚大学图书馆（University of Virginia Library）购入馆藏。① 新加坡国立大学图书馆现藏有马鉴藏民国前古籍三百一十八种，其中善本五十八种。国大的这些马氏藏书中，不乏珍贵的善本，尤其是这批古籍中包含了为数众多的善本丛书，如明万历间商氏半野堂刻本《稗海》四十六种、清顺治间刻本《五朝小说》八十一种、清乾隆至嘉庆年间大酉山房刻本《龙威秘书》十集、清康熙间御儿吕氏宝诰堂重刊本《朱子遗书》初刻十二种二刻六种等，这些都是极为珍贵的善本丛书。马鉴虽然是浙江人，但长年居住、任职在香港，也可视为一位岭南藏书家。

_____

① 相关论述参见李国庆：《老学斋藏书西传考》，《图书馆杂志》2018年第8期，第108页；李刚、谢欢：《美国弗吉尼亚大学图书馆马鉴藏书研究》，《图书馆论坛》2016年第7期，第76页。

新加坡国立大学图书馆所藏古籍数量位居第二位的是民国藏书家、医生陈庆保（生卒年不详）的藏书。现存关于陈庆保的材料十分稀少，只大致了解其为广东番禺人，1919年秋在香港办中医夜学馆，著有《伤寒类编》作讲义授徒。[①]在其唯一的一部著作《伤寒类编》自序中，其用中医文献学家的口吻，论证后人对张仲景所著《伤寒杂病论》及其批注之误读[②]，可见其从自己巨大的藏书中获益匪浅，其藏书对其中医研究帮助甚大。国大图书馆共藏有陈庆保藏古籍二百三十二种，其中善本二十九种，有四十六种为各类医学古籍，其所藏古籍多钤有"陈庆保""哲如陈庆保藏书""喆如""敬慎寡过，明哲保身"印章。

国大图书馆的藏书中，广东番禺汪氏藏书也是一个重要来源，番禺汪氏是晚清、民国年间十分著名的家族，作为清遗民的汪兆镛（1861—1939）和中国抗日战争时期伪政府主席汪精卫都是汪氏家族的人物。国大图书馆所藏的汪氏藏书有三十五种，其中善本六种，主要是汪兆镛及其五子汪宗藻（1890—1960）（又名汪希文）[③]、六子汪宗衍（1908—1993）的藏书，其中以汪希文藏书最多。汪兆镛与汪兆铭（即汪精卫）为同父异母的兄弟，汪兆镛为长子，字伯序，号憬吾，又号微尚居士、清溪渔隐。汪兆镛的藏书多钤有"微尚斋""微尚斋鉴藏书画印记"及"番禺汪氏藏书"印章。汪兆镛第五子汪宗藻，号子申，曾在汪伪政府任职，是民国著名诗人和外交家，精通命理之学。他经手过的藏书多钤"汪希文印"，在国大所藏汪氏藏书中占了绝大部分，包括了馆藏的唯一元刊本《朱文公校昌黎

---

① 关于陈庆宝在香港办中医夜学馆的时间，另一说是1917年，详见陈永光：《香港近代伤寒学派医家学术成就汇析》，《香港中医杂志》，2015年第1期，第1页。

② 陈庆保：《伤寒类编》影印本，广东科技出版社，2009年，第9页。

③ 汪宗藻又名汪希文，所据为1946年汪宗藻题赠刘承干1941年刻本《耕烟词》及《词征》之题词，两段题词分别为："乡先辈张采珊先生遗着，陈人鹤君所刻。翰怡世伯京卿惠存。丙戌二月汪宗藻敬赠"，末钤"汪希文印"；"翰怡老伯大人惠存，世侄汪宗藻敬赠"，末钤"汪希文印"。

先生文集》。晚年境况凄惨，所藏古籍多散佚，最终在香港沙田万佛寺服药自杀。汪兆镛第六子汪宗衍，字孝博，号朴庵，为著名学者、文史大师。其经手过的藏书多钤"宗衍"或"玉兰堂"印。与汪希文的印章一同出现于古籍中的，还有韩云山的钤印印章，多钤为"云山""曾在依云楼""韩云山""韩氏霜红庵藏书印""霜红庵"等。韩云山（1923—?），广州人，本名国霖，字济苍。1950年移居香港，为著名书法家。韩氏应是汪氏佚书的其中一位收藏者。

此外，国大图书馆还藏有澄海高学濂玉笥山楼藏书数十种，是高氏藏书继香港中文大学图书馆和广东中山图书馆之后的第三大馆藏地。高学濂（? —1927），字隐岑，号蕴琴，为广东澄海（今属汕头市）高氏家族的代表人物，其藏书楼玉笥山楼藏书十分丰富，有众多珍贵古籍稿本。陈军在《听雨楼头忆八叔》中提道："高蕴琴玉笥山楼所藏古籍，有一部分得自丁日昌的持静斋。为人熟知的则是晚清广东籍学者陈澧的著作手稿数百册散入广州书肆，其中四分之三经罗原觉介绍，由高蕴琴购得，携回香港，借利希慎的利园，请何翙高、邓尔雅、崔百越、蔡哲夫等分部编校、誊清，后此项工作因利氏去世而中辍。陈氏原稿在高蕴琴身后，经古直之手，转归北平图书馆。"[1]高学濂的藏书集中于广东本地学者的著述及手稿，在国大图书馆所收藏的高氏藏书中，多钤有"澄海高学濂隐岑长寿""高学濂玺""玉笥山楼藏书印""韫岑藏书""家住岭东""蕴琴平生所得第一心赏""蕴琴鉴赏""澄海高氏蕴琴图章""韫岑读本""高氏家藏""蕴琴金石""湖海倦人""高氏""澄海高季子韫岑收藏金石书画印""岭东高氏玉笥山楼图书""隐岑曾读""高氏藏书""澄海高氏经籍记""韫岑所读书""隐岑鉴赏"印。

---

[1] 李军：《春水集》，广西师范大学出版社，2018年，第205—206页。

新加坡本地华人藏书家和文人学者的捐赠，也是国大图书馆古籍收藏的重要来源。上文提及的许绍南是捐赠古籍数量最多的一位。合并之前的南洋大学，被海外华人视为当地传承中华文化、延续华文教育的重要机构，许多著名华人都曾赠书以示关怀。著名医学家伍连德（Wu Lien Teh，1879—1960），在1957年也曾将自己收藏的1200册珍贵书籍赠送给当时的南洋大学。①著名商人潘洁夫在新加坡建有丛桂书屋，也曾向南洋大学捐赠过一些书籍。②香港著名国画家赵少昂（1905—1998）也曾捐赠给南洋大学李光前文物馆一百余种书籍及其他各种文物③，后被新加坡国立大学统一收藏保存。

除了上文所提及的岭南藏书家和新加坡本地藏书家之外，国大图书馆的藏书还多见日本、朝鲜著名藏书家的藏书，但所涉及的藏书家十分分散，藏书数量也较少。在国大图书馆所藏古籍中，可以看到的较为著名的日本、朝鲜藏书家有：日本江户时代著名儒家学者柴野栗山（1736—1807）藏书，其藏书印有"柴氏家藏图书"印，邦彦是其名，后藏书多归阿波国蜂须贺家族，钤有"柴邦彦图书后归阿波国文库别藏于江户雀林庄之万卷楼"印；曾任日本内阁大臣的犬养毅（1855—1932），号木堂，藏书钤有"木堂秘笈""犬养毅印"印；日本著名汉学家内藤湖南（1866—1934）之藏书，其字炳卿，号湖南，所见钤印为"炳卿藏旧椠古抄之记"印；朝鲜著名书画家金正喜（1786—1856）藏书，其号秋史、阮堂等，书法称为"秋史体"，其藏书钤有"阮堂""金正喜印"印。日本、朝鲜藏书家的藏

---

① "A word expert on the plague, Dr.Wu Lien-Teh, 78, has presented 1.200 books to the Nanyang University.The books-covering history, philosophy, culture and art of China, science, biography, religion, belles—letters and travel—are insured for $10, 000." "A $10, 000 Book Collection for The Nanyang", *The Straits Times*, 31ˢᵗ May 1957, page5.

② 《潘洁夫赠书南大，业已送交图书馆》，《星洲日报》，1956年4月5日，第6页。

③ 《南大李光前文物馆又获捐赠大批书画古籍》，《星洲日报》，1972年6月27日，第8页。

书在国大图书馆所藏古籍中占比较小，但也能体现出国大馆藏古籍来源的丰富性。

## 三、结语：古籍从东亚到东南亚的流布

汉籍在东南亚的保存与传播，其实与位于汉字文化圈的朝鲜、日本甚至越南有很大的区别，后者是受中华文化的影响，借助典籍文献来进行主动的文化学习，而前者则是华人华侨在异国保存和传承中华文化的精神象征，以此凝聚华人群体的文化认同。华人在东南亚国家属于外来移民群体，虽然在历史进程中，华人移民数量在持续增长，但很难被当地文化所认同，拥有悠久历史文化传统的华人群体也很难真正融入当地文化之中，而回归中华文化成为东南亚华人在异乡的一种精神寄托。

岭南地区一直是我国重要的侨乡，广东人在历史上多移民港澳或东南亚，一些或者借道港澳移居海外。港澳地区一度随着移民的迁入，成为文化资源等相对集中的地区。虽然国大图书馆所藏古籍的基本来源，看似为贺光中两次去中国香港和日本收购所得，但其中有着内在的文化联系。二战后，香港成为岭南文人的聚居地，随着这些迁港文人流入香港的还有大量珍贵古籍，随着时间的推移，这些古籍在藏书家间几经转手，像前文提及的马鉴藏书、陈庆保藏书等，客观上为贺光中赴港收购提供了便利。在港文人身处英国殖民地，与东南亚华人有着相似的处境，同时对传统中华文化也有极强的认同感。当华人藏书家要变卖或捐赠自己的藏书时，首选对象肯定是同为华人且对中华文化有着极强认同感的东南亚华侨，这从姚钧石处理蒲坂藏书的经历中可以看出。香港藏书家对南洋大学的捐赠，也是这种观念的体现。

新加坡本地藏书家对于古籍的收藏和捐赠，其实也是源于在海外传承中华文化的责任心和支持海外华人教育的信念。许绍南是新加坡有名的商

人，他收藏古籍则是出于个人爱好。他与中国的文人学者一直有着密切的交往，在他捐赠给国大图书馆的书籍中就有《苦茶庵书简》一书，里面的书信就记录了他与苏乾英、龙榆生和周作人的往来，他也经常以收藏周作人的书法、著作为名，资助周作人。龙榆生也曾在许氏去世后，作诗怀念并赞赏他将自己所收藏的古籍捐赠给大学图书馆，《吊新嘉坡许绍南先生》："汝南月旦共谁评，顾视瀛寰世屡更。曾荷闻声劳梦去，悭同把盏庆河清。留心宗国珍图史，遗泽遐方识姓名。闻道旌阳忽冲举，临风一恸怆余情。"①许绍南在临终前仍念念不忘自己珍贵的图书和史籍，希望将之捐赠给大学供研学之用，可见其内心对传承中华文化的坚定信念，龙榆生对他这种遗泽后世的做法也表示认同，符合传统中国知识分子的认知。

国大图书馆所藏古籍从东亚到东南亚的流布，是20世纪东南亚华人在海外传承中华文化、争取文化独立的一种展现。古籍收藏的历史，也是华人华侨传承中华文化的奋斗史。在这一过程中，许多华人著名学者和商人都参与其中，四处网罗遗珍，最后这些古籍作为中华文化的物质载体，纷纷汇聚于新加坡国大图书馆，成为新加坡甚至整个东南亚华人的一笔巨大精神财富。但随着国家发展政策的变化，新加坡形成了英文教育占主导的教育体系，国大图书馆的这批古籍也被尘封于图书馆闭架书库，长达半个多世纪无人问津，部分古籍虫蛀严重，不禁令人唏嘘。随着对国大图书馆所藏中文古籍整理编目的完成，将有力地推动馆藏古籍保护和研究工作的展开，后续对这些古籍进一步的整理和研究，也将有助于推动东南亚汉学研究的进一步发展。

---

① 龙榆生：《忍寒诗词歌词集》，张晖主编：《龙榆生全集》，上海古籍出版社，2017年，第353页。

# 海外中国文献研究回顾与展望

谢　欢<sup>*</sup>

**摘　要：** 海外中国文献是指在中国以外的与中国有关的各类文献，具有四个核心特点：（1）以中国为中心；（2）跨文化性；（3）多样性；（4）零散性。海外中国文献研究正逐渐成为中国学术研究的热点，目前海外中国文献研究主要有三种研究范式：（1）文学视角下的汉籍研究；（2）史学视角下的海外中国专题档案研究；（3）图书馆学视角下的海外中国文献目录编制研究。这三种研究范式虽然取得了很多成绩，但还是有许多值得深入的地方。未来海外中国文献的研究可以遵循如下理路：（1）以目录为切入，摸清海外中国文献存量；（2）辨析"我者"与"他者"；（3）探寻"脉络性转换"路径；（4）以海外中国文献为基点，更好地理解中国。

**关键词：** 海外中国文献　海外中国研究　文献学

---

\* 谢欢，男，南京大学信息管理学院副教授、博士生导师。本文系南京大学亚洲研究重点项目"美国文理学院藏'中国文献'目录提要"（项目编号：2023300038）阶段研究成果之一。

　　1925年，王国维在一次演讲中指出："古来新学问起，大都由于新发见。"①十三年后，1938年8月30日，胡适在瑞士苏黎世举行的第八届国际历史科学大会上宣读的英文论文《新发现的关于中国历史的材料》（*Newly discovered materials for Chinese history*）中也开宗明义地指出："近三十年来，中国史研究经历了重大的变革，部分归之于新的批判方法和观点的引入，部分归之于新的重要材料的发现……新材料的发现正不断地拓展对历史的认知，并据此构建起新的事实。"②其实早在1923年，胡适在北京大学《国学季刊》发刊宣言中，就把"发现古书""发现古物"两者与"整理古书"列为明末以来旧学取得的三大成绩③。回顾20世纪以来的中国现代学术史，从20世纪早期的殷墟甲骨、敦煌文献，到20世纪后期的清华简、徽州文书、太行山文书等，每一次新材料的发现，都极大地推动了学术的发展以及对于历史的认知。改革开放以降，海外收藏的与中国有关的材料逐渐进入中国学界视域并发展成学术研究的热点，域外汉籍研究即代表性一例。但是，随着近年来海外中国研究的发展以及中外交流的愈发频繁、密切，海外中国文献研究热度愈发增强，而随着越来越多的海外中国文献的披露，许多传统的历史、文学、思想观念也在悄然发生着变化。那么，海外中国文献研究较之现在的域外汉籍研究有何不同？主要研究什么问题？遵循何种理路？适用何种方法等？这都是值得学界探讨的。

──────────

① 王国维：《最近二三十年中中国新发见之学问》，《学衡》1925年第45期。

② 原文为："During last three decades, the study of Chinese history has undergone great and important changes, partly through the introduction of new and critical technique and standpoint, and partly through the discovery of new sources of important materials. While a critical methodology challenges and discredits old historical traditions, the discoveries of new source-materials are extending historical knowledge and establishing new facts."。参见胡适著，季羡林主编：《胡适全集》（第36卷：英文著述二），安徽教育出版社，2003年，第631页。王育济主编的《中国历史评论（第四辑）》（上海古籍出版社，2014年）曾以《新发现的有关中国历史的材料——胡适在苏黎世第8届国际历史科学大会上提交的论文》为题刊发了该篇演讲的中文译文。

③ 胡适：《〈国学季刊〉发刊宣言》，《国学季刊》1923年第1期。

## 一、从"域外汉籍"到"海外中国文献"

域外汉籍是指"在中国之外的用汉字撰写的各类典籍，其内容大多植根于中国的传统学术。具体涵盖：（1）历史上域外文人用汉字书写的典籍，这些文人包括朝鲜半岛、越南、日本、琉球、马来半岛等地的文人，以及17世纪以来欧美的传教士；（2）中国典籍的域外刊本或抄本，以及许多域外人士对中国古籍的选本、注本和评本；（3）流失在域外的中国古籍（包括残卷）"①。中国现代意义的域外汉籍研究发轫于20世纪80年代中期的台湾②，20世纪90年代开始，大陆学者奋起直追。2000年，南京大学域外汉籍研究所（Institute for the Study of Asian Classics in Chinese，Nanjing University）的成立，标志着域外汉籍研究达到了一个新的高潮，而大陆学者也逐渐取代台湾学者，成为中国域外汉籍研究的主力，相关研究成果不断涌现，域外汉籍研究正成长为一门崭新的学科③。从域外汉籍的定义及中国三十余年的域外汉籍研究史可知，域外汉籍的关注焦点在于"东亚"，特别是以汉字为核心的东亚汉文化圈，其内容侧重于"古典（classics）"的研究（这从南京大学域外汉籍研究所的英文名也能有所反映）。随着中国对外开放程度不断加大以及全球化进程的加快，在"域外汉籍"基础上发展而成的"海外中国文献"正逐渐成长为新的学术领域。

---

① 张伯伟：《域外汉籍研究入门》，复旦大学出版社，2012年，第1—2页。
② 通常以台湾联合报国学文献馆（文化基金会）1986年起与日本、韩国、美国等有关机构发起的"中国域外汉籍国际学术会议"为标志，该会议从1986年开始每年一次，到1995年共举行了10次。相关可参见陈捷：《中国域外汉籍国际学术会议述略》，《中国典籍与文化》，1992年第1期，第125—127页。
③ 王勇：《从"汉籍"到"域外汉籍"》，《浙江大学学报（人文社会科学版）》，2011年第6期。

### （一）海外中国文献内涵及范围

所谓的海外中国文献，是指在中国以外的与中国有关的各类文献，具体而言：

1.语种。除了汉文文献之外，还包含英语、日语、法语、德语、俄语等语种书写的与中国有关的文献。

2.文献类型。相较于域外汉籍侧重于图书（或古籍），海外中国文献所涵盖的文献类型更为广泛。按照出版形式划分，除图书外，还包括档案、期刊、报纸、舆图、学位论文等各类文献；按照文献加工程度划分，除了图书、期刊、报纸等一次文献之外，还有很多关于中国的书目、索引等二次文献；按照文献存储介质划分，还可分为纸质文献、视听文献（如哥伦比亚大学收藏的近代中国人物口述档案），而随着信息化、数字化浪潮的加剧，在不久的将来，各种电子文献必将成为海外中国文献的重要组成部分。

3.年限。现有的域外汉籍界定通常都是以20世纪为限，对于20世纪以后的文献基本不予关注，而海外中国文献的年限范围则较长，时间跨度可以从马可·波罗-利玛窦时代即西方开始相对有系统地关注中国以来一直到当下，这一时期产生的文献都属于海外中国文献的研究范围。

4.学科覆盖。海外中国文献的学科范围较之域外汉籍更为宽广，在传统人文科学的基础上，延伸至各类社会科学甚至自然科学。

### （二）海外中国文献的特点

从上述对于海外中国文献的定义及范围的界定可知，海外中国文献具有四个特点：

1.以中国为核心。海外中国文献范围广、类型多、时间跨度长，但是其核心特征必须是与中国有关，何为中国？这是近年来学界的一个热点话题。从主权归属来看，中国是包含香港、澳门、台湾及中国大陆在内的一个独立主权国家；从文化来看，通常而言，凡是有中国人的地方，就有中国。而海外中国文献中的中国，更多的是从文化角度来定义的，凡是内容涉及中国的历史、地理交通、风土人情、生活方式、宗教信仰、文学艺术、制度法律、语言文字等，都属于海外中国文献范畴。

2.跨文化性。文献是文化的重要载体与表现形式，而海外中国文献，尤其是那些西方人撰写的或者中国人用外文书写的文献，不仅是中国文化的延伸，更是中国文化与西方文化融合的结晶，具有跨文化的属性。即使那些纯粹的中文古籍，身处海外图书馆、档案馆，被用西方的方式进行收藏、分类、编目，其身上早已具备了所在区域的文化特征。

3.多样性。从上述对于海外中国文献的语种、类型、年限的界定可知，海外中国文献具有多样性的特点，这一点自20世纪中后期以来尤为明显。美国乔治华盛顿大学（George Washington University）中国问题专家沈大伟（David Shambaugh）2010年在接受采访时曾指出：到2010年左右，美国大学和智库大概有三千人在研究中国问题①，这些人的研究范围涉及中国的方方面面，其产生的文献无论是在数量还是在类型、涵盖范围等方面都是非常多样化的，而这仅仅是美国在2010年左右的数据。随着全球化、信息化的发展，海外中国文献多样性的特征将会愈发明显。

4.零散性。伴随着多样性的另一个重要特征就是零散性，从上文对于海外中国文献文种、类型等界定来看，海外中国文献范围是非常广泛的，尤其是档案、舆图等，分布较为零散。除了明确以中国为主题的文献外，还有相当一部分内容是分散在各种文献类型中的，如图书章节、期刊文章、报纸文章等，尤其是报纸文章。以第二次世界大战期间的美国报纸为例，在二战期间刊发了大量和中国有关的报道，这些新闻报道对于研究中

---

① 梁怡、王爱云：《西方学者视野中的国外中国问题研究——访美国乔治华盛顿大学教授沈大伟》，《中共党史研究》，2010年第4期。

国抗战以及二战时期的中美关系都有着非常重要的参考价值，但是这些新闻报道由于分布零散，给系统整理、研究带来了不小的困难。

### （三）"域外汉籍"与"海外中国文献"的联系

从上文对于域外汉籍和海外中国文献的定义来看，域外汉籍无疑是属于海外中国文献的一部分，而域外汉籍研究同样也属于海外中国文献研究的重要组成部分，但是两者还是有所不同。域外汉籍研究，其研究对象主要为汉文典籍，更确切地说是东亚汉籍，属于传统汉学（Sinology）研究范畴，其重点在于探讨中国文化对于东亚汉文化圈的影响，其本质反映的学术研究从"中国之中国"走向"亚洲之中国"。而随着全球化进程的加快以及中外各种交流的愈发频繁、紧密，传统汉学研究逐渐被更为广泛的"中国研究（Chinese Studies）"所取代，海外中国文献研究在域外汉籍研究的基础上更加注重档案、期刊、报纸、舆图等资料，关注的重心也从"古典""单向式"的研究发展为"古今结合""中外双向互动式"的研究。从某种程度而言，海外中国文献研究兴起的背后，折射出的是全球化时代的学术研究，即所谓"世界之中国"①。

## 二、现有海外中国文献研究范式

就目前海外中国文献研究情况来看，主要有三种研究范式：第一，文学视角下的汉籍研究；第二，史学视角下的海外中国专题档案研究；第三，图书馆学视角下的海外中国文献目录编制研究。

---

① 1901年，梁启超在《清议报》第90期、第91期发表《中国史叙论》（署名"任公"），其中在第91期刊发的该文第八节"时代之区分"中，梁启超提出了中国历史时代的三段划分："第一，上世史。自皇帝以迄秦之一统。是为中国之中国。第二，中世史。自秦一统后至清代乾隆末年。是为亚洲之中国。第三，近世史。自乾隆末年以至于今日。是为世界之中国。"梁启超在《中国史叙论》中提出的"中国之中国""亚洲之中国""世界之中国"与本文所指含义有所区别，本文中只是借用梁启超的概念，表达中国学术研究之走向。

### （一）文学视角下的海外汉籍研究

上文已谈及，海外汉籍研究自20世纪80年代至今，经历了从"海外汉籍的收集、整理与介绍"到"海外汉籍所蕴含问题的分析、阐释"再到"针对海外汉籍特色寻求独特研究方法"的阶段（这三个阶段并不是取代关系而是有所交叉）①，形成了比较成熟的海外汉籍研究范式，研究成果比较多②。

文学视角下的海外汉籍研究，其研究范围主要是以日本、韩国、朝鲜、越南等东亚汉文化圈所藏汉文典籍，特别是以传统经典为研究对象，探索各类典籍的内容、版本形态及流传，其关切在于汉籍所承载的文化在东亚诸国之间的互动与交流。文学视角下的海外汉籍研究以南京大学域外汉籍研究所为代表，该所主编和主办的"域外汉籍研究丛书""域外汉籍资料丛书"、学术期刊《域外汉籍研究集刊》以及"域外汉籍国际学术研讨会"，在海内外都产生了非常重要的影响，其他如上海师范大学域外汉文古文献研究中心、复旦大学文史研究院等机构，也都是中国海外汉籍研究领域的重要学术力量。

### （二）史学视角下的海外中国专题档案研究

史料是史学研究的基础与保障，因此，对于史学界而言，更多的是关注海外所藏文书档案的利用与研究。随着近代新史学的建立，中国学者逐渐开始重视海外中国档案资料的利用，如早期王重民、向达等人对于欧洲所藏敦煌文书的研究与整理，王绳祖对于英国所藏中英关系外交档案的研

---

① 张伯伟：《新材料·新问题·新方法——域外汉籍研究三阶段》，《史学理论研究》，2016年第2期。

② 相关成果介绍可参见金程宇：《近十年中国域外汉籍研究述评》，《南京大学学报（哲学·人文科学·社会科学）》，2010年第3期；徐林平、孙晓：《近三十年来域外汉籍整理概况述略》，中国社会科学院历史研究所文化研究室编：《形象史学研究（2011）》，人民出版社，2012年，第222—241页。

究与利用等，不过总体而言，民国时期历史学者对于海外所藏中国文献资料的利用还处于"萌芽状态"。1949年，中华人民共和国成立以后，由于诸多原因，大陆地区与海外特别是所谓的资本主义阵营收藏的中国文献处于"隔绝状态"，而这一时期，港台等地历史研究人员，则逐渐意识到海外所藏中国有关档案资料的重要性，竞相赴欧美档案馆、图书馆查阅、利用相关档案文献。

1978年，随着中国改革开放以及欧美与中国有关的机构或人员（如民国时期在华工作过的教师、外交人员、新闻记者等）将其收藏的与中国有关的档案资料捐赠给图书馆、档案馆，越来越多的历史学者开始赴欧美等国利用相关档案，如章开沅在20世纪八九十年代赴美国，对贝德士档案、近代来华传教士档案的利用与介绍。但是中国历史学界真正有系统地对海外所藏中国档案进行整理、研究则是21世纪以后，如南京大学中华民国史研究中心对海外南京大屠杀、钓鱼岛问题档案的整理与出版、华东师范大学沈志华教授对苏联档案的研究与整理、华中师范大学马敏教授对欧美所藏来华传教士档案的研究与利用、复旦大学吴景平教授对美国所藏民国财金档案的搜集与整理、浙江大学陈红民教授对海外国民党档案的整理与研究以及2012年中国历史研究院启动的"海外近代中国珍稀文献搜集、整理与研究工程"等①都极大地推动了中国历史学特别是近代史的研究。

就目前情况来看，当下中国史学界对于海外中国文献的研究正如火如荼地展开（这从近年来立项的国家社科基金重大项目也能有所反映②），其大致呈现出如下几个特点：第一，关注的文献年代以近代特别是民国时期

---

① 陈谦平：《民国史研究多国史料的运用与国际化视角》，《民国档案》，2020年第3期。
② 仅以2019年国家社科基金重大项目选题为例，就有"哥伦比亚大学图书馆藏顾维钧档案整理与研究""美国藏孔祥熙个人档案的整理研究与数字化建设""哈佛大学馆藏近代黑龙江历史资料整理研究（1906—1945）"。

为主；第二，除少数项目涉及跨机构档案资料外，大部分都是以某图书馆所藏某一类专题档案为主；第三，除沈志华等极少数人之外，大部分都依托于大型国家项目资助；第四，整理与出版并重，多卷本的档案史料汇编〔如《美国哈佛大学哈佛燕京图书馆藏蒋廷黻资料》（陈红民、傅敏主编，广西师范大学出版社，2014年，共24册）、《李顿调查团档案文献集（第一辑）》（张生主编，南京大学出版社，2020年，共14册）〕出版呈现欣荣之势。

### （三）图书馆学视角下的海外中国文献目录编制研究

中国图书馆学学者是较早关注到海外中国文献价值的群体，早在20世纪20年代，时在美国学习图书馆学的李小缘、袁同礼在国会图书馆中文部实习期间，就开始有关书目的编纂，而李小缘更是把"西人论华书目"作为毕生的课题，编制了数万张卡片（不过由于一些特殊原因，这些卡片后来散佚了）。1958年，袁同礼在法国汉学家亨利·考狄（Henry Cordier）所编《汉学书目》（*Bibliotheca Sinica*）基础上出版的 *China in Western Literature: A Continuation of Cordier's Bibliotheca Sinica* 早已成为欧美汉学研究的必备参考书之一。图书馆学视角下的海外中国文献研究主体是西方，特别是美国国会图书馆及各大东亚图书馆中的中国研究馆员群体，如吴光清、钱存训、吴文津、郑炯文、沈津、徐鸿、张海惠、王成志等，他们先后赴美学习图书馆学，毕业后留在各东亚图书馆工作，或出于职业需要，或出于中国认同，对海外所藏有关中国文献进行整理编目，并用中文或英文出版专门的目录。中文方面，近年来有《北美中国学——研究概述与文献资源》（张海惠主编，中华书局，2010年）、《美国哈佛大学哈佛燕京图书馆藏中文善本书志》（沈津，广西师范大学出版社，2011年）、《美国柏克莱加州大学东亚图书馆藏宋元珍本图录》（柏克莱加州大学东亚图书馆编，中华书局，2014年）等。英文方面，近年来最主要的应该是2016年哥伦比亚大学出版社（Columbia University Press）出版的王成志（Chengzhi Wang）与陈肃（Su Chen）两人合作编纂的《北美民国研究档案资源指要》（*Archival Resources of Republican China in North America*）。而就目前图书馆学界对于海外中国文献研究情况来看，哈佛大学、普林斯顿大学、加州大学洛杉矶分校等几所著名大学东亚图书馆是绝对主力，其中又以哈佛燕京图书馆为最。哈佛燕京图书馆一方面得益于丰富的馆藏文献资源，另一方面得益于经费相对比较充裕，除了本馆职员外，每年还会邀请一部分中国图书馆馆员赴美协助从事馆藏文献的整理与编目。目录，是揭示文献的重要工具，特别是很多用英文编纂的与中国有关的文献目录，国内尚缺乏全面、系统的了解，这也是未来学界需要注意的一个内容。

**（四）现有海外中国文献研究评述**

上述三种范式并不是绝对独立的，很多也都存在交叉，例如文学、史学领域的一些学者在研究海外中国文献时也会编纂书目，如北京大学严绍璗教授编辑的《日藏汉籍善本书录》（中华书局，2007年）、中山大学黄仕忠教授编辑的《日藏中国戏曲文献综录》（广西师范大学出版社，2010年）等。从上述简要回顾来看，目前海外中国文献研究正呈现出国际化态势，虽然取得了很大的成就，但还是存在一些问题，包括最基本的海外中国文献存量、分布情况，即使以最早开始研究的海外中文古籍为例，目前也没有完全厘清海外到底有多少中国古籍，其分布情况如何？至于其他图书、期刊、档案等文献，那就更加不甚明了。而从研究深度来说，目前总体还是存在比较浅的层次，即重点在于对海外中国文献的介绍及内容研究，至于这些文献背后所承载的文化、中国文献流转过程、产生背景等还有待进一步深入。

## 三、海外中国文献研究路径

文献作为时代、文化的重要表现形式之一，其价值早已为学界所公认。文献研究也是各类学术研究的基点，以海外中国文献为例，如果离开了海外中国文献的研究，那么基于此的海外中国学的研究必将是"无根之木、无源之水"①。上文回顾了海外中国文献的内涵、类型及研究现状，而从愈发欣荣的海外中国文献研究情况来看，其未来肯定是朝着跨学科、国际化协作的路径发展，具体而言，笔者认为可以遵循以下的路径：

### （一）以目录为切入，摸清海外中国文献存量

目前虽然有文学、历史学、图书馆学等领域的学者在对海外中国文献进行研究，但是最基本的问题，即海外中国文献的存量、分布情况等问题，我们到现在仍然没有完全弄清楚，即使以最早开展海外中文古籍研究的域外汉籍研究共同体来看，对于海外有多少中国古籍？其分布情况如何？现状如何？目前也没有完全厘清，就更别提档案、期刊、报纸等专题文献了。当然造成这一现状的重要原因之一是海外中国文献的零散性与多样性。海外中国文献的存量、分布情况、现状等问题是开展海外中国文献研究的基础，因此，在未来开展海外中国文献研究过程中，我们必须将基础夯实，通过国际化、跨学科、跨机构的合作，尽快揭示海外中国文献的分布全貌，而各种目录就是很好的揭示工具之一。虽然，目前已经出版了很多目录，但还是有很多值得推进的地方，笔者认为，未来海外中国文献的目录编纂应该从如下三个方面发展：

1.从善本图书目录到各类专题文献目录。目前已经出版的海外中国文献目录中，绝大一部分都是中文古籍或善本图书目录，2015年，中华书局

---

① 严绍璗：《我对 Sinology 的理解和思考》，《国际汉学》，2006年第4期。

牵头启动的"海外中文古籍总目"项目，主要是针对海外中文古籍。然而，除了中文古籍之外，海外还有相当数量的其他类型文献，特别是大量的档案文献，这些都亟待整理编目，在编纂这些非善本类文献目录时，笔者认为，最好是以专题形式进行，如海外所藏蒋廷黻档案目录、海外所藏宋子文档案目录、海外所藏中国教会大学档案目录等。在这些已有的文献目录基础上，还可以进一步开发，编纂深层次的专题文献目录，例如"《纽约时报》所载中国专题报道目录""二战时期美国报刊刊载中国报道目录"等，这种深层次的专题目录其实是带有很强的研究性质的，对于目录编纂人员而言，要求也较高。但是，这些专题目录，特别是那些真正做到"目"与"录"统一的专题目录，不仅能够精准揭示文献内容，对于其他学者的研究更是大有裨益。

2. 从馆藏目录到联合目录。目前已经出版的很多海外中国文献目录，多是基于某一机构（主要是图书馆）的某种文献，如《美国哈佛大学哈佛燕京图书馆中文善本书志》《美国耶鲁大学图书馆中文古籍目录》《英国曼彻斯特大学约翰·赖兰兹图书馆中文古籍目录》等，而未来，联合目录是必然趋势。关于联合目录，早在20世纪90年代，中美就开始合作，普林斯顿大学图书馆曾联合哥伦比亚大学图书馆、北京图书馆（今中国国家图书馆）、中国科学院图书馆等启动中文善本书国际联合目录项目，后来还开发了"中华古籍善本国际联合书目系统"，但该系统主要针对中文善本，且在收录范围、用户体验方面存在诸多不足，因此并未大范围普及。未来海外中国文献联合目录的编纂，应该在中文善本书基础上朝着更加多样化的方向演进，如可以编纂《美国东亚图书馆馆藏中国近代报刊联合目录》《北美地区近代来华传教士档案联合目录》等，不过联合目录的编纂必须基于现有馆藏目录。包括美国东亚图书馆在内，海外不少机构或囿于经费，或囿于人力，尚未对馆藏中国文献进行充分的整理。而从近年来越来越多的中国学人利用重大课题或者赴国外访学的机会，与国外机构联合整理编纂相关目录的实践来看，国际化的协作应该是解决海外中国文献目录编纂的重要途径。

3.从纸质目录到数字化、智能化目录。信息技术的快速发展，不仅改变了人类日常生活，而且也改变了学术研究的范式。越来越多的信息技术被引入学术研究过程，就海外中国文献目录编纂发展来看，数字化应该也是大势所趋。目前很多国外机构如哈佛大学、普林斯顿大学、耶鲁大学等都将本馆所藏的一些中文古籍、中国有关档案免费开放公众利用。与此同时，欧美很多机构也利用网络平台，在线合作开展相关中国文献的整理、编目，如笔者曾参与美国卡尔顿学院所藏有关中国照片的整理项目，该项目就是中美学者共同在一个平台上，对有关文献进行编目。虽然，目前尚缺少一个有效揭示海外中国文献的专门平台，但是可以预见，在不久的将来，这类平台肯定会出现，这些平台不仅具备传统纸质目录的最基本的检索功能，而且能够通过有关技术，实现目录数据的关联，让目录变得更加智能化，从而更加便利学者的研究。

以上所谈及的海外中国文献目标编纂的专题化、联合化、数字化/智能化路径，并不是谁取代谁、谁先谁后，三者很有可能是交叉融合、齐头并进。

**（二）辨析"我者"与"他者"**

掌握海外中国文献的数量、分布情况是海外中国文献研究的基础，在此基础上则可以进行海外中国文献的研究，而在从事海外中国文献研究时，首先需要区分"我者"与"他者"。在大部分海外中国文献中，尤其是西方人撰写的与中国有关的文献中，"中国"都是作为"他者"存在的，这种"他者"或是西方人为了彰显其本国文化优势而予以批判的一个对象，或是西方人对本国文化不满而寻求的"乌托邦式的想象"，不管是出于何种目的，可以明确的是，由于文化、语言等一些因素的制约，很多西方人对于中国的认识都是非常片面的，"对于中国文化中的有些现象或意义会无端放大"①，对于中国文化中的一些重要价值观念也会故意视而不见。如汪荣祖先生就曾发现，包括著名史家史景迁（Jonathan D. Spence）在内的很多西方汉学家，因为语言关系，在英文著作中存在"离谱的误读""严重的曲解""荒唐的扭曲""不自觉的概念偏差""颠倒黑白的传记""居心叵测的翻案"六大问题②。而中国学者在研究海外中国文献时，很多都会情不自禁地将这些文献中的"中国"内化成一种"我者"的存在，如果不注意的话，很容易就会产生一些偏差。此外，一些中国学者在面对海外中国文献时，或会不自觉地"矮化"，觉得西方人研究中国就比中国人的研究高一等；或者持有传统"殖民主义""侵略主义"观点，认为海外中国文献代表了西方对中国的"殖民"或"侵略"。以上这些都不是对待海外中国文献应有的态度。因此，中国学者在开展海外中国文献研究时，首先是要明确区分"我者"与"他者"，要尽量保持一种相对"超我"的状态，以一种客观的视角去与这些文献"平等对话"③。

**（三）探寻"脉络性转换"路径**

中国学者在面对海外中国文献时，在辨析"我者"与"他者"后，有时还需要探寻"脉络性转换"的路径。台湾学者黄俊杰曾指出文化交流中存在着一种"去脉络化（de-contextualization）"与"再脉络化（re-contextualization）"的现象，具体而言是指"原生于甲地（例如中国）的诸多概念或文本，在传播到乙地（例如朝鲜或日本）之际常被'去脉络化'，并被赋予新义而'再脉络化'于乙地的文化或思想风土之中。经过'脉络性

---

① 王汎森：《天才为何成群而来》，社会科学文献出版社，2019年，第250页。
② 详细可参见汪荣祖：《海外中国史研究值得警惕的六大问题》，《国际汉学》，2020年第2期。
③ 张西平：《游心书屋札记：问学寻思录》，中华书局，2019年，第3页。

的转换'之后，传入异域的人物、思想、信仰与文本，就会取得崭新的含义，也会具有新的价值"①。这种现象在海外中国文献中也是非常普遍的，尤其是那些产生于中国后流转至海外的中文文献，在研究这类文献时，我们不仅要研究其内容、现状，更要重视流转"过程"的研究。例如，美国弗吉尼亚大学图书馆收藏的马鉴藏书，就经历了北京—成都—香港—弗吉尼亚的流转过程②，而这一流转过程的背后也是中国近代历史进程的一个缩影。又如中国文学的小说、戏曲、民歌等，在西方分类体系中经历了地位由低到高的过程，而中国原有一些文体概念（如诗、词、曲等）在与西方文体对应过程中，外延被缩小或扩大，同时被植入西方内涵，转换生新，演变为现代文体概念③，这其实就是"脉络性转换"现象，而这也是海外中国文献研究时需要研究的问题。

厘清"脉络性转换"路径就要求我们重视对海外中国文献生产"过程"的研究，如利用概念史、观念史等方法对有关文本进行分析，探寻相关文献生产主体对于中国认识的演变历程；又如通过对海外华人图书馆员群体的研究，了解海外中国文献的流转情况以及华人图书馆员在海外中国研究中的媒介作用等，这些都是探寻"脉络性转换"的好方法。

**（四）以海外中国文献为基点，更好地理解中国**

在区分"我者"与"他者"，完成"脉络性转换"探寻之后，就进入到海外中国文献研究的核心阶段，即如何通过这些海外文献来理解中国。程章灿教授曾指出中国古代的每一种文献形态都是了不起的文化创造，对于中国文化有着不可磨灭的文化功绩，并提出以文献为基点理解中国文

---

① 黄俊杰：《东亚文化交流中的"去脉络化"与"再脉络化现象"及其研究方法论问题》，《东亚观念史集刊》，2012年第2期，政大出版社，第59页。
② 李刚、谢欢：《美国维吉尼亚大学图书馆马鉴藏书研究》，《图书馆论坛》，2016年第7期。
③ 宋莉华：《西方早期汉籍目录的中国文学分类考察》，《中国社会科学》，2018年第10期。

化①。这一观点同样适用于海外中国文献,可以说存在的每一种海外中国文献,都是"中国"的表现形式之一。全球化时代的到来,不管是"一带一路"发展,还是"人类命运共同体"的构建,当下的中国已经置身于全球化体系中,不可能"闭关锁国""一人独语",我们必须在开放的系统中,打破以往的"东""西"二元对立,将中国真正置于全球中来认识、理解,将海外中国文献作为一种"他山之石",作为一只"异域之眼"。

"一个国家之所以伟大,条件之一就是既能够吸引别人的注意力,又能够持续保有这种吸引力。当西方刚刚接触中国时,中国就明显表现出这种能力;几世纪以来,流行风潮的无常,政治情势的改变,也许曾使中国的光彩暂且蒙尘,但是中国的吸引力却从未完全消失过。"②大量的海外中国文献,代表了西方国家对于中国的兴趣,不同时期,对于中国的认识、理解都会在同时期的文献上有所反映,我们应该以这些文献为起点,分析其背后的文化土壤,同时与同时期的中国相对比,找到其中的异同,更加客观、全面地认识中国、理解中国,找到中国文化对于世界文化的贡献,在世界体系中构建新的中国叙述模式。

## 四、结语

陈寅恪在《陈垣敦煌劫余录序》中曾写道:"一时代之学术,必有其新材料与新问题。取用此材料,以研求问题,则为此时代学术之新潮流。治学之士,得预于此潮流者,谓之预流(借用佛教初果之名)。其未得预者,谓之未入流。此古今学术史之通义,非彼闭门造车之徒,所能同喻者也。"③从近年来的研究实践来看,作为跨学科、跨文化、跨语言的海外中

---

① 程章灿:《以文献为基点理解中国文化》,《中国社会科学报》,2012年3月21日B04版。
② 史景迁:《大汗之国:西方眼中的中国》,阮叔梅译,广西师范大学出版社,2013年,第7页。
③ 陈寅恪:《金明馆丛稿二编》(第二版),生活·读书·新知三联书店,2009年,第266页。

国文献研究必将成为中国学术研究新潮流，但由于其零散、多样、跨文化等特性，海外中国文献研究需要更多的学者投身其中，以海外中国文献为基点，推动世界学术中的"中国"研究。

# 海外汉学机构分布与类型初探

陈志轩*

**摘　要：**海外汉学机构给汉学家提供了开展汉学研究工作的平台，研究其分布现状及类型有助于理解海外汉学的现状。本文通过海外汉学机构调研，统计了北美、欧洲、亚洲及大洋洲四个地区的汉学机构，通过数据分析指出其分布模式以及机构类型。本文发现大部分国家的汉学机构分布模式有三种情况，即分布在高等学校较多的地区、集中于国家首都、集中在华人较为聚集的地区。汉学机构根据运营制度和设立目的分为大学类、研究组织类以及图书馆与博物馆类。

**关键词：**海外汉学机构　海外汉学　中国学

如果"海外汉学是外国学者认识、理解、诠释、研究中国文明的过程"①，那么海外汉学机构就是展示此段过程的舞台。

"汉学"一词，《汉语大词典》引"清俞樾《茶香室丛钞·记日本国人语》：'日本之讲汉学，自伊藤仁斋始。'"②此书证略不妥当，因为其前文

---

* 陈志轩（MR. KRICH KOMKRIS），泰国人，北京大学中文系中国古典文献学专业硕士研究生，海外汉籍与汉学方向。

① 杨海峥：《北美的汉学发展与汉籍收藏》，《殊方天禄：海外汉籍收藏史研究论丛（第一辑）》，天津人民出版社，2020年，第68页。

② 《汉语大词典》（中卷），汉语大词典出版社，1997年，第3404页。

是"日本人之讲宋学，自藤原惺窝"①一语，因此这条书证的"汉学"不是我们所谓的外国人研究中国的汉学。"汉学"的概念最早出现于清黄遵宪《日本国志·学术志》："日本制学术，先儒后墨。余故总论其利弊如此，作《学术志》：一、汉学；二、西学；三、文字；四、学制。"②

最初"汉学"的概念被认为相当于英文中的"Sinology"，指的是外国学者对中国传统文明，包括文史哲等人文学科领域的研究；③而"中国学"的概念被认为相当于英文中的"Chinese Studies"或"China Studies"，指的是20世纪以来在美国诞生而遍及西方、利用社会科学理论与方法、对中国近现代社会科学方面的研究。④

从研究范围来比较，最初二者的区别在于：前者侧重古典的人文学科的研究，后者则侧重近现代社会科学。目前不同地区的研究范围各有所不同，如日、韩两国的中国学研究范围是汉学范围的延伸；而西方国家认为二者有所区分，即汉学是研究中国的文史哲三方面，而中国学是研究现代中国的政治、经济及社会等问题。⑤

随着汉学家对中国物质文化和观念文化研究的深入，汉学的研究领域已经包括社会学、政治学和自然学，所以汉学和中国学的关系已经是"异名共体"的关系。⑥就现在西方中国学研究而言，其研究对象也不排除传统汉学的研究范围，也存在着概念混淆情况，如德国海德堡大学的中国学研究所（Institute of Chinese Studies），其机构德文名称是"Institut für Sinol-

---

① ［清］俞樾撰：《茶香室丛钞》，贞凡点校，中华书局，1995年，第228页。
② ［清］黄遵宪：《日本国志·学术志》，陈铮主编：《黄遵宪集》，中华书局，2019年，第2341页。
③ 参考陆昌萍编著：《国外汉学概论》，安徽师范大学出版社，2017年，第4页；王硕丰：《海外汉学概论》，吉林出版集团股份有限公司，2021年，第1页；张西平主编，李雪涛副主编：《西方汉学十六讲》，外语教学与研究出版社，2011年9月，第3、9页。
④ 参考《海外汉学概论》，第1页；《西方汉学十六讲》，第5—6、9页。
⑤ 何培忠主编：《当代国外中国学研究》，商务印书馆，2006年，第1—10页。
⑥ 刘顺利：《汉学历史和学术形态》，载《朝鲜半岛汉学史》，学苑出版社，2009年，第13页。

ogie"，官方中文名称为海德堡汉学系。[1]除了对现在中国政治经济展开研究，还进行"欧洲图书馆的汉学丛书（Sinological Serials in European Libraries）"等与汉学相关的项目。[2]

现代汉学已发展到与中国学同体，大部分海外汉学机构的研究范围不限于中国传统人文学科的传统海外汉学，还包括了研究中国政治、社会、经济及法律等社会科学的现代中国学。因此，本文所指的"海外汉学机构"是指对中国古今文明展开研究、讲授或传播等工作的外国组织，而学术成果、研究方法及研究范围会受当地学术风格和国家需求的影响。

## 一、各地区汉学发展

海外汉学作为一门外国学者研究古今中国文明的学科，在不同地区有着不同的发展情况，包括学科历史和研究热点等。为了更好地理解海外汉学机构的分布模式与类型，应当先查考海外各地区的汉学历史。

### （一）北美的汉学

北美汉学主要发展在美国和加拿大。19世纪30年代开始，美国传教士纷纷来华，并开始学习汉语、研究中国，标志着美国汉学的开始。[3]此时加拿大还属于英国殖民地，没人来到中国。

19世纪末20世纪初，美国各个高校逐渐开始设立"汉学讲座"和研究机构，如耶鲁大学（1877）、哈佛大学（1879）、加利福尼亚大学（1896）、哥伦比亚大学（1902）、芝加哥大学（1936）、斯坦福大学（1937）分别设

---

[1] Universität Heidelberg, Institut für Sinologie, 19. März 2019, https://www.zo.uni-heidelberg.de/sinologie/institute/, 2023-04-05.

[2] See Heidelberg University, Institute of Chinese Studies, Research, Project, March 25, 2021, https://www.zo.uni-heidelberg.de/sinologie/research/projects_en.html, 2023-04-05.

[3] 参考《西方汉学十六讲》，第375—377页；《海外汉学概论》，第18—19页；《国外汉学概论》，第313—316页。

立了"汉学讲座"。①此时加拿大才开始派传教士来中国传教，建立学校和医院，但没有对中国文化深入研究，而其国内汉学环境与欧洲相比不容乐观。当时加拿大高校没有设置"中文系"，所以汉学研究一般在"亚洲研究"或"东方研究"学科下展开。②

二战后，美国汉学因政治和战争的影响，研究成果甚少。直到新中国成立以后，美国学界、商界及政界才开始重视中国当代政治社会的研究，美国现代汉学起步。③加拿大则在20世纪70年代因多元文化政策的推行和资料的原因，其汉学事业得到平缓的发展，多所汉学机构也在此时成立。④

### （二）欧洲的汉学

欧洲汉学的起源，可以追溯至13世纪中意大利威尼斯出版的《马可·波罗游记》，使得意大利乃至欧洲更加了解中国的面貌，如14世纪在德国出版了该书德语译本。西班牙早在16世纪占领菲律宾，有不少学者通过菲律宾的华人和自己访华了解到中国法律、社会、语言等，曾有传教士编写《华语韵编》。⑤自16世纪开始，很多意大利传教士来中国传教，直到17世纪德国和俄罗斯通过传教士和政府派人来中国。意大利和德国传教士来中国的时候在传教过程中对中国展开研究，并撰写相关著作。⑥

18世纪欧洲兴起"中国热"后，俄罗斯才派人前来搜集文献、学习汉

---

① 陆昌萍编著：《国外汉学概论》，第316—317页。

② 参考张西平编：《欧美汉学研究的历史与现状》，大象出版社，2006年，第444页；《当代国外中国学研究》，第97—98页；熊文华：《加拿大汉学研究史》，学苑出版社，2022年，第67—71页。

③ 参考《西方汉学十六讲》，第376页；《国外汉学概论》，第316页；熊文华：《美国汉学史》，学苑出版社，2015年1月，第271—272页；《海外汉学概论》，第19页。

④ 参考《欧美汉学研究的历史与现状》，第444页；《当代国外中国学研究》，第97—98页；《加拿大汉学研究史》，第113—114页。

⑤ 《海外汉学概论》，第17页。

⑥ 参考《国外汉学概论》，第189—203页；《海外汉学概论》，第10页。

语并在中国境内传教。①法国耶稣会也接受法国国王的使命，来中国传教并深入中国研究，进行实地考察，以中文著书，并且向政府及教会汇报。此时期出现了法国学者的很多著作及翻译作品。②英国也在18世纪后半期开始通过贸易和传教的渠道直接了解中国。③

19世纪是欧洲现代汉学建立的标志。1814年12月11日，法国法兰西学院为世界展开第一场汉语讲座，成为全世界最早的汉学研究和教学机构，之后有东方语言学校于1843年开设现代汉语课。④俄罗斯驻北京教团在本地进行实地考察研究，而在俄罗斯本土建立了恰克图汉语学校、喀山大学东方系、圣彼得堡大学东方系、东方语翻译培养机构海参崴（今译符拉迪沃斯托克）东方学院。⑤鸦片战争后，英国来华的外交官、传教士仍缺乏汉语沟通能力，所以此时期英国汉学成果多为英汉词典等语言翻译类著作，此时也出现了汉籍西传现象。⑥不过19世纪也有些国家汉学衰落，比如西班牙和意大利。西班牙在19世纪因战争及中方的传教禁令，西班牙并没有继续展开与中国有关的研究。⑦意大利因耶稣会的废除，以及国内的政治动荡导致汉学研究落后于其他国家。⑧19世纪末，一些欧洲国家如英国的汉学开始成体系，也有一些国家如德国和比利时致力于教授中国语言文化。⑨

---

① 参见阎国栋：《俄罗斯汉学三百年》，学苑出版社，2007年，第1页；《国外汉学概论》，第281—289页。

② 参考《海外汉学概论》，第11页；许光华：《法国汉学史》，学苑出版社，2009年，第4—5页；《海外汉学概论》，第11—12页。

③ 熊文华：《英国汉学史》，学苑出版社，2007年，第1—3页。

④ 《海外汉学概论》，第11页。

⑤ 参见《海外汉学概论》，第18页；李明滨编：《俄罗斯汉学史》，大象出版社，2008年，第1—107页；《国外汉学概论》，第279—289页。

⑥ 参考《英国汉学史》，第1—3页；《国外汉学概论》，第219—227页。

⑦ 《国外汉学概论》，第137—138页。

⑧ 《海外汉学概论》，第10页。

⑨ 参考《英国汉学史》，第1—3页；《国外汉学概论》，第189—203页；张蕙莹：《比利时汉学研究调查》，《云南师范大学学报（对外汉语教学与研究版）》，2016年第1期，第69—70页。

19世纪末期至二战之前，欧洲各学校开始设立汉学课程或研究机构，并走向现代汉学研究。英国牛津大学于1876年设立"汉学讲座"。[①]1909年和1912年，德国汉堡大学和柏林大学分别设立"汉学讲座"，1924年，法兰克福大学建立了中国研究所。[②]1929年，比利时皇家艺术与历史博物馆成立了比利时高等汉学研究院。[③]不过，由于二战的爆发，欧洲不少汉学机构和有关汉学的期刊被迫停止运营和出版。欧洲各国对汉学的关注度大大减少，战后才恢复。

二战结束后，欧洲各国高校于20世纪50年代之后纷纷成立汉学研究机构。德国各所大学于20世纪50年代开始恢复汉学课程，汉学刊物也恢复出版。[④]意大利在此时期以罗马大学、那不勒斯东方大学和威尼斯大学为主导，通过成立研究机构、出版刊物和举办学术会议，汉学慢慢得到恢复和发展。[⑤]比利时根特大学于1958年成立了东方学系，而根特大学和鲁汶大学于20世纪70年代分别成立了汉学系。[⑥]

### （三）亚洲的汉学

亚洲汉学研究最发达的国家当属日本和韩国。

日本上古时代就开始接受汉文化，在文字、宗教及法律层面都受影响。平安时代，日本多次派遣使者来华留学，接受唐朝文化修养，再返回日本推广汉文化。朝鲜半岛同样从约1世纪接触汉文化，直到7世纪用汉字书写史书，派人来中国留学，并学习中国文化和法律制度，教授中国典籍。[⑦]

---

① 《英国汉学史》，第1—3页。

② 《国外汉学概论》，第189—203页。

③ 《比利时汉学研究调查》，第70页。

④ 《国外汉学概论》，第189—203页。

⑤ 参考《海外汉学概论》，第10页；《西方汉学十六讲》，第135—138页。

⑥ 《比利时汉学研究调查》，第70页。

⑦ 参考《国外汉学概论》，第20—22页；《海外汉学概论》，第7—9页。

日本镰仓时代，即五山文化时代，佛教僧侣成为中国典籍东传的主要传递者，而江户时期儒家朱子之学深受德川幕府的推崇，并成为当时日本政界和学界的主流。此时朝鲜半岛已经进入高丽时代，朝鲜半岛一如既往不断派人来中国留学。14世纪至20世纪，朝鲜半岛的汉学关注点在几个不同方面，分别是朱子之学、汉语教育、用朝鲜文字翻译汉语典籍以及研究和创作汉诗。①

日本明治维新后，日本学界受到西方学术的影响，使日本在此时期的中国文学、史学和文字学研究得到前所未有的发展，并持续发展成为日本的现代汉学。②

至于韩国，20世纪初，日本占领了韩国并实行日式教育制度，于首尔建立了京城帝国大学并设立朝鲜地区首次讲授中国语言学和中国文学的讲座。1945年韩国独立后，京城帝国大学更名为国立汉城大学（今首尔大学），并开始设置中文专业。此后，韩国汉学因政治、战争等原因处于动荡时期，直到20世纪90年代中韩建交后才建立各种汉学研究机构。③

亚洲其他国家，如印度、泰国、越南、新加坡等国家的汉学研究基本始于二战后，大部分汉学机构建立于20世纪50年代之后。

可见各地区汉学研究的历史发展各不相同，其历史发展会稍微影响如今海外汉学机构的数量及分布模式，但并不是影响汉学机构现状的绝对因素。例如德国汉学在二战爆发后被迫停止，直到20世纪50年代才恢复，却是目前世界上设有汉学机构最多的国家之一。因此，除汉学发展史悠久且不中断的日本外，大部分海外汉学机构的分布情况与类型，主要受近十

---

① 参考《国外汉学概论》，第22—32页；《海外汉学概论》，第7—9页。

② 参考〔日〕牧野谦次郎：《日本汉学史》，张真译，学苑出版社，2020年，第135—190页；《海外汉学概论》，第8—9页。

③ 参考《海外汉学概论》，第7页；《国外汉学概论》，第19—34页。

至二十年来海外汉学发展的影响。

## 二、海外汉学机构的分布模式

笔者对海外汉学机构进行了统计。海外汉学机构主要来自北美、欧洲、亚洲及大洋洲等地区的三十九个国家。本次所收的海外汉学机构总共四百二十六所，分别为大学类三百八十八所、研究组织类三十三所以及图书馆与博物馆类五所。现将调查的国家、汉学机构总数、汉学机构所属单位总数以及汉学机构位于首都的机构比例列表，如表1所示。

表1 海外汉学机构分布情况

| 国家 | 区域 | 机构总数（所） | 所属单位总数(所) | 位于首都的机构(%) | 机构类型（所） | | |
|---|---|---|---|---|---|---|---|
| | | | | | 大学 | 研究组织 | 图书馆与博物馆 |
| 越南 | 亚洲 | 2 | 2 | 100 | 1 | 1 | |
| 印度 | 亚洲 | 2 | 2 | 100 | 2 | | |
| 以色列 | 亚洲 | 2 | 2 | 50 | 2 | | |
| 新加坡 | 亚洲 | 2 | 1 | 100 | 2 | | |
| 土耳其 | 亚洲 | 2 | 2 | 50 | 2 | | |
| 泰国 | 亚洲 | 6 | 5 | 50 | 6 | | |
| 沙特阿拉伯 | 亚洲 | 1 | 1 | 100 | | 1 | |
| 日本 | 亚洲 | 76 | 73 | 42.11 | 68 | 7 | 1 |
| 蒙古 | 亚洲 | 5 | 5 | 80 | 5 | | |
| 马来西亚 | 亚洲 | 1 | 1 | 100 | 1 | | |
| 老挝 | 亚洲 | 1 | 1 | 0 | 1 | | |
| 韩国 | 亚洲 | 25 | 25 | 40 | 25 | | |
| 英国 | 欧洲 | 21 | 14 | 19.05 | 18 | 2 | 1 |
| 意大利 | 欧洲 | 13 | 13 | 15.38 | 8 | 4 | 1 |
| 匈牙利 | 欧洲 | 1 | 1 | 100 | 1 | | |
| 西班牙 | 欧洲 | 8 | 7 | 25 | 8 | | |
| 斯洛文尼亚 | 欧洲 | 1 | 1 | 100 | 1 | | |
| 斯洛伐克 | 欧洲 | 1 | 1 | 100 | 1 | | |
| 瑞士 | 欧洲 | 4 | 4 | 0 | 4 | | |

续表

| 国家 | 区域 | 机构总数（所） | 所属单位总数（所） | 位于首都的机构（%） | 机构类型（所） | | |
|---|---|---|---|---|---|---|---|
| | | | | | 大学 | 研究组织 | 图书馆与博物馆 |
| 瑞典 | 欧洲 | 4 | 2 | 50 | 4 | | |
| 葡萄牙 | 欧洲 | 2 | 2 | 0 | 2 | | |
| 挪威 | 欧洲 | 1 | 1 | 100 | 1 | | |
| 罗马尼亚 | 欧洲 | 1 | 1 | 100 | 1 | | |
| 拉脱维亚 | 欧洲 | 1 | 1 | 100 | | | 1 |
| 捷克 | 欧洲 | 4 | 3 | 75 | 4 | | |
| 荷兰 | 欧洲 | 4 | 2 | 0 | 4 | | |
| 芬兰 | 欧洲 | 3 | 3 | 33.33 | 2 | 1 | |
| 法国 | 欧洲 | 18 | 18 | 50 | 11 | 7 | |
| 俄罗斯 | 欧洲 | 18 | 16 | 33.33 | 17 | | 1 |
| 德国 | 欧洲 | 42 | 30 | 14.29 | 37 | 5 | |
| 丹麦 | 欧洲 | 3 | 3 | 66.67 | 2 | 1 | |
| 比利时 | 欧洲 | 10 | 7 | 10 | 9 | 1 | |
| 保加利亚 | 欧洲 | 1 | 1 | 100 | 1 | | |
| 奥地利 | 欧洲 | 2 | 1 | 50 | 2 | | |
| 爱尔兰 | 欧洲 | 2 | 2 | 0 | 2 | | |
| 美国 | 北美洲 | 127 | 108 | 1.57 | 124 | 3 | |
| 加拿大 | 北美洲 | 6 | 5 | 0 | 6 | | |
| 新西兰 | 大洋洲 | 1 | 1 | 0 | 1 | | |
| 澳大利亚 | 大洋洲 | 2 | 2 | 0 | 2 | | |

经过数据统计分析，笔者发现若以国家为一个区域的界限，其汉学机构的分布模式总共有以下三种情况：

### （一）分布在高等学校较多的地区

图1　美国汉学机构分布情况

本次的调查结果发现，隶属大学的汉学机构一共有三百八十八所，占全部汉学机构的百分之九十一点零八，而由于大部分汉学机构隶属于高等学校，其分布情况自然会与高等学校的分布情况有密切的关系。以设有汉学机构最多的美国为例，其汉学机构分布情况如图1所示。

从图1可见，美国汉学机构主要集中在两个地区，即东部（包括东北六州、中部五州一区及大湖五州）和加利福尼亚州。前者设有一千三百四十几所高等学校，占美国全国高校总数的百分之三十六点九四①；设有六十四所汉学机构，占美国全国汉学机构总数的百分之五十点三九。加利福尼亚州则是美国高校最多的州，设有三百八十四所高等学校②，占美国全国高校总数的百分之十点三九；在这些高校中设有二十一所汉学机构，占美国全国汉学机构总数的百分之十六点五四。加利福尼亚州在美国全国设有最多的汉学机构，但有十一所汉学机构隶属于加利福尼亚大学，分散在加利福尼亚大学的各个分校。因此，就统计数据而言，汉学机构一般会分布在高等学校较多的地区。

---

①② 数据参考 Education Department，"Table 317.20. Degree-granting postsecondary institutions，by control and classification of institution and state or jurisdiction：2020—21"，*Digest of Education Statistics* 2021，February 2022，https://nces.ed.gov/programs/digest/d21/tables/dt21_317.20.asp？current=yes，2023-03-15。

### (二) 集中于国家首都

从表1可见，仅在首都设立汉学机构的国家有越南、印度、新加坡、沙特阿拉伯、马来西亚、匈牙利、斯洛文尼亚、斯洛伐克、挪威、罗马尼亚、拉脱维亚以及保加利亚。

日本东京的汉学机构有三十二所之多，占日本全国汉学机构总数的百分之四十二点一一，而日本其他设有汉学机构的一级行政区中，没有任何行政区设立超过十所汉学机构；韩国首尔与其他行政区相比，首尔的汉学机构明显更多。首尔设有十所汉学机构，而其他五个行政区——包括江源道、京畿道、庆尚南道、忠清南道及忠清北道均未超过三所。只有庆尚北道设有七所汉学机构，分布于庆山市和庆州市。

仔细分析汉学机构不集中在首都的国家，除高等教育历史悠久的英国以外，美国、俄罗斯、德国及意大利等都是联邦制国家，其优势在于各地区充分参与地区平等问题的解决。[①]因此有可能促进各地区高等教育的建设，使得各地区有机会设立汉学机构，而前面所列举的国家有可能尚存在地区教育差异，导致汉学机构集中在首都。

### (三) 集中在华人较为聚集的地区

1990年，美国加利福尼亚州的华人总数占美国全国华人总数的百分之四十二点八[②]，而加利福尼亚州设立的汉学机构最多，全州一共有二十一所，占美国全国汉学机构总数的百分之十六点五四。与加利福尼亚州相比，其他地区却没有设立超过十所汉学机构的行政区。再以俄罗斯汉学机构的分布为例，俄罗斯的十八所汉学机构分布于七个城市，其中首都莫斯

---

① 胡健：《试论国家结构形式对地区平等的影响——单一制国家与联邦制国家的比较》，《学术评论》，2015年第5期，第95页。

② Herbert R Barringer，et. al.，*Asians and Pacific Islands in The United States*，New York：Russell Sage Foundation，1993，p.112.

科有六所，圣彼得堡有五所。此两座城市是俄罗斯华人聚集比较多的城市。①因此，笔者认为，汉学机构有可能会集中于华人较多的地区。

## 三、海外汉学机构的类型

海外汉学机构是为汉学研究提供研究资料并展示研究成果的平台，按照运营制度和设立目的分类，可将海外汉学机构分为：大学类、研究组织类和图书馆与博物馆类。

### （一）大学类

从18世纪末，大学的任务就开始变成学术研究和教育传授。②二战之后，美国的高等学校恢复对大学学术研究的重视。③大学是诸多学者聚集的地方，如果一个学校有多位同一个领域的学者，那么大学会设立相关的机构，汉学机构也不例外。

据本次统计，四百二十六所海外汉学机构中有三百八十八所大学类汉学机构，占汉学机构总数的百分之九十一点零八。这些机构在建立目的、研究领域及范围等方面各有所不同，但主要可分为以下五种：

1.开展汉学研究工作的机构

该类机构的设立目的，是研究中国古今文明，使得学者可通过人文学科或社会学科的理论与方法，针对古今中国展开研究工作。该类机构例如德国海德堡大学中国学研究所（Institute of Chinese Studies）、美国哈佛大学费正清中国研究中心（Fairbank Center for Chinese Studies）、东京大学当代中国研究基地（Contemporary China Research Base）、英国伦敦大学中国研

---

① 于丹红：《当代俄罗斯华侨华人现状与形象探析》，《西伯利亚研究》，2016年第2期，第60页。
② 参见〔法〕克里斯托夫·夏尔勒、雅克·韦尔热：《大学的历史》，成家桢译，华东师范大学出版社，2021年，第75—138页。
③ 唐敬伟：《高等教育教学学术的概念、评估及应用》，人民交通出版社，2021年，第11页。

究中心（Centre of Chinese Studies）、俄罗斯圣彼得堡国立大学亚洲与非洲研究学部中国语文学（Faculty of Asian and African Studies，Department of Chinese Philology）及英国牛津大学中国研究所（Institute for Chinese Studies）等。

2.以讲授中国学或亚洲学为主要任务的机构

属于该情况的汉学机构，通常是高等学校或其语言学院下开设中国学或亚洲学项目，但没有专门设立相关专业的研究机构。通常情况下，该机构的教师资源较为有限，但教学范围有的具体到汉学相关专业的内容，一些机构的教学范围较为广泛，如东亚国家语言文化等。

以美国爱荷华州立大学世界语言与文化系（Iowa State University Department of World Languages and Cultures）为例，其学院下开设中国学项目，以教授汉语、中国文学、中国文化及中国电影为主。[①]再以美国埃默里大学埃默里艺术与科学学院（Emory University Emory College of Artsand Sciences）为例，该学院开设东亚研究的主修项目和辅修项目，主要教授中国、韩国及日本等东亚国家的语言、文学、历史、政治、文化以及宗教哲学。[②]

3.以区域为研究对象的机构

属于该情况的汉学机构并不是单独专门研究中国文明，其所展开研究的地区范围覆盖了东亚及中国，因此这些研究机构会展开汉学相关的研究工作，如德国莱比锡大学历史艺术与东亚学学院（Universität Leipzig Fakultät für Geschichte，Kunst-und Orientwissenschaften）下设东亚研究所

---

① Iowa State University Department of World Language and Cultures，Chinese-About，https://language.iastate.edu/chinese/，2023-04-05.

② Emory University Emory College of Artsand Sciences，East Asian Studies Program，Major&Minor，https://eastasianstudies.emory.edu/academics/index.html#faq2，2023-04-05.

（Ostasiatisches Institut），其研究领域分为汉学和日本学；[1]法国巴黎西岱大学社会人文科学部（Université Paris Cité，Sociétés et Humanités）下设东亚语言与文明学院（Langues et Civilisations de L'Asie Orientale），其教学及研究领域分为汉学、日本学、韩国学和越南学。[2]

4.有具体研究方向的机构

属于该情况的汉学机构的研究范围与其他一般汉学机构相比会更具体或有固定的课题，如佛教研究、某社会现象及某个时代的语言等，例如比利时根特大学佛教研究中心（Centre for Buddhist Studies）、意大利米兰大学当代语言文化学院（Dipartimento di lingue e culture contemporanee）、德国慕尼黑工业大学中国保护与修复项目（China-Projekt des Lehrstuhls für Konservierung und Restaurierung）等。

5.以语言教学为主要任务的机构

不少汉学机构最初也开展汉语教学，而汉学机构除了研究工作以外，还有汉语讲授的教学任务，如韩国威德大学中国语学系、美国明德学院汉语学院、温斯顿–塞勒姆州立大学艺术与人文学院（Winston-Salem State University Faculty of Arts & Humanities）以及法国图卢兹第二大学外国语言学院（Département Langues étrangères）等。

**（二）研究组织类**

汉学的研究组织是指开展汉学相关的研究工作、学术交流及学术会议的组织。据本次统计，有十一个国家设有研究组织类汉学机构，一共三十三所，占总数的百分之七点七五。该类汉学机构可分为以下三种情况：

---

① Universität Leipzig，Fakultät für Geschichte，Kunst-und Orientwissenschaften，Ostasiatisches-Institut，https://www.gkr.uni-leipzig.de/ostasiatisches-institut，2023-04-06.

② Université Paris Cité Sociétés et Humanités，Langues et Civilisations de L'Asie Orientale，Présentation，https://u-paris.fr/lcao/presentation/，2023-04-06.

1.独立研究所

指不隶属于高等学校、图书馆及博物馆等学术单位的研究机构，在运营方面可享受政府或其他机构的资助。对于汉学机构而言，其研究范围必须与汉学相关或覆盖汉学研究范围。

以法国东亚研究所（L'Institut d'Asie Orientale，IAO）为例。该会成立于1993年并从事研究亚洲地区的人文和社会科学，受法国国家科研中心（CNRS）、法国里昂第二大学、里昂师范学校（ENS de Lyon）及里昂政治学院的支持。并通过发表研究成果、提供文献等方式帮助学者更好地理解东南亚文化、社会、经济等各方面。[①]

2.汉学协会或汉学学会

协会或学会，虽然名称有所不同，但制度和活动性质相似，因此归为一类。汉学协会或学会，是指汉学家及相关研究者的会员制组织，通常在固定时间内组织或主持汉学相关的学术活动或出版刊物。

以日本中国学会（The Sinological Society of Japan）为例，该会成立于1949年10月，2020年有一千五百七十一名会员及四十五名准会员，其事务所位于日本东京文京区。该学会每年举办一次学术大会，评选"日本中国学会奖"，发行学术杂志《日本中国学会报》及《会刊》等报告。[②]再以英国汉学协会（British Association for Chinese Studies）为例，该协会成立于1976年，每年9月举行中国学学术交流会。此外还发行学术杂志《英国中国研究协会会刊》（*The Journal of the British Association for Chinese Studies*）

---

① L'Institut d'Asie Orientale，Laboratoire-Présentation，http://iao.cnrs.fr/laboratoire/presentation/，2023-04-07.

② 参见日本中國學會，お問い合わせ，http://nippon-chugoku-gakkai.org/? p=212，2023-04-07；日本中國學會，日本中国学会の紹介，http://nippon—chugoku—gakkai.org/? p=69，2023-04-07.

及英国中国学年度报告《BACS通报》（*BACS Bulletin*）。[①]

3.智库

智库是指"独立于政府和企业之外，从事公共政策研究的非营利性学术机构"[②]。对于智库类的汉学机构而言，其研究及展示范围覆盖汉学或中国学，例如美国布鲁金斯学会东亚政治研究中心（Center for East Asian Policy Studies）。该中心成立于1998年，旨在针对东亚及东南亚的政治、经济和安全问题展开研究、分析及学术交流，以加强政策制定和公众对东亚的理解。[③]

### （三）图书馆与博物馆类

尽管图书馆与博物馆类的汉学机构仅有五所，占全部机构的百分之一点一七，但是该类汉学机构的运营制度、设立目的以及汉学研究价值，显然区别于大学类和研究组织类的汉学机构。该类机构除进行学术研究外，还为学者和普通人提供文献，或者通过展览展现中国的古今文明。因此，将图书馆与博物馆类的汉学机构独立成一类。

1.汉学图书馆

指独立图书馆，或者属于国家图书馆、公共图书馆、学院图书馆或专业图书馆的部门，且专门为读者提供与中国相关的文献。该类图书馆有时进行推广中国文明的活动，或者进行汉学研究工作。

西方国家的这一类汉学机构通常以组织展览、讲座或研讨会的形式进行汉学学术活动，同时会向大众或学者提供相关书籍的阅览服务；而日本的这一类汉学机构，通常以研究发表刊物或整理出版与馆藏汉籍有关的方

---

[①] BACS，The British Association for Chinese Studies，Aboutus，http://bacsuk.org.uk/about-us，2023-04-07.

[②] 金芳、孙震海、国锋等：《西方学者论智库》，上海社会科学院出版社，2010年，第1页。

[③] Brookings，Center for East Asia Policy Studies，About The Center for East Asia Policy Studies，http://www.brookings.edu/about-ceap/，2023-04-08.

式进行汉学学术活动。

以意大利阿米尔卡卡布拉尔图书馆所设立的阿米尔卡卡布拉尔中心(Centro Amilcar Cabral)为例。该中心在意大利博洛尼亚市，成立于1974年，除了提供与亚洲研究相关著作的阅览服务之外，还组织亚洲学(含汉学)主题的展览、研讨会及学术会议等活动。①

再以日本国立国会图书馆东洋文库为例。东洋文库是专业图书馆兼研究所，其下设立七个汉学研究委员会，进行汉学有关课题研究或整理出版，包括中国古代史、唐代史、宋代史、明代史、清代史、近代中国、藏学研究委员会。②该馆多藏日本岩崎久弥先生所购买的汉籍及东亚文献，作为图书馆公开提供阅览服务，并举办展览会、讲座、演讲会等学术展示活动。③

2.汉学博物馆

国际博物馆协会将博物馆定义为"一个社会及其发展服务的、向公众开放的非营利性常设机构，为教育、研究、欣赏的目的征集、保护、研究、传播并展出人类及人类环境的物质及非物质遗产"④。对于博物馆类的汉学机构一般会展示、收藏中国的历史文物或艺术作品，同时可对该文物进行学术研究出版。

该类汉学机构有英国当代东亚及东南亚中心(ESEA Contemporary)，该中心前身为英国中国艺术中心(Chinese Arts Centre)，已经有三十六年

---

① Centro Amilcar Cabral, Chi siamo, Il Centro Amilcar Cabral, http://www.centrocabral.com/70/il_centro_amilcar_cabral, 2023-04-08.
② 〔日〕梅村坦：《东洋文库概况》，鲁忠慧译，《回族研究》，1997年第4期，第102页。
③ 〔日〕鞠大伟：《日本东洋文库》，《北方文物》，1995年第1期，第117—118页。
④ 《博物馆概论》编写组编：《博物馆学概论》，高等教育出版社，2019年，第34页。

的历史，是英国唯一非营利性艺术中心。机构设立的目的本来是推广中国现代艺术，目前扩展范围包括了东亚和东南亚。①

## 四、结语

海外汉学机构是研究海外汉学史及中外文化交流史的重要方向。海外汉学机构是汉学家从事汉学研究的学术舞台，对海外汉学机构出现的历史和现状、分布和类型、研究的重点和特色做全面了解和调查，对把握海外汉学的过去、现状以及未来，促进全球文化交流都具有深远意义。

---

① See Ⅰ）ESEAContemporary，Director'sletter，https://www.eseacontemporary.org/directors—letter，2023—04—08；Ⅱ）ESEAContemporary，About，https://www.eseacontemporary.org/about，2023—04—08.

# 赫芙与加利福尼亚大学伯克利分校东亚图书馆

〔美〕Donald H. Shiveley 著　孟庆波译*

**摘　要：** 作为加利福尼亚大学伯克利分校东亚图书馆的创始馆长，赫芙于1947—1967年曾在这里工作了整整二十年。她奠定了该馆的藏书基础，也主导了该馆的早期发展：不仅对该校收藏的中日文图书进行了系统整理和编目，也尽其所能扩大该馆对中日图书的收藏，同时还为美国培养了一批优秀的东亚图书馆馆员。伯克利分校东亚图书馆现在能发展成全美最重要的东亚图书馆之一，与初创时期赫芙的基础工作密切关联。

**关键词：** 赫芙　加利福尼亚大学伯克利分校东亚图书馆　藏书

---

* Donald H. Shiveley（1921—2005），美国二战后日本研究的领军学者，1983—1992年担任加利福尼亚大学伯克利分校东亚图书馆馆长。在任期间，他成功组织了四项美国国家图书工程，将江户时期的日文书籍、江户及明治时期的日本地图、明治及大正时期的文学典籍，以及中文拓片进行了整理、编目和保护。译者孟庆波，历史学博士，燕山大学燕山学者、燕山大学外国语学院副教授，江苏科技大学外国语学院客座研究员。

按照其教育经历，赫芙本应成为一名研究者、汉学家和教师，而不是一位图书馆馆员。[①]但是1947年，赫芙在完成其中国文学博士论文的最后几周内，她所面临的最诱人的就职机会却来自伯克利图书馆，该馆请她重新整理其东亚藏书并组建东亚图书馆。尽管赫芙没有受过任何图书馆学的专门训练，但她的智慧和个性使她成为一位优秀的学者，她受到的欧洲汉学传统和中国典籍研究的训练，使她能够承担未来的一系列使命。

赫芙曾专修英文，从伊利诺伊大学毕业后，自1936年起，她在哈佛大学先后攻读古典艺术史、中国艺术及文学学位。作为受到哈佛燕京学社资助的首位女学员，她曾去京都访学一年，又循她同学柯立夫（Francis Cleaves，1911—1995）和海陶玮（James Robert Hightower，1915—2006）的先例，继续访学北京，就学于方志彤等典籍研究学者。太平洋战争的爆发使赫芙原本两年的北京访学期限被延长至六年，其中有两年半是她在潍县的集中营里度过的。返回美国九个月后，赫芙完成了她关于黄节诗学研究的博士论文。在她动身前往伯克利之前，哈佛燕京图书馆馆长裘开明对赫芙进行了为期两周的东方图书馆学速成培训。

赫芙三十五岁时就已精通汉语文言文，对中国的文言学术广泛涉猎。赫芙学术研究中的严苛标准，包括精准翻译的能力等，无疑与她的自身条件密切相关。她记忆力超强，热衷于进行系统化、全面的研究。她思路清晰，知道如何适当、稳妥地开展工作。因为她本人讲求原则，对于图书馆

---

① 本文所依据的最主要材料为赫芙1947年9月至1967年9月间的年度工作报告，以及1976年2月至5月间罗丝玛丽（Rosemary Levenson）所作的口述史访谈材料。该口述史打印稿名称为《赫芙：一位教师和东亚图书馆建馆馆长，从厄巴纳经北平到达伯克利》（*Elizabeth Huff: Teacher and Founding Curator of the East Asiatic Library: From Urbana to Berkeley by Way of Peking*），共278页，加利福尼亚大学伯克利分校班克罗夫特图书馆（Bancroft Library）区域口述史办公室"中国学者系列"，1977版。赫芙的朋友及同事曾阅读过本文初稿，提出了修改建议，笔者特此向他们致谢：Edwin G. Beal，Jr.Charles Hamilton，Janet Krompart，Rosemary Levenson，Maryon Monahan。

工作的进展拥有不可置疑的决定权。

从她向伯克利分校图书馆馆长唐纳·孔尼(Donald Coney, 1901—1973)的年度报告和几份备忘录中,我们可以重温赫芙初到伯克利的几年中所进行的工作。赫芙是在1947年4月入职伯克利的,该校此前没有独立的东亚图书馆,也没有全职馆员负责处理东亚文献。在伯克利分校图书馆内,赫芙发现中文藏书有四万多册,这些书约有一半存放在东方语言部的阅览室及书架上。与书籍存放的状况一样,那份不完整的书目清单也编得杂乱无章。赫芙在当年的报告中说道:"汉文藏书分散在各个不同的藏品部。以东方藏书部为例,学生及教师都可以随意出入、浏览、借阅,这些书籍的存放早已混乱不堪。寻找误放及遗散的那上万册书籍、将原有清单上(尽管有误)的书目重新归序、整理尚未编目的图书、对全部馆藏进行重新编目,这些烦琐的工作让人无法辨明到底哪项工作才是最需要立即着手的。"除这些汉文藏书以外,该馆还有三万三千册的日文藏书。尽管已有基本编目,但这些日文藏书也分散堆放在学校图书馆主馆的一个九层书架上。据赫芙后来的估计,截至1947年,该馆的日文藏书应该在七万五千册左右,①这使得伯克利分校图书馆成为全美较大的高校图书馆之一。

赫芙立即着手将所有的东亚藏书集中在一处,并组建独立的东亚图书馆。为了能使工作有序、规范,她决定先从前来借阅的教师下手。该校的两位欧洲籍资深教授坚持认为,既然图书是学校为教师所购,教师将图书带至其办公室阅读时就无需缴费。其中一位说"其他人不会对这些书目感兴趣"②,他们压根儿也没有准备将这些图书归还藏书室或阅览架。虽然一些教授对赫芙规定的借阅制度颇感不解,但他们还是顺从地上交了藏书

① 赫芙:《1947年4月至7月东亚图书馆工作报告》(1947年9月19日),第1页;赫芙:《加利福尼亚大学东亚图书馆的远东藏书》,《远东季刊》第14卷第3期(1955年5月),第443页。
② 《赫芙:一位教师和东亚图书馆建馆馆长,从厄巴纳经北平到达伯克利》,第147页。

室的钥匙。在这件事上，赫芙无懈可击的学术信用，严肃近乎冷酷、一丝不苟的处事方式，令她大受裨益。赫芙本人温文尔雅，行事老练，但是她的熟虑之语却多属于道德规劝。多年之后，当赫芙回忆她和教授们的这番交涉时，她说她总是"妥协"，但教师们感觉他们才是无条件屈服的一方。

教师们对赫芙的知识和学术素来尊重。当学校任命赫芙为东方语言讲师、讲授中国文献课程时，这种尊重和认可得到了清晰地体现。她喜欢教学，一直到退休，几乎每年都要开设这门课程。[①]

除了对现藏书目进行收集并整理以外，赫芙到达伯克利之后的另一项重要任务就是寻找雇员并编写汉文图书的采购清单。她向馆长孔尼提交了一份中、日文书目清单，要求制作副本，认为此举可以使图书馆的基本藏书达到二十万册。[②]因为中国和日本的书市尚未从战事中得到完全恢复，赫芙也借助书商完成她的计划。她请即将在1948年前往亚洲访学的教师捎带订购书单，委托他们在中国寻求代理人，代购所需图书。宾板桥（Woodbridge Bingham，1901—1986）教授从中国带回了九千册中文图书，勒辛（Ferdinand Lessing，1882—1961）带回了藏文及蒙文图书，Delmer Brown（1909—2011）从日本带回了三千四百册。数月之后，图书馆也直接向亚洲派出了馆员。Richard Irwin（1909—？）从中国带回两万六千册；Elizabeth McKinnon（1932—2010）得知日本有两大私人藏书待售时，购得其中的一万九千册。她当即收购了Murakami所藏的一万一千册明治时代的文学书籍，这些藏书是明治及大正时代早期文献的最好藏本。另外一部分入藏的图书约有十万册（件），占三井文库藏书的三分之一。此时伯克利分校还没有设立日本语言文学的终身教授职位，赫芙用了一年半的时间进行交易谈判。伯克利分校已经对东亚图书馆投入了大量资金，但赫芙又从学校

---

①《赫芙：一位教师和东亚图书馆建馆馆长，从厄巴纳经北平到达伯克利》，第248—249页。
②《1947年4月至7月东亚图书馆工作报告》（1947年9月19日），第4页。

争取到了六万美元的额外资助。正是在这段时期，包括葛超智（George H. Kerr，1911—1992）的一千九百二十册日文台湾研究藏品①、从国会图书馆复制的两千册日文书籍副本被收藏入馆。上述的所有入藏都是在三四年内完成的，使该馆的藏书量增至二十二万五千册。②

东亚图书馆能够取得如此卓越的进步，赫芙功不可没。在二战结束后的数年内，与其他众多高校一样，伯克利也试图在课程设置上弥补过去对东亚的忽视。校长史普罗（Robert Gordon Sproul，1891—1975）对东亚图书馆项目的扩容表示认可。③伯克利图书馆的馆员也支持了赫芙的绝大多数提议。但不管当时的条件如何、赫芙及其团队获取稀有藏品的机会怎样，她总是能利用现有的便利条件，在资金到位后抓住机会，迅速启动项目。

赫芙的最大手笔是购买三井书库。战争结束后，日本的盟军占领当局，冻结了大财阀三井家族的部分资产。三井家族的部分成员决定先试卖家族图书馆的三分之一，大约有十万册（件）藏品。他们将三井家族历史档案、日本商业及贸易发展史的资料留存，然后将与家族没有直接关联的那些资料出售，其中大多为文学及历史类书籍。这些私人藏品都是三井家族成员出于爱好所集。在这些待售藏书中，有三分之一为汉字文言文书籍。最有价值的部分是浅见文库的李朝朝鲜文刻本，共有九百种四千一百三十册（这部分藏品的书目清单后来由房兆楹汇编）。④接下来还有今关图书馆的汉字文言文书籍，共有一千四百一十八种一万九千八百三十八册。此外，藏品中还有一千五百份极其完美的汉文拓片。在日文藏品中，有一部分是罕见的早期地图，包括七百份德川时代木雕印制的地图和一千六百

---

① 赫芙：《1947年7月1日至1948年6月30日东亚图书馆工作报告》，第4页。
② 《加利福尼亚大学东亚图书馆的远东藏书》，第443页。
③ 《赫芙：一位教师和东亚图书馆建馆馆长，从厄巴纳经北平到达伯克利》，第165—166页。
④ 赫芙主编，房兆楹著：《浅见文库目录》（*The Asami Library: A Descriptive Catalogue*），加利福尼亚大学出版社，1969年。

份明治时代的地图（大多为明治早期版本）。还有另外四大系列约八千份手稿，上至室町时代，下至芥川时代。德川时代印制书籍的总数，因未能获取副本而无法复原，但此次获得的四千多种（约两万册）大概是离开日本本土的最大一批版本收藏。此外，还有上万册明治和大正时代的书籍，大多为文学著作。①

显然，三井家族的藏书并非普通读者可以接触。这些藏书均为特藏，有一千种在当时被认为是珍本书，而放在当下，珍本书的种类则远远超过此数字。这批藏书中有大量的朝鲜文和汉文古籍，其拓本藏品更是价值不菲。赫芙对这一学术收藏十分珍爱，为了在运输途中妥善保护，她从日本专门定做了几千个专用的护书布套，还监督制作了精美的手写标签。

依照其独特的个人选书眼光，赫芙在接下来的几年又陆续购入了其他藏品，例如中、日文印刷书籍的珍本，圣德天后的《百万塔陀罗尼》（*Hyakumanto Darani*），六百件拓片，日本早期手稿及书籍的副本，大量中国及日本书画作品的副本，等等。她所提交的年度工作报告显示出她对上述入藏的极大满足。据她的一位同事评价说，任何藏品，如果它"古老、是真品、富于价值"，她就认为适于入藏。

尽管赫芙对图书的选藏有着个人倾向，但是她也知道，她的使命在于建立一个种类平衡、内容齐全的图书馆，以满足各领域师生的学习及研究需求。为此，她花费了大量精力寻找期刊的早期卷目，以形成完整的系列收藏。除了极个别的草率要求外，她对教授们的任何资料需求都有求必应。因此，当赫芙负责图书工作十年之后，当有六位社会科学领域的教师

---

① Roger Sherman：《加利福尼亚大学伯克利分校东亚图书馆三井藏书购藏报告》（Acquisition of the Mitsui Collection by the East Asiatic Library，University of California，Berkeley），《东亚图书馆协会通讯》（*CEAL Bulletin*）第67号（1982年2月），第1—15页。此文是Sherman在加利福尼亚大学洛杉矶分校图书馆及信息技术研究生院1980年"图书馆学硕士"学位论文的缩写本，原文共196页。

联名给东亚图书馆教师咨询委员会写信,抱怨由于馆长的个人喜好,"学术性"的社会科学图书完全被忽略时,她甚为震惊。她在年度工作报告中表现出了对于这类干扰的极度反感。她的表述语言也极具个人风格:"信件背后的幽暗动机不易揣测,对其直白的抱怨我们却极易解释:有一半的新入书目正属于他们所抱怨的学科,大多数读者并未对我们的工作提出不满,缺乏实际案例和细节详情也使这封信的可信度大大降低。"①在这份报告中,赫芙最想要表达的是,在查阅了历年的图书购藏账目之后,她发现近半图书属于社科类,并且大多数读者并未对此有过疑问。

那些社会科学领域的教授们也向学校图书馆写信反映此事。二十年之后,赫芙对此评价道:"那份备忘录是单行间距打印的,只有三页或者三页半。对于它,我所唯一能够想起的,就是它整篇都在说芮玛丽(Mary Wright,1917—1970)是位合格的图书馆馆长,而我不是。芮玛丽为社会科学和现代研究领域大量买书。而我却认为对现代研究领域我们应当格外谨慎。"②

这次事件后的第二年,赫芙在年度报告中汇报了社会科学领域的两项重大入藏:《朝日》报纸的过刊和一大系列的《明代满蒙史料》。③在平息抱怨的过程中,赫芙也成功地使伯克利图书馆成为20世纪50年代美国获取日本社会科学期刊最活跃的图书馆之一。更具特色的是,她还购买了大量的物理学期刊。因此,伯克利东亚图书馆成为美国的第二大日本政府文件收藏机构,仅次于美国国会图书馆。

显然,伯克利东亚图书馆的收藏重点自一开始就与胡佛图书馆迥然不同。胡佛图书馆的芮玛丽集中收藏清代及近代的中国图书,而伯克利的赫芙则集中于对古籍研究、文学和艺术图书的深入搜集。两座图书馆相距仅

---

① 赫芙:《东亚图书馆年度工作报告,1957—1958》,第3页。
② 《赫芙:一位教师和东亚图书馆建馆馆长,从厄巴纳经北平到达伯克利》,第233页。
③ 赫芙:《东亚图书馆年度工作报告,1957—1958》,第1—2页。

一小时车程，读者们可以便捷地往返其间。早在20世纪50年代初，两位馆长就已决定在中国的方志收藏上进行区域合作，以节省资金。因为旧金山的华人大多来自福建、广东和广西，伯克利图书馆就负责搜集上述东南省份；胡佛图书馆负责中国中部及东部省份，因为这些地区在中国早期共产主义运动史上极为重要。①两座图书馆之间的这些相互理解为后来持续的密切合作奠定了基础。

1947年，当赫芙正式组建伯克利东亚图书馆时，对东亚具备一定的知识储备、有一定工作经验的东亚图书馆馆长在美国尚寥寥无几。她与她所聘用的馆员一道，不得不边工作边学习。在初创的几个月内，尽管经验不足，赫芙还是做出过几项至关重要的决定。在"汉和图书分类法"制定人裘开明的建议下，赫芙采用了哈佛燕京学社的图书分类方法，但她却同时着手设计自己的分类法，决定将中文、日文和朝鲜文的书籍混合摆放②，将书目的卡片也相应地整合进一个图书目录内，使其基本编目是按照部首笔画，而不是四角号码或者字母的顺序排列。她也白手起家进行了主题目录的编写，并开始保存国会图书馆的图书卡片。馆员 Charles Hamilton（1923—2004）在1951年设计了东亚书目的"描述性编目草案"（Draft Code for Descriptive Cataloging），当时被三十三家图书馆采用，后来又有美国及其他国家的五十一家图书馆请求使用。③当然，在回顾这一段历程时，人们可能会说当时还有其他选择。但是在那个年月，人们缺少经验，更谈不上获取任何指导；赫芙没有经过深入研究，仅凭直觉就一头扎进这项工

---

① 《赫芙：一位教师和东亚图书馆建馆馆长，从厄巴纳经北平到达伯克利》，第167页。
② "图书馆的藏书是完整编目、按序码放的一个整体，对语言类别不做区分。因此，中文古籍、大藏经或诗文的日文刻本或译本，一律紧挨原文版本码放；日据时期之前以中文写就的朝鲜历史著作，也与其他语言写就的朝鲜历史书目一起码放。"见《远东季刊》第14卷第3期（1955年5月），第44页。
③ 赫芙：《1947年7月1日至1952年6月30日东亚图书馆工作报告》，第6页。

作并全速前进，她的选择还是正确的。当时，馆员们面临的编目工作是巨大的：原有的七万五千种书籍需要重新编目，此外还有数倍于此的新入藏书籍也在等待着他们。

整个工作的进展相当出色，很大程度上应归功于赫芙聘用的那些杰出馆员们。Charles Hamilton 和 Richard Irwin 是最初的骨干，而五年内馆员队伍就扩大到了十四人。赫芙聘用过的馆员，有好几位后来都到了关键岗位，例如后来任密歇根大学图书馆馆长的铃木幸久（Yukihisa Suzuki）、夏威夷大学的池田弘子（Hiroko Ikeda）、麦克里大学图书馆馆长的房兆楹，以及胡佛图书馆的 Emiko Moffitt。许多学生雇员和馆员后来都成为大学教员。

出色的工作进展也得益于赫芙稳定的发展路线，她对图书馆的整体运行情况也时刻关注。在关注成本效应和工作流程的现代管理学意义上，赫芙不是一位图书馆馆长，而更像是一位受到启发的业余爱好者。但如果她真是一位技术管理者的话，图书馆中的许多特藏也许就无从购买。

赫芙每年出席东亚图书馆协会（CEAL），主要就是去访问她认为学识渊博的那几位学者，从他们那里可以得知很多新入特藏的信息。但赫芙对大多数研讨活动似乎并不怎么喜欢。几年以后，她说道："在我看来，对大多数与会者来说，他们对图书数量、入藏数据的关注极为无聊。这一情况即使到现在也仍然继续。我认为这是完全没有意义的。"①

尽管赫芙对于她所购藏的精美资料极为喜欢，但从本质上说，她还是一位学者，只要条件允许就迫不及待地要回到她的学者生活。因此，1967年12月，当赫芙达到条件时——服务二十年与年龄五十五岁这两种条件在那一年符合——就提出了退休要求。但是她的老盟友、伯克利分校图书馆

① 《赫芙：一位教师和东亚图书馆建馆馆长，从厄巴纳经北平到达伯克利》，第256页。

馆长孔尼说服了她，让她再干一年，然后与他同时退休。她当时曾回复说，她已经为图书馆竭尽所能：图书馆运行状况良好，大多数图书已经编目，对未编目的图书也进行了有效管理，馆员队伍齐备，条约制度规范。①

浅见文库的书名目录、G. K. Hall 公司影印的长达二十三卷的图书卡片都得以出版②，证实了赫芙领导下东亚图书馆工作的丰硕成果。在赫芙最后一年的工作报告中，她在结尾处写下了这样的话："挚爱的图书和构建知识宝库的忠实馆员们，祝愿你们成功。"③

[本文原载于《东亚图书馆学报》(*Journal of East Asian Libraries*)，

1986 年 8 月第 79 期，第 20—26 页]

---

① 《赫芙：一位教师和东亚图书馆建馆馆长，从厄巴纳经北平到达伯克利》，第 252 页。
② 《加利福尼亚大学伯克利分校东亚图书馆作者名录》(*East Asiatic Library，University of California，Berkeley，Author-TitleCatalogue*)，共 13 卷（1968 年）；《作者名录》，首次增补版，2 卷（1973 年）；《主题目录》，共 6 卷（1968 年）；首次增补版，2 卷（1973 年）。
③ 赫芙：《东亚图书馆年度报告，1966—1967》，第 3 页。

# 孙念礼和葛思德华文藏书库

〔美〕D. E. Perushek 著　刘彩艳译*

**摘　要**：孙念礼是北美第一位研究汉学的女博士，1928年毕业后不久受聘于葛思德，与图书采购代理义理寿三人在麦吉尔大学开创且运营了华文藏书库，其中国藏书规模在20世纪二三十年代的北美地区仅次于美国国会图书馆。就任馆长期间，孙念礼不仅使书库充分服务于麦吉尔大学的汉学教学与研究，也与众多北美汉学家保持了密切联系与合作，她更是以一己之力在书库搬迁至普林斯顿大学后维持了书库的安全与基本发展。

**关键词**：孙念礼　葛思德华文藏书库　藏书

葛思德华文藏书库是普林斯顿大学葛思德东方图书馆和东亚图书馆的前身。该馆六十年前始创于蒙特利尔的麦吉尔大学，孙念礼（Nancy Lee Swann，1881—1966）作为馆长在这里度过了她一半的职业生涯。从20世纪20年代到1948年，该馆的存在与发展与其创办者葛思德（Guion M. Gest，1894—1989）、采购代理义理寿（I. V. Gillis，1845—1948）和孙念礼密切关联。三人作为葛思德华文藏书库的开创者，曾共同致力于书库的建设和中国研究的发展。因此，本文虽然主要关注孙念礼，但也必然会提

---

* D. E. Perushek，中文名白迪安，夏威夷大学国际事务负责人。曾先后担任葛思德东方图书馆馆长、夏威夷大学图书馆馆长。译者刘彩艳，燕山大学讲师，江苏科技大学外国语学院客座研究员。

及葛思德和义理寿的贡献。

本文仅运用一些现成文献进行研究，例如孙念礼的著作和文章、书库的年度报告及通讯。由于葛思德书库的购书和管理是一种独特的三方模式，因此书库通信量惊人；这些通信成为研究葛思德书库三方创建者的丰富资源。该馆的组织模式是：葛思德驻纽约，通过他工程公司的秘书接收通讯，负责购书并至少部分支付书库的运营开支；书库负责人孙念礼，驻馆藏地，先是在加拿大的蒙特利尔，之后在新泽西州的普林斯顿；负责图书搜购、编录的义理寿上校驻北京。这样，通常在同处开展的业务就被分散在了三个国家，信件和电报成为他们之间联系的纽带。

三位创办人至少每周通信一次；有些特殊时期，孙念礼和葛思德还需要每天通信一次。当时加拿大和美国之间的电话还不普遍，大量通信主要通过邮件的定期往来。每当三方中的一方给另一方写信，通常都会给第三方发送副本，这样三方就都能很好地了解搜书购书、目录编撰和书库其他方面的信息。尽管葛思德每天在纽约威尔伍斯大楼（Woolworth Building）的公司总部忙碌，但他仍对书库管理各方面的问题感兴趣，例如读者群体、借阅书目、书库的项目运营，甚至孙念礼的秘书需要什么型号的打印机等。频繁的通信使葛思德书库的档案材料相当完善：关于葛思德书库最早期的资料来源，即葛思德从20世纪20年代到40年代的通信文件，它们结结实实地塞满了一个五斗大柜。

若检视一下孙念礼的经历背景，读者大概不会猜想到她以后会成为研究中国汉代史的学者甚至葛思德华文藏书库的馆长。她出生于得克萨斯州（简称得州）；即使成为馆长时已离开得克萨斯州数十年，她仍然时常在正式通信中使用南方的"you all"来代替"you"。孙念礼于1881年2月9日出生在得克萨斯州的泰勒（Tyler），这是位于得州东部煤油产区一个有大约一万五千人口的市镇。泰勒以世界玫瑰花园闻名于世，这里支撑起美国大约三分之一的玫瑰种植产业，并且每年举办得克萨斯玫瑰节①。

孙念礼从少年时就对教育感兴趣，1898—1899 年就读于得克萨斯州亨茨维尔（Huntsville）的山姆霍斯顿州立教师学校（Sam Houston State Teachers College），毕业后任教四年。后来，她决定重回大学，于 1906 年在奥斯汀得州大学获得学士学位。在那里，孙念礼获得了一份宝贵财富——美国大学优秀学生联合会（Phi Beta Kappa）的荣誉钥匙；她在官方照片里总是佩戴着这把荣誉钥匙，还在她的遗嘱和遗言里要求将其与她一起葬在家族墓地②。在接下来的几年里，孙念礼致力于基督教青年会（Y. W.C.A.）的工作，先是在得克萨斯州，后来又在中国做了七年的教师。1919 年她返回得州大学攻读硕士学位，1920—1923 年重访中国。1924—1925 年，她在哥伦比亚大学中文系跟随系主任、《中国印刷术的发明和它的西传》一书的作者贾德（Thomas F. Carter，1882—1925）攻读博士学位。后来，她接受资助第三次访问中国，在北京的华北协和语言学校任教。在此期间，她寄宿在一个中国家庭，在该校从事了她人生中的第一份图书馆工作。1927 年，孙念礼返回美国完成她的博士论文，不久受聘于葛思德华文藏书库。

孙念礼的论文是关于一个汉代女学者班昭的研究，题目是《班昭传——公元一世纪中国最著名女学者的背景、家世、生平及作品》。此书 1930 年由纽约世纪出版公司出版，孙念礼因此确立了一个从事中国研究的女学者地位。美国国会图书馆的恒慕义（Arthur W. Hummel，1884—1933 年在《美国历史评论》（American Historical Review）上评论这本书时说，该书"不仅切实可靠地研究了一位天才的中国古代女性，同时也生动地刻画了她

---

① 《孤星之州得克萨斯》，Hastings House，1940 年，第 405 页。
② 1962 年 11 月 10 日得克萨斯州圣安杰洛（San Angelo），孙念礼《遗言及遗嘱》，第 1 页。

所处时代的社会及思想背景"①。孙念礼极有可能是美国第一位获得中国历史研究博士学位的女学者；即使不是第一位，至少也是其佼佼者之一。

1928年，葛思德聘请孙念礼到他的书库工作。孙念礼因此搬到了蒙特利尔，度过了接下来的八年时光②。当时，一位名叫Robert de Resillac-Roese（1860—1943）的人正在主持馆务工作，但他从未接受过汉语培训。1931年他辞职后，孙念礼成为代理馆长；两年后的1933年，她被正式任命为馆长。葛思德对书库的学术和财政都表现出热切的关注，直到他的公司遭受经济大萧条的重创。

在其全盛时期，葛思德工程公司在纽约、蒙特利尔和旧金山都有办事处，他的生意也遍布全球，在电气火车和交通运输方面最为出名。葛思德对佛教格外偏好，1933年孙念礼撰写的《葛思德华文藏书库佛教藏书报告》就是很好的证明。她指出，馆藏的第一本佛教书籍是19世纪90年代末购于日本的一份佛经手稿，此佛经手稿作于公元740年③。后来，葛思德请清朝末代皇帝宣统的老师、晚清学者陈宝琛为书库购买了一些书籍④。陈宝琛总共收集了八千多种图书，使葛思德书库成为一个中国研究的小型典籍藏品图书馆。有了这个资料宝库之后，葛思德华文藏书库于1926年的中国春节，即1926年2月13日正式开馆。

葛思德建立华文藏书库的原因及何以将其建在麦吉尔大学是值得研究的。1929年，劳佛（Berthold Laufer，1874—1934）参观过葛思德书库后曾有一段记录，他对书库的描述可以说明葛思德的兴趣所在：

---

① 《美国历史评论》1963年第38卷第3期，第562页。
② 此处仅指蒙特利尔时期。孙念礼在葛思德书库担任馆长的总起止年份是1931—1948年，见普林斯顿大学葛思德图书馆网页http://eastasialib.princeton.edu/history.htm。——译者注
③ 孙念礼：《1933年葛思德华文藏书库佛教藏书报告》，第4页。
④ 孙念礼：《1940—1941年葛思德东方图书馆年度报告》。

　　葛思德先生有两个主要动机：第一个动机是推动对中国文学的研究，以更好地了解中国、促进中国和西方国家间亲密友好的关系（葛思德先生的信念是，政府间的谅解应该通过教育的方式达到目的，我们应努力理解相对来说我们对之翻译、了解甚少的中国著作和文明，而不是通过其他方式）；第二个动机恰如其名，葛思德书库的目标是通过学术合作服务于从事中国研究的学者，尤其是麦吉尔大学和其他大学的学者，此外还有美国、欧洲、中国和日本的汉学家。这种方式的研究已经在医学、药理学和天文学等方面展开。由于麦吉尔大学诸多院系在一系列研究工作中成就卓著，葛思德先生已经筹划在该大学设立一个中国语言文学教授的职位。①

1932年，葛思德在《创办人声明》中写道：

　　一直以来，我们购书的目的并不在于追求藏书的数量，而是力图为所获得的这些精品古籍提供一个安全、可供长期保存的空间，让西方国家充分认识中国文化。心怀这一目标，我们的书库目前已经颇具声望。在创办人的有生之年，它还将继续扩大影响，其实用性将会进一步拓宽。②

　　葛思德成功实现了他的愿望，书库里的中国藏书在北美各大学中首屈一指，在藏书数量上仅次于国会图书馆。1933年，葛思德给书库的支持者、国际政治学教授Jerome Greene（1874—1959）写信，告诉他葛思德书库的藏书状况。Greene回复道："当然，对于您大量的精品中国藏书我已

① 劳佛：《麦吉尔大学葛思德华文藏书库》，1929年打印稿，第1—2页。
② 葛思德未刊发论文，1932年9月。

有所耳闻。我认为，它或许正在从最大程度上弥补美国各大学对远东文明认知的极度匮乏。"①

事实上，葛思德对国际关系也相当感兴趣，但书库的藏书没有直接反映这一点。葛思德不仅参加国际政治会议，也参加远东研究委员会和美国东方学会的年会。孙念礼均向这些会议投送论文，例如她曾向美国东方学会年会提交过一篇《中国皇宫里的受宠宦官》②。此外，葛思德和孙念礼还积极鼓励学界利用葛思德书库开展研究工作。

例如1933年，葛思德曾发起一个项目，支持洛克菲勒医学研究所的医生们在葛思德书库从事研究——他们尝试利用针灸刺激病人的交感神经系统。葛思德书库也曾向美国学术团体理事会提交申请，请求在该馆进行中国断代史的翻译工程③。不巧的是，美国国会图书馆此时也在策划一个传记项目。该项目后来出版了《清代名人传略》（美国政府印刷出版局1943—1944年在华盛顿出版），孙念礼对这个项目也做出过贡献。在当时获取美国学术团体理事会资助的竞争中，葛思德的项目可能是美国国会图书馆最强的竞争对手。但最终麦吉尔大学的中国研究和葛思德华文藏书库都与这项资助失之交臂，美国国会图书馆得以确立了其后在中国研究领域中大约十年的主导地位。

在此之前不到十年的时间里，葛思德书库的藏书已经从八千多卷增加到了近十三万卷④。葛思德最初仅想收藏佛教和医学方面的书籍。他对中医学的兴趣始于第一次中国之行。当时他遇到义理寿，也曾接受过用中药治疗眼疾。义理寿原是美国驻华使馆的海军专员，因娶了一位中国太太，

---

① 1933年6月4日Jerome D.Greene致葛思德信件。
② 孙念礼：《1934年4—6月季度报告》，第1页。
③ 孙念礼：《1932—1933年葛思德华文藏书库年度报告》，第4页。
④ 劳佛：《麦吉尔大学葛思德华文藏书库》，1929年打印稿，第4页。

他离职后又继续留在北京。义理寿曾供职于多家机构，曾作过伯利恒钢铁公司代表，也作过葛思德书库、美国国会图书馆、多伦多大学图书馆等图书馆的采购员，甚至每年他还要为孙念礼的兄弟购买茧绸，用以制作夏季减肥服。也有消息说他是美国在亚洲情报机关的负责人，而事实上，他也的确具有情报员的素养。据传，他曾通过显微镜检查纸的纤维质地，以科学方法证明了一本宋书实质上制作于明代①。他凭借自身对汉语和中国典籍的精通打造了一个图书馆，它至今仍是世界上最为杰出的中国珍本图书馆之一。他和助理逐页检查所购的每一本书，为缺损页所做的线条标记，直到今天依然可见。他给许多书籍加上插页，再装订、封盒。此外，义理寿还给所有书籍贴上标签、编目、印制目录卡并给每个目录都加上书目注释。这些积累下来的书目注释有几十卷对开本，以皮革装订留存。

在出色地完成了葛思德最初在医学和佛教书籍方面的购买计划后，葛思德授权义理寿自行购买其他任何有价值的书籍。除了继续购买佛教和医学书目，义理寿还尤其购得了一批宫廷版书籍，多属明代。义理寿还从事著述。《日本人名》以及《日本姓氏》②这两部书使他在学习日语的学生中间人所共知。义理寿也写作文献学文章，并且还编了一部珍本书的目录索引——《天禄琳琅书目》。作为魏汉茂（Hartmut Walraven，1944—）东亚研究目录学系列丛书的一种，此书于1983年由C. Bell在德国汉堡出版。

义理寿运到麦吉尔大学的图书被存放在雷德帕斯图书馆（Redpath Library）一间漂亮别致的房间内。劳佛在1929年曾描述如下：

---

① 施肇基（Thomas Sze）未刊回忆录《葛思德东方书库创办者义理寿上校》，第5—6页。
② 两部书均由义理寿和白炳骑（PaiPing-ch'i）合编，由Hwa Hsing Press分别在1940年和1939年出版。

书架都是铁质的，分为上下两层。上面一层全部用于存放大百科全书《图书集成》。图书的摆放成系统有条理，让人赏心悦目，任何一本书只要稍一留心就能找到。阅览室通风良好、设施完备、空间宽敞。墙上挂着葛思德先生在东方亲手拍摄的精美照片；地上铺着中国地毯；玻璃柜里陈列着中国文物，一份景教碑的仿制件尤为引人注目。在我拜访期间，阅览室正在展览极具意趣的日本及中国彩绘和书法，同时也有葛思德收藏的镀金藏文手稿。①

葛思德华文藏书库在麦吉尔大学成立几年后，该校开始开设中国研究课程。所有修习这门课程的学生尤其是研究生，都曾受到孙念礼的接待和帮助。孙念礼在给葛思德的年度报告和信件中对此有所记录。葛思德书库也曾接受一些学者和名人的来访或信件咨询。

如1933年，赛珍珠（Pearl Buck，1892—1973）和她的家人在路过蒙特利尔时曾访问了葛思德书库。如前所述，劳佛、富路德（L. Carrington Goodrich，1894—1986）、蒲爱达（Ida Pruitt，1888—1985）和其他一些研究中国的学者都到访过书库。1934年，孙念礼和门肯（H. L. Mencken，1880—1956）的通信可以说明葛思德书库藏书年代久远、主题宽泛和在学界已经广为人知。在一封信中，门肯曾询问英语词汇对北美华人汉语表达习惯的介入和干扰。对所有这些咨询和来访，孙念礼都尽心尽责，她经常在周六、周日或午晚餐的时间开放书库，以帮助那些感兴趣的同人。孙念礼还为葛思德和其他人作各种主题的报告，如茜草植物在医学中的应用、胡桃油及货币等。她还借出过一些藏品，以支持中医眼科等各类展览。

20世纪30年代，葛思德华文藏书库遭遇困境。先是1931年书籍运输

---

① 劳佛：《麦吉尔大学葛思德华文藏书库》，1929年打印稿，第2页。

在中国受到限制。此后不久,麦吉尔大学也中止了中国研究项目,宣布他们不再支持将葛思德的个人藏书存放在他们的图书馆。1934年,麦吉尔大学官方告知孙念礼说他们无力支付她的津贴,并且也不考虑收购葛思德的藏书①。而这恰恰是葛思德渐渐失明、生意萧条之际,他无力负担一个图书馆员的津贴,更不能继续购买书籍。

1934年8月,麦吉尔大学停止了孙念礼的薪水,但并没有强求书库迁出。葛思德也只能在条件稍微改善时给孙念礼付薪水。这一时期,孙念礼只得以一封封诉苦信来提醒葛思德关于工资的事情,但葛思德要求孙念礼在即使他付不起工资时也要承担管理书库的责任。在两年的时间里,孙念礼中断了以前两千美元的年薪收入,但她照样致力于书库的管理工作。与此同时,孙念礼还继续她的学术研究。1936年,她的文章《七位私人藏书楼楼主》②发表在当年创刊的《哈佛亚洲研究杂志》(*Harvard Journal of Asiatic Studies*)上③。她第二年写给多伦多博物馆怀特主教(William C. White,1873—1960)的信,为我们描述了她写作这篇论文时的环境:

> 那篇文章是我最宝贵的救命稻草,它使我得以摆脱生活上的窘境。我们的书库被麦吉尔大学关闭后,我的生活毫无着落。我来到纽约,脱离开我原有的中国研究课题,承担关于七位藏书楼楼主的研究。去年7月回到蒙特利尔后,在监督图书装运的空隙时刻,我把研究报告最终整理出版。④

① 1934年6月30日孙念礼致葛思德信件。
② 孙念礼研究的七位私人图书馆馆主分别是振绮堂汪氏、小山堂赵氏、飞鸿堂汪氏、知不足斋鲍氏、瓶花斋吴氏、寿松堂孙氏、欣讬山房汪氏。——译者注
③《哈佛亚洲研究杂志》,1936年第3期,第363—390页。
④ 1937年3月20日孙念礼致怀特主教信件。

孙念礼在信中提及的图书装运指的是挽救了葛思德华文藏书库的一次易地搬迁。1934年，葛思德开始寻找书库的买家，当时哈佛、耶鲁和其他一些大学都有意进行收购。最终，位于新泽西州的普林斯顿高等研究所（不是普林斯顿大学）在洛克菲勒基金会的资助下于1936年收购了这批藏书。随书打包而来的还有馆长孙念礼，她将重开葛思德华文藏书库的大门，带薪受雇于此。

葛思德书库的重新开放远非一帆风顺。首先，图书从蒙特利尔运过来时货车起火，殃及多个书箱，《古今图书集成》的封皮受到损坏①。这部百科全书1726年由铜质活版印刷。即使到今天，书箱上的水火损毁痕迹依然可见。其次，普林斯顿高等研究所只是一个研究机构，没有专人经营中文图书馆，更不用说购买此类图书了。虽然和普林斯顿大学图书馆建立了联系，但是到1940年的年中，葛思德书库搬到普林斯顿大学图书馆的主楼以前，孙念礼不得不同时和两家主人合作。高等研究所提供的场地位于普林斯顿拿骚大街（Nassau Street）一幢商业大楼的地下室。搬到普林斯顿大学后不久，孙念礼给她以前的上司、麦吉尔大学图书馆的馆长Gerhard R. Lomer（1882—1970）写信时说：

在临时馆所，我们能做的远未达到在麦吉尔大学时的原有设想。但我对书库的兴趣和梦想丝毫不减，我们仍可以做好。但当初如果不搬走而由麦吉尔大学接管的话，我们本来可以做得更好。目前还无法确定这次搬迁是否意味着书库未来会得到更广泛的应用。目前各方合力打造的工作环境令人愉悦，我唯一的要求就是增加馆员的人数。②

---

① 1936年9月15日孙念礼致义理寿信件，第1—2页。
② 1939年2月17日孙念礼致 Gerhard R. Lomer 信件。

　　幸运的是，孙念礼此处所说的"无法确定未来是否会得到更广泛的应用"，经年之后其结果是令孙念礼和葛思德颇为满意的。

　　比照蒙特利尔宽敞精致的阅览室和书库，普林斯顿的地下室设施非常令人失望。1942年孙念礼给普林斯顿大学的1916届毕业生Lawrence Seymour写信，希望他能有兴趣改善书库的困境。由于处在战争时期，她写道：

> 　　普林斯顿大学对书库的安排还不能令人满意，但我相当自豪，我充分利用现有条件把空荡的地下室变得引人注目。我们国家的年轻人应当充分了解我们的盟友和敌人，这不仅是为了赢得远东的战争，也是为了迎接即将到来的和平。只要对我们的临时馆所进行一些调整，它就可以高效地服务于此目的。过道上的渗漏滴水、潮湿脱落的灰泥和油漆令人不快，有时候还可能会危及人身安全。我一直是生活的开拓者，以后还会这样。这些远东藏书在普林斯顿实际上已被束之高阁长达四年，但我认为我们现在重新重视这批藏书为时不晚。请您过来看看这些书吧。如果被妥善收藏、资助和使用，这些书将有助于解决战后国家复兴时所面临的困难和问题。①

　　孙念礼发现在利用率极低的图书馆做一名管理员令人心灰意冷。1938年，她给德克·卜德（Derk Bodde，1909—2003）写信说：

> 　　自己在一个领域里工作，没有人可以一起讨论是极其孤独的。我非常高兴饶大卫（David N. Rowe，1905—1985）博士和他的妻子现在

---

① 1942年11月14日孙念礼致Lawrence Seymour信件。

已经到了普林斯顿，他可以在普林斯顿大学重新从中国的角度深化
Bob 和 Jean Reischauer 业已开始的远东研究。利用葛思德书库进行专门研究会来得更晚，这浪费的几年时光令我非常失落。①

此前的 1937 年，孙念礼也曾给葛思德写信，描述普林斯顿地下室的糟糕情况和她的沮丧心情：

> 今天我感觉非常不适。天气闷热异常，我也很焦虑。除了担心我的侄子和你要拒绝资助，对一些状况特别是藏书处境的忧虑也让我心烦意乱。13 号的暴风雨引起楼顶大量渗漏之后，我就一直失眠。幸运的是我当时恰好在办公室，就央求一个看门人顶着暴风雨把漏雨处的水扫走。我们还预备了水桶和一些遮挡物，以防再遇暴雨漏水。维修人员第二天晚上修缮屋顶前，我又扫了一遍水。修补好后，我仍然害怕再漏。凌晨 1：30 我就来到这儿，确认没有漏水。我必须保持如此警惕，因为稍后的暴雨使屋顶又漏了。②

从这点来看，孙念礼接管了之前葛思德和义理寿的大部分日常工作。除了收藏原版中国图书以外，考虑到将来有可能还要收藏日本甚或印度的图书资料，葛思德华文藏书库更名为葛思德东方图书馆③。此后，孙念礼又承担了选书的任务。当时，普林斯顿高等研究所没有为葛思德图书馆提供购书资金，而普林斯顿大学主图书馆也没有计划要增加该馆的藏书。由于缺少资金，孙念礼不得不通过多种渠道寻求赠书，包括向纽约日本研究

---

① 1938 年 9 月 15 日孙念礼致德克·卜德信件。
② 1937 年 8 月 27 日孙念礼致葛思德信件。
③ 1936 年 10 月 12 日孙念礼致葛思德信件。

会申请日本书籍。

1940年，孙念礼曾尝试从东京大学获得四千卷明治图书的复印本，但没有成功①。一直到数十年后，葛思德图书馆才有了日本藏书。与此同时，孙念礼的研究仍在继续，经常同时开展几个项目。她的代表作是《古代中国的食物和货币——公元25年前中国最早的经济史》，将近五百页。这部书由普林斯顿高等研究所提供基金赞助，由普林斯顿大学出版社1950年出版，言明致敬葛思德。

当葛思德图书馆处于停滞期时，在地球另一端的义理寿也在努力寻求其他帮助。一直以来，他都自掏腰包给他的三个助理发工资②，而他自己从1929年起就一直没有领过葛思德华文藏书库的薪水③。据他估计，他为葛思德书库前后共花费约有一万多美元。1933年，义理寿为葛思德华文藏书库购得大约两万七千册图书后，一直将其存放在北京的使馆区④。1935年以后，他所能买到的书籍就越来越少⑤。日军占领北京期间，义理寿作为战犯被赶出他的房子，长达三年。他怀疑他的图书不是被没收、卖掉就是被烧毁了⑥。

20世纪30年代的运书过程充满惊险，必须精心谋划。1937年1月初，由于正常的港口通道被封锁，义理寿不得不试着通过山海关运送二十五箱书籍到沈阳，然后到大连，最终转送纽约。义理寿曾描述了他对此次任务的担忧：

---

① 1940年3月16日至6月10日孙念礼与Mayeda Tamon的往来信件。
② 1933年4月4日义理寿致孙念礼信件，第3页。
③ 1936年12月11日义理寿致孙念礼信件，第2页。
④ 1933年4月4日义理寿致孙念礼信件，第7页。
⑤ 1941年7月2日义理寿致孙念礼信件，第2页。
⑥ 1946年2月28日义理寿致孙念礼信件，第1—2页。

这次尝试充满困难和危险。十多天来我几乎为此殚精竭虑，甚至有两次都几乎精神崩溃。医生只好对我密切监视。我一生从未有过如此大的焦虑和担忧（当然是为了您书籍的安全和保护）。真心希望这样的情形再也不要发生。①

因为所雇用的海运代理人名声不太好，所以义理寿又加派了两个自己人随货去山海关监视运输。但代理人到山海关后还是跑掉了。义理寿的人无计可施，只好把书籍运回北京。在那个战乱时期，由于火车车皮稀缺，他们就贿赂了一个铁路工人，在夜色的掩护下把书籍再次装上火车。驻扎在山海关的日本当局扣押了义理寿的代表，怀疑他们走私军火。这些人被严刑拷问，其中一人甚至被剥光衣服审讯，但他们最终被释放，带着书籍回到北京。

1948年后的葛思德图书馆终于摆脱了相对闲置的状态。那一年，葛思德和义理寿相继去世，孙念礼不久也退休了。他们把图书馆完完整整地留给了孙念礼心心念念、梦寐以求的研究者和学生，但这些人直到战后才终于出现在普林斯顿校园里。

1950年，孙念礼的《古代中国的食物和货币》出版，封面上有胡适的题词。在孙念礼经营葛思德图书馆二十年之后，胡适出任葛思德图书馆馆长一职，担任为期两年的荣誉馆长。孙念礼的著作很受欢迎，主要是对《汉书》早期经济论述的译注。被孙念礼的学术精神所打动，杨联陞在《哈佛亚洲研究杂志》发表文章，称赞这本书"为了解中国经济史做出了重要贡献……对学习中国历史的学生不可或缺"②。戴闻达（J. J. L. Duyvendak，1889—1954）1950年在《通报》上指出，孙念礼的著作是

① 1937年1月14日义理寿致葛思德信件，第1页。
② 《哈佛亚洲研究杂志》，1950年第3—4期，第524页。

"多年来笔耕不辍的成果"，并颇为风趣地说葛思德图书馆"发现它的馆长原来竟是一位一直利用馆藏文献做研究的学生"。①

韦慕庭（C. Martin Wilbur，1907—1997）在《远东季刊》（*Far Eastern Quarterly*）上对孙念礼著作评论道："即使对于可以阅读原版汉籍的人来说，这样的注释翻译同样也非常有帮助，这是一代人送给另一代人的礼物。"②除了学识和译作，孙念礼留给我们这代人的另一份礼物就是葛思德图书馆。在她的管理下，葛思德图书馆曾享有盛誉。退休后的孙念礼回到了得克萨斯州，八十五岁时（1966）在埃尔帕索（El Paso）去世。我们希望在得州的那些日子里，她仍然如她在1942年的信中所写的那样，把自己看作是一名开拓者。我们将珍惜孙念礼、葛思德和义理寿留给我们的礼物。

［本文原载于《东亚图书馆学报》（*Journal of East Asian Libraries*），1986年第79期，第20—26页］

---

① 《通报》，1950年第1—3期，第210页。
② 《远东季刊》，1951年第3期，第322页。

# 全球视域下的古籍整理与研究

## ——"世界高校中文古籍论坛"会议综述

曹湲媛*

**摘 要：** 2023年10月21日至22日，首届"世界高校中文古籍论坛"在北京召开。本次论坛邀请国内外从事中文古籍收藏整理与研究及古籍数字化领域的学者参加研讨，以中文古籍为平台，挖掘古籍时代价值，实现古籍的保护传承和转化利用，探讨新时代中文古籍数字化资源的开发利用和共享，扩大中文古籍在海内外的影响，促进中外文化交流和文明互鉴。本次论坛围绕变革时期的古典文献学和古籍整理研究的特点展开研讨，重点探讨了古籍工作从传统研究到数字化转变的必要性。本文综述会议内容。

**关键词：** 古籍整理 海外汉籍 数字化 数字人文 中国古典文献学

2023年10月21日至22日，首届"世界高校中文古籍论坛"（以下简称论坛）于北京大学中国语言文学系、北京景明园宾馆召开。论坛由全国高等院校古籍整理研究工作委员会主办，北京大学中国古文献研究中心承办，北京大学中国语言文学系协办。来自北京大学、清华大学、复旦大学、日本东京大学、日本早稻田大学、日本京都大学、日本弘前大学、韩国庆星大学、荷兰莱顿大学、加拿大麦吉尔大学等世界知名院校的六十余

---

* 曹湲媛，北京大学中文系古文献专业在读硕士研究生。

位从事中文古籍收藏整理与研究及古籍数字化的学者参与研讨，众多青年学子列席旁听。

论坛以中文古籍为平台，挖掘古籍时代价值，实现古籍的保护传承和转化利用，探讨新时代中文古籍数字化资源的开发利用和共享。本次论坛围绕古典文献学和古籍整理研究在新时代的变革展开研讨，重点探讨了古籍工作传统研究以及从传统方式到数字化转变的必要性与途径。之后，计划每年或每两年举行一届论坛，由世界各高校轮流主办，进而形成学术联盟，努力使论坛成为世界各高校中文古籍整理研究领域的一个品牌，扩大中文古籍在海内外的影响，促进中外文化交流和文明互鉴。

## 一、传统的古籍整理与研究

中国古典文献学是从事中国古典学术研究的重要基石，文学、历史、哲学，乃至中国古代其他专门学问，如中医、农业、术数、方志、家谱、科技等各方面的研究，都需要文献学的研究作为基础。在传统学术向现代学术转型的近百年间，学术发展的需要呼吁传统学术适应新的学科体系，古典文献学学科理论体系亟待完善；利用今日资源与条件开展大型项目，解决重要问题；写本文献、简帛文献等大量新材料涌现，一方面为古典文献学提供了新的研究对象，另一方面也在一定程度上推动研究观念的转变；应对新材料的同时，如何以现代学术眼光观照并阐释经典学术问题与核心材料，也成为需要面对的新问题；随着国内外学者交流增多，我们对海外汉籍存藏情况的了解程度、研究利用海外汉籍的程度大幅度提升，海外汉学的发展水平再创新高；计算机技术的发展以及人工智能、元宇宙等新技术涌现，为古典文献学研究与古籍整理工作带来了全新的机遇。古典文献学的研究与发展进入了新时代。

这一时期的诸多变化，给古典文献学的发展带来了重大挑战与重要机遇。如何回应文献学学科发展中的重要问题，如何在新时代下利用新技术手段，提高古典文献学研究与古籍整理效率，实现古典文献学的转型，成为今日海内外从事古典文献学研究以及中文古籍相关工作的一众学者最关切的问题。

### （一）文献学学科理论建设

在中国传统古典学术中，文献学是从事学术研究的门径与基础，与经学密不可分，与文学、史学、哲学乃至其他各类专门学术都有着极为密切的关系。这也意味着在传统学术领域中，文献学虽然一直是一个与其他领域交叉、关联程度很高的学科，但缺少自身明晰的独立地位。中国传统学术重视实践，学术成果丰硕，然而对于具体理论的总结则并不系统。如何从古人与今人广泛的典籍整理研究实践中，提炼出具有抽象性、普遍性的方法论，成为今日古籍工作者的重要任务。文献学学科理论建设，一方面需要进一步完善自20世纪肇始的文献学宏观理论建设，以理论框架更好地支撑起现代学术体系下的文献学学科架构；另一方面，从研究文献学具体问题的实践中提炼出的微观方法，也能够更好地指导今后古籍工作的诸多具体方面。"所谓的文献学的学科建设问题，实际上就是文献学整体的内部结构的科学化、系统化、严密化。既有分工，又有合作，既有分支学科，又要有全局意识，这样一种建构，就是学科建设。"[1]

武汉大学文学院沈相辉老师就文献辑佚的边界、方法及相关问题作了报告，他认为出土文献、外文文献、口传文献均可作为辑佚的文献来源。文本在长期流传过程中，原有的物质载体散佚，其内容则以不同形式"寄生"在其他文献之中，并因此得以延续其文本生命。有形的寄生文本是佚文以摘录或引用的方式保存在其他文献中的散佚文献，无形的寄生文本是

---

① 杜泽逊：《谈谈文献学的方法、理论和学科建设》，《文献》，2018年第1期。

口传文献，以及那些通过校勘记、札记、跋文、提要等形式寄生于现存文献中的散佚文献。沈老师认为，可通过区分寄生文本的层次，并针对其不同类型来形成方法，促进文献辑佚学的更新和发展。北京大学中文系李成晴老师报告了中国传统"集部之学"的文体形式。他指出，"体例"是搭建从宋刻本向唐写卷追溯的"文献之桥"，研究唐宋文集时，在只有宋刻本或存有一些唐写卷的基础上，需要思考的问题是能否溯源我们看不到的更早的文献。李老师提出"例校法"，例校法不用于解决文字是非的问题，而用来研究文本形态改变时文集体例的变化。北京大学中文系博士后周昕晖老师介绍了朱珪、朱锡庚搜集遗稿，编纂《笥河文集》的过程，指出朱锡庚编文集的理念受到章学诚"诸子家数行于文集""体例统一"观点的影响，朱锡庚不仅另录《外编》《遗编》，并与邵晋涵、章学诚、毕以田等定篇目去取，乃至替作者改文章。

文献学作为一门独立学科，其区别于文学、史学、哲学等其他学科的核心理论与方法是目录学、版本学、校勘学。今日之古典文献学，从狭义来讲，是中国古代传统目录、版本、校勘之学的延伸；从广义来讲，可以概括为关于古代文献的阅读、整理、研究和利用的相关学问。①这三门学问自身有其深厚学理，遵照这三种学问的理路展开研究，仍然是现代学术体系下从事古籍工作和古典文献学研究的学者重要的用力方向。暨南大学王京州教授就目录学中"类书"分类情况作了汇报。章学诚以"龙蛇之菹"批评编目时把无类可归的图书草率放在相近门类的行为。类书在《隋书》中著录为杂家，在《新唐书》中著录为类书类，但类书类的单立，并没有使其摆脱"龙蛇之菹"的地位。现代以来，刘咸炘、杜定友、姚明达、胡适、钱基博等学者扩展了"龙蛇之菹"的目录学内涵，用于批评更

---

① 参见杨海峥：《对于古典文献学的思考》，《文献》，2023年第1期。

多部类。"龙蛇之菹"在四部分类法中的大量滋生，既是类目本身的问题，又是书籍自身特性所决定的。版本学和校勘学方面，日本东京大学亚洲研究图书馆板桥晓子老师在其发言中指出，《艺文类聚》中的《卢谌表》是《晋书》、敦煌遗书 Pelliot2586 之外的另一版本，它部分继承二者，此外还有一些特别内容。《卢谌表》融合了当时南北流传的两大系统，但在南方还有从东晋到南朝的诸多版本，唐代《艺文类聚》的编纂者可能选择了南方流传体系中的版本。复旦大学石祥研究员在《上海图书馆藏稿钞本书目书志丛刊》的编纂过程中发现，传世的《遂初堂书目》诸本，直接或间接源自《说郛》。在宛委山堂本中，《遂初堂书目》位于卷十，首两行作"遂初堂书目/宋 尤袤之"。石祥老师认为此本是作伪，卷首有裁切痕迹，卷首王翚"娄东王氏记""耕烟散人"两印钤盖在裁割后贴补的纸面上，可见作伪应该发生于此本从湖东精舍散出之后。湖东精舍本的性质存在两种可能：一是据某一明抄本《说郛》单独抄出《遂初堂书目》；二是湖东精舍抄藏有整部《说郛》，此《遂初堂书目》为其残余。后一种可能性值得充分考虑。北京大学中文系博士后杜以恒老师介绍，黄丕烈所见《仪礼》单疏本是一个补修较多、漫漶严重、缺少六卷的南宋刻宋元递修本。黄丕烈本的文字誊录错误率不足千分之一，但黄丕烈影宋抄本的录副本版本价值不高。汪士钟影宋刻本与黄丕烈影宋抄本是现存最好的两种本子，汪本有意改单疏本之误，虽提高了文字质量，却违背了文献学原则。今人利用单疏本时，若以版本研究切入，则当以中国国家图书馆藏黄丕烈影宋抄本为准；若以研读琢磨切入，则可参考清道光汪士钟影宋刻本。

**（二）集中力量开展大型古籍项目**

大型古籍项目是集中反映一个时期文化水平的标志性成果。充分调动资源、实现宏观统筹规划的大型项目，能够解决文史学科的大问题，完成一人一时无法实现的宏大课题，为古典学术研究乃至新时代文化建设创造更大的成绩。而大型项目由于需要国家积极的政策鼓励、政府或高校或企业的大量资金支持、大批人员组成的专业团队、稳定且能够持续的工作环境等，其实施的客观条件也是较为苛刻的，中国古代有"盛世修文"之传统，其中一个重要原因是，和平发展的年代才更有利于长期的、大规模的古籍项目开展。①吉林大学吴振武教授在发言中指出，新中国成立以来，聚多方之力，古籍整理工作获得了巨大成就，先后出版了《中国古籍总目》《国家图书馆宋元善本图录》《南北朝墓志集成》等重要成果，古籍整理理论也在实践中不断完善发展。北京大学历史系荣新江教授指出，过去长达几十年的时间里，学者们一直致力于调查、编目、影印、校录、研究工作，摸清了世界各地馆藏敦煌文献情况，已编纂了《国家图书馆藏敦煌遗书》《敦煌经部文献合集》等大型丛书，下一步应撰写一部便于大众使用的敦煌简明分类目录。山东大学文学院杜泽逊教授谈了《清人著述总目》编纂出版历时二十年的体会。《清人著述总目》为国家清史纂修工程项目之一，始于2004年，2012年完成初稿，后陆续修订，至2018年完成，共著录清人著述二十二万七千种，字数一千三百万字。在此基础上，根据清人传记，并请教各领域专家，去粗取精，又纂成《清史·典籍志》，收书一万八千种。《清人著述总目》前后历经十几年，克服了种种困难，但成果卓著，意义重大。

2022年4月，中共中央办公厅、国务院办公厅印发的《关于推进新时代古籍工作的意见》指出，"做好古籍工作，把祖国宝贵的文化遗产保护好、传承好、发展好，对赓续中华文脉、弘扬民族精神、增强国家文化软实力、建设社会主义文化强国具有重要意义。"②2022年10月，全国古籍整理出版规划领导小组印发《2021—2035年国家古籍工作规划》，针对目

---

① 杜泽逊：《大型古籍项目的规划组织和实施》，《中国出版史研究》，2018年第1期。

② 《关于推进新时代古籍工作的意见》，https://www.gov.cn/gongbao/content/2022/content_5687500.htm。

前古籍工作的现状与发展需要，提出了包括《永乐大典》系统性保护整理出版工程等四项"重大工程"，中华古籍普查调查工程等四项"古籍保护工程"，以及"古籍整理研究和出版工程""古籍数字化工程"等七个工程，为古籍工作的开展提供了具体指导。古籍工作关切文化自信建设与文化强国事业，进入新时代，古籍工作在国家政策的大力支持下，乘时代之春风，积极调动并充分利用资源；抓住古籍"系统性""连续性"特征[1]，科学规划大型项目，集多方之力解决古籍整理与文史研究领域的重大关切问题。

**（三）既要抓住新材料，也要重新审视传统重要问题**

自清季至今，出土文献的不断涌现为文献学研究提供了大量新材料。以往因为简帛文献、写本文献几乎没有传世，传统主要研究对象是刻本文献；但中国古代至少经历了简帛文献、写本文献、刻本文献三个阶段，仅仅以刻本文献当作古代文献的全体显然是不够全面的。随着20世纪以来简帛文献、写本文献的大宗出土，已经为"全局性"研究准备了丰富的资料。[2]浙江大学文学院张涌泉教授在发言中指出，写本文献是中华传统文化的重要源头。清末以来，写本文献大量发现，辉耀世界。写本文献不但有助于推寻古书原貌，而且能为大批近代汉字和疑难字词的溯源提供帮助。原生态的写本文献，真实地展现了丰富多彩的民间社会生活，是我们研究"民史"最可贵的第一手资料。写本文献是刻本之源、文献之源、字词之源、民史之源，是古代文献传承中极为重要的一环，其与刻本文献比肩而立，互相补充，共同组成了中华民族宝贵文化遗产的两翼。今日可见之写本文献与简帛文献已达到相当的数量，也促使我们转变研究思路，思考由这些载体本身的特殊性所带来的文献形态、意义表达、信息传承等方面的不同，而不是仅仅把写本文献与简帛文献视为对传世刻本文献的校补。[3]

---

① 杜泽逊：《大型古籍项目的规划组织和实施》，《中国出版史研究》，2018年第1期。
②③ 参见史睿：《从传统文献研究到现代文献学的转型》，《文献》，2019第3期。

在传世文献中，也有一部分文献因数量较少、形态特殊等原因，受到学界关注较少，其对于学术研究的重要性亦长期受到主流研究的忽视。以这一部分文献为切入点，或可填补相关时段研究的空白，或可为我们审视熟习命题提供崭新视角。例如，北宋刻本今天存世数量少，且极为分散地存藏于海内外，获取和研究难度很大，然而北宋刻本作为刻本文献的源头，学术意义不言而喻。清华大学刘蔷研究员在发言中提出，版本鉴定是开展北宋刻本研究的基础。北宋刻本因年代久远，内情复杂，掺杂原刻、翻刻，原版、补版，鉴别殊为不易，常见混淆。应确立一种北宋刻本的典型标准本作为参考，从版本学的角度对北宋刻本进行深入研究，揭示其版本面貌和特点，归纳其基本类型，分析其分布及演变规律。北京师范大学文学院董婧宸老师以清代乾嘉时期仿宋刊本为例，谈了藏印鉴别、书籍递藏与书籍刊刻情况。仿宋刻本不始于清代，但清代的仿宋刻本具有"模印精工，校勘审慎"的特点。仿宋刻本的市场价值比一般刻本价格更高，且乾嘉时期的刊刻者一仍宋本之旧，使其具有范式意义，宋刻底本不存在时，仿宋刻本就成了重要研究依据。考订仿宋版本及评估其价值时应结合版本，先确定底本印次，梳理递藏源流，参考批校题跋，结合书注书录等进行考察。荷兰莱顿大学林凡（Fan LIN）教授强调了图片史料的重要性。宋代产生了知识的视觉化转向，如郑樵言"左图右史"，图经类书籍诞生，如地方图经、六经图、针灸图经、打马图经等，画院确立了绘画种类，分六科，类书也多使用插图，我们需要在宋代知识的视觉转向这一大背景中理解图像史料的意义。南京中医药大学蔡燕梅老师介绍，明代嘉靖、隆庆、万历年间活跃的山人群体对尺牍成为出版热点发挥了主导作用，其中，王穉登的尺牍尤具代表性。尺牍这一文体的文献价值需要重估，应在文献系统内部与其他要素之间的关联中对具体问题作出合理定位与客观评价，充分利用尺牍文献考证史实，解释文学、文体等内向的复杂问题。

新材料未必会不断涌现，更多的时候还是需要"从已有的材料出发，从文本本身出发，对经典文献做更加细致深入地考察。在前人研究的基础之上，对于前人已经反复使用过的材料重新审视和进一步挖掘，对学术史、思想史上的重要问题重新予以思考和补充"①。南京大学童岭教授提倡重新审视南北朝至隋代义疏学佚籍的意义。六朝江南义疏学的学术特质可分为两体，一为讲疏，即以口宣意；一为义疏，即书之于册。义疏学特色即为论难。魏晋以来受佛教影响，儒教经典解释吸纳佛经解释的讨论形式，开展了接近经文原义的讨论。六朝至隋唐之间，对经注和经传进行烦琐注释的"义疏学"勃兴，这种解释方法不仅是六朝至隋唐经典解释的一种特质，更是中国人复杂多样思考方式的一种重要形式；南北朝、隋唐文化及其与东亚世界的联系也需要重新思考，对于其文献形态、文本内核需要更深入研究。

**（四）海外汉籍与汉学发展进入新阶段**

自清末以来，我国学术界已着手察访日本汉籍，杨守敬等人以日本学者森立之等《经籍访古志》为线索，撰写了《日本访书志》，其后董康、傅增湘、孙楷第等学者也相继赴日访书。20世纪二三十年代，刘半农、王重民、姜亮夫等学者远赴欧洲考察敦煌文献存藏情况，抄写、拍摄了大量敦煌卷子，意义非凡。对海外汉籍的查考，一方面需要从文献质量上予以鉴定，判断其版本价值、文物价值以及各方面综合价值；另一方面需要大致把握海外汉籍存藏数量。近数十年来，国内学者与海外学者积极互访、交流，国内与海外收藏汉籍的图书馆与机构也展开了广泛的合作，促进存藏于海外的汉籍尽快以原件、影印本、数字化等多种方式回归，协同建立古籍电子化数据库、编纂馆藏目录等，但目前成果尚不完善，海外汉籍的

---

① 杨海峥：《对于古典文献学的思考》，《文献》，2023年第1期。

存量等具体情况仍然有待进一步查清，海外汉籍的利用程度尚且有很大提升空间。进一步扩大古典文献特别是善本的开放程度，让更多的国内外专家合作交流，仍是今后海外中华古籍回归的重点与难点。①成都行政学院谷敏老师介绍了加拿大不列颠哥伦比亚大学图书馆（UBC）藏"蒲坂藏书"情况。UBC是北美地区亚洲研究的文献重镇，是加拿大目前收藏中国古籍最丰富的图书馆，其所藏中文古籍中最著名的是"蒲坂藏书"，主要来源于南州书楼、海山仙馆、泰华楼、艺风堂等。"蒲坂别集"学术视野宏阔，所收书籍有一定系统性，不只富集广东文献，还具有对整个中国学术史的理解与洞察。"蒲坂藏书"不仅是学术型藏书，也可视为广东近代私人藏书文化留存至今的"活化石"。海外汉籍不仅开阔了中国学术的新视野，也为中国学术提供了新材料。

海外汉学研究的兴起是20世纪80年代中国学术界最重要的学术进展之一。80年代，中国学术界展开对海外汉学及其成果的译介工作，并编纂了相关工具书，如严绍璗编著《日本的中国学家》、孙越生主编《美国中国学手册》、冯蒸编著《近三十年国外"中国学"工具书》等。90年代，海外汉学研究的专门机构数量增多，开始大量翻译和介绍国外汉学论著。21世纪以来，海外汉学研究成为学术界热点。对海外汉学领域的基本文献进行整理、发掘和价值评估，摸清汉学研究的历史与传统，是汉学研究的基本路径。②日本早稻田大学名誉教授、南京大学文学院客座教授稻畑耕一郎介绍《顾禄诗文集》的整理、编辑与研究情况。顾禄所著《清嘉录》是研究明清时代苏州地方史、社会史和理解清代后期江南地区生活文化的宝贵文献。稻畑教授讲解了顾禄著作的编纂始末、现存版本、《清嘉录》

---

① 参见张敏、董强：《数字时代海外中华古籍的回归》，《图书馆建设》，2011年第9期。
② 参见何敏：《海外汉学研究的理论、方法与维度——首届"国际汉学研究高端论坛暨2019年海外汉学暑期高级研修班"述评》，《国际汉学》，2020年第1期。

东传日本、刊刻出版过程，以及顾禄为日本人内山端庵《岁华一枝》所作序文手迹。东传日本的顾禄著作是研究中日文化交流的重要史料，也是两国深厚友谊的历史见证。日本弘前大学人文社会科学部王孙涵之老师介绍日本训点资料在古籍整理研究中的价值。日本汉文训读特点体现在三方面："滞后性"训读指形成于奈良、平安时期的古日语文法、词汇为基础的语言系统；"特殊性"训读指训读中有部分语法、词汇只见于汉文训读；"忠实性"训读指训读基本上是对汉文原文的逐字翻译。训点资料的"文本"层和"训点"层有时并不一致，有时通过训点可以还原原有的汉文文本，如泷川资言《唐张守节史记正义佚存》从训点资料辑佚复原汉文文本。此外训点还有训诂、校勘等用途。

海外汉学还需要注重跨文化研究。在熟悉中国文化的背景下，结合中国学术在海外不同文化背景下的发展变化，从跨文化角度进行综合分析。日本早稻田大学冈崎由美教授线上发言，介绍日本江户时代民间的中国俗文学资料。明清乐是从中国传来后在日本文化下发展的音乐，明乐多为诸侯所接受，以明朝庙堂礼乐为主，多是宴乐、宫廷舞曲加明代时调小曲，一部分被清乐所吸收；清乐为民间所接受，是清朝民间俗曲、戏曲、说唱音乐，后期取代明乐，增长势头旺盛。明清乐浓厚地接受中国戏曲、说唱俗曲等各种音乐的影响，日本对中国俗文学的理解基本来自阅读书本与练唱明清乐。日本东京大学陈捷教授通过介绍日本江户中后期的藤贞干、高岛千春、野里梅园等若干好古家的考证笔记和考古图录，讲解他们对古代书籍装订形式和古代书籍装具的研究。江户中后期的好古家互相交换资料、沟通信息，形成了文献文物信息传播网络，他们重视文献与文物实物的调查，涉及范围包括古文书、金石文、古器物、古书画等多个领域，重视利用图像资料和以图像记录古物，绘制和出版了一批考证图谱，是后世文物图录的先驱。加拿大麦吉尔大学方丽特（Griet Vankeerberghen）教授谈了对西汉班氏家族与经学的研究。方教授指出，东汉时期的班氏有赖于西汉班氏家族积累的经济资本、文化资本、社会资本。班氏家族经学转向始自西汉末年的班况，班况开始注重子女的经学教育，并因而使之得以接近皇权中心。王氏家族尤其是王太后，对班氏的崛起至关重要，而作为回报，班氏以经学协助王太后掌控汉成帝。

## 二、数字化时代下古籍工作新转向

新一代信息技术的发展，为古籍保护、整理、利用与研究带来了全新的机遇与挑战。影印扫描与数字化技术使古籍的大量信息能够脱离纸张载体而存在，古籍的数字化有利于目前分散存藏于海内外各机构的古籍摆脱空间限制，更广泛地进入古籍研究者的视野。"纸寿千年"，影印扫描技术也有助于保存破损、珍稀古籍的影像，实现古籍数字化后也可免去因反复翻检原书而对古籍造成的损害，从而延长古籍寿命。光学字符识别技术（OCR）、AI等新技术推动了古籍智能整理，大量减少人工成本，能够显著提高古籍整理效率。数据库建设带来了信息获取方式革命性的改变，检索功能使得获取信息变得极为便利；同时，借助信息技术所构筑的古籍信息网络，能够使学者高效地对相关材料进行关联与分析。数字人文的发展，为古籍的研究工作也带来了新思路。

国内外关于古籍数字化的研究始于20世纪80年代前后，在这一时期，数字化技术开始逐步得到应用。古籍数字化资源的开发利用与共享方面包括汉字文化圈的古籍数字化规范建设、利用神经网络技术对古代手稿进行信息提取等。国外古籍数字化资源的开发利用与数学、物理学、计算机科学等学科紧密相关，在新技术的进步下给古籍带来生机，在利用神经网络等新技术方面走在前沿。

随着国内数字化技术的不断发展和国内文化遗产保护意识的提高，数字化古籍研究在国内外得到了更多的关注和支持。1979—2009年间，国内与古籍数字化相关的论文有八百余篇，2000年后增长迅速[1]。国外研究总体呈现上升趋势，伴随着学者和社会公众对数字资源需求的增加，相关研究在2015年后稳定在每年一百篇左右，这表明古籍数字化研究逐步演变为全球性的趋势，同时也表明数字化技术在保护和传承文化遗产方面具有重要意义，得到了国际社会的广泛认可和支持。无论是国内还是国外的相关研究，在近些年都逐渐趋于稳定，其计量结果可以为古籍数字化路径建设提供成熟的依据。古籍数字化的途径大致可分为古籍影印扫描、古籍智能整理、数据库建设、数字人文等几个方面。

### (一) 古籍影印扫描

古籍需要通过高质量的扫描设备进行数字化，这一步骤要确保图像清晰，能够准确反映原书的内容和风格，对于特殊文献，如图画、文物价值较高的善本、受损程度较高的古籍等，需要采取原彩扫描或无损扫描技术。北京大学历史学系荣新江教授在发言中指出，敦煌学接下来应以高清彩色图版为依托，建立一个兼具图片查阅、文字检索功能的真正意义上的数字化敦煌古籍数据库。目前，国际敦煌项目（IDP）等面临诸多挑战，中国学者更应主动承担起敦煌文献数字化建设重任，积极推进敦煌文献数字化交流合作。日本京都大学小山田耕二教授的报告指出，通过3D扫描模型和物理知识，使用神经网络技术结合可视化方法，能够对古代手稿进行高精度页面信息纠正。这种非侵入性技术可以让我们在不破坏纸质文物的情况下，虚拟地解析古代手稿的内部结构。这项技术的应用为研究古代文献提供了新的可能性。

---

[1] 参见耿元骊：《三十年来中国古籍数字化研究综述（1979—2009）》，首都师范大学电子文献研究所、首都师范大学国学传播中心：《第二届中国古籍数字化国际学术研讨会论文集》，辽宁大学历史学院，2009年。

### （二）古籍智能整理

扫描后的古籍图像需要通过OCR转换成可编辑和可搜索的文本格式。中文古籍的OCR尤其具有挑战性，因为它们包含了大量的繁体字、异体字甚至是手写文字。OCR转换后的文本也需要人工校对，以纠正识别错误。古籍智能整理的可供探索和产业化的发展方向还有很多，如AI理校与OCR结合、古籍重排、古籍校勘、古籍注释、古籍索引、古籍翻译、古籍编纂（分类重构）、形成古籍摘要和提取主题词等。[①]

吉林大学吴振武教授在谈到对于未来古籍整理的思考时指出，目前古籍整理尚缺乏统一规范的繁体用字标准，整理者因不懂古书体例、缺乏相关知识而致误的情况依然存在。未来可将人工智能引入古籍整理工作中，人工智能可以实现古籍的文本转换、繁简校正、机读断句、语词注释，并能够开展背景联系、主题提取、资料类聚等工作，可以很大程度上提升推进古籍数字化效率。人工智能研发应由国家设专门机构、拨专款，统一管理，定期更新，为公众提供长久免费的服务。中华书局古联公司总经理洪涛介绍了古籍智能整理的现状与发展方向。传统古籍整理的一般工作包括影像再造、文本还原、校勘标点、译注评介等，而现今业界比较成熟的古籍智能整理技术已可以包括古籍OCR、校对、标点、繁简转换、编辑器等项目。以OCR技术为例，古联公司在籍合网上发布的古籍OCR系统在无需人工干预的情况下，识别准确率可达百分之九十八以上，对清晰工整的手写文献的识别准确率也超过了百分之九十七，这样的技术应用极大地提升了古籍数字化的效率。但是这些OCR系统距离达到出版要求还有一定的差距，要解决这一问题，一方面需要人工核对，另一方面古联公司也正在研发基于语义的OCR识别辅助系统，通过语义分析识别模糊字与疑难字，从

① 参见洪涛：《古籍数字出版的机遇与挑战》，《出版参考》，2023年第11期。

而提高识别准确率。①

### （三）数据库建设

通过建立数据库或在线平台，能够实现古籍的在线访问和分享，使得更多的研究人员和公众能够访问这些宝贵的古籍资源。数据库是非常有效的保存、保护典籍的方式，能够显著提高古籍的利用效率，免去反复翻检古籍对原书造成的损坏等，解决古籍的"藏用矛盾"，打破广大学人求访古籍的时间、空间限制，能够更加快速、精准地获取所需要的信息，更好地服务于学术研究工作。

近数十年，国内大型古籍数据库的建设成果丰硕，数字化建设对象不仅涵盖基本常见类，也逐步转向更具学术性和稀有性的古籍。《2011—2020年国家古籍整理出版规划》中"古籍数字化类"建议设立包括中国基本古籍数据库等十二项基本古籍文献类数据库，以及殷商甲骨文知识库等八项专门古籍类数据库。②十余年来，中华再造善本数据库、中华古籍资源库、爱如生公司中国基本古籍库、中华书局"籍合网"中华经典古籍库、历代石刻总目数据库等，都为从事古典学术及其相关研究的广大学者提供了极大便利。2003年启动的"CALIS古籍联合目录"项目，三十余家国内外高校图书馆参与组织建设，已成为世界上规模最大的中国古籍书目数据库之一。上海图书馆"中文古籍联合目录及循证平台"收录上图等一千四百余家海内外机构的古籍馆藏目录，实现了各馆古籍珍藏的联合查询和规范控制。华东师范大学"数字方志集成平台"收录华师等十余家师范

---

① 参见耿元骊：《三十年来中国古籍数字化研究综述（1979—2009）》，首都师范大学电子文献研究所、首都师范大学国学传播中心：《第二届中国古籍数字化国际学术研讨会论文集》，辽宁大学历史学院，2009年。
② 参见新闻出版总署、全国古籍整理出版规划领导小组：《关于印发实施〈2011—2020年国家古籍整理出版规划〉的通知》，（2022-12-21）http://www.guji.cn/web/c_00000018/d_12200.htm。

院校的方志藏品资源，并提供方志资源的联合查询。①

海外中文古籍数据库的建设也颇有进展。如中国国家图书馆与美国图书馆界合作开发"中华古籍善本国际联合书目系统"，首批公布了美国普林斯顿大学东亚图书馆约两千条中文古籍善本数据。"日本东京大学东洋文化研究所汉籍影像数据库"包括收藏在日本东洋文化研究所和一些专藏文库中的珍贵宋、元、明、清善本和民国时期抄本。②2010年启动的"谷歌图书计划"（Google Books Search Library Project），对包括德国巴伐利亚州立图书馆、哈佛大学哈佛燕京图书馆等世界各地图书馆收藏汉籍进行扫描，目前已数字化的古籍都可在其官网阅览。1999年日本京都大学人文科学研究所附属东洋学文献中心等机构着手建立"全国汉籍数据库"（全国漢籍データベース——日本所藏中文古籍数据库），对全日本的汉籍目录进行联合汇总。

本次会议中，诸位学者也从自身研究成果出发介绍了中文古籍数据库建设的现状，并对数据库的未来发展提出畅想。日本早稻田大学河野贵美子教授提出由中国政府主导建设"中文古籍的跨国目录"的构想。中国科学院自然科学史研究所孙显斌研究员回顾了古籍目录数据库建设的历史，以"中国历代典籍总目系统""经籍指掌：中国历代典籍目录分析系统"为例，指出古籍目录数据库建设要实现"结构化""标准化""归一化"。他建议，未来的古籍目录数据库建设工作，还应该在补充数据集和加强分析功能两方面做出努力。

今天我们对于数据库的期望，已经不只局限于储存文献数据和最基础的检索，还希望能够通过数据库实现更加高层次、复杂逻辑、多重信息的

---

① 参见陈涛、杨鑫、夏焱等：《古籍知识库互联互通框架研究与设计》，《大学图书馆学报》，2023年第4期。
② 参见《海外中华古籍以数字形式回归》，《图书馆理论与实践》，2010年第7期。

检索。北京大学王军教授指出，数字化古籍是数字环境下古代文献的传播和利用的主要方式，印本环境下对古籍的传统观念需要调整。数字环境下，第一目标是提高典籍的可获取性、可传播性；第二目标是关联性，将古籍资源与现有的互联网资源多方位、多维度、多层面关联在一起，在海量文献的基础上深入内容层面提取和重组材料。智能环境下的学术研究应是文献和智能处理能力的双重驱动。武汉大学文学院李寒光老师谈到，查找资料的主要途径，一是古典目录、类书、辞书，二是现代目录、索引、资料汇编，三是专题网站、数据库。然而工具书的局限在于内容固定，只能以一种主题形式提供资料，且时效性差，难以追踪学术前沿；数据库的局限在于难以实现数据排列重组与交叉比较。数据库建设需能够服务于学术信息整合与重组。

针对较为专门的领域或特定典籍的数据库也在建设过程中。复旦大学杨光辉教授介绍了复旦大学《诗经》数字化项目。复旦大学图书馆藏有《诗经》类古籍一千种左右，复旦大学《诗经》数字化项目以此为基础，联合其他相关资源，构建了《诗经》研究数字化平台。

**（四）数字人文——智能时代古典文献研究的拓展和深入**

数字人文及相关理念，对文献数字化整理提出了更高的要求，即文献的整理不能囿于文献物理属性的规范化揭示，还应深入到内容层面进行文本内容规范化标引，以方便计算机进行规模化索引、标注、比较、引用、分析和呈现。从数字人文的视野看古典文献数字化（包括数字化加工、文本识别与处理环节、文本呈现等），可以为古典文献数字化加工跳出传统思路提供一些新的视角，值得学界关注。[1]

南京师范大学文学院苏芃教授提出，在今日数字文献背景之下，重审前

---

[1] 参见朱本军：《海外汉籍数字化加工现状与实践研究》，《古籍保护研究》，2020年第1期。

人的辑佚学成果，可以发现虽然过去有些辑佚工作并不精细，但其实已经做了类似"命名实体抽取"的工作，是当下研究的重要线索，也进行重新辑佚的起点，因此其作为"索引"的价值得到了凸显。北京大学袁晓如研究员围绕古籍数据的可视化探索和交互分析，介绍了古籍数据可视分析角度的探索方向，如古籍流传可视化研究，能够以可视化方法追踪汉籍的流传轨迹，通过系统收集、建立中国古代可视化数据集，构筑古代可视化数据集在线浏览系统，能够创新性地应对传统汉籍研究中缺少概览、检索不便、时空信息不确定性等问题。古籍数据的可视化探索，应该通过跨学科合作，发现、分析、解决问题。浙江大学徐永明教授总结，当前除传统的纸本文献外，还产生了数字化文献、结构化数据、智慧化数据、元宇宙、智能问答等多种新兴文献形态。通过介绍浙江大学"智慧古籍平台"，徐教授指出智能技术很大程度上改变了古籍整理的模态，未来古籍研究可能的发展方向是元宇宙技术和大语言模型。北京大学中文系博士后高树伟老师介绍了"思泉"这款利用大语言模型的AI辅助知识管理和检索工具，目前已收录了《永乐大典》全文以及大量《永乐大典》的研究成果，可以用来辅助研究与学习。

### （五）古籍数字化面临的问题

古籍进入数字化时代后，一些新的问题和挑战应运而生。古籍数字化以及数据库建设目前仍存在一些显著问题，如数据库建设主体各自为政，技术标准不统一，数据库之间壁垒明显，用户难以实现"一站式检索"；数据库建设因没有相对可持续的规划，有较多重复制作，造成浪费；行业开放程度不足，部分古籍收藏单位共享意识不足，制约古籍的全社会共享；版权保护不健全，古籍数字化建设的版权保护体系尚未形成，削弱了图书机构数据库建设的主观动力等。①要克服这些问题，实现数字时代下

---

① 参见吴占勇、白雪蕾、张亚文等：《激活中华典籍的"数字生命"》，《光明日报》，2024年1月25日第7版。

更好地转化与利用古籍，需要数据库建设各单位、信息技术部门、政策与法规等多个主体协同合作，化解在古籍数字化过程中遇到的矛盾与障碍。清华大学李飞跃教授指出，古籍电子化之后大量异体或异形字、域外和民族文字进入数据库，给古籍数据库建设造成字符标准不一、数据形态冗杂、文本结构多歧等问题。从历史来看，书同文字是大势所趋，"再造书契"是为了完成数据、信息与知识的再次对接，加速推动古代文明和传统文化在数字时代的转型升级。古籍数字化让古籍字符的统一成为突出问题，一字形一码打破了原有文字谱系，割裂了字际关系，为适应现代数字化时代的要求，需要创建以现行通用简体规范字为基础的标准文本库。武汉大学文学院韦胤宗老师报告了古典文献整理与研究中计量方法的使用及其陷阱，主要谈论古籍版刻字体数据库的技术路径与初期成果。韩国庆星大学许喆教授认为古籍数字化建设需要国际标准，如中、日、韩三国同属汉字文化圈，若各自标准不同，会造成交流上的障碍，建议组织国际东亚汉字古籍数字化专家委员会，制定与东亚古籍数字化研究有关的标准规定与产生数据。

中文古籍的数字化整理和研究是一个复杂而细致的工作，它不仅需要现代科技的支持，还需要对传统学问的深入理解。随着技术的发展，数字化古籍研究的方法和工具也在不断进步和创新，这将会为古籍整理与研究提供极为有力的支持。

## 三、培养从事古籍工作专门人才

中共中央办公厅、国务院办公厅印发的《关于推进新时代古籍工作的意见》第十五、十六条特别提出，要"推进古籍学科专业建设""强化人才队伍建设"。[①]在古籍工作与古文献学发展面临新机遇和新挑战的变革时

---

① 《关于推进新时代古籍工作的意见》，https://www.gov.cn/gongbao/content/2022/content_5687500.htm。

期，人才培养有着尤为重要的意义。数字时代下，从事古籍工作的人才不仅需要掌握文献学传统核心知识，还需要拥有一定的跨学科技能，能够应用数字化成果、掌握数字化技能，推动古籍研究与数字人文相结合。

新型古籍人才的培养，需要各高校健全与古典文献相关的专业及课程设置，打实学生的古典文献知识基础。古典文献专业传统核心知识是开展古籍工作的根基。北京大学中文系主任杜晓勤教授在大会发言中指出，古典文献学既是北京大学中文系三驾马车之一，又是中国古典学平台最为坚实的基础，古典文献教研室、中国古文献研究中心、全国高校古委会共同开设目录学、版本学、校勘学等课程，大幅度提升了中文系学生的理论水平与科研能力。

数字人文领域学科正在建设中。2023年4月6日，"数字人文"进入最新的《普通高等学校本科专业目录》，归入"文学"门类下的"中国语言文学类"。同期，内蒙古师范大学设立国内首个数字人文本科专业。2020年，中国人民大学信息资源管理学院设立国内首个数字人文硕士学位（MDH）。2022年8月，中国人民大学信息资源管理学院数字人文二级学科博士学位授权点获批。同时，各高校及科研院所成立专门研究机构，如2022年2月北京大学人工智能研究院下设"北京大学数字人文研究中心"（PKUDH），中心是中国古籍保护协会古籍智能专业委员会的牵头组织单位，致力于古籍资源的智能开发与利用。2011年，武汉大学成立中国大陆首个"数字人文研究中心"，关注人文学科与图书、档案、博物馆领域的文献和文化遗产资源的数字化、数据化、智慧化处理等。各高校也广泛开设数字化与人文学科相结合的课程，例如在传统古典文献学课程中融入数字化和数字人文内容，联合理工科院系及研究单位开设数字人文和数字化相关的学术通识课等。本次会议，北京大学中文系李林芳老师专就人工智能技术在数字人文教学上的应用作了报告。李老师提出，在数字人文学习过程中，应该引导学生进行质疑和探究，使学生理解人工智能这一工具的原理，关注学生对数字人文方法的理解程度。计算机知识是数字人文教学的重点与难点，可通过引入ChatGPT等工具，帮助学生更好地理解和应用所学知识。

古籍整理和研究专业需要长期积淀，培养能够从事古籍工作的人才是一个系统且长期的过程。经过系统学习文献学理论知识，深度参与古籍整理与研究的实践，有大量的知识与经验积累，才能培养出优秀的人才。青年是古籍工作的后备力量与生力军。本次会议专设青年论坛，为海内外从事中文古籍研究的青年学者提供了宝贵的交流平台，十余位青年学者发表了各自在古籍研究领域的成果与思考。北京大学中国古文献研究中心副主任杨海峥教授在青年论坛总结致辞中指出，青年学者科学、严谨的治学态度在研究中非常重要，新的时代和科技的发展带来了古典文献研究思路和方法的改变，青年学者们的报告，反映出了中文古籍整理与研究的未来走向，青年学者是文献学的未来和希望。

古籍是传承中华文明的重要载体，世界各高校是中文古籍收藏的重要组成部分。本次论坛力图在空间和物质载体两个方面对中文古籍的整理研究做出新的拓展：从空间方面来看，中文古籍在世界上有广泛的流布，其中相当一部分在中国已经亡佚，对海内外中文古籍的搜求、研究对于推动学术发展具有重要作用；从物质载体来看，本次会议的古籍数字化议题是对古籍的研究、保护方式的新尝试。

本次论坛以中文古籍为平台，在全国高校古委会成立四十周年之际，海内外师友齐聚北京大学，共同探讨新时代世界各高校所藏中文古籍的收藏保护及数字化开发利用，正当其时，意义重大。在海内外学者们的共同努力下，世界高校中文古籍论坛一定可以持续建设和发展，推动古籍整理工作与古文献学学科建设迈上新台阶。